写真 1　山丹漢代塹壕（西から）

写真 2　K789（大同城）東壁

写真 3　K789 城内（西から）

写真 4　K710 南壁内の磚

写真５　K710 南壁内東部柱列（西から）

写真６　K710 城内東南部検出「令」字陶片

写真 7　A8（甲渠候官）塢内東部

写真 8　A8 望楼（塢外東南部から）

写真 9　K688 南・東壁（西から）

写真 10　T9（甲渠第十六燧）全景

写真 11　T9 西壁（東から）

写真 12　T14（小方盤城）西部の沼沢と烽燧

写真 13　T14 外壁西墻

写真 14　T18（河倉城）全景（南から）

写真 15 「永元器（兵）物簿」正・背面（研究篇邢義田論文参照）

文献と遺物の境界

―中国出土簡牘史料の生態的研究―

籾山　明・佐藤　信 編

前言

本書は、直接的には平成一九年度三菱財団人文科学助成「中国出土簡牘の生態的研究」（代表・籾山明）、ならびに二〇一一年度東京外国語大学アジア・アフリカ言語文化研究所共同利用・共同研究課題「中国出土簡牘の横断領域的研究」（代表・陶安あんど）に参加した各位の成果に基づき完成したものである。これらの研究組織の元を成したのは、籾山明が二〇〇〇年頃から東京都内の大学院生と始めた中国簡牘学に関するごく小さな研究会であった。

この研究会は簡牘に関心を持つ大学院生や日本学術振興会特別研究員、非常勤講師などの若手が自由に出入りしながら、特に固定した名称を持たず、その時講読している史料名によって里耶秦簡講読会、エチナ漢簡講読会などとして、史料訳注を公表していた。

転機となったのは二〇〇五年一一月、中央研究院歴史語言研究所（台湾・台北市）での居延漢簡の実見である。元来この研究会では簡牘の記載内容はもとより、写真を元にしながら、簡牘の形態や、遺跡との関連性など、「モノとしての簡牘」の側面にも注意を払いながら講読が進められていたが、僅か一日の実見ではあったものの、その必要性の高さと、国内外の学界における「モノとしての簡牘」に対する認識の深刻な不足が明確に参加者によって共有され、実見を交えた研究を進めていく機運が高まった。

そこで、複数回の海外調査を実施し得る資金を得ての共同研究を計画することとなったが、元来が所属大学の枠に縛られず、またいわゆる「研究者番号」を持てない若手が中心の研究会であるため、日本学術振興会科学研究費補助金では制約が多すぎ、制約の少ない三菱財団人文科学助成に応募することとなった。その際に、形態の研究では先行する日本木簡の研究者として、佐藤信の参加快諾を得ることができた。

この研究計画は幸運にも三菱財団により採択され、三年間三〇〇万円の助成を得て、二回にわたる中央研究院所蔵居延漢簡調査（二〇〇七年一一月・二〇〇八年八月）と、甘粛省・内モンゴル自治区の簡牘出土遺跡調査（二〇〇九年八月）、さらには国内外の中国簡牘・日本木簡専門家を集めた学術座談会（二〇一〇年三月）を開催することができた。本書所収の論考は、座談会の際に示された様々な意見を大いに参考としており、ご多用の折に座談会に参加を頂いた各位に御礼申し上げたい。

さらに研究計画の途上、陶安あんどの参加を得て、三年の期間が経過した後、陶安の勤務先である東京外国語大学アジア・アフリカ言語文化研究所の共同利用・共同研究課題への応募を行ない、これも幸いにして採択され、現在に至っている。

本書は、上記の三菱財団人文科学助成ならびにアジア・アフリカ言語文化研究所共同利用・共同研究課題の成果として公刊するものである。三菱財団ならびに東京外国語大学の助成や援助なくしては、本書が世に出ることはなかったであろう。末尾ながら、両組織の関係各位に、深甚なる謝意を表する次第である。

二〇一一年度研究会参加者　一同

目次

第Ⅰ部　調査篇

額済納調査報告記

中村威也

はじめに

本研究会は、第三六回三菱財団人文科学研究助成金を得て、二〇〇九年八月に居延漢簡・額済納漢簡が出土した遺跡を中心に、額済納地域のいくつかの漢代の烽隧遺跡・城壁遺跡を見学・調査した。見学・調査した遺跡は、いずれもすでに他の研究者により調査されていたものであったが、今回の調査を通して新たな知見を得ることもできた。また、諸事情により遺構の詳しい測量などを行えなかったが、従来の研究で公表されている平面図などに誤りがあることも確認することができた。本稿では、そのような点を中心に、額済納地域の遺跡を見学・調査した記録をまとめたものである。なお、本調査報告記は、鈴木直美氏、片野竜太郎氏、中村による調査報告記をもとにしている[1]。

一、全体の行程

まず初めに、今後この地域の遺跡を調査・見学する者の参考のために、調査の全体的な調査行程を時系列に沿って紹介する。まず我々は、二〇〇九年八月五日（水）に成田から北京へと飛び北京着の四時間半後に北京から蘭州へといずれも飛行機で移動した。当日は、蘭州に宿泊した。翌日、マイクロバス一台に乗り、蘭州から張掖（途上で山丹長城を見学）に移動した。翌七日（金）は、張掖から酒泉に移動し、翌八日（土）に、酒泉でランドクルーザーとジープ計三台（便宜的に我々は走行の順番に一号車、二号車、三号車と呼んでいた）に分乗し額済納旗に移動した。以後、額済納旗では、この三台に分乗しての行動となった。酒泉の宇宙ロケット発射基地を避ける道路を走行したが、途中で一台（三号車）がエンストを起こしてゴビ中の道路に取り残されるハプニングもあり、この日、額済納旗に全員が着いたのは、夕刻の八時を回っていた。

八月九日（日）から一一日（火）までは、額済納旗の金洋酒店に宿泊して、周辺の遺跡を見て回った。額済納旗での行程についてはやや詳しく紹介したい。

八月九日（日）額済納旗・晴

○八：二○　出発。○九：五○　三号車、再びストップする。一○：三○　再出発。一一：○○　西夏墓調査。一一：二○　緑廟調査。一二：○○　緑城調査。一三：○○　西夏貴族陵付近を調査後、付近にて昼食。一三：四五　出発するも一四：二○に三号車が再び走行不能となる。この時点で、当日中に見学を予定していたK710行きを断念する。一五：五○　黒城（カラホト）着。一七：四五　K789（大同城）着。一八：三五　F84紅城子着。一九：○五　怪樹林を見学。一九：四○　金洋酒店着。

八月一○日（月）額済納旗・晴

○八：一○　出発。K710、K688、A1、ソゴノールをみる予定で出発したが、途中砂の堆積がひどく、車のタイヤが砂に埋まり、たびたび徒歩での移動や車押しを余儀なくされ、時間を浪費する。一二：三○　ようやくK710に到着し、昼食をとってから見学した。一四：三○　K710をK688へ向けて出発（A1の調査はこの時点で断念した）。一五：○○　途上で砂にはまったままの新三号車一台を砂から出す作業に一時間ほど要し、K688の見学を断念する。一六：四○　再出発するも今度は二号車が砂にタイヤをとられ行動不能になる。一八：二○　二号車に同乗していた策仁扣氏が徒歩で三㎞を歩き救援を求めに行く。一九：○○　二号車が脱出に成功する。二○：四○　二号車がようやく金洋酒店に着く。

八月一一日（火）額済納旗・晴

○七：四五　出発。○九：○○～一一：○○　P1・A8・T16など河北塞の各烽隧跡を見学・調査する。一二：○○　K688近くの木陰で昼食。一二：三○～一四：○○　K688を見学、調査する。一五：○○　分乗していた三台とも砂にはまり、車押しや砂堀りに時間をとられ、当日に予定していたA1の見学を断念する。一九：一○　金洋酒店着。

その後、八月一二日（水）に額済納旗から嘉峪関に移動し、再びマイクロバスに乗りかえて、嘉峪関・魏晋壁画墓などを見学した。翌一三日（木）に、嘉峪関から敦煌に移動した。途上、漢代の烽燧線や疏勒河や六工故城を車上から望むことができた。敦煌では莫高窟を見学した。翌一四日（金）は、玉門関・河倉城を見学・調査した。玉門関の土産物売り場で、漢簡らしきものを見せられ売り込まれたが、楷書の運筆が見られ、簡文は『孫子』からとっているまったくの偽物だった。市内へと移動し敦煌市博物館を参観した後、敦煌から蘭州に飛行機で移動した。一五日（土）は、甘粛省考古研究所の張徳芳氏のもとを訪れ、懸泉置漢簡・居延漢簡・馬圏湾漢簡その他の遺物を見学する。その後、甘粛省博物館を参観した。翌一六日（日）に蘭州から北京へと飛行機で移動し、翌一七日（月）に北京より成田に帰国した。

今回の調査旅行は、中国の旅行会社が手配したドライバーがゴビの走行に全く不慣れで、たびたびタイヤが砂にはまり、その度に人力で車を押し出したことなどから、当初見学予定であったA1、ソゴノールなどを見ることができなかった。その反面、K710などは時間をかけて実見することができ、後述するようにこれまでの実測図などがあまり信用できないものもあることが確認できたことなど、得られた知見も少なくなかった。どこまで漢代の姿を残しているかは不明ではあるものの、遺跡の立地環境や今なお残る版築を実見できた。今後は、目的意識を明確にして、当地への再訪の機会を得たいと考えている。

二、各遺跡の見学・調査記録

（一）明代山丹長城・漢代長城

山丹の明代長城は、国道三一二号線とちょうど交差しているため、その箇所で車を降りて観察することができる。幅・高さともに五mほどで、版築で築きあげられていた。これより前から、国道沿いにはいくつかの烽燧跡や長城線を見ることができた。我々が明代の山丹長城を見学していると、近くに漢代の長城もある、と言ってくる者がいた。よくよく話を聞いてみると、『河西走廊――邊塞・古道・祁連』（西部大地文化伝播、二〇〇六年）の著者である陳淮氏であった。本書には、山丹周辺の漢代から明代までの長城が多く写真に収められている。毎年の夏は山丹に滞在しているという陳淮氏の案内で、明代の長城に沿って見られる漢代の長城を見学した。それは、国道三一二号線と山丹明代長城の交差地点より、車で一〇分程度西へ行ったところにあった。

漢代長城は、明代長城に沿って北側に塹壕のように掘られたものである。掘った土は両側に盛り上げられていてゆるやかではあるが、確かに起伏が認められた。塹壕の幅は五mほどで、塹壕底部は周囲から一mほど低く、両側の土は比高三〇cmほどであった口絵写真1は山丹付近の漢代長城（塹壕）を西側から東側を臨んだものであって、右に見えるのが明代の長城である。この漢代の長城については、甘粛省文物局・甘粛省文物考古研究所による調査報告がある[2]。その報告に「明代の長城と一〇m離れている」と記載されている点から判断すると、我々が見た山丹の漢代長城は「新河漢代長城[3]」と命名されたものの一部に相当すると思われ、「塹壕を伴っている」という記載とも一致する。なお、本報告は甘粛省における長城や烽燧をかなり概括的ではあるが網羅的に調査し、緯度経度の位置情報も載せられているので、この地域の長城や烽燧の調査には欠かせないものである。

（二）緑城

緑城遺跡を初めて紹介したのは景愛氏[4]である。その後、緑城を実見・調査した記録には、宮宅潔氏[5]、吉林大学辺疆考古研究中心・内蒙古自治区文物考古研究所[6]によるものがある。ここでは、それらによりながら、われわれが見た緑城遺跡について記したい。緑城遺跡は楕円形の周壁遺跡であり、周壁の中心まで車で行き、そこで降りて調査を始めた。遺跡内には、陶器の破片があちこちに散乱しており、漢代のものらしきものもあれば、ずっと後代の西夏もしくは元代とおぼしきものもあった。この点は景愛氏が指摘する通りである。周壁は、東側では明らかに版築になっているのが確認できた。また、遺跡の中央には、河道跡が東西に貫いている。この河道跡は全体が地表より一mほど高くなっている。地表より高く天井川のようになっているのは、砂による水路の埋没を防ぐためであろう。河道跡の幅は二mから三mほどで、ほとんどが（河底であったため）きれいに平らであったが、両側がやや高くなっている所もあった（図1）。東南側の周壁を主に観察したが、門らしき周壁の断絶は確認できたものの、魏晋の墓葬は視認できなかった（図2）。

景愛氏によれば、緑城遺跡の周壁は農耕区を囲むもので、河道は元代のものだとする。われわれが観察した限りでは、周壁内は非常に平

図１　緑城遺跡の河道跡（周壁の中央附近の河道跡から北東を望む。）

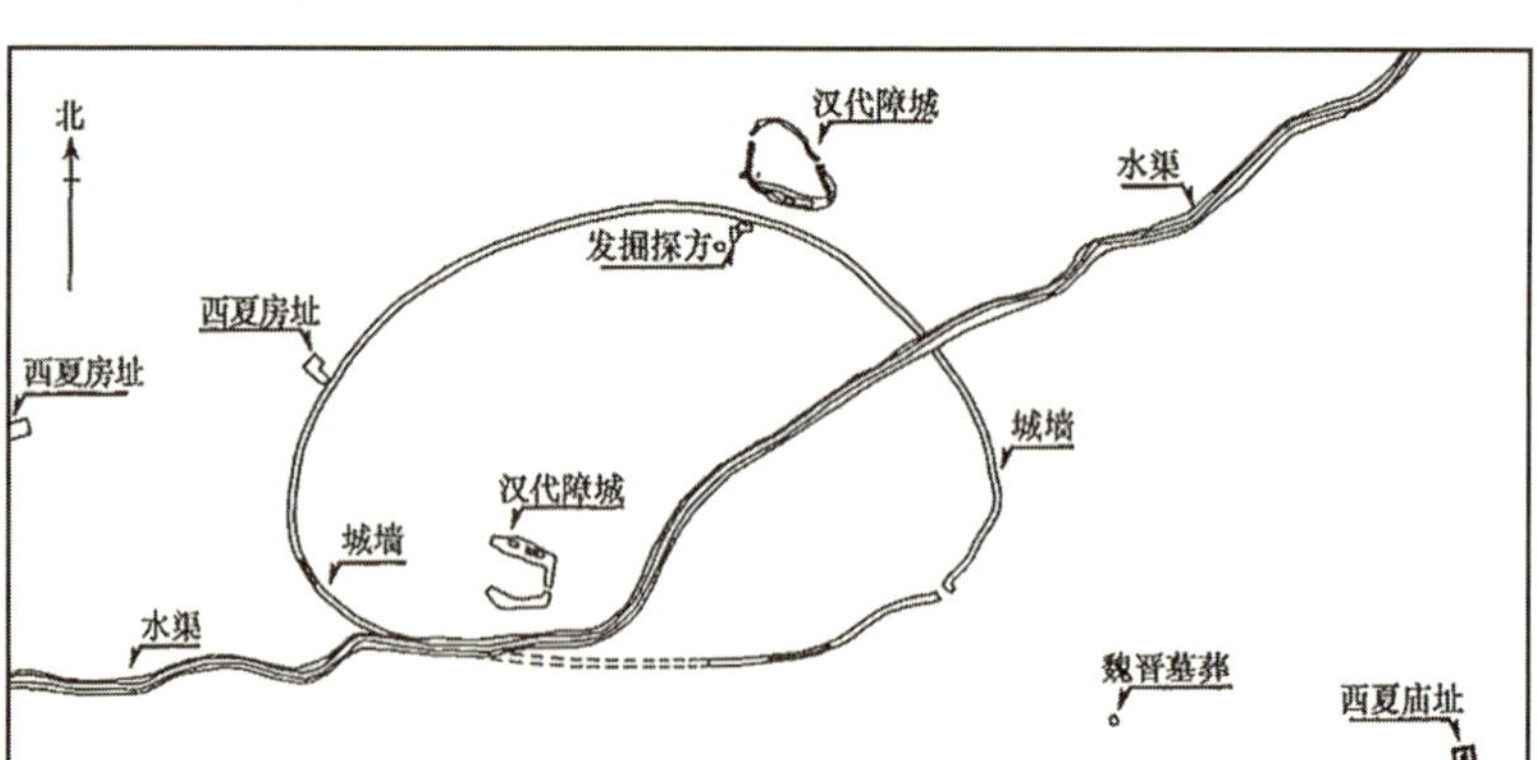

図２　緑城遺跡（『辺疆考古研究』7，2008 年，p. 356）

坦で、吉林大学辺疆考古研究中心・内蒙古自治区文物考古研究所が「漢代障城」と記す烽燧跡らしきものの他には、建築遺址の痕跡は全く見いだせなかった。また周壁は東西約三〇〇ｍであり、周壁内だけを農耕したものだとは考えにくい。周壁内に陶器の破片が散乱していたことと考え合わせると、周壁内は居住区であって、周壁外で（灌漑）農耕を行っていたと考える方が自然であろう。しかし、この緑城遺跡が長い期間にわたって使用されてきたことを考えると、漢代ではどのようなものだったのかを理解するのは容易ではなく、また、緑城遺跡を含んだ、緑廟遺跡（東西三・五km、南北一・五km）の全体像もいまだ明確になっているとは言えない。今回の調査でも、この点については新しい知見を得ることはできなかった。河道跡はGoogle Earthでは、西北から東南へ一五kmほど確認できる（北緯四一度四五分・西経一〇一度一三分～

北緯四一度四〇分・西経一〇一度二二分附近）。

（三）K710（居延県城？）

額済納旗の中心地・達来庫布からK710までは、当地で購入した旅行地図には道路が通じているように明記されているが、実際には道は存在しておらず、策仁扣氏の案内に従ってゴビの中を突き進んで向かった。途中で、鉄道の盛土をくぐり抜けたが、この鉄道の完成後、K688とK710を通じていたルートは寸断されてしまい、従来のルートで行くことができないとのことであった（図3）。

図3　鉄道線路

図4　「居延都尉府遺址」標識（K710）

このK710については、西北科学考査団(7)、甘粛文物工作隊(8)、李幷成(9)、吉林大学辺疆考古研究中心・内蒙古自治区文物考古研究所(10)による調査報告がある。さらに、それらのうち前三者を踏まえた上で宮宅潔氏が実見した結果を記述している。ただし、宮宅氏らが調査した際には、「強烈な砂嵐に襲われ、十分に観察できなかった(11)」とのことであった。我々が訪れた際には、雲ひとつない晴天で、遺跡の内外を十分に観察する機会に恵まれた。その調査したK710の詳しい報告は、高村武幸氏によるものがあり(12)、またそれを補った本書所収の同氏による「K七一〇遺跡の性格について」を参照されたい。

K710は、当初は居延都尉府の所在地だとされたので、そのような標識が

図5　K710柱穴跡

今も残されている。この標識はK710の南側に立てられていて、背後にはK710の南側の城壁跡が見える（図4）。

南壁は二～三mの幅を持っており、南に門があり、そこに磚が南北方向に敷かれているのが確認できた。城壁は南門付近で比高約三m、東門付近で比高約一m弱、幅は五～六mであった。東壁は、西北から東南の方向にかけて河水で流されたような断裂部分が多く認められた。

さらに南門の門外には、北東から南西方向に磚が、側面を上にして列をなして埋め込まれていた（口絵写真4）。これらは排水溝ではないかと思われる（吉林大学辺疆考古研究中心・内蒙古自治区文物考古研究所も磚敷の水渠の存在を指摘している）[13]。また、南門から二～三mの幅をもって北へと伸びる道と途中で東西方向に伸びる道とが整形されていた様子がかすかにうかがえた。したがって、このK710は南門から北へ伸び、中央でまた東西に伸びる十字路が存在していたのではないかと思われる。東西方向の道は東門と思われるところにつながっている。この道路と城内に存在していた列をなす柱穴跡（一m弱×一m弱）については、本書所収の高村武幸「K七一〇遺跡の性格について」以外で言及しているものがない（図5）。また、城壁内には一mから一・七m×一mほどの窪んだ箇所が多数点在しており、東北部にそれが多く認められた（同前高村論文参照）。城壁内に散見されたスラグ（鉄滓）の存在から、当初これらは小鍛冶跡ではないかと推測したが、焼け跡など熱を受けた痕跡が認められないので、その可能性は低いと言えよう。なお、吉林大学辺疆考古研究中心・内蒙古自治区文物考古研究所も城壁内に多数の「小型窯穴」の存在を記すが、柱列跡との区別をしていない。われわれの実見では、それらは大きさに明確な違い（柱穴跡はほぼ正方形で東北部に多く見られたものは長方形）があり、明らかに違う用途に使用されたものと考えられる。ただし、実見ではその両者の違いは、大きさと形だけであり、外見上では同じように見えた。正方形の窪んだ箇所は柱穴跡だと思われるが、長方形の窪んだ箇所の性格については、なお不明と言わざるを得ない。また、吉林大学辺疆考古研究中心・内蒙古自治区文物考古研究所は、道路の存在と東壁の断絶を記しておらず、実際はベリィマンの平面図のように砂やタマリスクコーンで形跡が認められない部分があった西壁もあたかも完存しているかのように記している点など、その平面図には問題がある（図6）。他にも、西壁に沿って存在しているとする「房址」も我々の実見では明確には確認することができなかった（図7）。

　城壁内の各所には陶片が散在しており、紋様が確認できるものも多くあった他、西南隅付近など、複数の箇所に石臼が放置されていた。東門の城内側からは地表に陶片が集中してあった。また東側の城外にも陶片が散在していたがこれは水流によって流されたものではないかと思われる。東壁は北側にいくにつれ、断裂部が多く見られ、その方向は、西北から東南へという方向であった。北壁は高さ約一mで、断裂はほとんどなかった。また長方形の窪みが集中して見られる北東部は全体的に地表が他の部分に比べてやや高くなっていた。

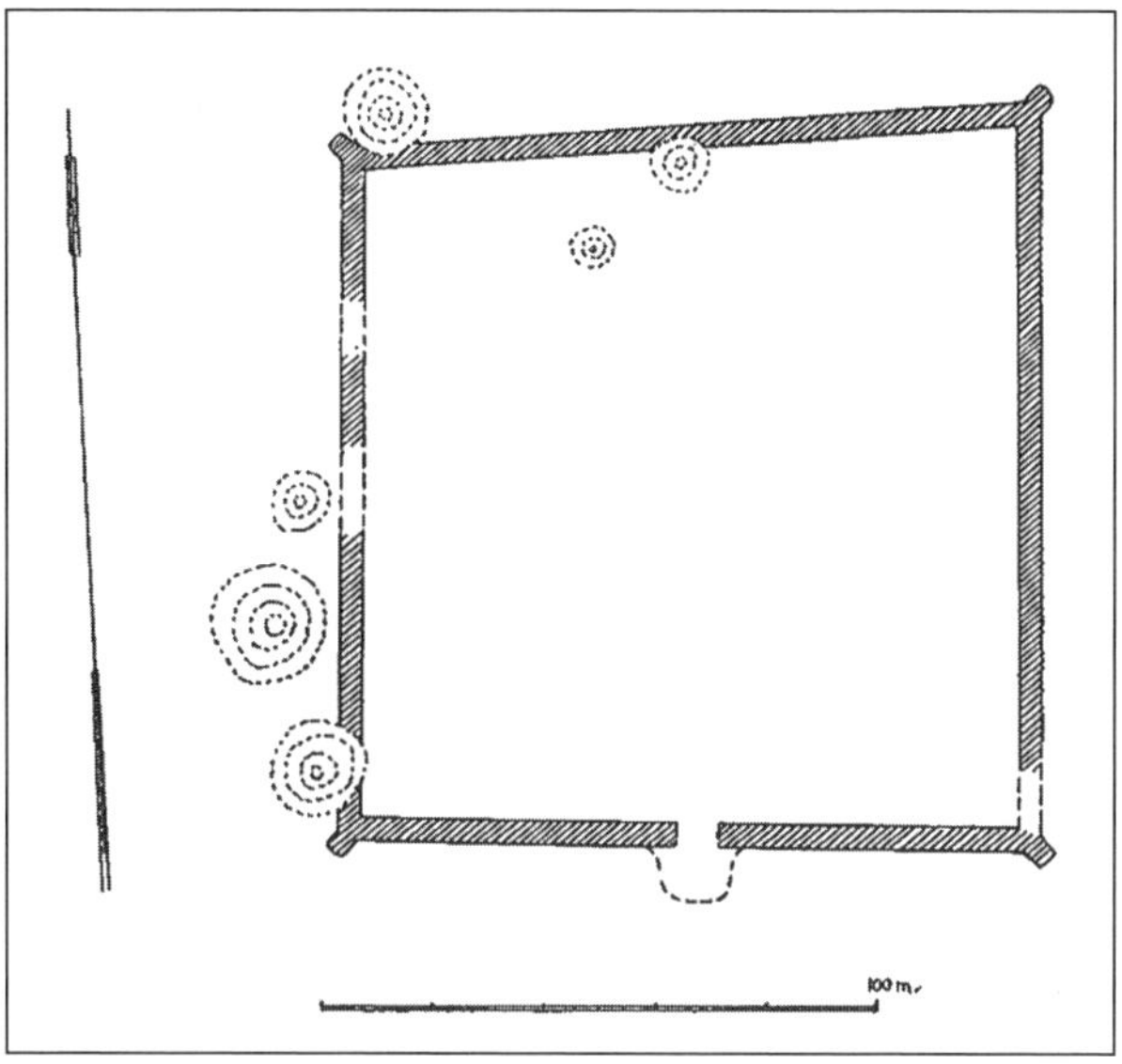

ベリィマンによる平面図

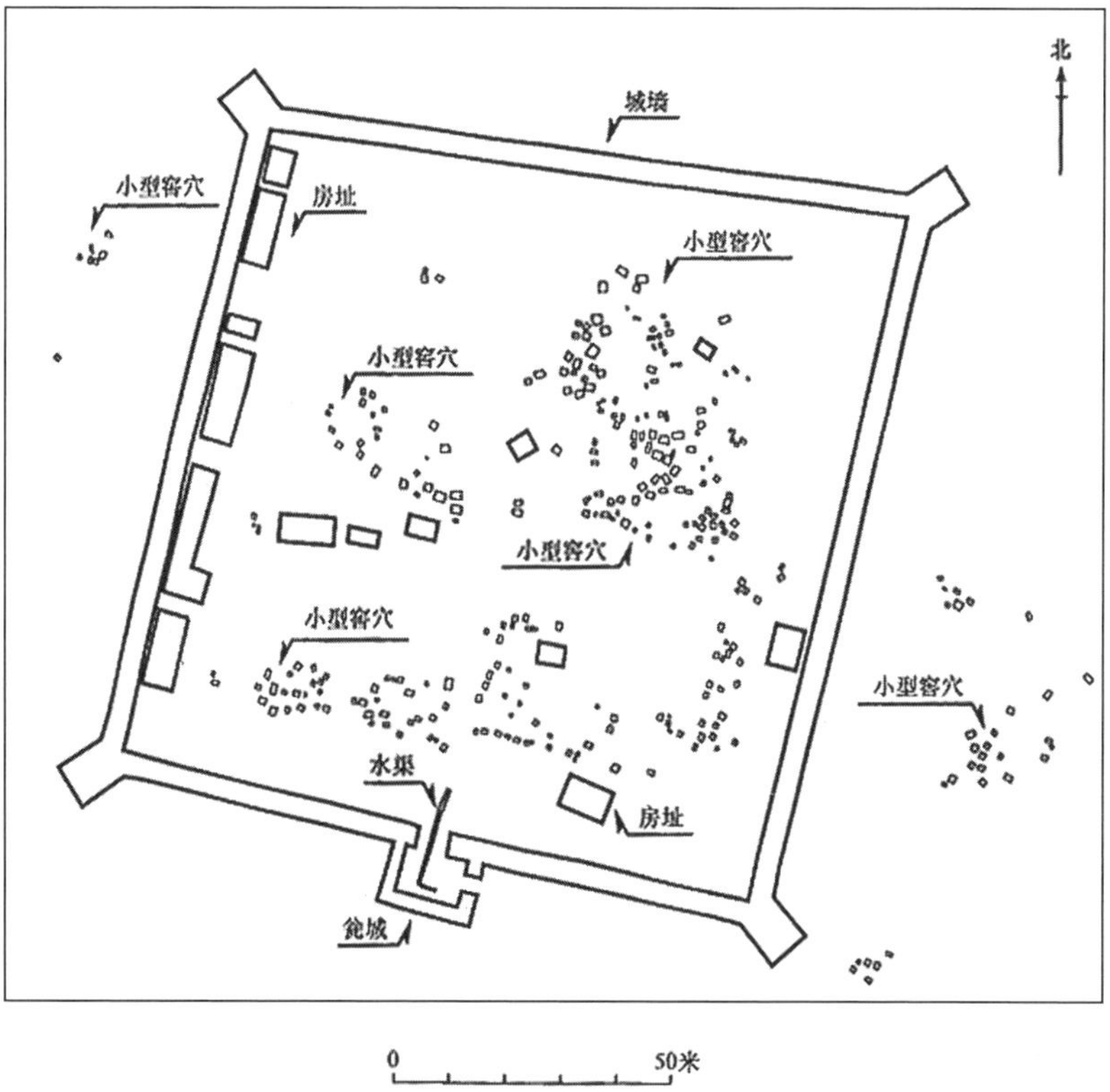

吉林大学辺疆考古研究中心・内蒙古自治区文物考古研究所による平面図

図6　K710 平面図二種

図7　K710（西北隅から南に西壁を望む）

図8　T9から南南西を望む

（四）T9（第十六燧）

　T9は、額済納旗達来庫布鎮の南西約六kmに位置し、東西を伊肯河（イケン・ゴル）と納林河（ナリン・ゴル）にはさまれている。T9から、南南西約五kmの地点にはA8があり、第十六隧はかつて他の番号燧とともに甲渠河北塞を形成していた。調査日は好天にめぐまれたため、南壁上からA8など南側の烽燧線を遠望できた（図8）。

　T9は一九九九年一〇月に発掘され、その際に簡牘六八点を含む遺物七〇点が発見された[14]。今回の調査は、それから九年近くが経過していたわけだが、遺跡の状態をよくとどめていた。発掘調査報告に載せられた平面図に、今回の実見の結果を加えたものをあげた（図9）。

　烽隧の大きさは南北一一m、東西一四mで、磚築でできている（口絵写真10）。よく観察してみると、後述するように、磚を積み上げたものに、葦などをまぜた泥を塗りつけていた。居住区はF1からF5に

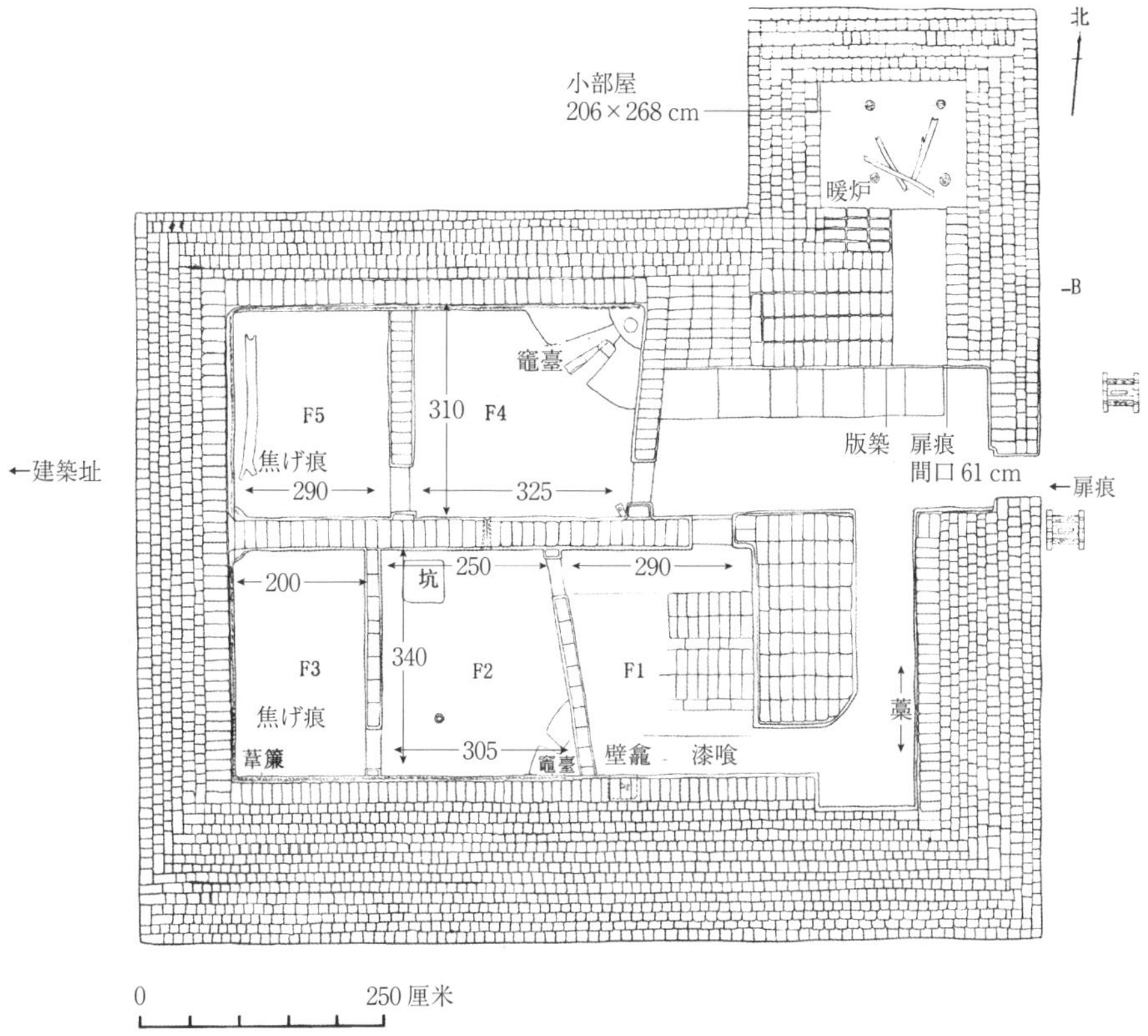

図 9　T9 平面（魏堅「額済納旗漢代居延遺址調査与発掘述要」所載の図に加筆したもの）

図 10　鉄滓（上の定規は 60 cm のもの）

図11　A9発掘残土より西側を望む

分かれており、東側の入口から西へ向けて通路と烽火台への階段が伸びている。烽火台は南北二〇六cm、東西二六八cmの小部屋になっており、烽隧には隧長以下五名前後が居住していたと言われるが、それに対応した広さと間取りであることが分かる。

図12　藁を挟み込んだ版築部分

烽隧の北東部には残土が流出している部分があった。また東側では、K710でも見られたものと同様な鉄滓（スラグ）が確認できた（図10）。ゴミ置き場も東方に位置していたようで、陶片が散乱していた。額済納一帯の遺跡では、風下にあたる東側あるいは東南側にゴミ捨て場を

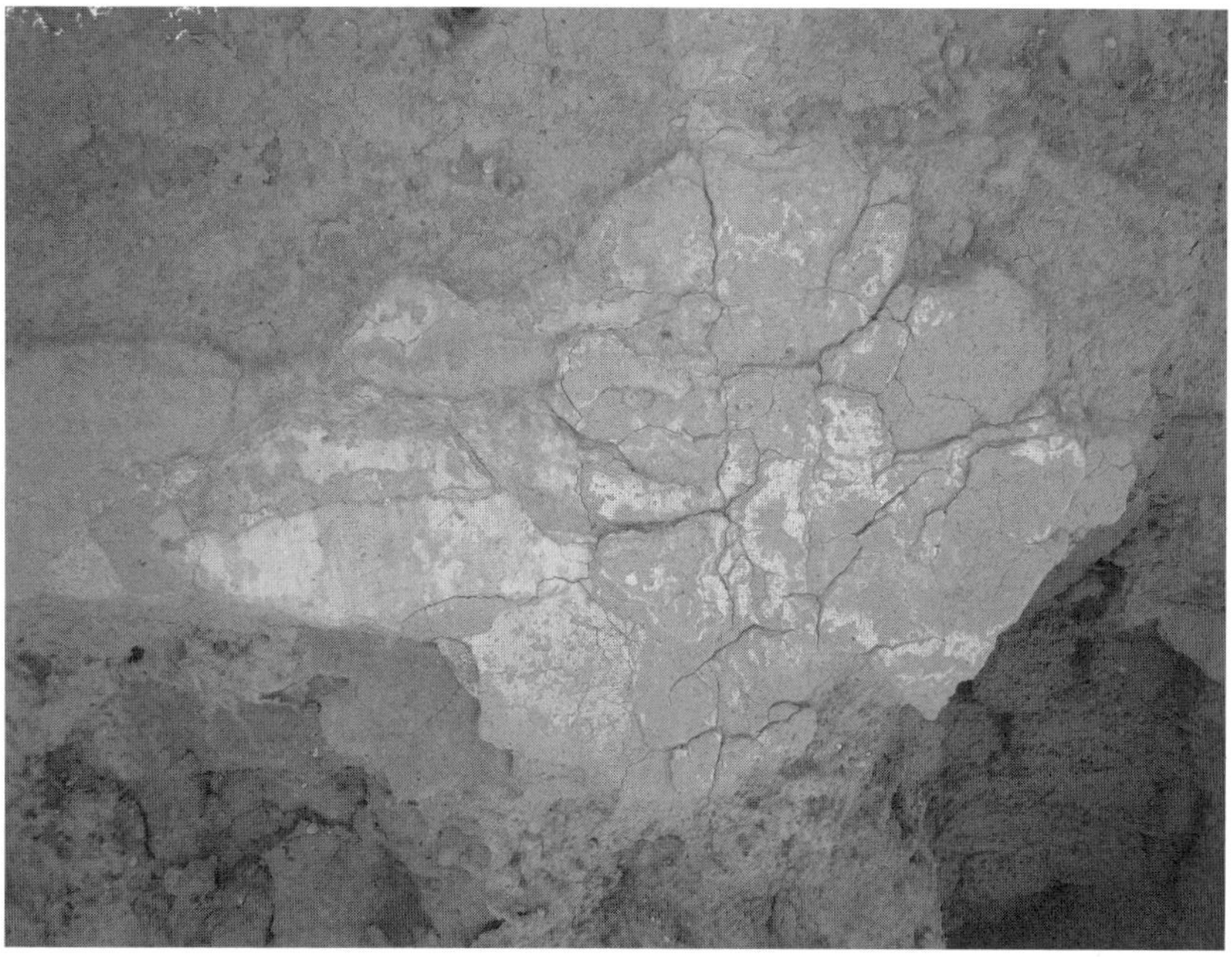
図13　白い漆喰の残る壁面

作るという法則が成り立つのではなかろうか。西側では「天田跡」と報告されている、建築址のような南北方向の隆起が確認できた（図11）。

　さて、T9の内部であるが、東壁に設けられた入口の左側に、落とし戸のような戸の痕跡が確認できた。入口から通路に進むと、すぐ右手に階段と、床面から五四cmほどあがったところに、烽隧下の小部屋に続く通路がある。この通路の入口にも戸の痕跡（間口約七〇cm）が残っており、敷居や戸枠がはっきりと確認できた。通路左手の壁には版築に用いられた藁が露出しており、烽隧の一部は版築で作られたことが分かった（図12）。さらに通路を進むと烽隧下の小部屋に出る。この小部屋は簡牘が出土しなかったためか、詳しい報告はないが、入口左手には暖炉跡（六三cm×一三一cm）と壁面には壁龕のようなへこみが残っていた。

　烽隧の南側の部屋の壁は漆喰で塗られていたとのことだが、入口から南に伸びる通路東壁で、漆喰の下地に使用されたであろう藁が確認できた。さらに、F1南壁では漆喰がいまなお白く残っていた（図13）。発掘報告では、F1西側の隅に焦げ跡の残る壁龕の存在を指摘しているが、その手前の部分を丁寧に観察すると、磚によって四角く仕切られており、この部分も暖炉であったと推測できる。このような焦げた跡は、他にもF3西壁の火墻（F2の竈から煙を引き込んだ）やF5の西壁でも視認できた（口絵写真11）。

（五）A8（甲渠候官）

甲渠候官は居延都尉府治下の三候官のひとつで、甲渠河北塞と河南道上塞というふたつの烽燧線を統括する機関である。周知のようにこの地点は、一九三〇年から一九三一年にかけて西北科学考査団によって調査され[15]、一九七三年から一九七四年には、甘粛居延考古隊による全面的な発掘調査が行われた[16]。

　居延漢簡のうち、一九三〇年代出土簡牘の大半は塢外東南のLocality I と、東の Locality II と呼ばれるふたつのマウンドから発見されており、その数はそれぞれ二〇〇余点にのぼる。この地点からは簡牘のほか、鉄器や木製品、その他の廃棄物が認められ、建築遺構が確認された。また、『居延新簡』[17] 約七八〇〇点のうち、塢内では三九二〇点の簡牘が見つかっており、塢内北部に位置するF22（文書庫に比定されている）や塢内北西部F16（甲渠候居室に比定されている）とその周囲、および塢内東北部F32（家畜小屋に比定される）内とその周囲に集中している。一方、塢外ではT50・T51から一〇一四点、T52からT59では二八四二点の簡牘が出土しており、前者は先述の Locality Iに、後者は Locality IIに相当する地点である。このふたつの区域から出土した『居延新簡』は、全体の過半数にのぼるため、今回の調査ではこの区域に特に注目して観察を行った。A8全体の簡牘の出土状況や塢内の様子については、本書に所収されている青木論文に詳しいので、参照されたい。ここでは、塢外で確認できたことがらを中心に簡単な紹介を行うにとどめる。

T52〜T59付近は、離れたところから見ると、まだ若干地面が隆起しており、磚や陶片が散乱していた。近寄ってみると細かい灰陶の破片や漆喰の残る方形磚、やや大きい陶片の口縁部などが検出され（図14）、この周辺に廃棄物が投棄されていた様子がうかがえる。また、同箇所には鉄滓（スラグ）も落ちており、T9での今回の知見もあわ

図14　陶片（口縁部・左の定規は60 cmのもの）

図15　虎落（逆茂木）

せると、候官や烽燧でも必要に応じて鉄器の製作や修理が行われていたと推測できよう。この他、塢外の南側の残土の内外にはまだ虎落（逆茂木）が残っていた（図15）。

最後に、西方の漢代長城線については、A8から西に一〇〇m足らずのところに石が散乱している地点がある。その周囲を仔細にみると、一〇～三〇cmほどの間隔で石が埋め込まれており（図16）、ここが長城の基礎部分であったと推測される。

図16　埋め込まれた石

（六）K688（居延都尉府）

今回の調査では主に城壁の状態を観察した。城壁はやや変形した正方形をしていたと推測されるが、南壁と東壁の一部分が約五mの高さ

図17　南壁（正面）と東壁（左側）

図18　K688城内の陶片

をもって残存しているのが確認された（口絵写真9・図17）。しかし、北壁に相当するものは確認できなかった。城壁内部には漢代と思われる陶片が検出された（図18）。西壁については大きなタマリスクコーンが途中に点在しており、調査時はそこが西壁だと考えたが、帰国後に諸文献や衛星写真を参考に検討した結果、タマリスクコーンの先に西壁が存在していたことが分かった。したがって、今回の調査では西壁の存在・状態を確認することができなかった。

K688遺跡については、近年、呉礽驤氏が平面図を作成している⑱。これによると、東に門のある長方形の大規模遺構と西側のやや小さい遺構の二つがあるように書いているが、今回の調査ではそれに該当する遺構は全く見いだすことができなかった。この点については、本書所収の片野竜太郎「漢代辺郡の都尉府と防衛線—長城防衛線遺跡の基礎的研究」⑲を参照されたい。衛星写真などと比較しても、ベリィマンによる平面図（図19）の方が正確であり、呉礽驤氏がどのような調査をもとに平面図を作成したのか、全く不明である。

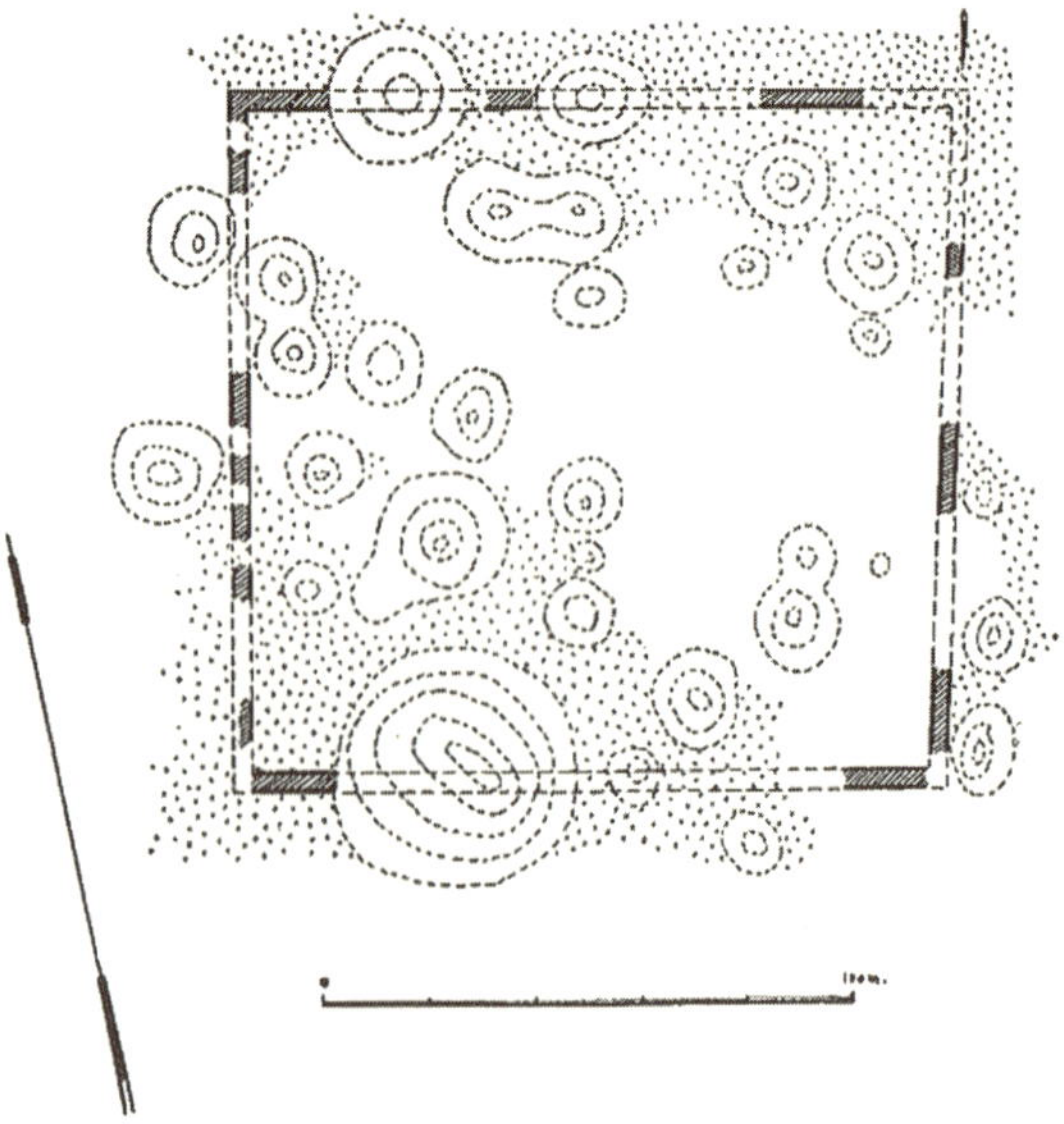

Fig. 45. Plan of Walled Enclosure K 688. Hatching = visible remains of wall of stamped clay, dotted contours = tamarisk cones, stippled = sand.

図19　K688ベリィマンによる平面図

（七）K789（大同城）

K789については、宮宅潔氏による調査報告記が従来の研究をふまえた考察を加えていて大変参考になる[20]。内城と外郭からなっていたと考えられており、内城は八六m×八六m、外郭も二〇八m×一七三mと、規模が大きい。ただし、現在ではそのほとんどが砂のマウンド状態になっており、城壁が残っている部分は僅かで、ベリィマンの図の斜線の部分のみである（図20）[21]。たとえば、内城の東南角は、砂に覆われ

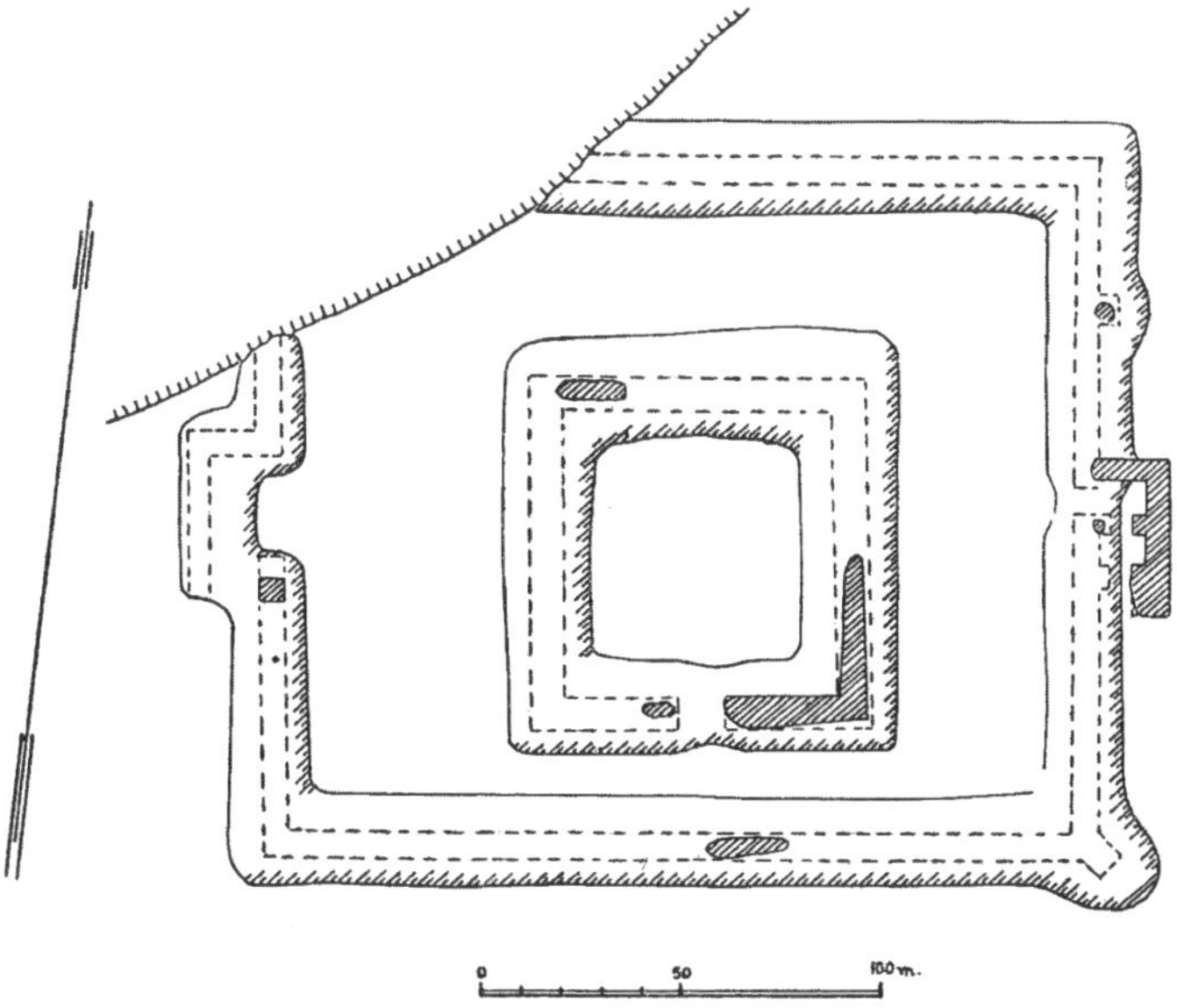

Fig. 75. Plan of the ruined stronghold K 789 (Adune-khure). Remains of houses found in the interior and outside the E wall are omitted.

図20　K789ベリィマンによる平面図

ており、角の部分は確認できない（口絵写真3）（K789の内城東南角を西から東に望む）。その東側の城壁には、直径二〇cm前後の穴が無数に開けられている。このような城壁の穴は、木の梁が差し込まれた跡だと言われるが[22]、現存する内城の東壁一面に穴が開けられているので（口絵写真3）、どのような建築物があったのか想像するのが困難である。内城の北壁にも同様なことが言える。これらの穴がすべて同時に梁を差し込むために使用されていたのであれば、梁だらけの建築物になり、空間が生じないからである。この点は、別の合理的な解釈が必要だろう。また、外郭の壁跡はほとんど残っておらず、ほとんどが砂の盛り上がりしか確認できない。内城の限られた残存状態と西北の河道の跡を考え合わせると、K789は、洪水で城壁が破壊された可能性が高いと言える。この点はK688も同様のことが指摘できよう。

おわりに

今回の額済納地域の遺跡調査にあたって、我々は事前に中国で作製されたいくつかの平面図をコピーして持参し、実見に臨んだ。しかし、特にK688の呉礽驤氏の平面図のように、その全体像をまったく現地で確認できず大変困惑したことがあった。調査を終えて帰国してから、Google Earthや実見結果を改めて検討してみると、遺跡のほとんどはベリィマンの平面図の方が正しいことが判明した。K710の平面図についても、中国で作製されたものと我々の実見とは異なる点があり、調査地域の遺跡の本格的な実測が待たれると同時に、当該地域の調査・検討は、西北考査団の段階の見解も踏まえることが重要だと改めて認識させられた。ただし、当然のことながら、たとえばK789の城壁

の穴を梁を差し込むものと考えると合理的ではないことなど、その見解についても再検討を加える必要があり、この地域の遺跡についてはなお検討を重ねていく必要があると感じられた。今回の我々の調査報告がその一助となれば幸いである。

注

（1）いずれも籾山明編『中国出土簡牘史料の生態的研究学術座談会要旨・資料』二〇一〇年、非売品、所収。中村威也「額済納・甘粛調査報告Ⅰ」（一一～一八頁）、鈴木直美「額済納・甘粛調査報告Ⅱ」（一九～二三頁）、片野竜太郎「額済納・甘粛調査報告Ⅲ」（二四～二八頁）。

（2）甘粛省文物局・甘粛省文物考古研究所『臨洮戦国秦長城　山丹漢・明長城調査報告』甘粛人民出版社、二〇〇七年。

（3）前掲注（2）甘粛省文物局・甘粛省文物考古研究所『臨洮戦国秦長城　山丹漢・明長城調査報告』、三七頁。

（4）景愛「額済納河下游環境変遷的考察」『中国歴史地理論叢』一九九四—一、一九九四年。

（5）宮宅潔「エチナ河流域の諸遺跡（エチナ河下流地域）」『古シルクロードの軍事・行政システム—河西回廊を中心として』（シルクロード学研究センター『シルクロード学研究二二』）、二〇〇六年。

（6）吉林大学辺疆考古研究中心・内蒙古自治区文物考古研究所「額済納古代遺址測量工作簡報」『辺疆考古学研究』第七輯、二〇〇八年。

（7）Sommarström, Bo. *Archaeological Researches in the Edsen-gol Region, Inner Mongolia,* Part1. Stockholm. 1956.

（8）甘粛文物工作隊「額済納河下游漢代烽燧遺址調査報告」（甘粛省文物工作隊・甘粛省博物館編『漢簡研究文集』甘粛人民出版社、一九八四年）。

（9）李并成『河西走廊歴史時期沙漠化研究』科学出版社、二〇〇三年。

（10）前掲注（6）吉林大学辺疆考古研究中心・内蒙古自治区文物考古研究所「額済納古代遺址測量工作簡報」、三五三～三五七頁。

（11）前掲注（5）宮宅潔「エチナ河流域の諸遺跡（エチナ河下流地域）」、二一頁。

（12）高村武幸「居延県城と漢代河西社会」『三重大史学』一〇、二〇一〇年。

（13）前掲注（6）吉林大学辺疆考古研究中心・内蒙古自治区文物考古研究所「額済納古代遺址測量工作簡報」、三五八頁。

（14）魏堅「額済納旗漢代居延遺址調査与発掘述要」（内蒙古自治区文物考古研究所等『額済納漢簡』広西師範大学出版社、二〇〇五年。

（15）前掲注（7）Sommarström, Bo. *Archaeological Researches in the Edsen-gol Region, Inner Mongolia,* Part1.

（16）甘粛居延考古隊「居延漢代遺址的発掘和新出土的簡冊文物」（『文物』一九七八—一、一九七八年）。

（17）甘粛省文物考古研究所『居延新簡—甲渠候官—』中華書局、一九九四年、所載の簡番号から集計した。

（18）呉礽驤『河西漢塞調査與研究』文物出版社、二〇〇五年。

（19）前掲注（7）Sommarström, Bo. *Archaeological Researches in the Edsen-gol Region, Inner Mongolia, Part1.* p. 103 Fig. 45.

（20）前掲注（5）宮宅潔「エチナ河流域の諸遺跡（エチナ河下流地域）」、二二三頁。

（21）前掲注（7）Sommarström, Bo. *Archaeological Researches in the Edsen-gol Region, Inner Mongolia, Part1.* p. 172 Fig. 75.

（22）前掲注（7）Sommarström, Bo. *Archaeological Researches in the Edsen-gol Region, Inner Mongolia, Part1.*

K七一〇遺跡の性格について

――「居延県城と漢代河西社会」補遺――

高村武幸

はじめに

筆者は、本書の調査報告に記された、二〇〇九年八月の内モンゴル自治区・甘粛省漢代遺跡調査に参加する機会を得た。[1]その際には複数の漢代遺跡を調査したが、なかでも先年刊行した拙著の中において、漢代河西社会について触れた経緯もあり、[2]居延県城の遺跡とされることが多いK710遺跡に対して強い関心を持って調査することとなった。

その結果については、二〇一〇年三月に刊行された『三重大史学』一〇号の中で、卑見とともに紹介したことがあるが、その後本書の刊行が決定し、調査研究としてK710遺跡について触れた前稿に手を加えた本稿を掲載する運びとなった。特に前稿執筆時には看過していた先行研究などの内容も踏まえた補遺を行なったものの、記述内容としては前稿の再録を中心とする点、ご了承いただければ幸甚である。

一、先行研究に基づくK710遺跡の概要

まず、K710遺跡の概要について触れておく。ただし、従来の先行研究でも西北科学考察団の知見を中心に、実地調査結果が繰り返し紹介されており、詳細はそれらの諸研究に譲ることとして、[3]本稿では最低限の紹介にとどめておきたい。

K710遺跡は、内モンゴル自治区額済納旗にあり、宮宅潔氏の提示されたGPSデータによれば、[4]北緯四一度五二分三六秒、東経一〇一度一七分〇一秒に位置する。ここは家屋址密集地域の中に位置しているという。城壁は四mほどの厚みを持ち、長さはそれぞれ南一二七m、北一二六m、東一三一m、西一二二m、高さは二m弱が残存している。南壁には門と考えられる開口部が存在しており、これを甘粛省文物工作隊は南門としており、また東門の存在にも言及している。[5]またそれぞれの城壁角には補強が加えられている。城内には、漢代の陶器片、石臼やレンガが散乱し、家屋址も複数存在している。城郭の東一kmの

所には漢代磚室墓が多数存在する地域がある。この遺跡は、居延都尉府とされるK688遺跡より時期的には後のものである可能性が指摘されている。

今回の調査においては、概ね以上のような先行する調査の結果を念頭に、次のような点を重点的に注意することとして、実見に臨んだ。

(1)K710遺跡は居延県城と考えられるかどうかを実見に基づき考察する

(2)城壁内の家屋址を確認する

(3)家屋址・城壁の状況・その他気付いたことを基に図を作成する

いずれも基本的には城壁内部の状況を観察することに重点を置いたもので、今回は城壁外の観察については極めて限られたものとなっている。また、二〇〇九年春頃、中国国内において、GPS機器をはじめとする測量を行い得る器具や、測量とみなされる行為に対する規制が強化された、との情報に接したため、今回の調査では小型のメジャー類以外の計器を持ちこまなかった。従って、以下の知見の中で示す数値は、二mを超えるものについては歩測または小型メジャーによる計測結果からの推算であることも申し添えたい。また、額済納調査の全日程には額済納旗文物管理所前所長である策仁扣氏の同行を得、遺跡の各所について適確な案内と説明を頂く幸運に恵まれたことを特記しておきたい。

二、K710遺跡の状況

(一)城壁の状況について

まず、城壁とその周囲にかんする知見から述べていこう。城壁は、残高一・五m~二m程度、基底部の厚さは四~五m程度と目され、先行研究で示された数値と大きく矛盾することはなかった。

最初に実見したのは南壁である。南壁には開口部があり、先にも触

上：南門　下：南門の二列の磚

上：城内西北角　下：城内からみた東壁裂部

れたようにこれを城門とする見解がある。開口部の幅は一〇ｍまではなく、六〜七ｍ程度、ほぼ南壁の中央部に位置していることから、人為的・自然的破壊で形成されたとは思えず、建造時から存在したものであろう。開口部の城壁外側西部には、城壁と並行するように磚が直線に埋め込まれていた（口絵写真4）。また、開口部中央には城壁と直角になるように、二列の磚が敷かれており、こちらは先行する調査では排水溝とされている[6]。さらに、この開口部の南方は城壁ほどではないもののやや盛り上がっており、その上に磚なども見受けられた。自然地形の可能性も残るが、同行した佐藤信から指摘があった、城門を覆うように構築された「甕城」の一部と考えた方がよいように思われる。これらのことから、南壁の開口部は磚で形成された排水溝などが設けられた城門と考えてよい。南門周辺には磚の破片が多数散乱しており、あるいは磚敷であったのかも知れない。南壁の東半部には陶器片が多く散乱していたのが印象的であった。

　次に実見したのは西壁である。西壁は所々が途切れており、そこから城内に向けて砂が流れ込んでいるような状況となっていて、城壁そのものの調査はほとんどできなかった。特に西北角から東南方向に向けて、砂が流れ込んだと考えられる痕跡があった[7]。砂上には漢代のものと思われる陶器片が散乱していた。西壁の中央部には一応開口部らしきものが存在しており、城門の可能性も残るが、確言しかねる状況であった。

　続けて東壁の状況をみると、何か所もが断ち切られたようになっているのが目立った。裂け目を仔細に調査すると、水流でえぐられたような跡に思われ、いずれの裂け目も西北方向から東南方向へ城壁を断ち割るようになっていた。さらに、東壁外には多数の陶器片や磚破片が流れ出したかのように散乱していた。これは、先行研究でも指摘されているように、洪水などによるものと考えるのが妥当である[8]。先の西壁西北角の砂の流入も、風によるもの以外に、水流にもよると考えると、東壁の状況と合致すると思われる。

　最後に北壁であるが、こちらは一部が砂やタマリスクで明瞭ではなかったものの、ほとんど残存していた。開口部もしくは裂け目のようなものは明瞭には確認できなかった。北壁も西へ行くと比較的砂が溜まっている印象を受けた。

（二）城内の状況

次に、城内の状況について述べる。南壁城門からほぼ北方に向けて、確認しづらいながら道路のような痕跡が確認された。幅は概ね城門の幅と同じで六ｍ前後である。前述のように、南門付近は磚敷であった可能性がある。この道路と思われる痕跡は、城内中央部までかろうじて辿れるが、そこから北壁あるいは西壁まで延伸しているかどうかは確認できなかった[9]。また、この道路と思われる痕跡は、中央部から東へも延伸しているように見受けられ、その先には東壁中央部の大きな裂け目が位置する。この点からも東壁中央部の裂け目が元来は門であった可能性が高い。本稿では以下、この裂け目を東門として記述する。

以上の点を総合すると、南北方向・東西方向の道路が城内中央部で直角に交差する十字路が存在したと仮定することが許されるだろう。以下ではこの道路を基準として、東南部・東北部・西半部に分けて述べていく。

(a)東南部

城内東南部でまず目立つのが、柱穴と思われる痕跡の列である。この柱穴は約一ｍ四方程度で、これが南壁と並行するように少なくとも三列存在し、最も痕跡が多い列で十数個にわたって並んでいた（口絵写真9）。最も南方のものは南壁から十数ｍほど離れていたが、実際には不明瞭ながら柱穴の痕跡と思われるものは他にもあり、城壁にもう少し近接しているものもあった。柱穴の痕跡の列の起点は、南北方向の道路に近接していた。先行する調査で指摘された「家屋址」に該当するものか。柱穴列から推測するに、かなり大型の建築物があったのではないかと思料される。

　この柱穴であるが、従来の調査記録を精査すると柱穴という意見はないようである。朱奎沢氏は、河西の辺境防衛機構の食糧貯蔵方式に窖（あなぐら）方式による貯蔵が存在すると言及し、漢代の居延の地では、関係する屯戍地点で窖貯蔵方式の遺構があることが明確に発見されており、形式からみて当時比較的普遍的に用いられていた円形の食糧貯蔵用の窖であると述べている。さらに、専門家の調査によれば、遺跡内の窖は配置が細かく合理的で、配列も整えられ、通気・排水設備なども独特に構築されていて、高い窖貯蔵技術を示しているとして、陳文豪氏から提供されたというK710と思われる遺跡の写真を掲げてある[10]。あまり鮮明なものではないが、筆者らが柱列と考えたものと考えられる。また、森谷一樹氏も、この痕跡のより鮮明な写真を掲げた上で窖蔵の跡との見解を示されている[11]。このように、城内東南部の痕跡については、貯蔵用の窖とする意見が多い点、前稿では取り上げないままとなってしまい、遺漏があった点、ここで訂正したい。また、二〇一〇年三月に三菱財団人文科学助成による研究の一環として開催した「中国出土簡牘史料の生態的研究」学術座談会の席上、考古学を専門とする出席者から、当該痕跡について柱列ではない可能性への言及があった。

　このような先行研究の意見などを参考にすると、基本的に実見した印象に過ぎない柱穴との見解に固執する必要性は特に感じられないが、一方で窖とする見解も、必ずしも積極的に支持する程の論拠が示されているわけではない。本稿ではひとまず、柱穴と仮定した上で、以下の議論を進めておくこととし、将来的にいずれか明確に判明した時点で、改めて再考したい。

　東門付近には、南門付近と同様、磚やその破片が多数散乱しているのが印象的であった。南門付近のように磚が列をなしているような遺構は確認できなかったが、門の付近は磚敷であったのかも知れない。また、石臼の破片は遺跡全体に散乱していたが、東南部には比較的原型を留めた石臼が多く確認されたのも印象的であった。東南隅（城壁

上：紋様のある磚　下：小鍛冶（？）跡

東南角内部）では、鉄滓（スラグ）が散乱していたのも注目される。後述する東北部の状況と関連する可能性がある。なお、籾山明により、東南部南壁付近で、「令」字が書き込まれた陶器口縁部破片が検出されたことを付言しておく（口絵写真6）(12)。

このように、地表面を観察しただけでも、東南部ではかなりの遺物が散乱していることが看取されたが、これらの遺物については、前述した洪水の影響を考慮する必要がある。西壁・東壁の状況からみて、洪水は西北方面から東南方面へ流れたと考えられるが、とすればその流れによって、城内の遺物が押し流され、東壁によって滞留したことも考えられるためである。従って、これらの遺物を東南部と結びつけて考えることには慎重であった方がよい(13)。

(b)東北部

東北部は、全体として他の区域に比べて少し隆起していることが確認できた。その部分に約一〇〇～一六〇cm四方の穴のような痕跡が多数散在しているのが見受けられた。これらは東南部の柱穴痕跡とは異なり、特に列を成しているわけではない。周辺には少なからぬ鉄滓もあり、冶鉄遺構、特に鉱石から金属を取り出す精錬ではなく、鉄や屑鉄から鉄製品を製作するいわゆる「小鍛冶」の遺構の可能性がある。ただし、現在報告されている製鉄遺址と比較して類似する遺構が見当たらず、地表を観察した限りでは高温で変色したような痕跡が見出されてもいないので、製鉄と直結するものかどうか、疑問もある(14)。竪穴住居の痕跡や、あるいは窖などであるかも知れない。

東北部南西角（十字路交差点の東北部）で、佐藤信により検出された基壇のような地形と、紋様入りの磚破片が注目される。この基壇のような地形は、周囲から盛り上がっており、筆者の眼には形が判然としなかったが、台形だったと考えられるという。磚破片は三角形の紋様が刻まれていた。また、この基壇様地形の上とその周辺には、磚が多く集中しており、この地形が基壇であったとすれば、基壇に磚を用いた何らかの建築物であったのではないか、と佐藤信は推測している。

(c)西半部

西半部については、前述した通り、城外からの砂の流入が激しいことが調査開始後すぐに判明したことに加え、東南部・東北部でそれぞれ思いがけない程の遺構が発見されたこともあって、今回の調査ではあまり時間を割くことはできなかった。それでも、南北路に沿うようにして存在する柱穴の痕跡が複数視認できた。

以下、今回調査の結果を簡単に図示しておく（本稿末尾図参照）。

三、K710遺跡の性格と河西社会

以下では、上記の調査結果を踏まえた卑見を述べていきたい。

（一）河西社会と鉄器

まず注目すべきは、K710遺跡に鉄滓が少なからず見受けられたことである。従来、漢代北辺の製鉄については、『漢書』地理志等に記載される「鉄官」の所在地が、北辺には少数しか存在しないことに加え(15)、以下の居延漢簡の存在から、ほとんど注目されることはなかった。

狠田以鉄器為本北辺郡毋鉄官卬器内郡令郡以時博売予細民毋令＝

＝豪富吏民得多取販売細民

（墾田は鉄器を根本とするものである。北辺郡には鉄官がないため、内郡に鉄器を仰いでいる。郡には時期をみてそれをひろく零細な民衆に売り与えさせ、富豪の官吏や民が多くを得て零細な民に販売するようなことがないようにさせ、…）

（EPT52・15. A8）

この簡には、北辺郡には鉄の専売を掌る鉄官が存在せず、鉄器を内郡からの供給に仰いでおり、それらの販売にあたっては郡に不公平の生じないような措置を取らせるべきことが明記されている。このように、鉱石からの精錬を伴う製鉄は無論のこと、単なる鉄器の販売についても北辺郡では制約が多いことが、同時代かつ同地域史料から判明している。以下の簡も、そうした状況と関係するであろう。

●甲渠言毋羌人入塞
買兵鉄器者

（甲渠は羌族の者が塞内に入り武器・鉄器を買っていない旨申告する）

（EPT5・149. A8）

甲渠候官が、その管轄範囲内で不法に異民族の羌族に武器・鉄器を売買するような行為がなかったことを申告した書類に付されていた楬（付け札）と思われるものである。この場合、「兵」すなわち武器が「鉄器」と併記されていることから、軍事的な意味合いがあってのことと思われるが、管理されない形での鉄器の流出についての取り締まりを示している。これも、辺郡での鉄器の価値がそれなりに高かったことを示す一例といえるだろう。こうした史料状況からみて、北辺郡での鉄器生産がそれほど盛んだったとは考え難く、K710の遺構が注目される。

ただし、内郡に比べれば相対的に鉄器の数量が少なく、価値も高かったにせよ、北辺郡で鉄器が希少なものであったとまではいえないことも、漢簡から看取できるのである。

第五丞別田令史信元鳳五年四月鉄器出入集簿　（310.19. A35）
之官録曰移新到□□☐

鉄臿大刀言叩頭死罪☐
箭五十鉄鎧□☐

（EPT49.85A. A8）

木質一　白玄甲十三領　革甲六百五十　鉄鎧二千七百一十二

（EPT59.183. A8）

最初の簡は、肩水都尉府（A35遺跡）管轄下にある騂馬田官の一部署の官吏、第五丞別田令史の信が管理している鉄器の出入を記録した帳簿の表題簡である。当然、農具類に用いられた鉄器ということになるが、まとまった数量の鉄製農具が存在したに相違ない。二点目の簡に見える「鉄臿大刀」は、おそらく臿の先につけた鉄の刃先で、こうした農具で官僚機構が所有しているような物が、先の簡のように管理されているのであろう。最後の簡は武器類のリストであるが、「白玄甲十三領」と「鉄鎧二千七百一十二」が鉄製防具類と考えられる[16]。数量からみて、都尉府もしくは太守府レベルでの保有数と思われるが、これもかなりの数量といえる。このように、官有品だけでも、農具・武器を中心とする鉄器が相当量辺郡に存在していたことは明らかである[17]。

無論、先のEPT52・15簡の内容から見て、これらの鉄器の存在が即、現地生産を意味しているわけではない。台湾・中央研究院歴史語言研究所に所蔵された、肩水候官（A33遺跡）出土の矢には、これが河南工官製であることが刻まれている[18]。材料の入手の難易にもよるとはいえ、このような消耗品さえもが河南郡からの輸送品である以上、他の武器も大半が内郡からもたらされたとするのが妥当である。

以上の点から考えてK710遺跡の鉄滓は、鉱石からの精錬によって産出されたものではなく、修繕ならびに屑鉄の再生利用（鉄材料と再生鉄とを利用した鉄器再生産を含む）によって生まれたものと考えられる。この点を考えるにあたり、戦国末期の史料ではあるが、睡虎地秦簡秦律が参考になる。

県・都官以七月糞公器不可繕者、有久識者靡蚩之。其金及鉄器入以為銅。都官輸大内、内受買（売）之、尽七月而觱（畢）。都官遠大内者輸県、県受買（売）之。（下略）

（県・都官は七月になったら壊れた官有品で修繕できないものについて、標識があるものは削りとる。銅器・鉄器は収受して金属原料とする。都官は大内へ輸送し、大内が受領してそれを売却し、七月末でやめる。都官で大内まで遠いものは県へ輸送し、県が受領してそれを売却する）

（睡虎地秦簡秦律十八種・金布律八六〜八八簡）

このように、官有金属製品で修繕できない状態のものは、金属材料とする旨が記されている。ここでは地方所在の都官（中央官庁からの派出部門）について[19]、中央の財政機構たる大内か、遠ければ近くの県に損壊器物を持ち込むよう規定されていて、県については規定がないが、都官が県に損壊器物の処理を委託するという内容からみても、こうした屑鉄・屑銅をはじめ、損壊した官有品の処理については、基本的に県が中心となって処理にあたっていたようである。秦代でも鉄の生産や流通に関与する官署が存在したことは各種の史料から指摘されていることなので、県が集めた損壊金属器物は後ほどこうした官署に渡されるか、さもなくば県が代わって同様の業務に従事したのではなかろうか[20]。特に、秦代とは異なり、K710の創建は前漢後半期、いわゆる塩鉄専売制が施行された後であろうから、こうした規定に類似したものが漢代でも存在したのであれば、K710遺跡の鉄滓も、修繕の他は、このような形で集積された鉄製品を金属材料として再生したり、鉄材料を加えて新たな製品に作り直したりする際に産出されたと推測されるのである。

なお、鉄滓について付言しておくと、今回の調査で実見した漢代遺跡のうち、K710遺跡と同じ額済納地域に存在する甲渠候官（A8遺跡）・第十六燧（T9遺跡）、及び敦煌の玉門関（T14小方盤城遺跡）の各遺跡において、それぞれ鉄滓が検出された。この鉄滓は遺跡との関係から漢代のものと考えられるが、これらの性格をどう考えるかは今回の調査参加者の間でも意見が分かれた。筆者は、遺跡の性格によってこれらの鉄滓の性格も変わるのではないかと考えている。

玉門関遺跡は有名な約一六m四方の堅牢な城壁遺跡で知られるが、近年の調査によれば約一二〇m四方の城壁を持つ大規模遺構で[21]、本書所収の片野論考でも議論されているように、玉門都尉府の遺構の可能性が高い。都尉府級の官署にはある程度の人員に加え、各種の付属施設も近傍に存在していたと考えられるため、K710遺跡と同様に、都尉府や近傍の付属施設で、指揮下各部署の損壊鉄器を回収・再利用もしくは修繕していたと推測することが許されよう[22]。

一方、甲渠候官は、県とほぼ同格の辺境防衛組織で、指揮下人員は二五〇名から三〇〇名を数えたとされるが[23]、甲渠候官そのものには官吏・戍卒あわせて二〇名前後の人員が詰めていたと考えられる[24]。このうち様々な雑務をこなすのが戍卒らであるが、彼らの仕事を示す簿籍である「作簿」類をはじめ[25]、居延漢簡や敦煌漢簡には、鉄滓を出すような金属製品の加工作業と思われる記載は管見の限り見いだせない。候官常備の武器で傷んだものについて、修繕の可否についての記載がある簡牘（下記の事例は書式見本[26]）もある。

〼鐵鍉瞀若干　其若干幣絶可繕　　（49.26, A8）

だがこの修繕が候官で行なわれたのか、行なわれたとすればどのような修繕であったのかまではここからは判然としない。さらに鉄滓を出すような修繕作業が実施されていたのかが疑問なのは烽燧である。烽燧には官吏である燧長の他、三～四名の戍卒が詰めているに過ぎず、本来の監視業務に烽燧や天田、長城などの設備の維持補修作業を加えれば、手一杯というのが実情であろう。鉄器の修繕作業などよりは作成に手間がかからないであろう簡牘類でさえ、供給を候官に仰いでいると考えられる以上(27)、烽燧での鉄器修繕作業については懐疑的にならざるを得ない。根本的な問題として、冶鉄技術を有する者がそれほど多数いたとは考えにくいことも挙げられよう。これらの遺跡で検出された鉄滓は、他の目的（例えば「羊頭石」、敵にぶつけるための石の代わりなど）で持ち込まれたか、冶鉄技術を有する者が派遣されるなどして臨時にそこで修繕作業などが行われた結果の副産物、と推測するのが穏当ではないだろうか。

以上の議論を踏まえると、漢代河西社会において、鉄器は基本的に製品、さもなくば鉄材料の形で内郡から流入するものであったとみてよい。その流入は、官用品・民生品問わず、先のEPT52・15簡に如実に示されたように、官僚機構、大きくいえば漢帝国中央の統制下に置かれる部分が大きかった。その点では、前掲注(2)拙稿で示した、物流の多くを官僚機構の存在に頼る河西社会の状況は、河西での生産が困難な鉄において非常に明確な形で表れているといえる。流入後の鉄器は、官有品については損壊するまで使用された後、修繕・再生産という形で、北辺社会の中で流通し、消費されていった。民生品についても、官僚機構の統制がやや及びにくい状況ではあったろうが、ほぼ同様だったのであろう。推測ではあるが、EPT5・149簡が示すように、異民族への売却により塞外へ流出することはあっても、河西から再度内郡へ還流するようなことはほとんどなかったのではないか。だとすれば、内郡に供給を仰がねばならないこともあり、鉄器の修繕・再生産については官民問わず内郡より積極的で、そうした意識が流入した鉄器の還流を妨げていたことにもなるであろう。こうした鉄器の修繕・再生産だが、辺境防衛組織内では、烽燧（里級）・候官（県級）では基本的に冶鉄技術を要するほどの作業は日常的には行ない得ず、冶鉄技術者を擁する別の機構に依存していたと考えられる。この鉄器の修繕・再生産について、漢代居延地区での中心の一つがK710遺跡であった可能性が高い。

(二) K710遺跡の性格について

K710遺跡の性格については、従来から強くその可能性が指摘されてきたのが、「漢代居延県の県城」というものであった(28)。しかし一方では、多くの研究者がこの可能性に賛意を示しつつも、明確な断定が避けられてもいた。その理由は、第一にK710遺跡からは簡牘類が発見されておらず、他の遺跡のように文字史料による確定が出来ていないことが挙げられる。文字史料の裏付けがない限り、断定が難しいことはいうまでもない。第二に、県城遺跡としては規模が小さいことであり、その点を問題視する先行研究も存在する(29)。第三に、この居延地区の軍事と一部行政の中心地であった居延都尉府遺跡とされるK688遺跡に比べ、年代がやや新しい可能性が指摘されていることである(30)。

今回の調査では、参加者全員がこうした点を念頭に遺跡を実見して、それぞれこのK710遺跡の性格を考えてみることに重点が置かれていた。数時間に過ぎない実見である以上、危うい部分が多々あることを認めつつも、以下、筆者の見解を述べて、批評を仰ぎたいと思う。

K710遺跡が県城としてはかなり小さめであることは、他の県城遺跡とされるものとの比較からも首肯しないわけにはいかない。前掲注(2)拙稿においても、全ての里が居延県城内に存在したとは考え難いとし、一説に八〇以上存在するとされる居延県の里の中から(31)、城内に存在したと思われる三つの里を指摘したが、実見の上での率直な感想を述べれば、三〇戸程度の小規模な里であってもはたして城壁の内部にどれほど存在し得たのかという疑問を持った。

ただし、小さいということのみで、Ｋ710遺跡が県城としての機能に欠けると断ずるのも無理があろう。現状では居延県の官僚機構の規模は不明であるが、少なくとも県官僚機構の中枢である県廷を収容できないとは考え難い。辺境防衛組織の中で県とほぼ同格の甲渠候官では、長官の候・副官の塞尉の他、書記官たる令史と尉史六名程度で候官官僚機構の中枢を構成していたが、Ａ８甲渠候官遺跡の調査報告や実見結果からみて、本書所収の青木論文の指摘にあるように、探方三七・三八周辺がその執務空間と考えられ、広さは二〇ｍ～二五ｍ四方程度ではないかと考えられる。居延県の場合、民政を掌る必要上、より多くの吏員を擁していたと考えられるが、二五名程の吏員がいたとしても(32)、面積的には四〇ｍ～五〇ｍ四方程で充分であり、これはＫ710を十字路で四等分した一区画で収まる。さらに、県の実務部門が県廷と別の場所に官署を設ける場合があったことは、里耶秦簡を用いた議論により明らかとなっている(33)。

確かに、城内に県民の居住単位である里がさほど収容できないという事実は否めないが、この点は、すでに前掲注(28)籾山論考ならびに注(2)拙稿で、城外に里が多数存在した可能性を論じており、これが現地の遺跡の分布状況とも矛盾しないことは注(30)森谷論考で指摘されている。実際、筆者らの調査時にも、Ｋ710遺跡付近で度々車が砂で動けなくなり下車することがあったが、そのたびにＫ710遺跡内部で見かけたものと酷似する、漢代のものと思われる陶器片を少なからず見出した。こうしたことも、上述の議論を裏付ける傍証になろう。

さらに、第一節で述べたＫ710遺跡の状況を勘案する必要がある。まず、少なからぬ鉄滓の存在から、Ｋ710遺跡がこの地域の鉄器の修繕・再生産に関連する重要な役割を果たしていたと思われるが、秦律の規定を参考に考えれば、鉄官が存在していないため、そうした業務を中心的に行なう可能性が高いのは県である。そしてＫ710東南部に、十数本以上の柱列―むろん柱穴だとしてであるが―を複数持つ比較的大型の建築物が存在した可能性があることも無視できない。

年代の問題については、Ｋ688と比べてどの程度新しいと考えられるのかが明確ではなく、議論がしづらい点がある。もっとも前掲注(2)拙稿で考察したような、「辺境防衛機構による屯田・インフラ整備↓整備終了地への入植と屯田区の移動」が繰り返されるという開発の経過をたどったとするならば、Ｋ688に当地の屯田を掌る居延都尉府が先に建設され、居延県もＫ710近辺に設置はされたものの当初は小規模なもので、開発が一段落した宣帝期以降(34)、改めてＫ710が建設された、という推測も成り立ち得るであろう。

また、森谷一樹氏によれば、緑城遺跡より東北八・五㎞の位置に、Bj2008遺跡という漢代に属するであろうＫ710に匹敵する規模の遺跡が存在することが指摘されており、居延県城の新たな候補となり得ることは確かである(35)。従来Ｋ710と緑城が候補となっていたのは、Ａ８出土居延漢簡の中に、Ａ８甲渠候官から居延県の某里までの距離を示す簡牘があり、それによると八〇里（約三三㎞）という記載が多い。里が集中する場所に県城があったと仮定すると、Ａ８からの直線距離が約二九kmのK710や約二七kmの緑城が候補として有力だと考えられることとなる。無論、こうした距離は直線距離ではなく実際に当時の人が歩いたであろう交通路の距離が記されているのであろうから、この点だけでBj2008遺跡を排除するわけにはいかないが、緑城からさらに八・五kmすなわち漢代の二〇里を隔てるとなると、やや遠いようにも思われる。

以上のように、実見結果を踏まえて再検討すると、K710遺跡を居延県城と断ずることを躊躇させる理由のうち、如何ともし難い文字史料の欠如を除いては、規模・年代の問題とも、大きな障害とはなり得ない。現状では、史料的に不明確な部分があること、また本稿で述べた製鉄の問題については更なる検討が望ましいという条件付きではあるが、K710遺跡を漢代の居延県城と認めてよいと考えられる。

（三）K710遺跡と漢代河西社会

前項までの議論を前提に、改めてK710遺跡を中心とした漢代居延県の状況を考えると、次のようになるのではないか。北を上にして考えると、現在の額済納河の下流域にあたる地域に、長城を伴う烽燧線と湖で概ね三角形に囲まれた地域が存在し、その中心に居延都尉府（K688）・居延県城（K710）が位置する。県城内部は、県廷や工房など行政関係の施設を中心とし、居住区画たる里は、県城内にはさほど多くは存在しない。あるいは、城壁に接するようにして存在する里などもあったかも知れない。県城から離れた里やその構成要素の辟は、それぞれ防御・防風砂用の壁などを持ちつつ、この三角形の地域内に散在していた。これは、かつて拙稿で想定した状況と大きくかけ離れるものではない。

さて、先行する調査の成果に加え、今回の実見結果によって、居延地区については、開発の過程・開発後の状況はある程度まで明らかになったといえよう。次に問題となるのは、この状況が同じ時期に開発された河西の他地域にも敷衍できるかどうかであろう。

防壁があるとはいえ、県城から離れた規模の小さな居住地単体で、匈奴や羌などの攻撃を防ぎきるには困難が伴う。にもかかわらず、一種の散村のように居住地が散在し続けていたのは、居延地区自体が烽燧線と長城に囲まれ、異民族の侵入があってもすぐに報せが伝わり、都尉府からの迎撃兵力が烽燧線のどの地点にもさしたる時間差もなく出られる体制にあったためであろう。極論すれば、巨大な三角形の城壁に耕地ごと囲繞されていたのが居延地区の実態だともいえる。従って、居延県の人口の少なさもさることながら、分厚い防壁を持つ大型の県城内に、里を多数取り込む必要性が薄く、またそれでは耕地を耕すこともできないため、県廷とその付属施設を中心とする小規模な県城で充分だった側面があるのではないか。しかし、河西の他の地域ではどうであろうか。

李并成氏によれば、河西四郡の漢代県城遺跡の多くが、周長一〇〇〇～一四〇〇m前後とされる。そしてその周辺に、小規模な城郭遺跡を複数伴う例があって、郷城や軍事施設などであるという[36]。漢代敦煌郡冥安県城遺跡とされる遺跡は、城壁一辺につき五〇〇mを超えているが[37]、人口面でいえば、『漢書』地理志による限り、居延県が属する張掖郡は八八七三一人で県一〇、冥安県が属する敦煌郡は三八三三五人で県六、一県あたりの人口では八九〇〇人と六四〇〇人と、敦煌郡の方がかなり少ないことになる。参考までに、他北辺地域の漢代県城遺跡の事例を掲げてみると、漢代上谷郡夷輿県城遺跡とされる北京市延慶県古城村遺跡は、現存する北壁のみで一八一m、実際には四三〇mを越えていたという。[38] また漢代定襄郡安陶県城遺跡と推定される内モンゴル自治区呼和浩特市二十家子城址は、外城一八〇〇m、内城一二八〇mという。[39] 李并成氏による遺跡比定が正しいとすれば、河西の他地域の県城は、周長五〇〇mの居延県城よりは大規模なものが多いということになる。同じ河西内部で、県城の規模が異なった理由は如何なるものであったのだろうか。推測を交えることになるが、考えてみたい。

　河西の他地域では、基本的に河西回廊に沿って東西方向に長城を伴う烽燧線が設けられており、その南方に県をはじめとする居住地が設けられた。さらにその南方後背には、数千m級の山々が連なる祁連山脈がある。つまり、南北方面については比較的防備しやすい体制ということが出来るのだが、『漢書』地理志に、河西回廊に郡が設置された理由として、

　自武威以西、本匈奴昆邪王・休屠王地、武帝時攘之、初置四郡、以通西域、鬲絶南羌・匈奴。

（武威より以西は、元々匈奴の渾邪王・休屠王の地であったが、武帝の時にこれを打ち払って初めて四郡を設置し、西域と通じ、南の羌と匈奴を隔離したのである）　『漢書』地理志下

とあるように、南方の羌族の脅威は必ずしも軽視できるものではなかったであろう。また、東西方向についていえば、交通路が通っていることもあり、東西に対する長城を伴う烽燧線のような防衛線はあまり設置されなかった。こうした点を踏まえると、東西に細長いという地勢的制約上、各都尉府からの迎撃兵力が烽燧線のいずれの地点にも大きな時間差なく到達することは難しく、県城自体の規模を大きくして一定程度の防衛力を持たせる必要性があったとも考えられよう。開発の方向も、当然ながら東西方向に細長く延びることとなり、居住地も防衛線内に散在するというよりは、東西に連なる形となる。

　巨視的にみれば、河西のどの地域でも「辺境防衛機構による屯田・インフラ整備→整備終了地への入植と屯田区の移動」という開発過程を辿ったと考えられ、その点での均質性を看取することは許されるだろう。また、河川や起伏によって匈奴や羌、また漢の軍隊が移動可能な地点はある程度限定されるであろうから、実際には必ずしも烽燧線の各所に兵力を差し向ける必然性も高くはなかったかも知れない。ただ、同じ河西でも、条件によっては県城の規模や県城外の居住地の存在形態に差異が生じた可能性があることを念頭に、河西社会を地域ごとにみていく必要があると思われる。K710遺跡を中心とする現内モンゴル自治区額済納地域の状況から推測される状況は、漢代居延地区の状況である、という限定をつけながら、他の河西地域や北辺地域の考察に役立てていく方策を考えたい。

おわりに

　K710遺跡について、本稿では漢代居延県城遺跡と考えてよいとの見解を示した。無論このことは、漢代を通じて同遺跡が唯一不変の居延県城であったと断ずることとは別であるが、少なくとも相当の期間にわたり、K710遺跡が居延県城であったと考えてよいのではないか。

　また併せて漢代河西の他地域との違いについても触れた。今後、この点を考えていくにあたっては、甘粛省に現存する漢代河西四郡の県城とされる遺跡について、いくつかの遺跡を選び出し、今回のK710遺

跡調査と同等の調査を実施する必要がある。その上で、先行する調査の結果と併せ、K710遺跡の状況と比較検討が可能な基盤を構築することにより、遺跡の状況と典籍文献・出土文字の両史料を併せた漢代河西社会の研究が可能となろう。

漢代辺境社会の研究は、史料的に河西に偏りがちな傾向を持たざるを得ないが、河西以外の地域にも眼を向ける必要がある。例えば先に触れた、北京周辺の漢代県城遺跡の中には、上谷郡や漁陽郡など、漢代北辺東部の郡のものがある。こうした遺跡についても、関連史料と調査報告を収集・検討し、実見することで得られる成果があろう。さらには、北辺の烽燧線、いわゆる「万里の長城」のような明確な境界線を見出し難い南方辺境の状況についても、注意を払っておくべきである。

このような作業を継続することにより、各辺境社会の状況が明らかになり、漢代辺境社会の歴史的位置付けが可能になると思われる。

注

（1） この調査は、三菱財団人文科学助成金を得て、二〇〇九年八月五日～一七日にわたり実施された。代表研究者・籾山明（埼玉大学教授、現・東洋文庫研究員）、協力研究者・佐藤信（東京大学教授）・髙村武幸（慶應義塾・国士舘・日本大学等非常勤講師、現・三重大学准教授）の他、研究協力者として片野竜太郎（国士舘大学博士課程）・鈴木直美（明治大学講師）・中村威也（跡見学園女子大等講師）・廣瀬薫雄（復旦大学出土文献与古文字研究中心講師、現・副研究員）の各氏が参加された。また、調査全般にあたり、何双全氏（甘粛省文物保護維修研究所研究員）の御協力を得た。記して感謝の意を表したい。

（2） 「前漢河西地域の社会―辺境防衛組織との関わりを中心に―」（拙著『漢代の地方官吏と地域社会』第四部第三章、汲古書院、二〇〇八年［初出二〇〇六］）。

（3） K710遺跡の報告としては、Sommarström, Bo, *Archaeological Researches in the Edsen-gol Region, Inner Mongolia*, PartI, II. Stockholm, 1956, 1958. があり、他にも甘粛文物工作隊「額済納河下游漢代烽燧遺址調査報告」（甘粛省文物工作隊・甘粛省博物館編『漢簡研究文集』甘粛人民出版社、一九八四年）等がある。それらを踏まえた上での実見に基づく記述を加えた最近のものとしては、宮宅潔「エチナ河流域の諸遺跡（エチナ河下流地域）」（『古シルクロードの軍事・行政システム―河西回廊を中心にして』シルクロード学研究二二、二〇〇五年）がある。また、個別の研究者の実見に基づくものとしては、李并成『河西走廊歴史時期沙漠化研究』（科学出版社、二〇〇三年）などがある。

（4） 前掲注（3）宮宅論考参照。

（5） 前掲注（3）甘粛省文物工作隊論考参照。

（6） 景愛『居延滄桑―尋探消失的緑洲』（中華書局、二〇〇六年）。

（7） 前掲注（3）甘粛省文物工作隊論考でも、西壁部分の砂の滞留状況について触れている。

（8） 前掲注（3）宮宅論考参照。なお、前掲注（6）景愛著書では、西壁中央部の開口部や、東壁南部の裂け目について、後から人為的に開けられたものか、風蝕の可能性を指摘する。注（3）甘粛文物工作隊報告も、裂け目の一部を風蝕と考えている（ただし、門の可能性も指摘する）。西壁の開口部は人為的だとすれば元来の城門と考えられ、東壁の裂け目は水流によるものと考えた方がよいように思われる。

（9） 同行した佐藤信によれば、西方・北方へも道路が延伸しているように見受けられるとのことであった。

(10) 朱奎沢「漢代河西屯戍系統的倉」(『中国農史』二〇〇六年第二期)。

(11) 森谷一樹「黒河下流域の遺跡群」(『アジア遊学』九九、二〇〇七年)。

(12) この「令」字陶器片は、口縁径二五cm程の瓶と推測され、焼成前にへらなどでその内側に文字を陰刻したと考えられる。実測図は後掲する。この「令」字が何を意味するのかは、現状では不明である。

(13) なお、洪水については、西方からのみK710遺跡に流入したとは考え難い点もある。周囲の河川の状況についても、先行研究などで指摘されるように、K710西方のみに存在したわけではない。こうしたことを考慮すると、西壁付近の砂の堆積も、風による可能性を否定することは難しい。また、近年K710も観光地化しており、見学客が多くなった影響で地表面の遺物が元来の場所を離れることもありえる。

(14) 漢代の製鉄に関する論考は、塩鉄専売制との関連もあって多数存在する。ただ、実際の遺跡の状況については、ある程度規模の大きな製鉄遺跡の報告はあるものの、小規模の製鉄遺跡については管見の限りあまり報告がなく、今回の実見でみられた遺構が、製鉄と関連するとして、漢代製鉄のどのような施設の遺構か、あるいは鍛造用のものか鋳造用のものかといったことは、明らかではない。

(15) 北辺の鉄官については、『漢書』地理志によると西から隴西郡、漁陽郡、右北平郡、遼東郡に所在しているが、北辺西部では隴西郡のみとなる。

(16) 「白玄甲」は、例えば『史記』周本紀で、武王が紂王の嬖女の遺体に対して「撃以剣、斬以玄鉞」とする場面があり、『史記集解』が引く宋均の注に、「玄鉞は鉄を用い、磨礪せざるなり」とあることから、玄＝鉄、鉄甲の意であろう。白色を帯びた鉄で作成された鉄甲を意味するものと思われる。

(17) 一九七〇年代のA8甲渠候官遺跡の発掘でも、鉄器類が発見されている。甘粛居延考古隊「居延漢代遺址的発掘和新出土的簡冊文物」(『文物』一九七八年第一期)参照。

(18) 番号は164.1・164.4・164.5・164.9である。写真は『来自碧落与黄泉—中央研究院歴史語言研究所歴史文物陳列館展品図録』(増訂一版、中央研究院歴史語言研究所、二〇〇二年)参照。

(19) 都官については、「秦漢時代の都官」(前掲注(2)拙著第三部第一章、[初出二〇〇五])参照。

(20) 秦の鉄関連官署を示す史料としては、睡虎地秦簡「秦律雑抄」にみえる官名の「左采鉄」「右采鉄」や、周家台秦墓竹簡中の「秦始皇三十四年暦譜」にみえる「鉄官」などが挙げられる。山田勝芳『秦漢財政収入の研究』第六章第二節「専売収入」(汲古書院、一九九三年)参照。

(21) 李岩雲・傅立誠「漢代玉門関址考」(『敦煌研究』二〇〇六年四期)。

(22) よく知られた例では、EPT53.63簡に「武威庫令安世別繕治卒兵姑臧」とあり、武威庫が姑臧において戍卒らの武器の修繕にあたっていたことが判明している。この機構はEPT58.55簡に「●武威郡姑臧別庫假戍田卒兵☐」とあって、武威郡姑臧別庫と称したことが判明している。河西地区の戍卒の武器が姑臧別庫から貸し出されたことは、鷹取祐司「漢代戍卒の徴発と就役地への移動」(『古代文化』四九—一〇、一九九七年)に指摘がある。武器は最終的には姑臧別庫が修繕の任にあたるのであろうが、可能なものは都尉府などでも修繕していても不思議ではない。

(23) 李均明「漢代甲渠候官規模考」(同氏『初学録』蘭台出版社、一九九九年[初出一九九二])。

（24）前掲注（23）李均明論考参照。

（25）作簿に関しては永田英正「居延漢簡の古文書学的研究」（同氏『居延漢簡の研究』第Ⅰ部、同朋舎、一九八九年）参照。一九七〇年代出土居延漢簡を含めた検討としては、李天虹『居延漢簡簿籍分類研究』（科学出版社、二〇〇三年）の第五章第二節が挙げられる。事例を掲げておく。

十月戊午鄣卒十人省卒六人　其一人守鄣　一人門　二人吏卒養
一人守閣　二人木工　一人舂
一人馬下　二人作席　五人受銭
（EPT65. 422, A8）

第廿四燧卒孫長　治墼八十　治墼八十　治墼八十　除土　除土　除＝
＝土　除土　除土　除土
（61. 7/286. 29, A8）

（26）簡牘中の書式見本の存在については、邢義田「従簡牘看漢代的行政文書範本―〝式〟」（『簡帛研究』三、一九九八年）があり、秦漢時代には「式」と称されていたと指摘する。

（27）エノ＝ギーレ（紀安諾）「漢代辺塞備用書写材料及其社会史意義」（『簡帛』二、二〇〇七年）参照。

（28）この立場にたつ論考を集大成したものに、籾山明「漢代エチナ＝オアシスにおける開発と防衛線の展開」（冨谷至編『流沙出土の文字資料―楼蘭・尼雅文書を中心に』京都大学学術出版会、二〇〇一年）がある。

（29）李幷成「漢居延県城新考」（『考古』一九九八年第五期）。ただし、この議論は前掲注（28）籾山論考などで反論されている。

（30）前掲注（3）甘粛省文物工作隊論考によると、K710はK688より時期が新しいとされ、こうした点を継承して呉礽驤『河西漢塞調査与研究』（文物出版社、二〇〇五年）ではK688遺跡に居延都尉府と居延県城が併設された可能性を指摘するが、この点は森谷一樹「居延オアシスの遺跡分布とエチナ河―漢代居延オアシスの歴史的復元にむけて―」（井上充幸・加藤雄三・森谷一樹『オアシス地域史論叢―黒河流域二〇〇〇年の点描』松香堂、二〇〇七年）が、宋会群・李振宏「漢代居延地区郵駅方位考」（李振宏『居延漢簡与漢代社会』中華書局、二〇〇三年［初出一九九三］）の指摘を元に否定している。また、景愛氏はK710を居延県所在地としながらも、居延都尉府の所在地でもあると考える（同氏『沙漠考古通論』紫金城出版社、二〇〇〇年）。

（31）何双全「《漢簡・郷里志》及其研究」（『秦漢簡牘論文集』甘粛人民出版社、一九八九年）参照。

（32）尹湾漢墓簡牘木牘一「集簿」（YM6D1）によれば、前漢末の東海郡は県（邑・侯国含む）三八、県の吏員は一八四〇名で、一県平均約四八名となる。同じく「東海郡吏員簿」（YM6D2反面）記載の最も小規模な県の少吏数は二〇人である。

（33）青木俊介「里耶秦簡に見える県の部局組織について」（『中国出土資料研究』九、二〇〇五年）参照。

（34）裘錫圭「従出土文字資料看秦和西漢時代官有農田的経営」（臧振華編『中国考古学与歴史学之整合研究』上冊、中央研究院歴史語言研究所会議論文集之四、一九九七年）。

（35）森谷一樹「前漢～北朝時代の黒河流域―農業開発と人々の移動」（中尾正義編『オアシス地域の歴史と環境―黒河が語るヒトと自然の二千年』勉誠出版、二〇一一年）。

（36）李幷成『河西走廊歴史地理』（甘粛人民出版社、一九九五年）参照。

（37）甘粛省文物局編・岳彭湖・鐘聖祖著『疏勒河流域漢代長城考察報告』（文物出版社、一九九八年）参照。

（38）周正義主編『北京地区漢代城址調査与研究』（北京燕山出版社、二〇

〇九年）参照。北京地区の漢代県城遺跡の多くが、周長二〇〇〇ｍ程度のものが多いという。

(39)　上野祥史（代表研究者）『漢代北方境界領域における地域動態の研究』（平成一七～一九年度科学研究費補助金研究成果報告書、二〇〇八年三月）。

【付記】本稿は平成一九年度三菱財団人文科学助成金による成果の一部である。

※本稿使用の出土史料テキストは以下の通り。

居延漢簡

労榦『居延漢簡　図版之部』（中央研究院歴史語言研究所専刊之二十一、一九五七年）

謝桂華・李均明・朱国炤『居延漢簡釈文合校』（文物出版社、一九八七年）

甘粛省文物考古研究所・甘粛省博物館・文化部古文献研究室・中国社会科学院歴史研究所編『居延新簡　甲渠候官与第四隧』（中華書局、一九九四年）

睡虎地秦簡

睡虎地秦墓竹簡整理小組『睡虎地秦墓竹簡』（文物出版社、一九九〇年）

尹湾漢簡

連雲港市博物館・東海県博物館・中国社会科学院簡帛研究中心・中国文物研究所編『尹湾漢墓簡牘』（中華書局、一九九七年）

周家台秦簡

湖北省荊州市周梁玉橋遺址博物館編『関沮秦漢墓簡牘』（中華書局、二〇〇一年）

「令」字陶片図（作図：高久健二）

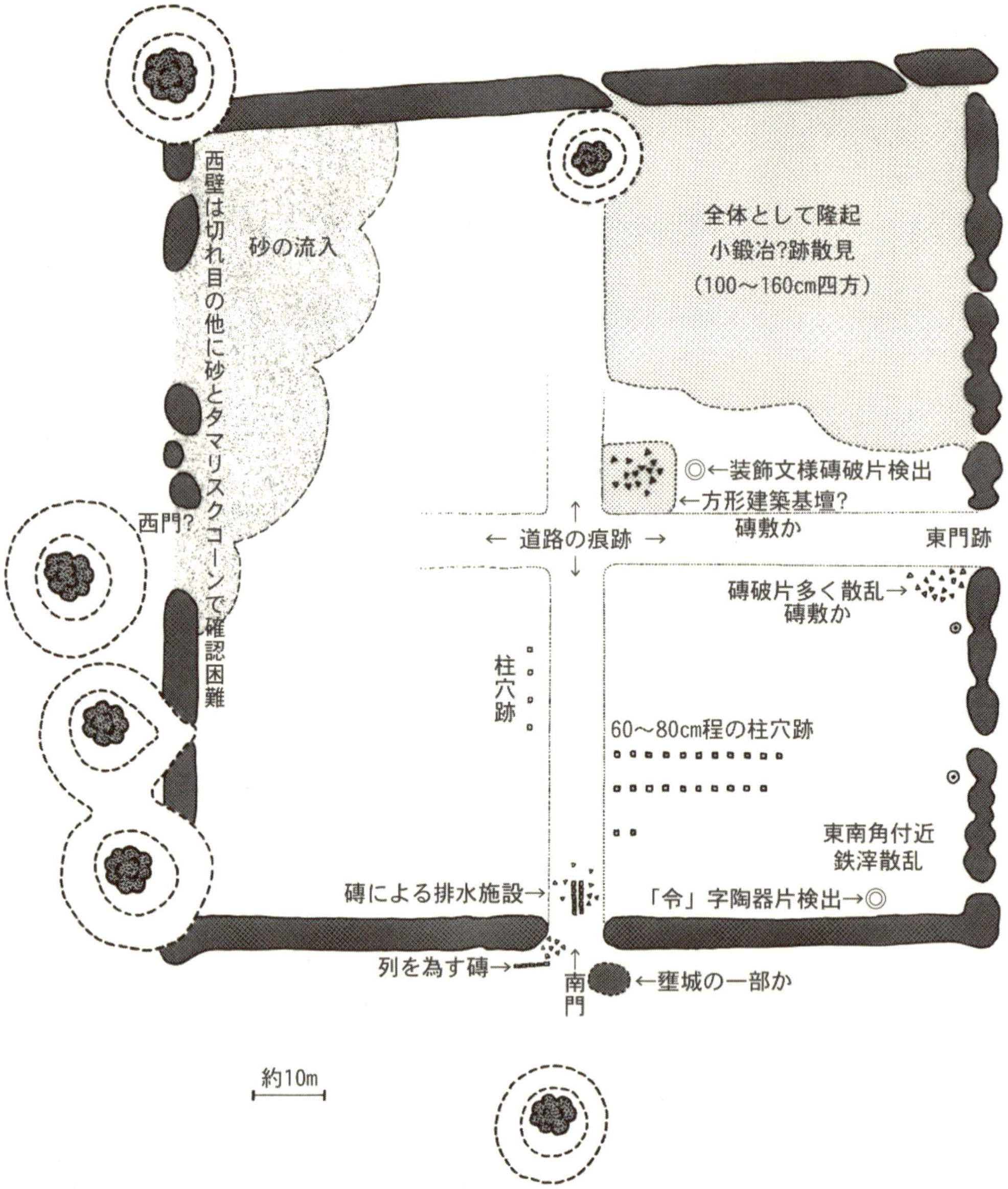
東壁の切れ目は概ね西北から南東方向への溝

K710 居延県調査結果概要図（2009. 8. 10. 調査）

漢代辺郡の都尉府と防衛線
——長城防衛線遺構の基礎的研究——

片野竜太郎

はじめに

エチナ河・疏勒河流域の多数の漢代遺構が、それぞれいかなる性格の官署であったのかは、これまで同地域出土の簡牘史料の分析から議論されてきたが、遺構そのものに対する調査・研究は少なかった。

近年、甘粛省文物考古研究所の調査報告が公刊されたことや[1]、現地へのアクセスが比較的容易になったことで、研究者による実地調査・報告がもたらされるようになり、この地域の遺構群に関する情報量は増加している[2]。

最近では、衛星写真による分析や、遺構の規模を計測し、そこで使用されている一尺の長さに基づいて年代を測る検討方法が提示され、遺構研究に新たな伸展がみられる[3]。出土文字史料がない場所において、遺構の規模や形状を比較・検討することは、その性格を探る上で重要な手がかりとなる。

そこで、本稿では衛星写真や遺構の調査データをもとに、エチナ河・疏勒河流域の漢代の都尉府と烽燧の遺構を検討する。具体的には、エチナ河流域毛目地域の肩水都尉府遺構の規模や形状をモデル材料に、その他の都尉府の候補とされている遺構との比較・検討を行う。都尉府管轄下の烽燧についても近年刊行された調査データを基に同様の作業を行う。加えて、その中で敦煌懸泉置漢簡[4]や敦煌漢簡[5]が出土した周辺の諸遺構も含め、敦煌郡南辺の防衛線にも言及する。これらの作業によって、性格が明らかでない遺構についても考える手がかりを得たい。

出土文字史料がない以上、その遺構が漢代において何と称されていたのかを断ずることは避けるべきであるが、現段階における遺構のデータを整理し、今後の参考に供することも必要な作業であろう。推測の域をでない不十分な検討になるが、発掘調査が期待される諸遺構の基礎的な研究としたい。

一、烽燧遺構の「規格」

まず初めに、疏勒河流域の烽燧の規模や形状を検討する。烽燧遺構は都尉府管轄下であるというだけでなく、調査によるデータや実測図が多いため、辺境防衛施設の規模・形状を検討する上で参考となる。エチナ河流域の烽燧は実測図のあるものが少ないため[6]、本章では疏勒河流域の烽燧を中心とする。

疏勒河・エチナ河流域の烽燧に関する調査・研究は、岳邦湖・鍾聖祖『疏勒河流域漢代長城考察報告』があり、その後、呉礽驤『河西漢塞調査与研究』が刊行され、これまで知られていなかった新発見の烽燧などの知見が多く得られる。

ただ、両報告で使用されている烽燧の編号が互いに異なり、また、スタインの調査時の編号とも異なる。呉礽驤氏の報告はスタイン編号との対応表を載せているが、岳邦湖・鍾聖祖両氏の編号は、呉礽驤氏が使用する編号とも対応せず、かつ地図もないため、俗称があるもの以外、スタイン、呉礽驤、岳邦湖・鍾聖祖各三者の調査データを比較してそれぞれの遺構を正確に同定した上で、各遺構の具体的な位置を確認することは困難である[7]。

さらに最大の問題は、表1「疏勒河流域烽燧実測値一覧」を参照すれば分かるように、岳邦湖・鍾聖祖両氏の実測値と呉礽驤氏の実測値とが殆ど異なることである。調査の時期が異なるため、砂嵐や風による浸蝕によって遺構の状態に変化が生じた可能性や、調査手法の差などが考えられるが、同一遺構であるにもかかわらず一m以上の違いがある遺構も多く、測量の規準に違いがあると考えられる。また、岳邦湖・鍾聖祖両氏の報告は平面図を載せているが、スケールがなく利用には不便であるといった問題がある。呉礽驤氏の実測図も精確さという点では問題はあるが、スケールがあるため参考になる。本稿では特にことわらないかぎり、呉礽驤氏の実測値、実測図に従い、一部スタインによるものを基に図1を作成した。

図1「烽燧実測図一覧」を参照すると分かるように、塢（居住区）と堠（望楼）の部分の構造は細部の違いはあるがほぼ同様であったことが窺える。P1（甲渠河北塞の第四燧）は、疏勒河流域の烽燧に比べて大きい。これは地域の違いによるのではなく、烽燧を複数束ねて管理する部の本部機能が置かれていた烽燧であるためである[8]。こうした燧には通常の燧と同じく、燧長一名と兵士三～四名、その他に候長（部の責任者）、候史（書記）が駐在するため、塢（居住区）が大きく造られていたと考えられる[9]。

疏勒河流域は表1にまとめたとおり、基底部の大きさは五mから八m前後の範囲におさまる。風蝕などにより損壊が多い地域があり、この数値のみから判断することは慎重であるべきであろう。しかし、図1と合わせてみれば、疏勒河・エチナ河流域の烽燧は同様の規模・形状であったと言えよう。居延地区のP1も、東側の居住スペースを除けば疏勒河流域の烽燧とほぼ同様の規模・構造を有していると思われる。つまり、烽燧の規模・構造に、何らかの「規格」があったことを想定できるのである[10]。

烽燧遺構に統一的な「規格」があったとすれば、それらを統括する都尉府の遺構にも何らかの「規格」があったと考えられる。つまり、確実に都尉府であることが分かっているA35をモデルケースに、これまで議論されてきたK688やT14遺構の性格を考える手段になり得るの

表1　疏勒河流域烽燧実測値一覧

	甘粛編号	スタイン編号	俗名	漢代名(呉礽驤)	南北	東西	残高	岳・鍾編号	南北	東西	残高	備考
宜禾都尉府 宜禾候官管轄烽燧	A1	T31		宜禾燧？	5.5	6.3	7.9					
	A2	T32			5.4	4.5	6.5					
	A3	T33					1					
	A4	T34		利漢燧	4.9	3.6	5.2					
	A5	T35	望火包									
	A6											
	A7						1					
	A8			宜禾候官？								
	A9											
	A10				2.4	3.6	0.8					
	A11				5.1	5.2	2					
	A12				5.6	5.6	1					
	A13				6	6.2	1					烽燧の南17mの位置に残長30mの塢墻あり。
	A14				6	6	1					
	A15				5.6	6.2	2					
	A16				5	5	0.3					
	A17				4	4	1.2					
宜禾都尉府 魚澤候官管轄烽燧	A18	T37a			6.2	6.2	4					塢墻南北22×東西36.5m 幅2.4m
	A19	T37b			7	7	1					
	A20	T37c			7.4	7.4	2					
	A21	T37d			7.8	7.8	3					
	A22	T37e			8.5	7.8	3					
	A23				6.2	7.5	2					
	A24				4.8	5.2	1					
	A25	T37f			6	7.5	5					
	A26	T37h			8	7	2					
	A27	T37i			6	5	2					
	A28	T37j			6	6	2					
	A29	T37k			4.7	4.7	2					
	A30				5.4	5.4	2					
	A31				5	4	2					
	A32				5	5	2					
宜禾都尉府 昆侖候官管轄烽燧	A33				7	7	5.5					
	A34		双牙把墩		7.6	8.8	4.5					
	A35				6	6	4					
	A36	T37l	雷墩子		8.5	8.5	7	新編2号				塢墻の残長30m
	A37				3	4	1.5					
	A38				5.2	4.8	2					
	A39				4	8	1.5					
	A40				6.8	8.4	1.5					
	A41				5	4.5	2.5					
	A42				3.2	2.9	1.5					
	A43	T38c			3	4.5	1.4					
	A44	T38b			8.2	7.6	6					
	A45	T38a		煨烟墩	7.6	8	1.1					

宜禾都尉府 美稷候官管轄烽燧	A46				9	9	4.8					
	A47				11.8	9.6	3.9					
	A48				12.7	10.3	3.5					
	A49				14.5	9.8	4					
	A50				10	7.5	7					
	A51				5.5	7	2					
	A52				4.37	4.37	2.5					
	A53				7	5.4	1.6					
	A54				5.1	6.2	2.2					
	A55				6.5	4.7	1					
	A56	T39γ			4	4.8	0.5					
	A57	T39β			5.5	4.5	0.5					
	A58	T39α			5	5.4	0.5					
	A59				5	5	0.3					
	A60				6.7	5.5	1.8					
	A61											
宜禾都尉府 廣漢候官管轄烽燧	A62	T40a			4.8	4.8	4.5					
	A63	T40b			4.8	5.7	4.6					
	A64	T40c			7.6	5.8	3.7					
	A65		人頭疙瘩		1.9	2	1.7					
	A66				6.4	5.2	2.5					
	A67				5.8	5.8	4.5					
	A68				5	5	2					
	A69	T41f	九墩		7.5	7.5	4.5					
	A70	T41g			4.2	4.2	0.5					
	A71											
	A72											
	A73	T41h										
	A74											
	A75	T41i			3.2	4	2.7					
	A76	T41j										
	A77											
	A78											
	A79											
	A80											
	A81	T41k			5	5	1					
	A82											
	A83	T41l			5	5	0.5					
	A84											
中部都尉府 平望候官管轄烽燧	D33	T19	条湖西墩	朱爵燧	6	6.1	3.7					
	D34	T20		平望候長？	6.3	5.5	4.7					
	D35	T21	卡子墩		3.6	3.7	1.8	36号	3.5	3.4	2.7	郵亭遺址
	D36	T22a	酥油土墩		5.4	5.2	5	37号	5	7.8	3.4	郵亭遺址
	D37						1					
	D38		酥油土北墩	平望候官？	5.8	5.5	1.1	38号	3.4	3.3		
	D39				2.1	1.1	1.25					
	D40	T22b	野馬井子西墩	青堆燧	6.5	6.4	4.6					
	D41	T22c		博望燧	6.5	3.7	2.9					

中部都尉府破胡候官管轄烽燧	D42	T22d	冰草胡西墩		5.3	6.9	5.2				
	D43				5	5.4	4				
	D44	T22e	老崖子墩		4.3	5.8	4.3	45 号	4.7	5.6	3.5	
	D45	T22f	青土崖子墩		4.9	4.9	2.4	46 号				
	D46	T23	碱墩子		6	3.7	3.9	47 号	5	4.5	2.2	郵亭遺址
	D47	T23a			5.8	4.9	3.2	48 号				郵亭遺址
	D48		人頭疙瘩墩		2.2	2.9		49 号				
	D49		条湖坡墩		4	3.1	2.4	50 号				
	D50	T23b			6.8	6	4.1	51 号	7.3	5.9	4.4	
	D51	T23c	烟筒梁墩		4.5	3.9	4.6	52 号	4.8	4.2	5.2	
	D52	T23e	陰山子墩		5	4.9	1.8	53 号	6.5	5.5	1	
	D53	T23d	長梁墩		4.8	6.5	1.5	54 号	5.2	7.3	1.4	
	D54	T23f	大碱溝西墩		3.8	3.5	3.8	55 号	4.1	3.1	4	
	D55	T23g	大碱溝墩		6.1	6.2	1.55	56 号	6.8	5	1.8	
	D56		小月牙胡墩		7	8		57 号				
	D57		小月牙胡東墩	破虜燧	7.8	6.7	1.4					
中部都尉府呑胡候官管轄烽燧	D58	T23h			5.3	4.6	3.7					
	D59	T23i			5.3	5.2	3.8					
	D60	T23j			5.7	5.2	2.2					
	D61	T23k			6.7	7.8	2.5					
	D62	T23l			5.6	6.4	3.8					
	D63	T23m			7.2	7.1	2.6					
	D64	T23n			5.8	5.3	2.8					
	D65	T23o	臭墩子	当武燧？	4.1	4	3					
	D66	T23p										郵亭遺址
	D67											郵亭遺址
	D68	T23q										
	D69	T23r			4.9	4.3	2					
	D70	T23s										
	D71				5.4	5.4	2.3					
	D72	T23t	雷墩子		5.8	4.6	5.4					
	D73				9.2	8	6.1					塢墻 25.0 × 22.5 m 郵亭遺址
	D74	T23u	半個墩子		5.8	6	3.5					郵亭遺址
中部都尉府萬歳候官管轄烽燧	D75	T24	西碱墩子		6.2	5.6	7.28	75 号				
	D76	T30	碱墩子		7.5	8	7.5					
	D77				3.6	4.5	5.2					
	D78	T29	東碱子墩		6.3	4.5	1.5					塢墻 34 × 26.9 × 31.9 × 27.9 m
	D79	T28	豁壁墩	萬歳候官？	5.6	6	4.1					
	D80	T27		安漢燧	5.35	7.42	3.65					
	D81				6.5	7.3	7.5					
	D82	T26		顕武燧	5.9	6.5	7.5					
玉門都尉府大煎都候官所属烽燧	D1	T6d	湾腰墩	広昌燧	4.1	7	9	1 号				
	D2	T6c		壓胡燧	6.7	5.7	0.6	2 号	5.7	5.6	4.4	
	D3	T6b	湾窑墩	凌胡燧	6	5.7	5.5	3 号	6.8	5.7	5.4	
	D4	T6a	天橋墩	歩昌燧	3.5	4.4	4.15	4 号	3.8	5.6	4.2	
	D5	T5	吐火洛墩	広武燧	5.7	5.2	9	5 号	5.7	4.8	9.3	
	D6	T2a			3.5	4.4	2.6	7 号	3.4	5.5	2.4	
	D7	T2			5	6	6.6	8 号	5.1	5.6	7.8	

	D8	T1	清水溝遺址	延年亭	5	6.5	7.2	9号	4.3	6.37	7.2	
	D9	T4c	馬花甲墩		5.8	5.8	4.9	12号	5.2	6.9	5.6	約30mの台地の上に位置
	D10	T4a			6	6.9	6	10号	3.9	2.1	3.5	
	D11	T4b		富昌燧	5	4.9	6.4	11号	9.5	6.55	5	
	D12	T4d	馬迷兎									
	D13	T3	大坡墩		6.6	8	6.6	13号				
	D14	T7	牛泔水墩		4.3	4.1	6.3	14号	5.2	3.9	6.8	
玉門都尉府 玉門候官所属烽燧	D15	T8		顕明燧	7	7	1	15号	6	6		
	D16	T9	廿里燧		6.8	6.5	9.1	17号	6.85	6.4	8.4	
	D17	T9a			5.6	4.1	6.3	16号	5.2	4.3	6.1	塢墻32.2×30.9×28.3×25.8m 幅3m
	D18			千秋燧？								
	D19	T10	牛頭墩		9.4	7.6	7.8	19号	9.4	7.8	7.5	
	D20	T11	后坑墩	臨要燧	8.5	7.3	4.6	20号	4.6	5.75		塢墻21×22m、幅1.6m。
	D21		馬圏湾	玉門候官	7.6	8.35	1.87	21号	7.6	8.35	1.85	
	D22	T12a	塩池湾墩	廣漢燧	8.2	6.2	2.6	22号	8.6		2.15	
	D23	T12	墩子湾墩	止奸燧？	4.5	4.8	5.04	23号	4.7	5.1	4.49	
	D24	T13	窑墩	当穀燧	7.5	7.5	7.25	24号	7.1	7.25	7.25	
	D25	T14	小方盤城	玉門都尉府				25号				
	D26	T14a	塩池墩		8.3	7.3	4.7	26号	6.6	8	3	
	D27	T15a										
	D28	T15			8.6	6.2	4.8					
	D29	T16			7.6	6.5	4.8					
	D30	T17			6.4	5.9	3.9					
	D31	T17a	西泉墩		5	4.3	0.65					
	D32	T18		倉亭燧	6.8	6.2	4.3					
			大方盤城	昌安倉				33号				
	D83		小方盤城南第一燧		6.6	6.2	1.3					
	D84		小方盤城南第二燧	歩偸燧	5.2	5.3	4.2					
	D85	T14c	蘆草井子墩		6.5	5.3	4.05					
	D86	T18a	南湖二墩		6.9	7.5	8					
陽関都尉府所属烽燧	D87	T18b	南湖頭墩		5.9	4.5	7					
	D88		墩墩山墩		8.14	7.54	1.5					
	D89				5.75	5.05	2.93					
	D90		鄂博頭泉墩 （紅泉垻溝）		6.2	5	2					
	D91		黄水垻溝		8	8.2	3.2					
	D94		海子湾東墩		4.5	5.7	1.5					
	D95		海子湾墩		7.3	5.5	6.7					
	D98				5.2	6	2.25					
	D99		一跌水墩		4.7	4.7	3.35					
	D100		多垻溝口墩		5.7	5.2	4					塢墻32.7×33.6m

（注）甘粛省文物局編、岳邦湖・鍾聖祖『疏勒河流域漢代長城考察報告』（文物出版社、2001年12月）、呉礽驤『河西漢塞調査与研究』（文物出版社、2005年11月）の実測値を基に作成。

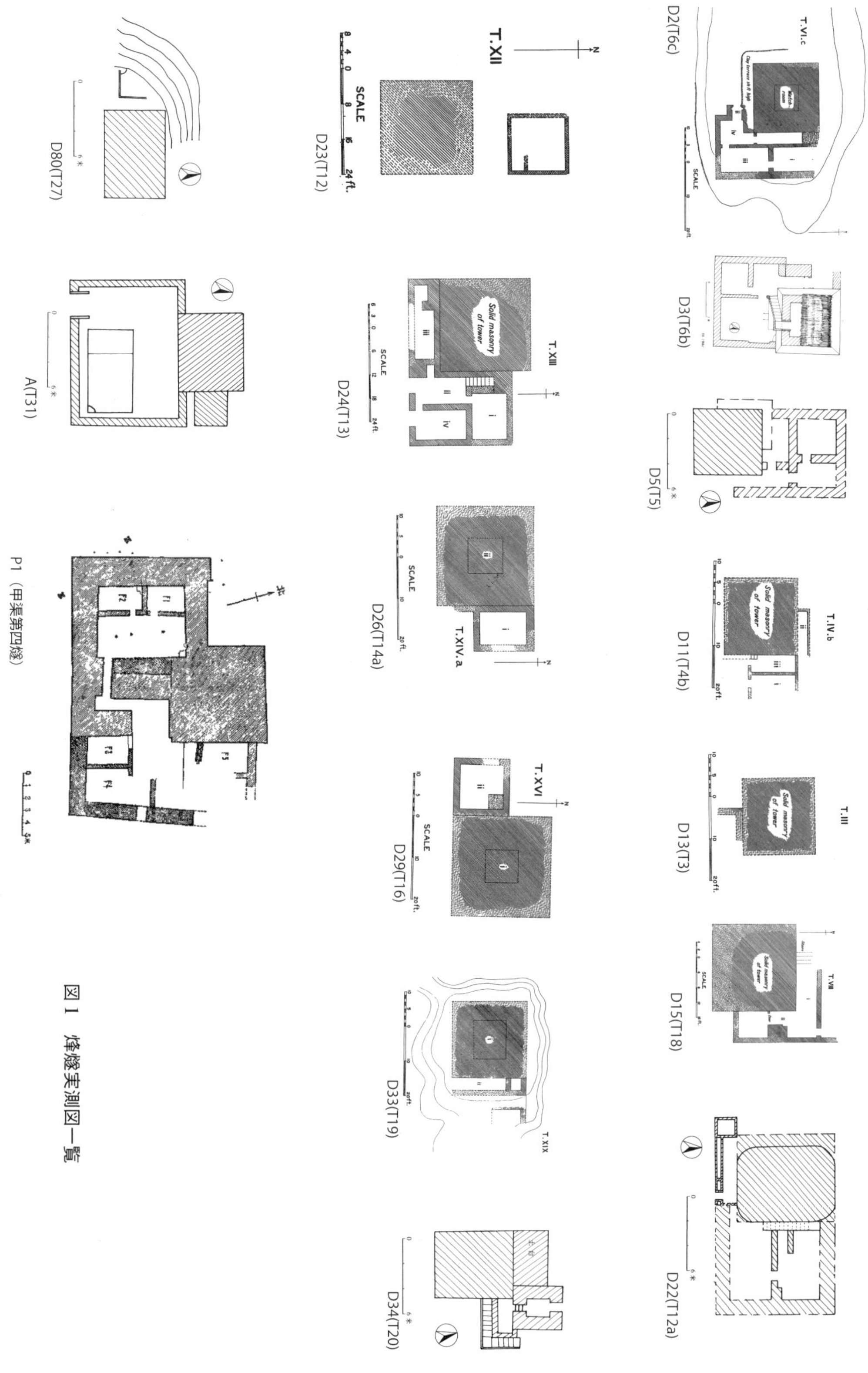
D2(T6c)
D3(T6b)
D5(T5)
D11(T4b)
D13(T3)
D15(T18)
D22(T12a)
D23(T12)
D24(T13)
D26(T14a)
D29(T16)
D33(T19)
D34(T20)
D80(T27)
A(T31)
P1（甲渠第四燧）

図I　烽燧実測図一覧

である。

二、エチナ河・疏勒河流域の都尉府遺構

辺郡部都尉府は候官と部・燧を管轄し、周辺諸勢力の侵入を防衛することを目的に設置され、都尉府が管轄する烽燧から構成される防衛線は、漢側と周辺諸勢力双方の交通路となる河川沿いに設置され、それ以外の場所では沼沢や山脈が防衛戦の役割を果たしていた。

現在、エチナ河・疏勒河流域の諸遺構の中で、都尉府であると明確に比定されているのはA35の肩水都尉府遺構である。この遺構については、ベリィマン以来、最近に至るまで現地調査報告がある。まず、こうした先行研究に基づいてA35遺構の規模や状況をまとめておきたい。その上でこれまで都尉府遺構の候補として考えられてきた、エチナ河流域のK688や疏勒河流域のT14について、近年遺構調査に利用されているGoogle Earth（以下GEと略称）の衛星写真も参照しながら、遺構の規模・形状などを検討する。[11]

（一）A35（肩水都尉府遺構）

ベリィマンの報告によると、A35はA32の南約九km、エチナ河の東数百mに位置している（図2肩水地区防衛線地図参照）。遺構は外城、内城、塢からなっている（図3肩水都尉府参照）。外城は南北三五〇m、東西残二五〇m。外城の北辺西側と西辺はベリィマンの実測図ではみえないが、GEの衛星写真からわずかに確認することができる。内城は南北一四〇m、東西一九〇mで、外城内の北東に位置し、北側中央に門がある。外城からは一〇m離れている。塢は南北七〇m、東西九〇mで、東辺に門がある。スタインが漢代の塞障はほぼ正方形であるのに対して不規則性を強調していることや、[12]西夏文字も出土していることから、不規則な形をしたA35の塢は漢代以降の遺構であると考えられている。

遺構の規模・形状は以上のとおりであるが、調査報告などでは外城や塢は漢代以後の建造物である可能性を指摘しており、年代については明確に判断しがたい。[13]ただ一五〇〇点の簡牘が出土したのは内城とされており、各建造物の正確な年代は不明だが、すくなくとも一四〇m×一九〇mの内城が漢代の都尉府の建造物であったと考えられる。

（二）K688遺構

次にK688をとりあげる。エチナ河下流域の遺構群のうちK688とK710をいかなる官署に比定するかがこれまで特に問題となっていた。それは両遺構がこの地域でも最大の規模を持ちながらも、簡牘の出土が伝えられておらず、議論しづらかったという理由があるが、現在では他遺構出土の簡牘史料と候官・部燧の配置の分析から、K710を居延県城に、K688を居延都尉府に比定するのが有力である。特にK710は西南郊一帯に耕地跡が確認されており、県城とする有力な根拠と考えられている。[14]

K688については、幸いにも筆者は実地調査をする機会を得た。以下、調査結果をふまえて、遺構の特徴をみていく。

K688は北緯四一度五四分三一・七秒、東経一〇一度一一分四七秒にあり、甲渠河南道上塞の北、K710の西南に位置する（図4居延地区防衛線参照）。周囲を流砂やタマリスクコーンに覆われているため、河北塞の遺構のように遺構全体を観察することは困難な状況にある（図5

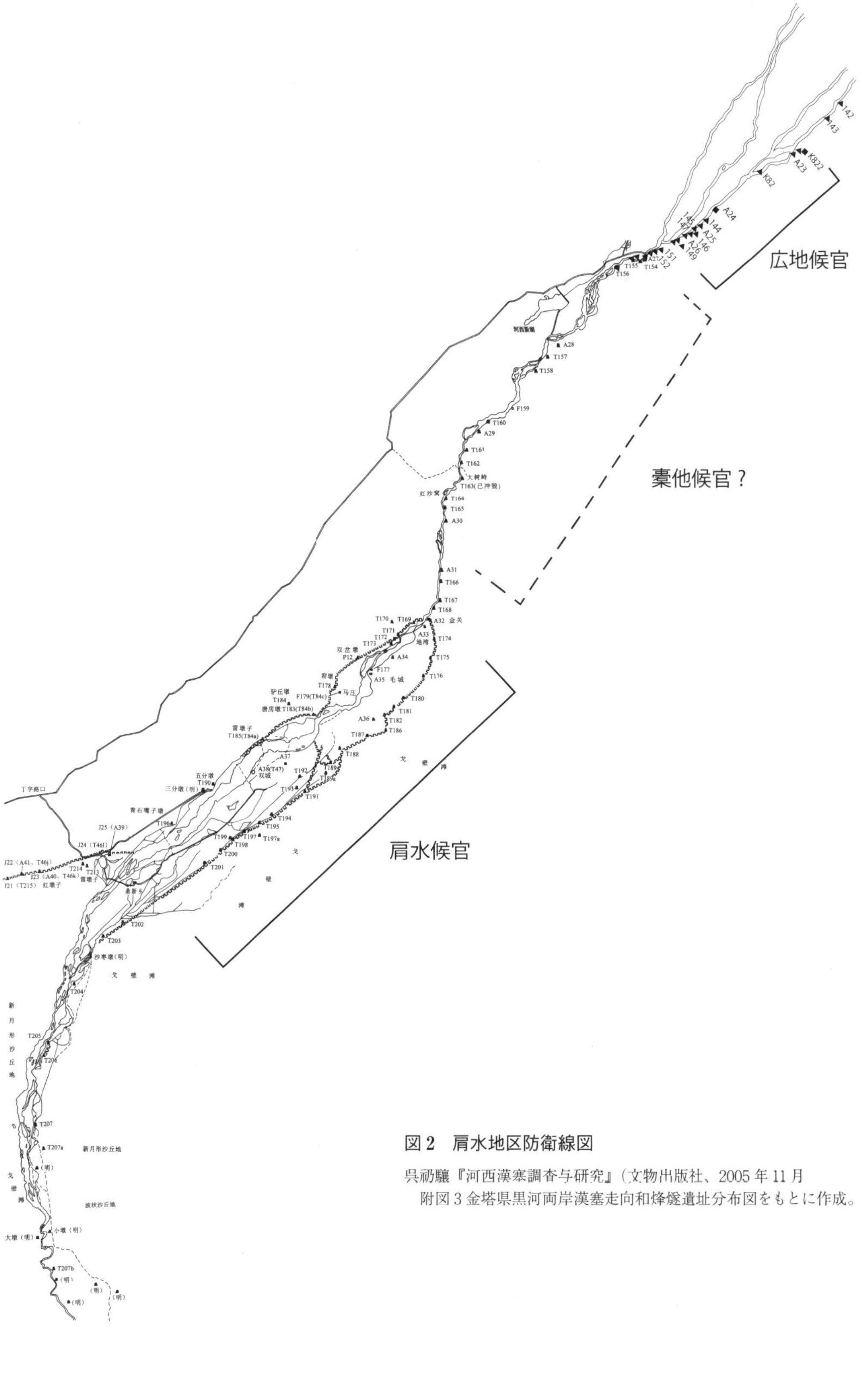

図2　肩水地区防衛線図

呉礽驤『河西漢塞調査与研究』(文物出版社、2005年11月
附図3金塔県黒河両岸漢塞走向和烽燧遺址分布図をもとに作成。

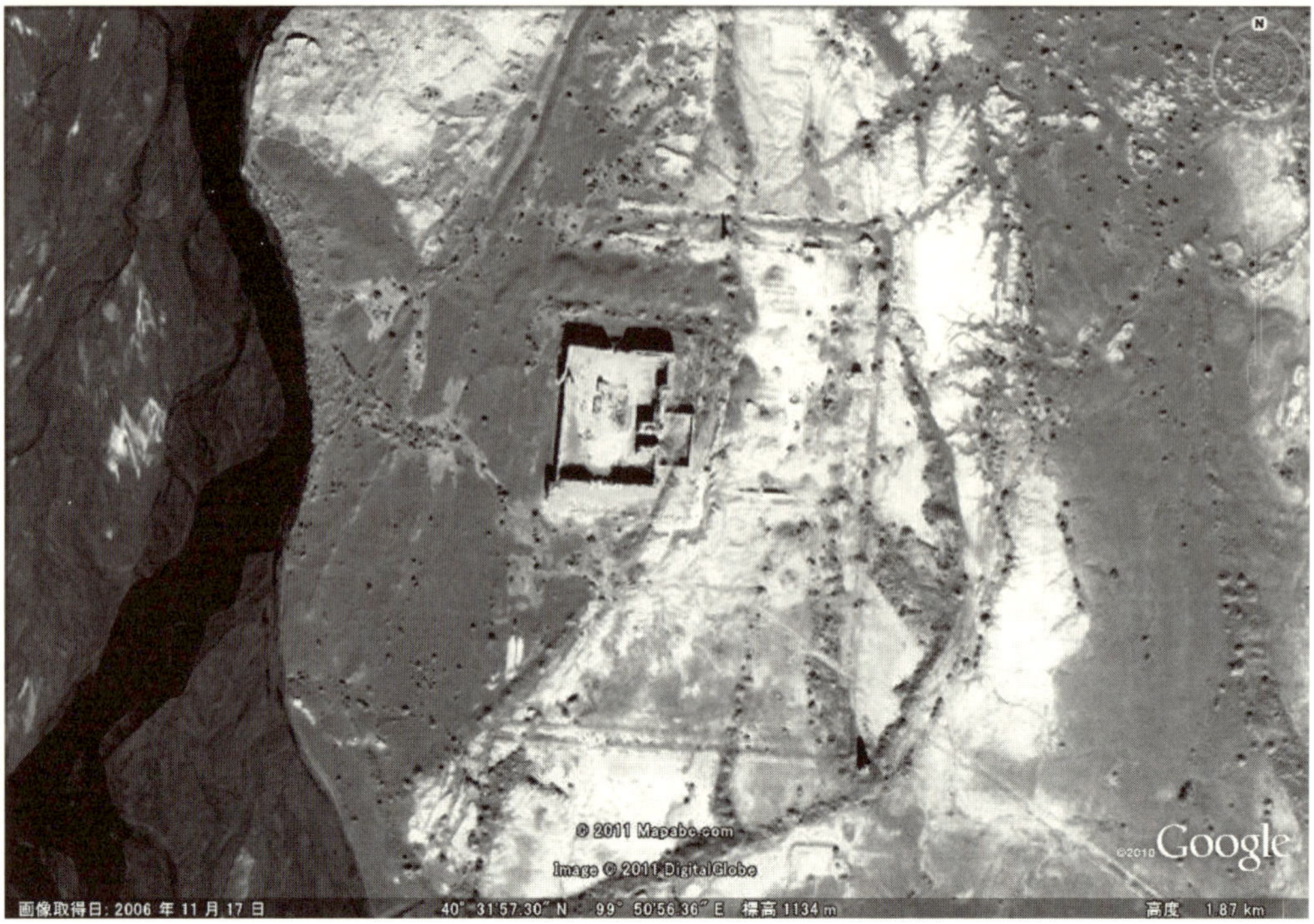

A35(T48d)　　GoogleEarth 衛星写真

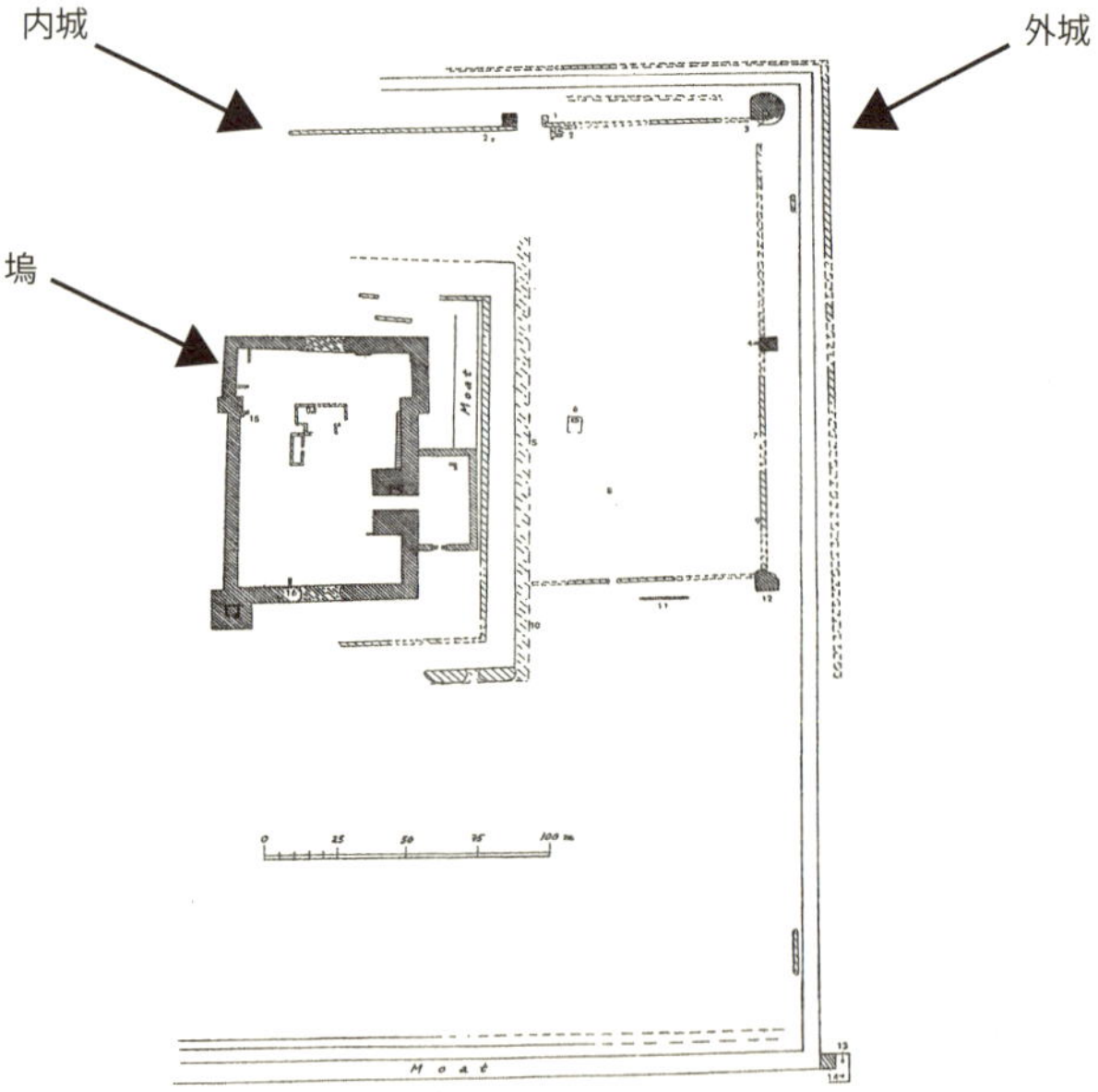

ベリィマンによる実測図

Bo Sommarström Archaeological Researches in the Edsen-gol Region, Inner Mongolia. . Part II, Stockholm, 1956, p344.

図 3　肩水都尉府

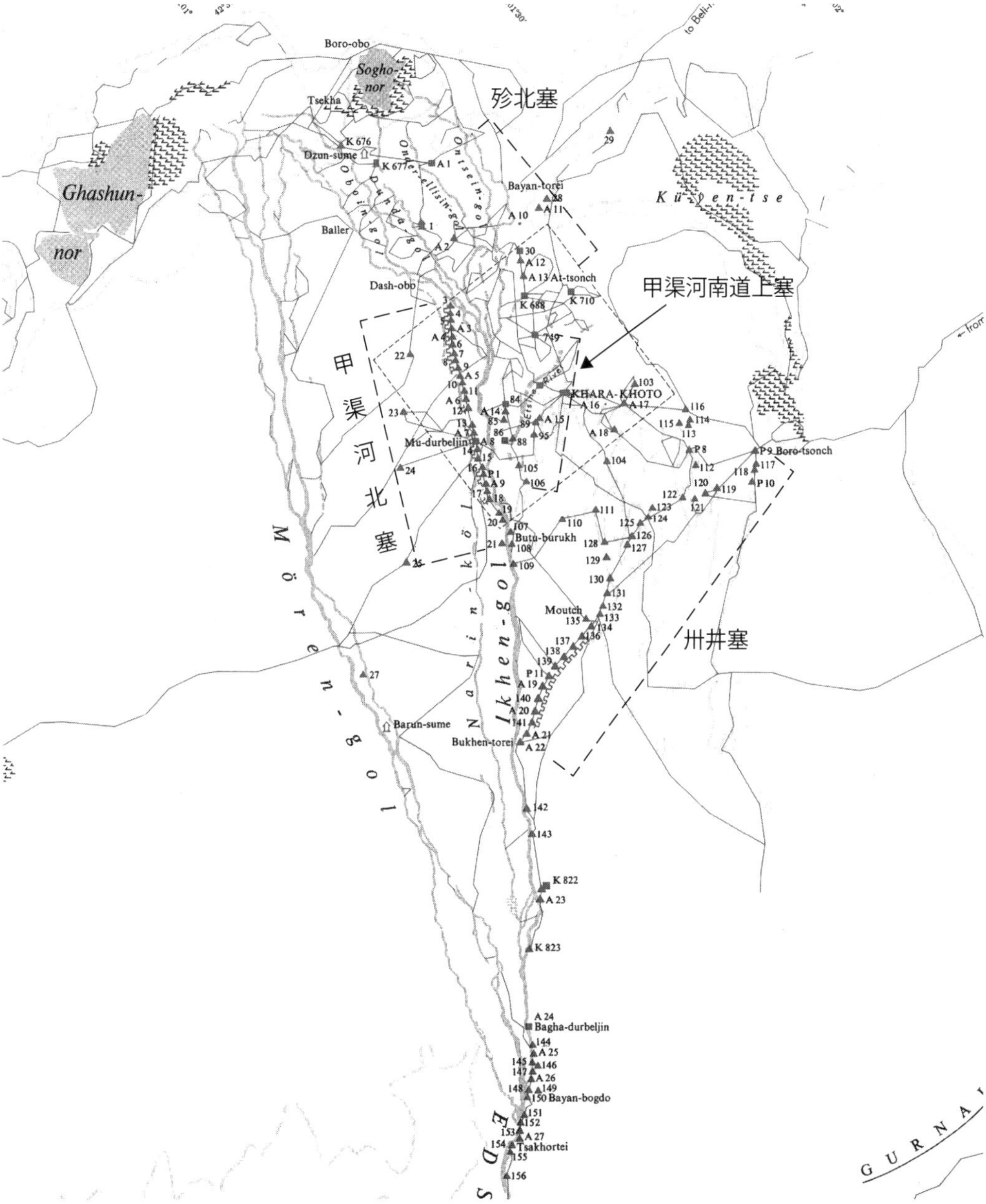

Bo Sommarström, *Archaeological Researches in the Edsen-gol Region, Inner Mongolia.* Part I, 1956, THE EDSEN-GOL REGION with archaeological remains. をもとに作成

図 4　居延地区防衛線

Ｋ688参照）。ベリィマンによれば城壁はほぼ正方形である。東西一三三～一三九、南北一二八ｍで日干しレンガで造られ、高さは五ｍ、基底部の厚さは三・五ｍ、場所によっては五ｍほどあり、堅固な造りとなっている⑮。東南角の南壁と東壁は現在でも相当な高さ（約六ｍ）が現存しているのが確認できるが、西壁や北壁も含め城壁は河川や流砂の浸蝕により崩れており、断続的に残るのみである。さらに城壁の東には烽火台遺構、城壁の北には村落遺址が発見されているが⑯、タマリスクコーンなどに覆われ、視認することはできなかった。また内部では漢代と思われる陶片もみられたが、流砂の浸蝕により建築物の遺構は視認できなかった。

近年の呉礽驤氏による調査・報告では、Ｋ688の東に南北五〇六ｍ、東西一八〇ｍの遺構が存在し、さらに南北には村落遺構が存在するという。近年、現地を調査した森谷一樹氏も呉氏の見解に従っているが、呉氏の図は概略図であり、全面的な発掘調査に基づいた作図ではないため、正確性に欠ける部分がある。実際に現地を訪れても、位置的に呉氏が建築址と判断したものが存在すると考えられる場所の土塊群が、人工物なのか自然地形であるのかは、上記のような遺構の状況であるため判然としない（図5-2）。Ｋ688周辺に何らかの附属施設があった可能性は否定できないが、ＧＥの衛星写真でも呉礽驤氏の図のとおりの遺構は確認しがたい（図5-1・3）。

（三）Ｔ14（小方盤城）遺構

疏勒河流域の遺構で都尉府の候補地に考えられているのは、Ｔ14（D25）である（図6Ｔ14小方盤城参照）。小方盤城と通称される遺構は、北緯四〇度二二分、東経九三度五二分にあり、疏勒河の南の南七㎞、現在の敦煌市の西北西約九〇㎞の位置にある。疏勒河南岸の長城線からは約三㎞離れている。

岳邦湖・鍾聖祖両氏の報告によれば、遺構は東西一五・七ｍ、南北一五・三ｍ、高さ九・七ｍの正方形をしており、厚さは基底部分で五・一ｍあり、日干しレンガで造られた極めて堅固な遺構である。西側に幅二・一ｍの門が開いている。

Ｔ14遺構は近年断続的に調査されており、周辺に附属施設を持つ大規模な遺構であることが分かっている。特に注目されるのが、上記の遺構の東一一五ｍの位置に残長七五ｍの外壁の存在が報告されていることである⑰。

タマリスクなどに覆われていたが、今回の筆者らによる調査でもこの外壁は確認でき、残っている東壁は高さ一ｍほどあり、版築の遺構も視認できた。さらにこの壁が遺構を囲む形で南北約一二〇、東西一一〇ｍのほぼ正方形をした外城の跡であることが分かった（図6の「見取り図」参照）。衛星写真でもこれらの遺構が確認でき、外城が南北正位置なのに対し、Ｔ14（小方盤城）はやや北北西面に向いているのが分かる。また外壁の東北角には高さ四～五ｍの角楼とおぼしき建造物もみられた。いずれも不明瞭ではあるが衛星写真で確認できる。西北角の高台になっている場所は、スタインの調査で木簡が検出された場所であり、城郭内建造物があったとも考えられる。

かつてスタインは、Ｔ14の周囲の地形から、次のように述べている。

> Ｔ14の砦と北に隣接する土塁とは、いずれ重要な発見として論議されることになろうが、台地の狭まった部分の頂上に位置している。この台地は、北西の深い葦に縁取られた沼沢と南東の塩沼との間の窪地の中を地峡のように延び、通行に便利な通路を提供し

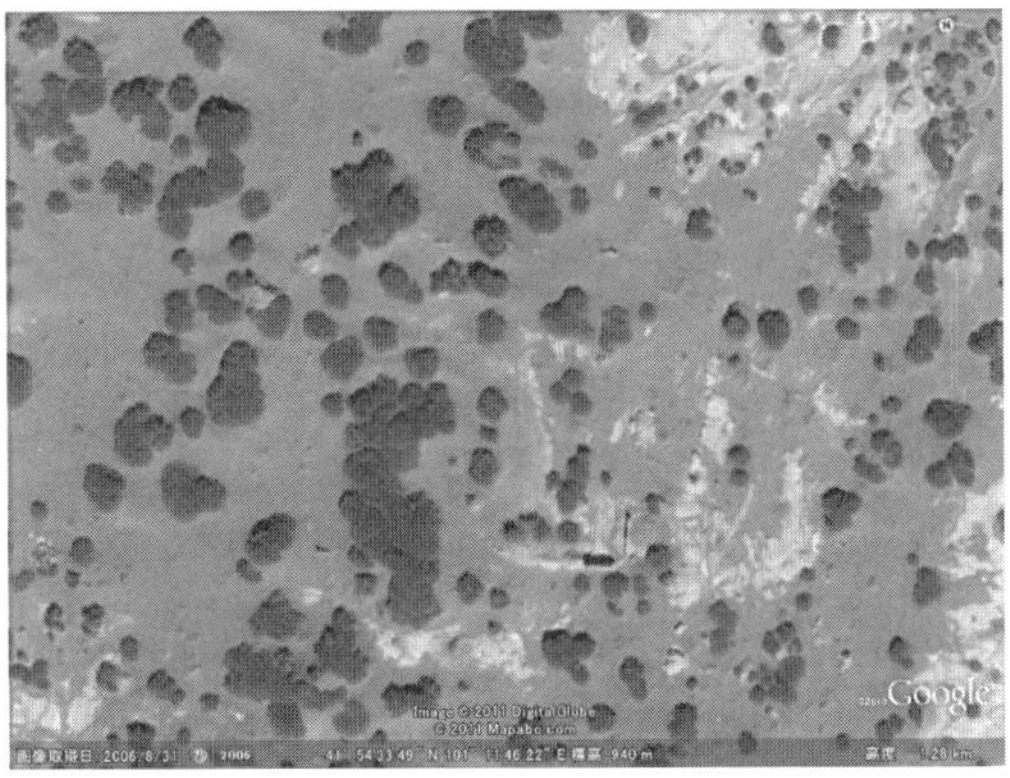

1　Google earth

2　東壁から外を望む

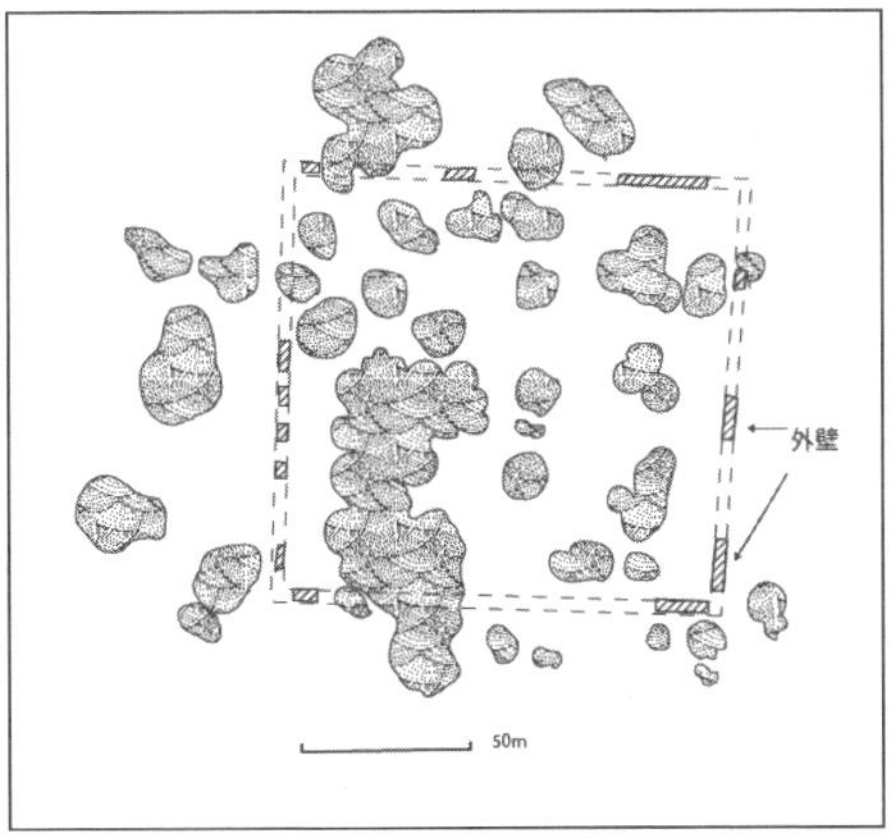

3　K688 遺構見取り図（片野竜太郎作成）

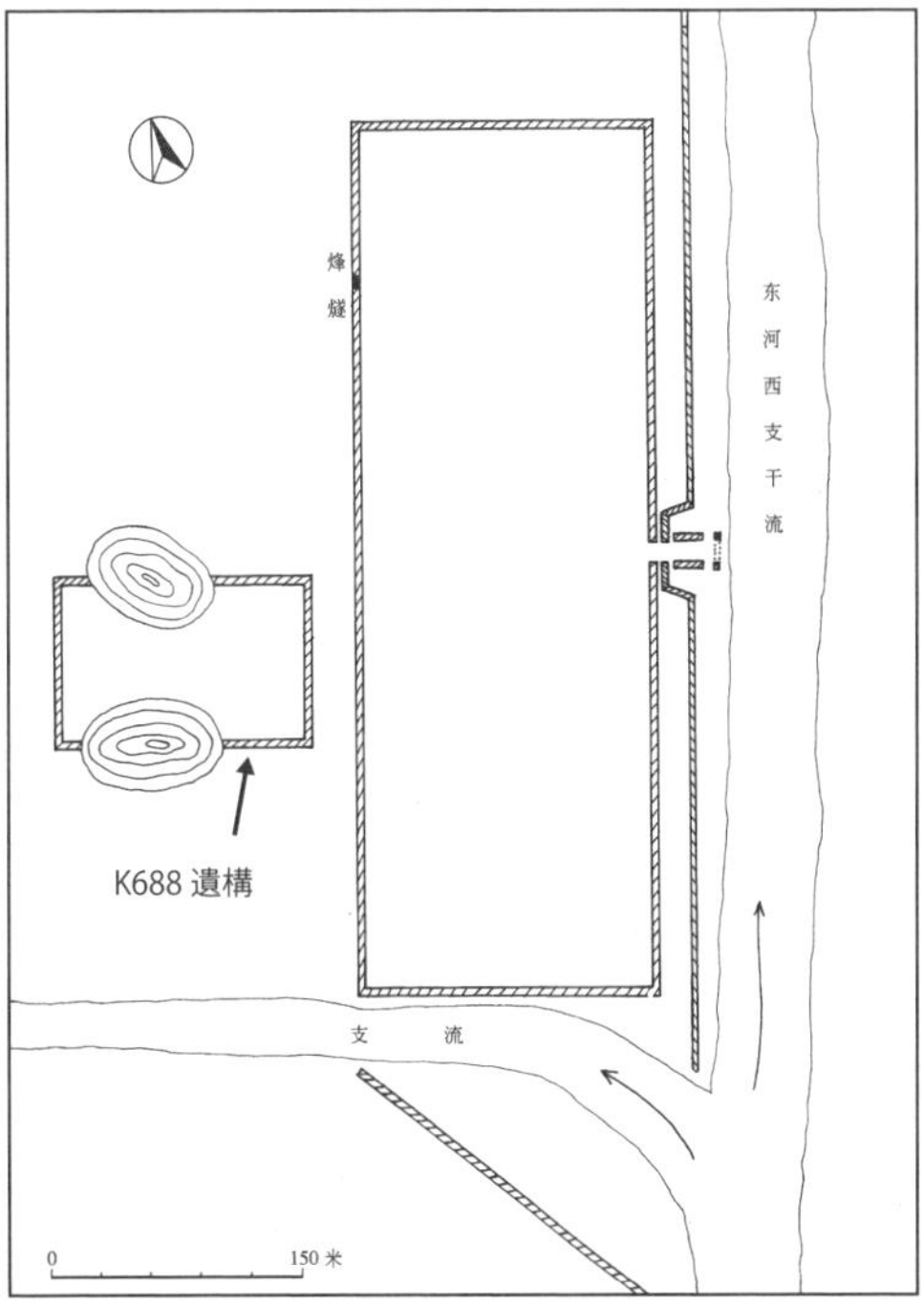

4　呉礽驤『河西漢塞調査与研究』（文物出版社、2005 年 151 頁、図 52 額済納旗 K668 城平面図）

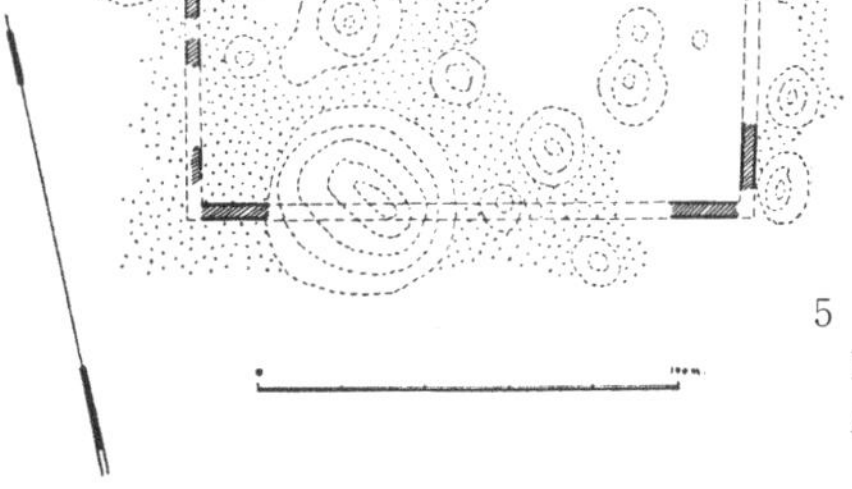

5　ベリィマンによる実測図
Bo Sommarström, *Archaeological Researches in the Edsen-gol Region, Inner Mongolia.* Part 1, Stockholm, 1956, p103, Fig. 45.

図 5　K688

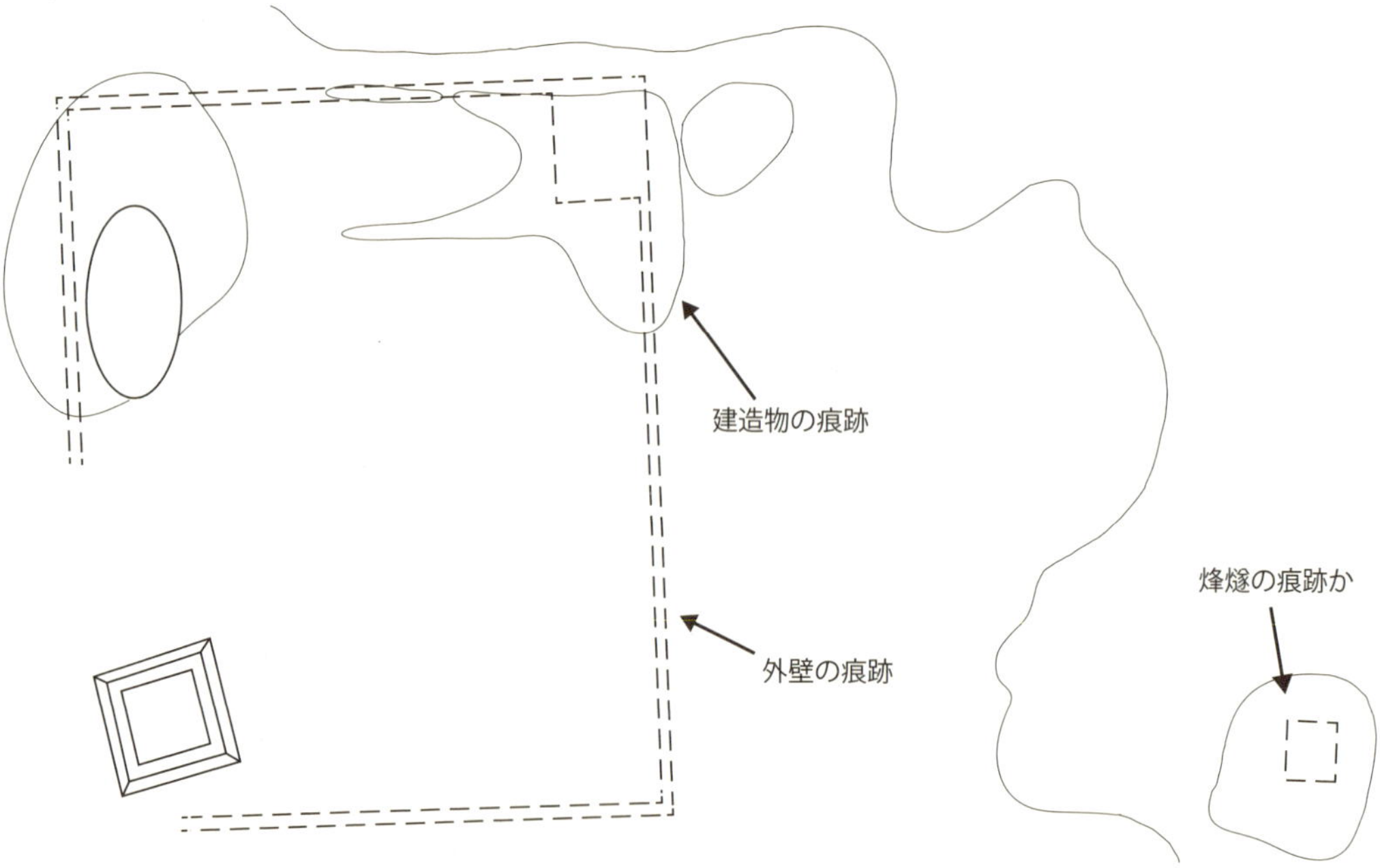

T14 見取り図（髙村武幸作成）

図 6　T14 小方盤城

ている。ロプノールを往来するルートは必ずこの通路を通るが、それはここに設置されたT14城砦によって完全に制御され防衛されていた。その立地自体、北西と南東を沼地に接しているために、おのずと要害の地になっている[18]。

このように、重要な交通路上に位置していることが指摘されている。小方盤城の修復作業に伴い発見された簡牘からは、ここが玉門都尉府の所在地であるとする見解が有力である[19]。

以上、辺郡の都尉府と目されてきた遺構について、調査報告や実地調査による知見を交えみてきた。以下、その結果を基にK688とT14の遺構の性格を検討してみたい。

遺構で使用される一尺の長さから、その遺構の年代を測定する方法を取り入れている白石氏はK688を都尉府の遺構に比定することに疑問を呈している。それは、A35の内城の規模を魏堅氏が示した二二〇m×一七〇mという数値に拠るため、K688はA35に比べ半分の規模しかないということになるためである[20]。しかし、この数値は残った内城の遺構から復元したものであり、ベリィマンの実測図とは隔たりがある（図5参照）。ここでは、GEの衛星写真と比較しても精確なベリィマンの実測図に従っておきたい。

前述のとおり、都尉府と明確に判断されるのはA35肩水都尉府のみで、その大きさは一四〇m×一九〇mである。この遺構とくらべてみると、T14（小方盤城）の外壁が一二〇m×一一〇m、K688が一三三m×一二八mであるから、両遺構ともに一三〇m四方前後の正方形に近い形状であり、概ね同じような規模であったと言えよう。一〇〇m四方を超える規模の遺構は、居延都尉府管轄下と考えられる遺構群の中でも数カ所に限られてくる。

ところで、スタインの言にも明らかなように、T14は交通の要衝に位置するうえ、漢帝国の最西部の重要な関所である。T14が玉門都尉府であったなら、その立地条件や業務は居延・肩水都尉府と異なり、官署としての性格にも差があったとも考えられる。そのため、K688とT14の性格の違いから、遺構の構造になんらかの差異がある可能性は考慮すべきである。しかし一方で、同級の官署であり、機能や性格に多少の差があったとしても、同じ都尉府の遺構の規模に大きな違いは想定しがたい。

最近では、森谷一樹氏が居延都尉府、居延県の新たな候補として、T116遺構の北北東約一四kmの場所に、K688、K710とほぼ同規模の漢代遺構があることを指摘している。ただBJ2008と仮称されるその遺構は、長期間使用された可能性が低いことや[21]、後述する烽燧線との関係からみると、都尉府の遺構である可能性は低いと思われる。

以上のように、K688、T14は、A35と同じ規模であることなどを踏まえると、都尉府遺構である可能性は高いであろう。

また、烽燧線の位置関係が、K688を居延都尉府であると考える根拠となっている。この点については、近年、新たな調査報告があるので次節で検討したい。

三、防衛線の配置と機能

最後に、疏勒河流域とエチナ河流域の烽燧線の配置状況とその機能を、近年の調査報告などをもとに検討しておきたい。

（一）エチナ河流域の防衛戦

エチナ河下流域の居延都尉府の防衛線は、管轄下の三つの候官が指揮する三本の烽燧線からなる。候官の所在地等から想定される烽燧線は以下のようになる（図4居延地区防衛線参照）。

Ｐ９から南西方のＡ22へと連なる線が卅井候官の管轄範囲（約四〇km）、Ｔ３からＴ21の河北塞（約三一km）とＴ108からＫ688にむかう線の河南道上塞（約三〇km）が甲渠候官（Ａ８）の管轄する烽燧線である。殄北候官（Ａ１）の管轄する烽燧線は明確ではないが、ソゴ＝ノール南方から古居延沢西方の間に点在する烽燧群が想定されている[22]。

居延都尉府管轄烽燧の配置では、烽燧線の中間ないしそれらを包括した中心的な場所に位置し、三つの烽燧線が集まっているのが、Ｋ688の遺構である。遺構の配置から類推する場合、この遺構を都尉府と考える有力な根拠の一つになっている[23]。また、先行研究において、居延都尉府の三つの烽燧線の特徴は、その内側に田官や県城を護る形で設置されていることが明らかにされている[24]。

肩水都尉府管轄の烽燧は次のように想定されている。Ｋ822、Ｋ823、Ａ24、Ｔ148が広地候官管轄、Ａ32、Ａ33、Ａ35、Ｋ824、Ａ39が肩水候官（Ａ33）管轄の烽燧となる。橐他候官については明確ではないが、広地候官と肩水候官の間の烽燧群が考えられている[25]（図2肩水地区防衛線図参照）。

肩水都尉府の烽燧線は、居延都尉府とは異なり、農耕地や県城を守備するのではなく、南北の交通線上に位置し、金関での人の出入と南北に連なる烽燧線の管轄が主な任務であったと考えられる。

立地環境も異なるため、部燧の配置はやや異なるが、Ｋ688を居延都尉府として考えると、居延・肩水のいずれの都尉府も管轄する烽燧線上のほぼ中間に位置しているという点で共通しているといえよう。

（二）疏勒河流域の防衛線

疏勒河流域の都尉府が管轄する烽燧の範囲については、近年では呉礽驤氏と李幷成氏による研究がある[26]。両氏とも実地調査にもとづく詳細な検討を行っている。しかし、李幷成氏は中部都尉管轄下の候官を五つと想定するなど[27]問題がある。李幷成氏の想定通り五候官とすると、管轄範囲の長さはばらばらになり、極端に短くなる候官（歩廣候官と呑胡候官）が存在することになってしまう。居延都尉府ではそれぞれ各候官ごとに約三〇km前後の範囲を管轄していたことをふまえるならば、五候官を想定することは困難であるといわざるを得ない。呉礽驤氏による四候官の管轄範囲をみると、大煎都候官・玉門候官・宜禾候官を除くと、他はそれぞれほぼ二〇～三〇kmと均等な長さとなる[28]。当然立地条件によって異なっていると考えられるが、同じ辺郡の防衛組織である以上、エチナ河流域と疏勒河流域とで都尉府が管轄する範囲・方法に極端に違いがあるとも想定しがたい。従って、本稿では呉礽驤氏の報告に従う。各防衛線の想定範囲は図7・8・9および図10敦煌郡烽燧配置図のとおりである[29]。

全貌は未だ明確ではないが、近年の調査・研究によって新たに注目されるのが、敦煌郡南辺（党河や楡林河流域）の烽燧遺構である。南辺には、呉礽驤氏によって陽関都尉府所属とされる、Ｄ87からＤ91とＤ94からＤ100の烽燧が報告されている（図10参照）。

さらに南辺には、粛北蒙古族自治県内にある烽燧で、呉礽驤氏の編号でＳ１からＳ14の烽燧ラインがある（図10参照）。呉氏によれば、これらは東晋以後の遺構とされている。ただ、最近では同じ地区から漢

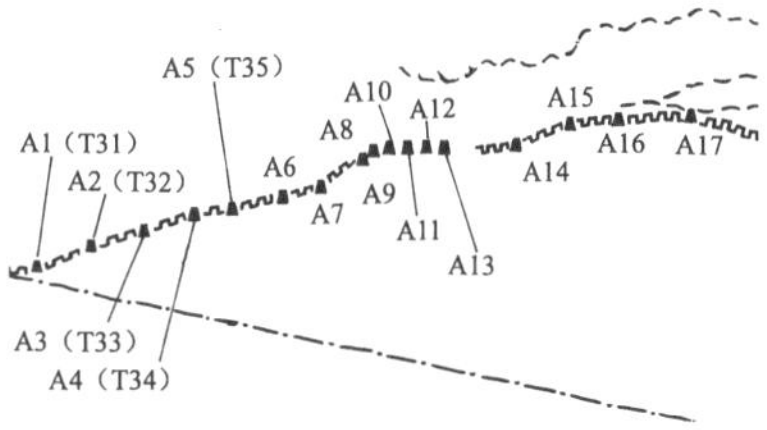

宜禾候官管轄烽燧
A1（T31）より A17 までの約 22 km

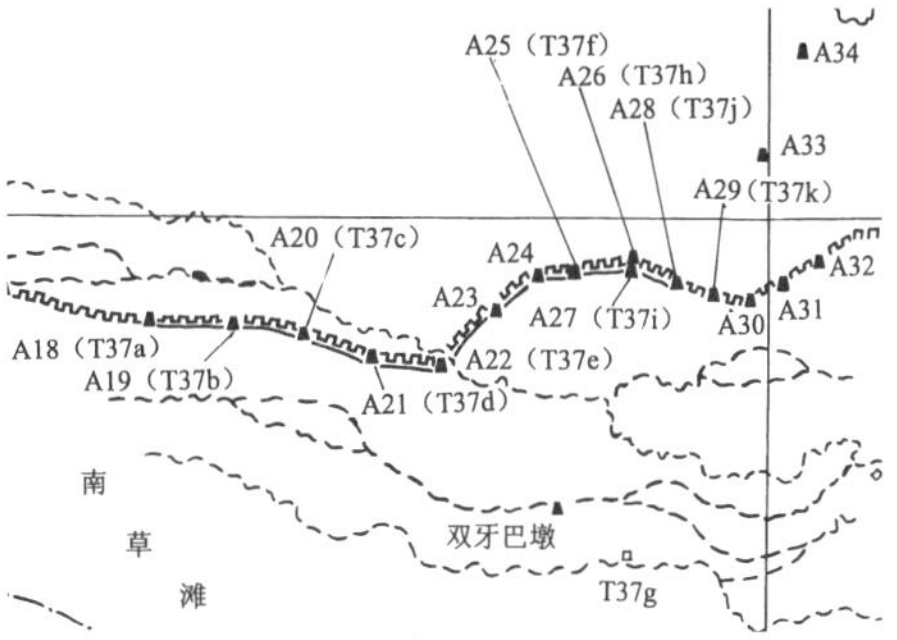

魚澤候官管轄烽燧
A18（T37a）以東から A32（T37k）までの 23.8 km

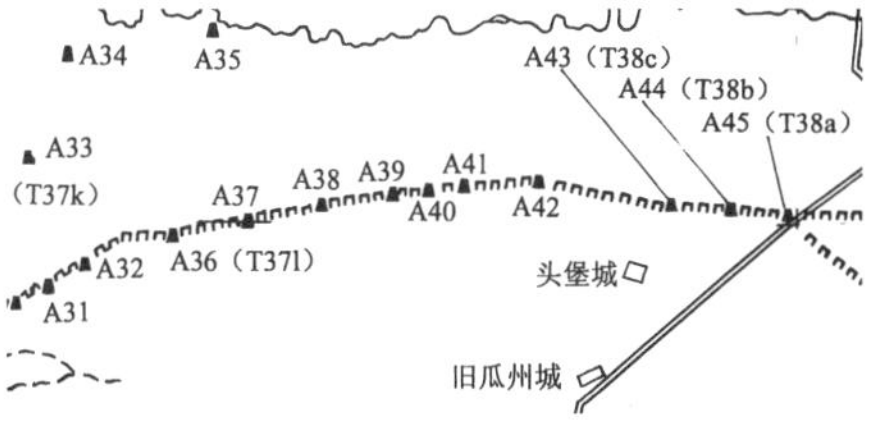

昆侖候官管轄烽燧
A33 より A45（T38a）までの約 22 km

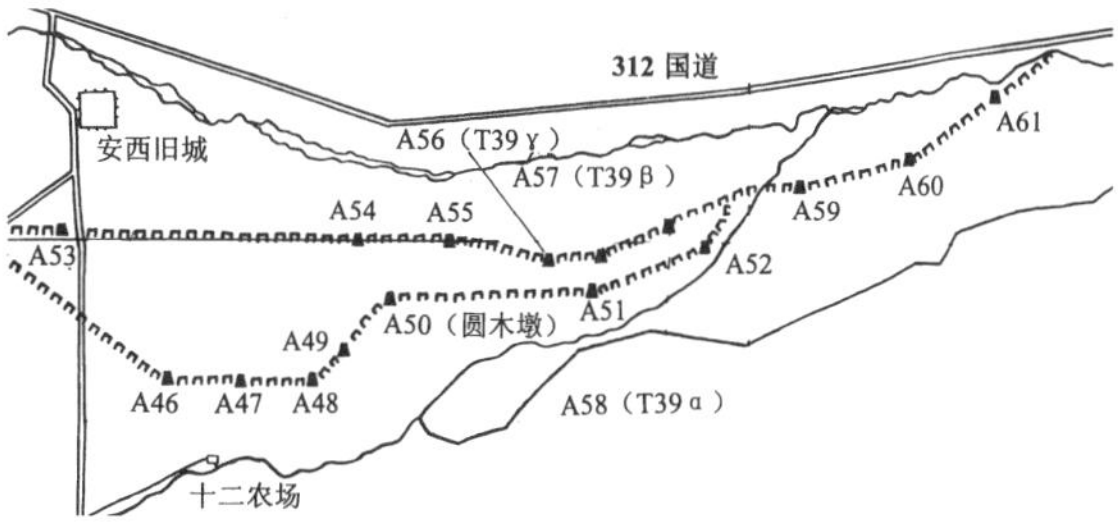

美稷候官管轄烽燧
A46 から A61 までの約 31 km

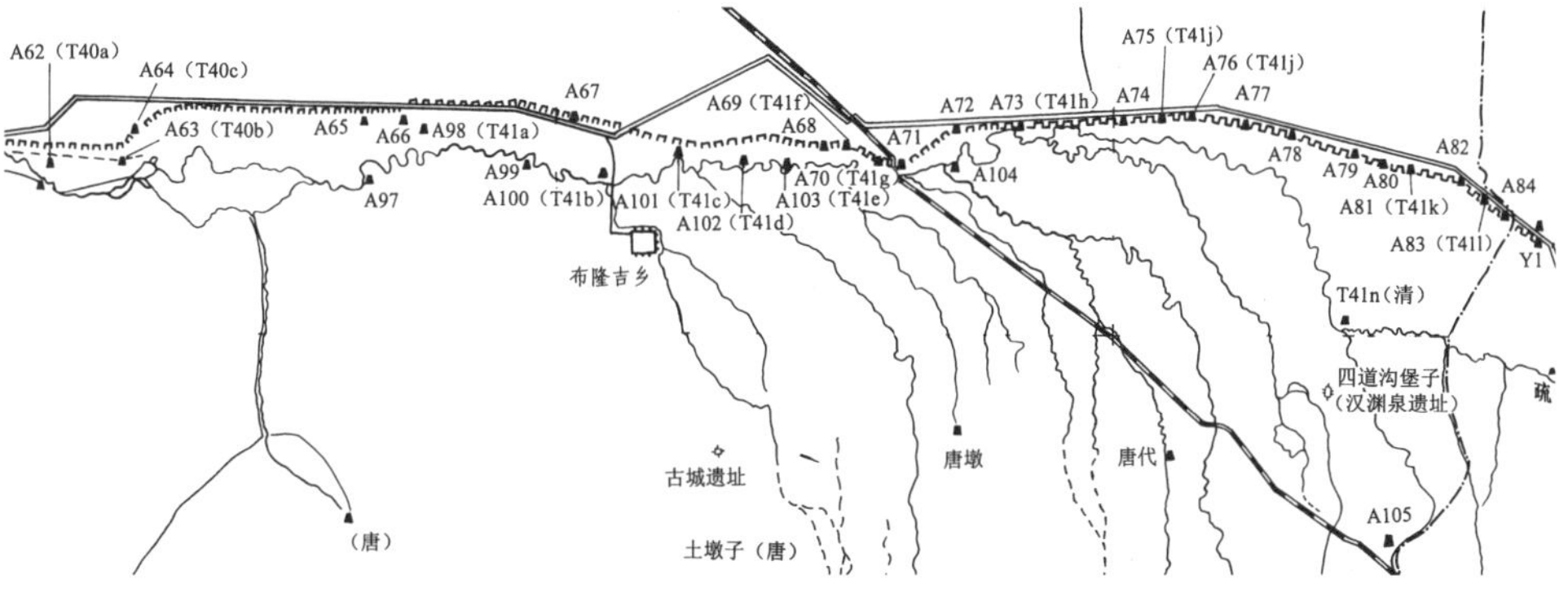

廣漢候官管轄烽燧
A62（T40a）から A84 までの約 60 km

呉礽驤『河西漢塞調査与研究』文物出版社、2005 年 11 月
附図 2 安西県・玉門市・金塔県漢塞走向和烽燧遺址分布図をもとに作成

図 7　宜禾都尉府管轄区域

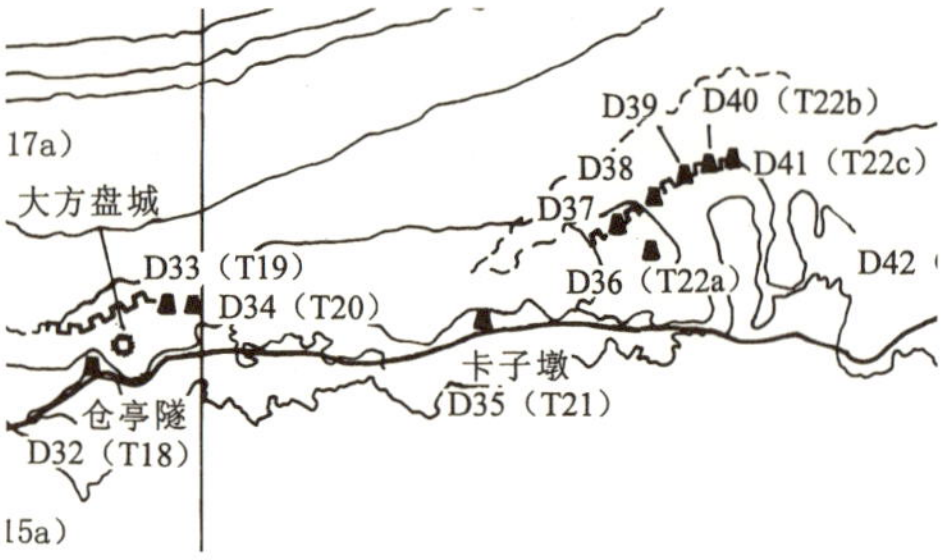

平望候官管轄烽燧
D33-41（T19-T22c）までの約 20 km

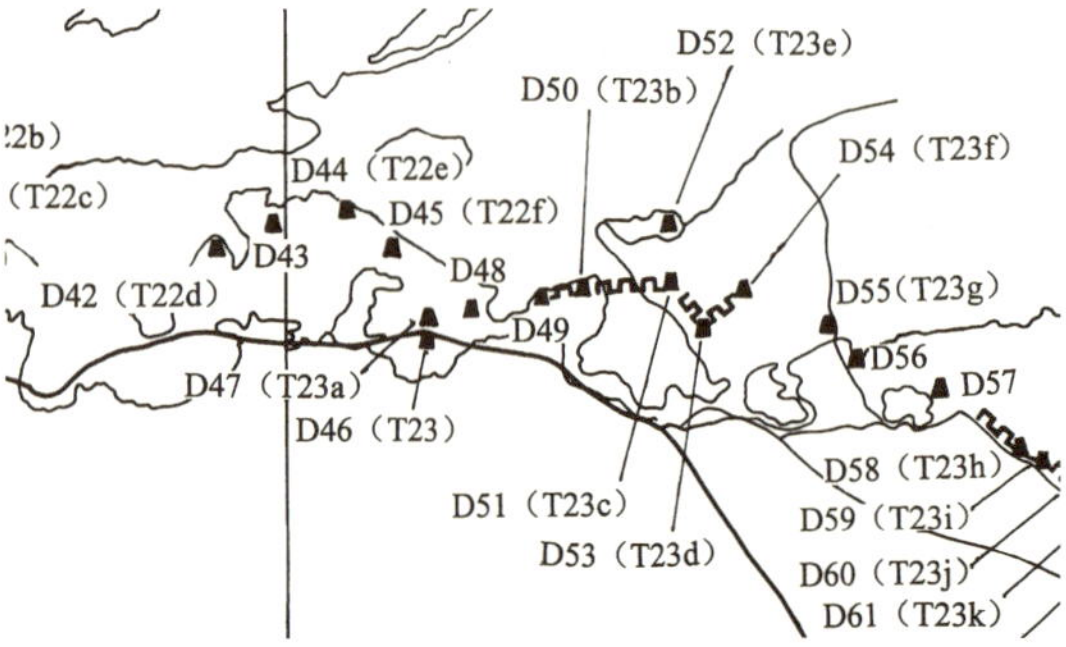

破胡候官（歩廣候官）管轄烽燧
D42-57 までの約 23 km

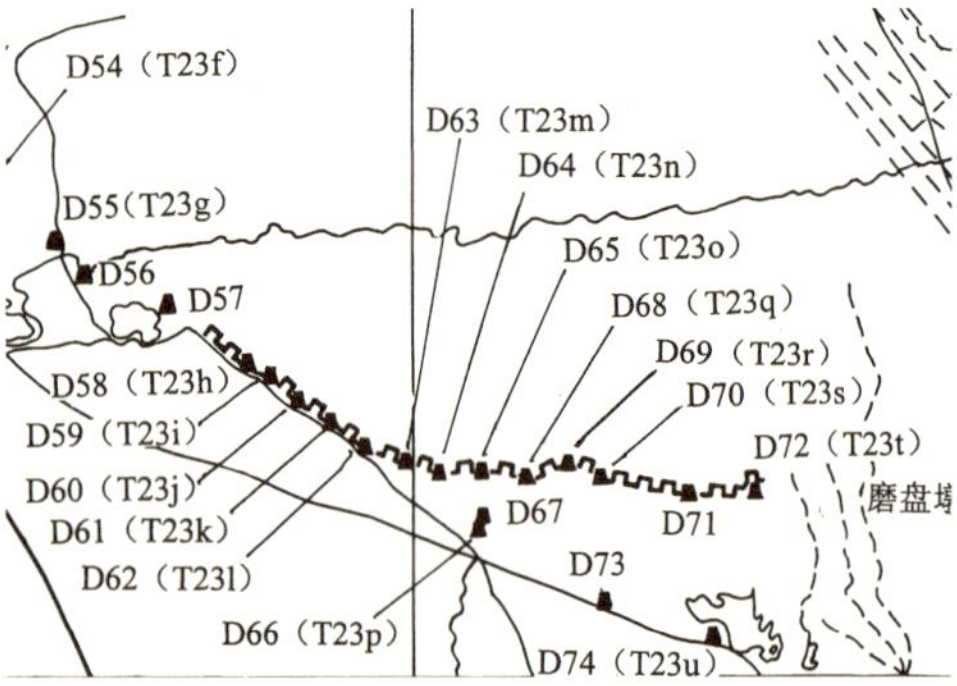

呑胡候官管轄烽燧
D58-74（T23h-T23u）の約 20 km

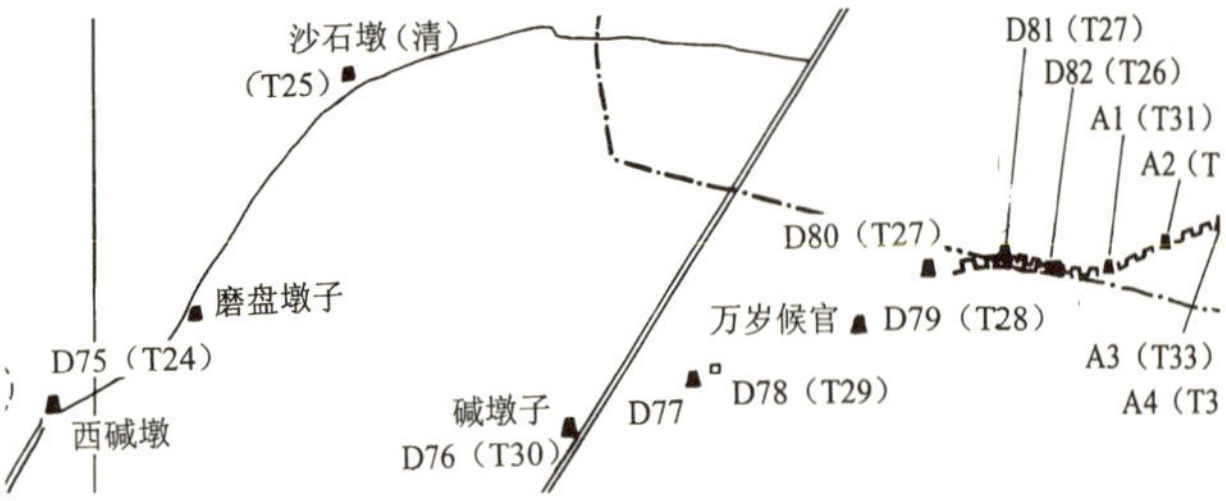

萬歳候官管轄烽燧
D75（T24）から D82（T26）までの約 31 km

呉礽驤『河西漢塞調査与研究』文物出版社、2005 年 11 月
附図 2 安西県・玉門市・金塔県漢塞走向和烽燧遺址分布図をもとに作成

図 8　中部都尉管轄区域

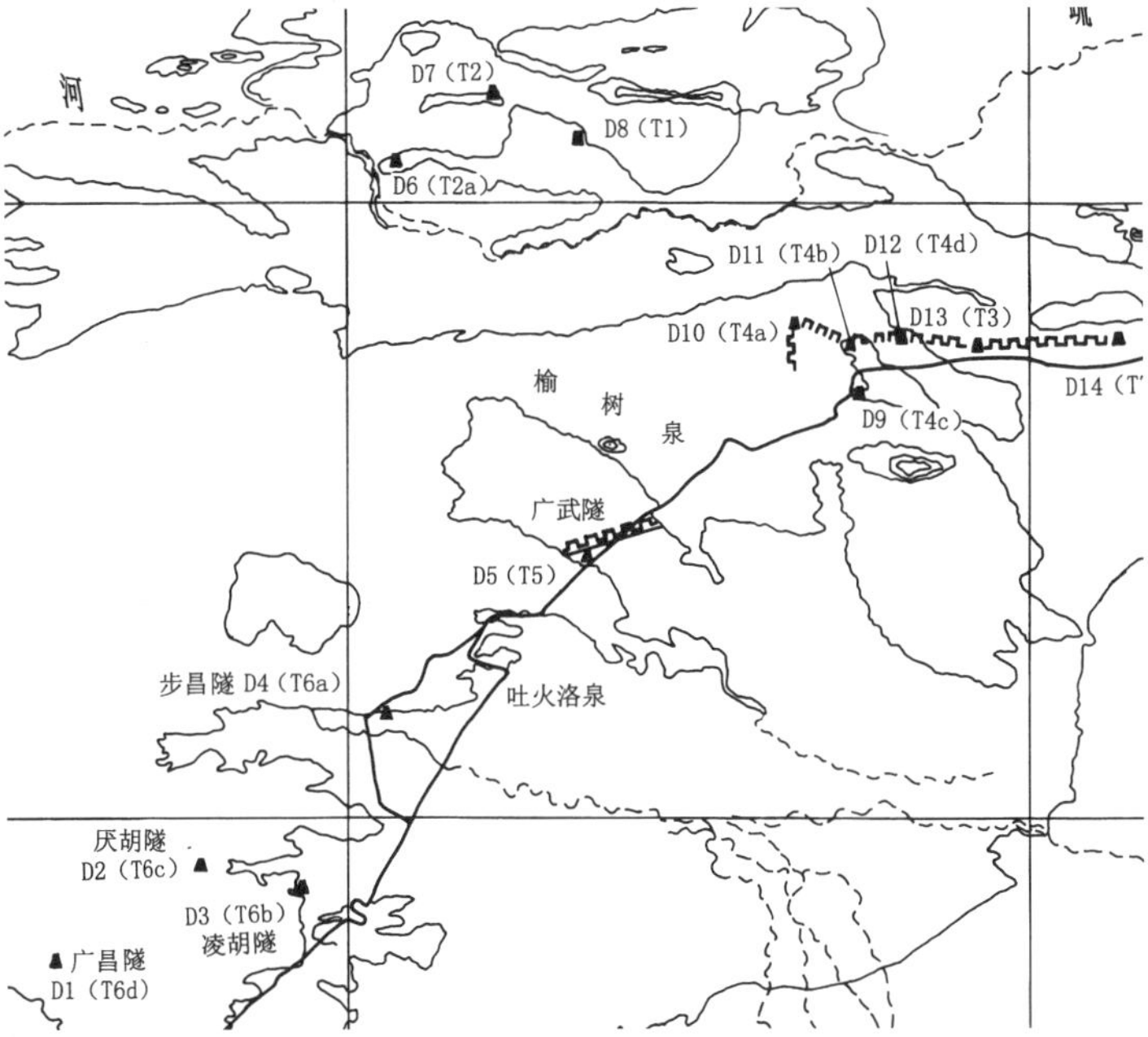

大煎都候官管轄烽燧　D1（T6d）～D10（T4a）約 33 km
D10（T4a）～D15（T8）約 14 km
D6（T2a）～D8（T1）約 11 km

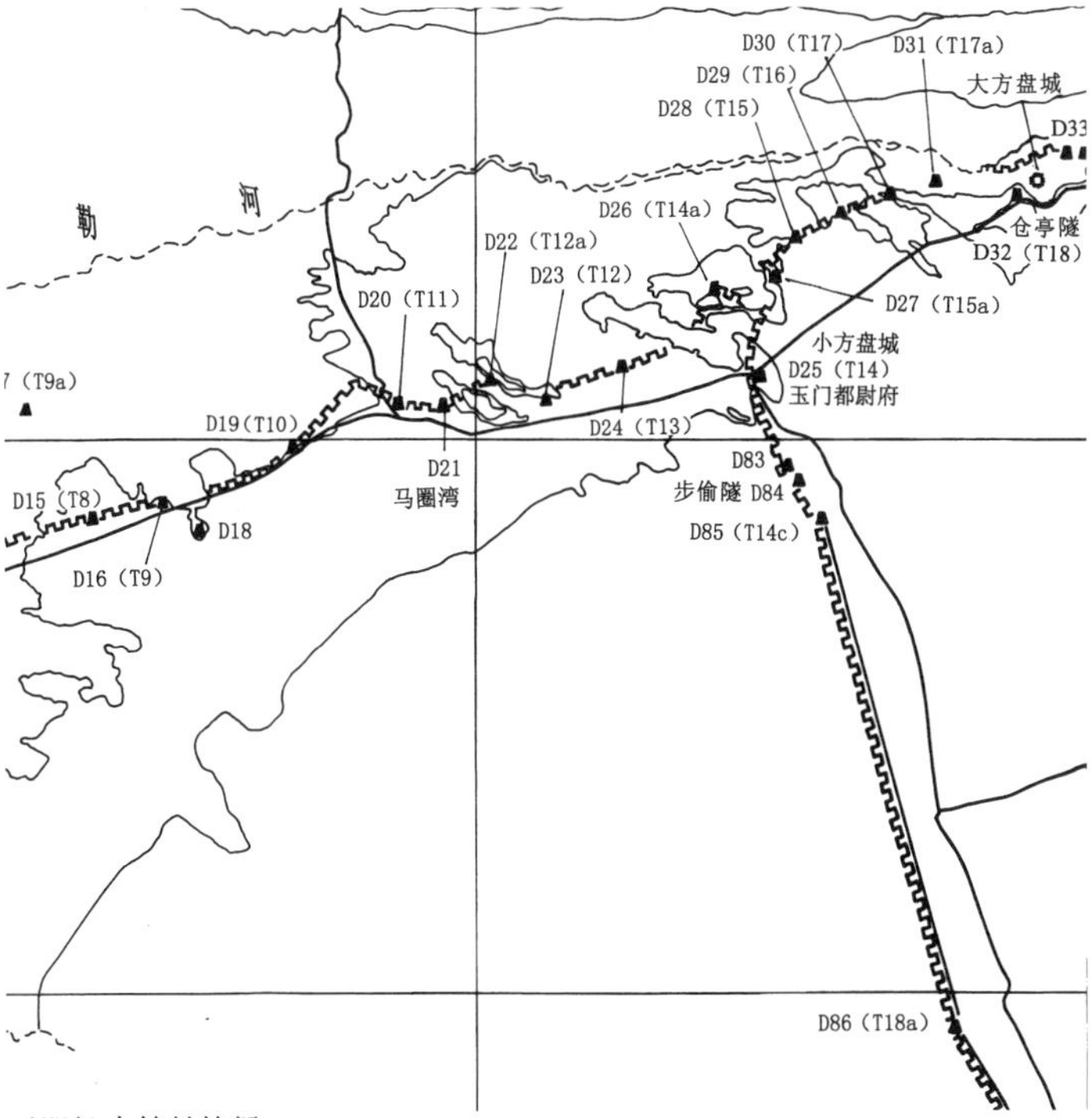

玉門候官管轄烽燧

呉礽驤『河西漢塞調査与研究』文物出版社、2005 年 11 月
附図 2 安西県・玉門市・金塔県漢塞走向和烽燧遺址分布図をもとに作成

図 9　玉門都尉府管轄区域

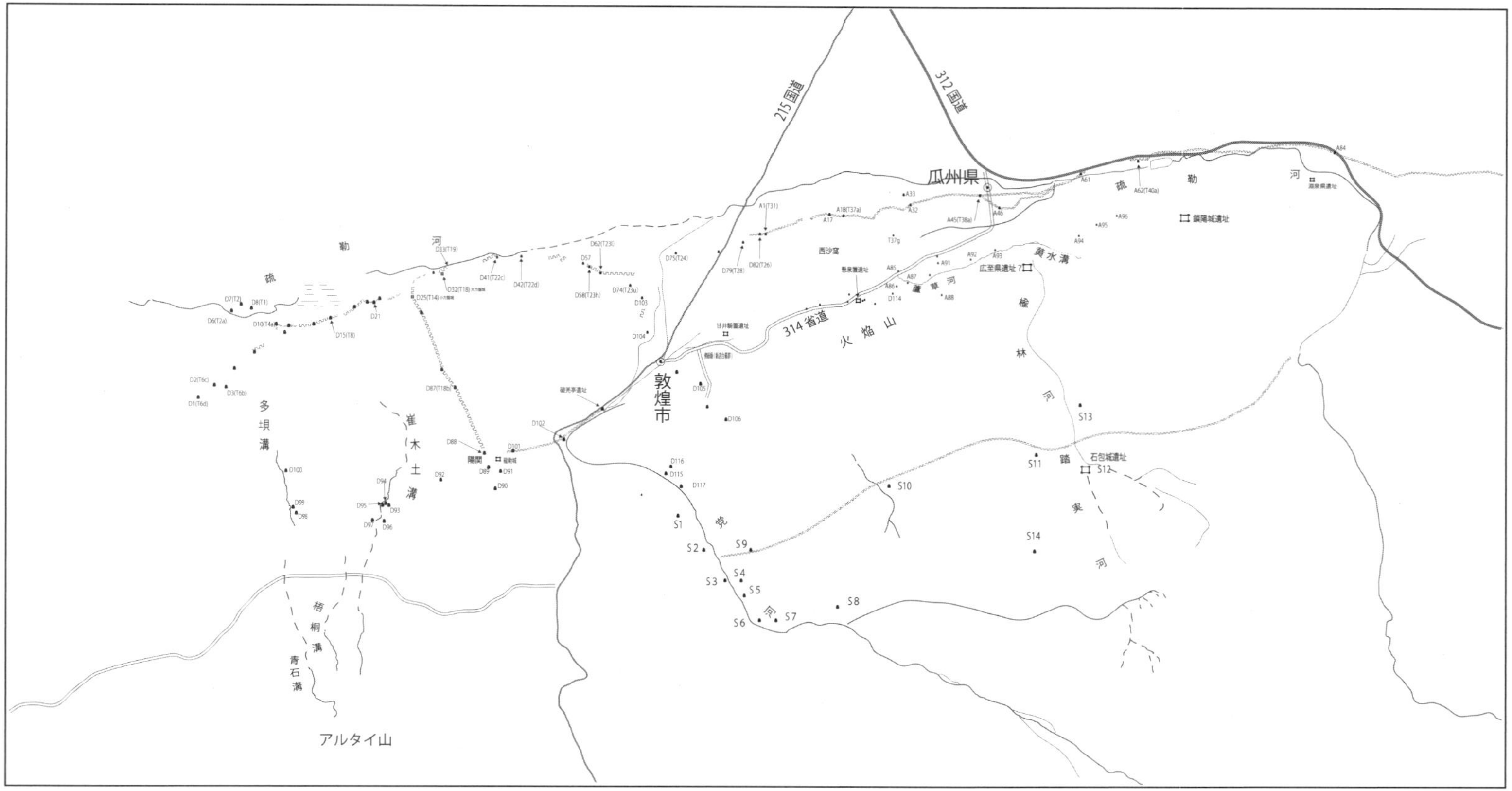

図10　敦煌郡烽燧配置図

呉礽驤『河西漢塞調査与研究』（文物出版社、2005年11月）
　地図13粛北蒙古族自治県南塞走向和烽燧遺址分布図
　附図1敦煌市漢塞走向和烽燧遺址分布図
　附図2安西県・玉門市・金塔県漢塞走向和烽燧遺址分布図
星球地図出版社編『甘粛省地図冊』（星球地図出版社、2008年6月）
上記をもとに作製。

代の烽燧が六〇個所余り発見されており、[30]かつS12の石包城などは、後漢時代に対羌政策のために設置されたとする見解もあり、[31]粛北蒙古族自治県にある長城線も漢代に設置された烽燧の遺構の可能性がある。今後の精査を期待したい。

南辺にも防衛線が置かれていたことは、近年出土した敦煌懸泉置漢簡から窺える。[32]これまでに知られていなかった候官の名称などがあることから、疏勒河流域ではなく、懸泉置より南の烽燧線（党河や楡林河流域）である可能性は高い。恐らく、これらは対羌政策の一環として設けられたものであろう。『漢書』巻二八地理志下の中国各地の風土などを述べた部分に、

自武威以西、本匈奴昆邪王・休屠王地、武帝時攘之、初置四郡、以通西域、鬲絶南羌、匈奴。……（武威より以西は、もともとは匈奴の昆邪王・休屠王の地であったが、武帝の時にこれを退け、初めて河西四郡を設置して、西域と通じ、南の羌と匈奴とを隔離した。……）

とある。匈奴と羌の連携を防ぐという河西四郡の機能を述べており、上述したような長城線の配置とも符合するであろう。

以上のように敦煌郡内の烽燧線の配置をみると、疏勒河流域の北辺と陽関および党河や楡林河流域の南辺に烽燧が配置されていることが分かる。つまり、この上下に囲まれた範囲に県城と農耕地域がふくまれることになる。[33]前述のとおり、居延都尉府も三つの烽燧線で内側の県城と農耕地を囲むように配置されている。疏勒河流域とエチナ河流域の烽燧線は、県城と農耕地帯を防御するという点で同様な機能を持つといえよう。

少なくとも烽燧などの軍事的防衛施設の規模・規格、および防衛線の配置と機能において、疏勒河流域とエチナ河流域とで共通する点が多い。都尉府の遺構の性格を検討する上では、それに附属する遺構も有効な検討材料となることは指摘できよう。

おわりに

本稿は衛星写真や調査報告、また筆者自身の実見結果などをもとに、現段階でK688やT14が都尉府である可能性をどこまで考えられるか検討してみた。基本的に、辺境の防衛線の遺構に「規格」が存在していたことは明確であり、K688やT14は都尉府である可能性は高い。同時に出土文字史料の乏しい場所では、こうした遺構そのものの情報が、当該遺構の性格を考えるための有効な手がかりであることを改めて確認できたであろう。

本稿では、調査報告などが少なく、確実視できる遺構が疏勒河流域でみられないため、あえて候官の遺構は考察の対象としなかった。ただ、宜禾都尉府や候官遺構と目される遺構はいくつか報告されているので、今後の課題としたい。

今後はこうした検討の積み重ねの上に、出土簡牘を含めた分析が必要となることは言うまでもない。敦煌懸泉置漢簡や肩水金関漢簡が全面的に公表されれば、検討材料は格段に増すはずである。近く全貌が公表されることを期待したい。

注

（1）甘粛省文物局編、岳邦湖・鍾聖祖『疏勒河流域漢代長城考察報告』（文物出版社、二〇〇一年一二月）、呉礽驤『河西漢塞調査与研究』（文物出版社、二〇〇五年一一月）。なお、以降の本稿における引用する岳

邦湖・鍾聖祖両氏・呉礽驤氏の見解は全てこれらの著作による。

（2）羅仕傑『漢代居延遺址調査与衛星遥測研究』（台湾古籍出版有限公司、二〇〇三年二月）、『シルクロード学研究二二　古シルクロードの軍事・行政システム—河西回廊を中心にして』（二〇〇五年三月）、景愛『沙漠考古通論』（紫禁城出版社、一九九九年一〇月）、同『居延滄桑—尋找消失的緑洲』（中華書局、二〇〇六年八月）などを参照。

（3）邢義田「全球定位系統（ＧＰＳ）・３Ｄ衛星影像導覧系統（Google Earth）与古代辺塞遺址研究—以額済納河烽燧及古城遺址為例」（饒宗頤主編『華学』第九・十輯、上海古籍出版社、二〇〇八年八月、後同『地不愛宝：漢代的簡牘』中華書局、二〇一一年一月に収録）、森谷一樹「居延オアシスの遺構分布とエチナ河—漢代居延オアシスの歴史的復元にむけて—」・白石典之「〝ものさし考古学〟によるエチナ史再考」（井上充幸・加藤雄三・森谷一樹編『オアシス地域史論叢—黒河流域２０００年の点描—』松花堂、二〇〇七年所収）。森谷一樹「前漢〜北朝時代の黒河流域—農業開発と人々の移動」（中尾正義編『オアシス地域の歴史と環境—黒河が語るヒトと自然の二〇〇〇年』勉誠出版、二〇一一年三月）。

（4）敦煌懸泉置漢簡は、胡平生・張徳芳編撰『敦煌懸泉漢簡釈粋』（上海古籍出版社、二〇〇一年八月、以下『釈粋』と略称）以後、張徳芳・張俊民の論考中に未公表の釈文が多く引用されている。詳しくは、拙稿「散見敦煌懸泉漢簡釈文集成—Ｉ地区出土簡牘」（『国士舘東洋史学』四・五合併号、二〇一一年三月）を参照。

（5）近年の調査によって新たに報告された敦煌地域で出土した簡牘を指す。何双全「敦煌新出簡牘輯録」（李学勤主編『簡帛研究』第一輯、法律出版社、一九九三年八月所収、二二一-二三五頁）、李岩雲「一九九八年敦煌小方盤城出土的一批簡牘渉及的相関問題」（『敦煌学輯刊』二〇〇九年第二期）、李岩雲・傅立誠「漢代玉門関址考」（『敦煌研究』二〇〇六年第四期）、敦煌市博物館「敦煌清水溝漢代烽燧遺址出土文物調査及漢簡考釈」（李学勤主編、『簡帛研究』第二輯、法律出版社、一九九六年九月）。以上の論文では呉礽驤・李永良・馬建華釈校、甘粛文物考古研究所編『敦煌漢簡釈文』（甘粛人民出版社、一九九一年一月）および甘粛文物考古研究所編『敦煌漢簡』上・下（中華書局、一九九一年六月）に輯録されていない新出の敦煌漢簡の釈文・図版が掲載されている。

（6）甘粛省文物工作隊「額済納河下游漢代烽燧遺址調査報告」（甘粛省文物工作隊・甘粛省博物館編『漢簡研究文集』甘粛人民出版社、一九八四年九月）に一九七六年に行われた調査報告があるが、実測図もなく、基底部の規模の数値のあるものが少ない。

（7）藤田高夫「疏勒河南岸の漢代遺跡」（前掲注（2）『シルクロード学研究二二』所収）文末の【付表】にT14以西の遺構について編号の対応表がある。本稿ではこれに従い、それ以外は呉礽驤氏の著作に俗称の記載があるものを対応させた。

（8）調査報告によれば、東部の塢の三つの部屋は増築された部分であることが指摘されている（前掲注（6）甘粛省文物工作隊参照）。

（9）籾山明『漢帝国と辺境社会—長城の風景』（中公新書、一九九九年四月）五四頁参照。

（10）Ａ８から出土した簡牘に、

堠高四丈、上堞高五尺、爲四陬、埤垸堞埤垸反□▨（E. P. T52: 27）

（望楼の高さ約九ｍ、上部のひめがきの高さは約一一二cmで、周囲を造る。ひめがきは……）

墼廣八寸、厚六寸、長尺八寸、一枚用土八斗、水二斗二升。（187. 6+

187. 25)
（日干しレンガは幅一八cm、厚さ一三cm、長さ四〇・五cm。一枚に土約一五ℓ、水約四ℓを使う。）

といった、望楼（堠）やひめがき（堞）の高さを記したものや、日干しレンガ（墼）の大きさと土と水の配合比率を記したものがある。こうした記載があることからも、烽燧の大きさになんらかの「規格」があった可能性は高いであろう。

（11）前掲注（3）邢義田・森谷一樹両論考を参照。

（12）Aurel Stein, *Innermost Asia: Detailed Report of Explorations in Central Asia, Kansu and Eastern Iran.* vol I, Oxford, 1928, pp. 412-413.

（13）角谷常子「エチナ河流域の諸遺構（毛目地域）」（前掲注（2）『シルクロード学研究一二』所収）参照。

（14）以上は、籾山明「漢代エチナ＝オアシスにおける開発と防衛線の展開」（冨谷至編『流砂出土の文字資料―楼蘭・尼雅文書を中心として』京都大学学術出版会、二〇〇六年三月）および前掲注（2）羅仕傑著書を参照。
K710を居延県城に比定することについては、髙村武幸「居延県城と漢代社会」（『三重大史学』第一〇号、二〇一〇年三月、本書、「K七一〇遺跡の性格について」）を参照。ただ、K710はK688より年代が新しいとする見解があり、居延県城にふさわしくないとする見解もある（前掲注（3）森谷一樹論考を参照）。

（15）Bo Sommarström, *Archaeological Researches in the Edsen-gol Region, Inner Mongolia: Together with the catalogue prepared by Folke Bergman.* Part I, Statens Etnografiska Museum, Stockholm, 1956, pp. 102-103.

（16）呉礽驤、一四九-一五一頁。なおこの報告によれば城の北で発見された村落遺址の中央には七〇〇mの大道があり、両側に房屋遺址などがあるというが、平面図には描かれていない。

（17）前掲注（5）李岩雲・傅立誠「漢代玉門関址考」参照。

（18）Aurel Stein, *Serindia: Detailed Report of Explorations in Central Asia and Westernmost China,* vol. II, London, 1921, p. 683.

（19）前掲注（5）李岩雲・傅立誠「漢代玉門関址考」参照。なおこの論考では、玉門関は、小方盤城の西一五〇mに位置する南北に走る長城線にあるとする。

（20）前掲注（3）白石典之論考参照。

（21）前掲注（3）森谷一樹「前漢～北朝時代の黒河流域」参照。

（22）前掲注（9）籾山明論考参照。管轄範囲の距離は、前掲注（2）羅仕傑著作による計測値をもとに概算したものである。

（23）「漢簡研究国際シンポジウム学術討論会記録　平成四年一一月一四日（月）関西大学百周年紀年会館」（大庭脩編『漢簡研究の現状と展望』関西大学出版部、一九九三年一二月）一四七～一四八頁の岳邦湖氏の発言を参照。

（24）長城防衛線の機能については、前掲注（14）籾山論考で詳細に検討されている。

（25）前掲注（2）羅仕傑著書参照。

（26）李并成「漢敦煌郡宜禾、中部都尉有関問題考」（『西北師範大学学報（社会科学版）』一九九五年二期、後、李并成・李春元『瓜沙史地研究』甘粛文化出版社、一九九六年六月所収）および同『河西走廊歴史地理』（甘粛人民出版社、一九九五年九月）。

（27）近年出土の簡牘より歩廣候官の存在が疑問視されてきた。漢書の記載や簡牘に見える記載から当該候官が存在したことは確かであるが、呉礽驤氏は前漢末に破胡候官の名を改めたものとする。一方、李并成氏は中部都尉の管轄下には歩廣候官を含め五つの候官が設置されたとみるが（前掲注（26）「漢敦煌郡宜禾、中部都尉有関問題考」）、時代による興廃を想定しておらず、問題がある。『敦煌漢簡』にみえる「歩廣」はわずかではあるが後漢や王莽期と考えられる簡である。現在公表されている懸泉置漢簡にも「效穀歩廣里」の記載はみえるが、候官の存在を示すものはなく、五候官であったとする積極的な根拠はない。ここでは呉礽驤氏に従っておく。

(28) T6dが候官遺址として考えられてきたが、藤田高夫氏によってその可能性は否定されている（『敦煌・居延漢簡による漢代文書行政の基礎的研究（課題番号10610363）』平成一〇年度～平成一一年度科学研究費補助金　基盤研究（C）（2）研究成果報告書、二〇〇〇年三月）、同「出土簡牘より見たD21遺址の性格」（冨谷至編『辺境出土木簡の研究』朋友書店、二〇〇三年二月所収）を参照。

(29) 候官の管轄範囲について従来は、前掲注（12）*Innermost Asia* や前掲注（18）*Serindia* および林梅村・李均明編『疏勒河流域出土漢簡』（文物出版社、一九八四年三月）などの分析があったが、呉礽驤『河西漢塞調査与研究』は調査にもとづき、修正している。

(30)「中国網」の二〇一一年一月八日の記事による。

(31) 石包城については、李并成『大漠中的歴史豊碑―敦煌境内的長城和古城遺址』（甘粛人民出版社、二〇〇〇年六月）一二九～一三二頁を参照。

(32) 南辺の烽燧線に関して、呉礽驤氏によれば、懸泉置漢簡に陽関都尉所属の「雕秩候官」のほか、敦煌郡長史所属の「都偃泉候官」（敦煌文書P二〇〇五にみえる「馬圏口偃」あるとし、現在の敦煌市西南約一四・五kmの党河北岸の大偃分水閘であるとする）、效穀県南辺の「柳穀候官」、冥安県南辺の「益廣候官」・「廣校候官」・「屋蘭候官」があるとする。また、淵泉県南辺に「博望候官」（III92DXT0809④：35）があるとするが、これは郵書記録の方向と一致しないことは、張俊民氏の指摘するとおりである（「敦煌懸泉漢簡所見的「亭」」『南都学壇（人文社会科学学報）』二〇一〇年一月）。現在公表されている釈文の資料状況では検討は不可能であるが、これまで殆ど知られてこなかった敦煌郡に配置された候官の存在は重要であり、敦煌郡南辺の烽燧線のいずれかに該当するのは間違いないであろう。

(33) 敦煌郡内の県城の所在については、宮宅潔「懸泉置とその周辺―敦煌～安西間の歴史地理」（前掲『シルクロード学研究二二』所収）で詳細な検討がされている。また農耕地帯については、同「漢代の敦煌戦線と食糧管理」（冨谷至編『辺境出土木簡の研究』朋友書店、二〇〇三年二月、二〇六～二〇七頁）を参照。

第Ⅱ部　研究篇

序論——出土簡牘史料の生態的研究に向けて——

籾山明

本書の表題と副題は、中国簡牘研究の論集として、いささか奇異の感を与えるかも知れない。なぜ「文献と遺物の境界」であり、なぜ「生態的研究」なのか。研究篇所載の各論文を紹介するに先立って、書名に込められた意味の説明に若干の紙幅を費やしておく必要があろう。

中国古代王朝の行政文書を中心とした簡牘（木簡・竹簡）類が、ユーラシア東部内陸の乾燥地帯で初めて発掘されたのは、二〇世紀初めにさかのぼる。それから今日に至るまで一世紀余り、この間における関連史料の増加と研究の進展は、まことに目覚ましいものがある。出土簡牘史料は正史と並ぶ基本史料として、中国古代史研究に確固たる地位を占めるに至った。しかし、これまでの簡牘研究を振り返ってみると、そこには次の二つの点で欠陥があったと言わざるをえない。

第一は、簡牘の形態に対する検討が不十分だったことである。木や竹を素材とする簡牘には多種多様な形態があり、それは用途や機能と密接な関連をもつ。たとえば宛名を記して文書の封をする「検」や、緊急連絡に用いられた「檄」、割符としての「符券」など、簡牘のさまざまな形態は、情報伝達や機密保持、契約・証明などの機能と密接に結びついている。最も単純な短冊形の簡であっても、一行書きの「札」と二行書きの「両行」とでは、記載内容に応じて使い分けられる場合があった[1]。しかし、このような簡牘の形態と機能の統一的な分析は、中国簡牘研究の分野ではなお未開拓に等しい。

第二は、簡牘の動きに対する認識が欠落していたことである。従来の簡牘研究においては、史料の記載内容を追うことに急で、作成・移動・保管・再利用・廃棄という動態的側面の研究はほとんど等閑に付されていた。一部の文書簡牘に関しては、官署の間を移動することが認識されていたものの、送り手と受け手を超えた簡牘の動き、たとえば廃棄や再利用などは考慮の外に置かれていた。投棄もしくは放置された場所——それは遺構内の出土地点でもある——や出土状態への配慮が、簡牘の機能を理解するうえで不可欠なことは容易に想像がつく。しかし、その重要性が中国簡牘研究の場合、十分に自覚されてはいなかった。

総じて言えば、これまでの中国出土簡牘研究においては、伝世文献に接する場合と同様の姿勢をもって史料と向き合う傾向が強かった。こうした姿勢が中国の学界においても変わらないことは、出土文字史料を「出土文献」と呼ぶこと自体に示されている。これに対して、同じ出土文字史料を扱いながらも、日本木簡の研究姿勢は大きく異なっていた。そこでは研究の初期段階において、「木簡の正確な釈読ばかりでなく、何よりも木簡の出土状況や伴出木簡についての精確・的確な観察・記録が必要であり」、「単にそこに書かれた文字ばかりでなく、その形状・材質など物に即した精密な考察が不可欠」[2]であるとの認識がすでに示されていた。木簡が考古遺物であることを明確に意識した発言といえる。われわれの研究会も、この認識を共有したい。「物に即した精密な考察」を進めることで、簡牘自体がたどった経歴、史料固有のライフサイクルもまた研究の視野に入ってくるだろう。出土簡牘とは、多様な形態を持ち、動き、生成・消滅する動的な史料なのであり、一片の簡牘を扱う方法は、一篇の典籍に対する場合と異なって然るべきではあるまいか。そのような簡牘史料の特徴を、「文献と遺物の境界」という表題によってあらわした。

出土遺物が固有のライフサイクルを有することは、考古学の世界においては早くから注目されていた。その古典ともいうべき研究は、アメリカのマイケル・シファーによって一九七二年に発表された「考古脈絡と機能脈絡」と題する論文であり[3]、遺跡形成過程 site formation process すなわち「考古記録はどのように形成されるのか」という問題が論理的に追究・整理されている。発掘された考古記録とその担い手であった過去の人間の諸活動とを架橋する、いわゆる中位理論 middle-range theory の一種であるが、本書との関連で注目すべきは、遺物として検出されるあらゆる人為物（シファーはこれを構成要素 elements と呼ぶ）について、耐久財と消耗財それぞれの場合に分けて、ライフサイクルをモデル化していることである（図A・B）。それまでの遺跡形成研究においては、考古脈絡 archaeological context すなわち人為物が機能を失い遺物となった後の状態がもっぱら注目されていたのに対し、機能脈絡 systemic context すなわち人為物が人間の「行動システムの中に参与している状態」に重点を置いて、生成から廃棄に至るプロセスを整理した点に、本論文の先駆的な意義がある。そしてこのシファーのモデルは、われわれが「史料固有のライフサイクル」を考える際に、大きな示唆を与えてくれる[4]。遺物としての簡牘史料も、その機能脈絡において、製作 manufacture・使用 use・移動 transport・保管 storage・再利用 recycling・廃棄 discard といった段階を経ていることが、あらためて想起されよう。

簡牘史料の性格が文面や形態だけで一義的に決定されないということも、あわせて指摘しておくべきであろう。かねてより古文書学の分野においては、文面や様式にもとづく固定的な分類の枠組みをひとまず解体し、生成・機能する場面に即して関係論的に史料を把握する必要性が強調されてきた。このような立場から見れば、「書面が置かれた『場』と『時』に応じてカテゴリー間に遷移や二重化が起きることを重視する」[5]ことになるだろう。ある書面のはたらきを決定するのは、書面自体の属性ではなく、他の書面や置かれた環境などとの関係である。永田英正が居延漢簡の簿籍簡牘について、「いずれも報告書の断片であって単なる簿籍ではなく、文書でもあった」[6]と表現したのも、まさにそうした現象であった。永田がここで注目したのは、簿籍が簿籍伝達文書を付して上級機関に提出される局面であるが、簡牘のライフサイクルを辿っていけば、カテゴリー間の遷移や二重化は少なからず見出されるに違いない。

以上のような認識にもとづいて、本書においては、簡牘の製作・使用・移動・保管・再利用・廃棄のそれぞれを別個に検討するのではなく、全体を切り離すことのできない一連の過程として把握することを提唱したい。さらに形態という側面を加味することで、さまざまな簡牘ごとに異なったライフサイクルのありかたが見えてくる。たとえて言えば、出土簡牘の世界とは、多様な生物が各々のライフサイクルを維持しつつ、相互に重なり合い補完し合って形成している一個の生態系なのである。簡牘から紙への書写材料の変遷過程は、「生態系のサクセッション」として把握することも可能であろう。このような研究の視点と方法を、副題の「生態的研究」という語によってあらわした。

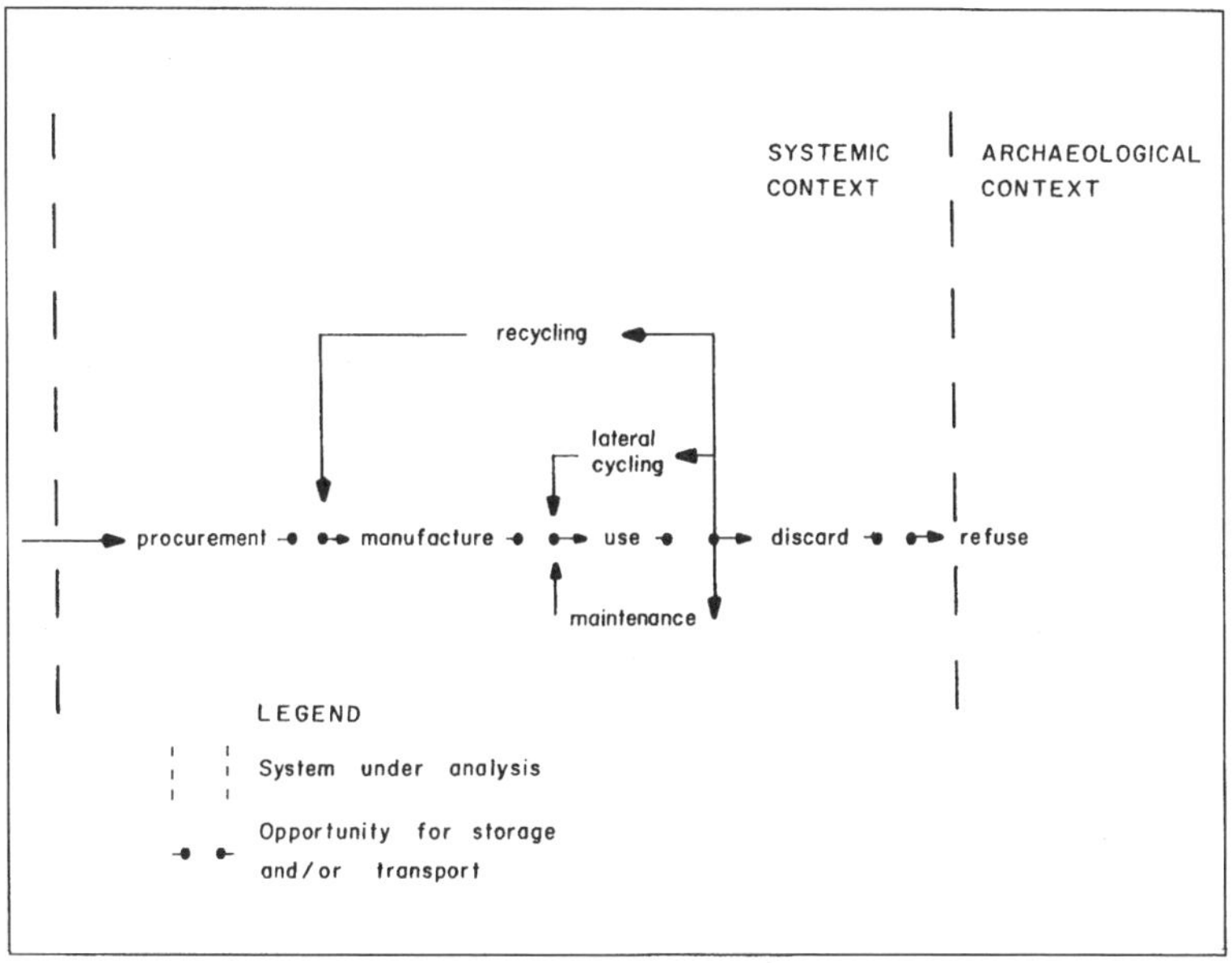

図A　耐久財のライフサイクル

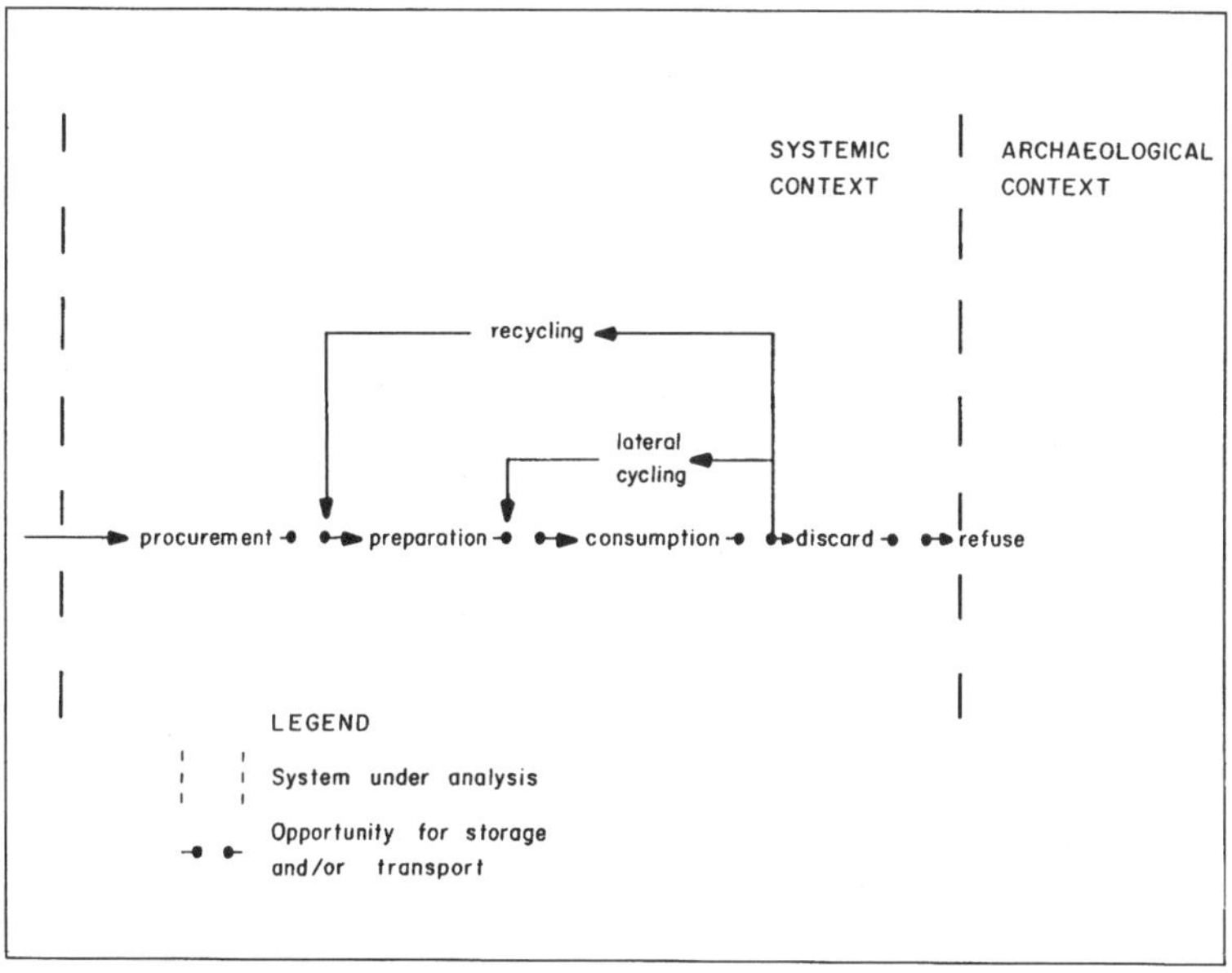

図B　消耗財のライフサイクル

研究編に収める文章は、右のような問題関心を共有する研究会メンバーの研究成果と、国外の研究者に寄稿を依頼した論考とから成っている。以下それぞれの内容を簡単に紹介しておこう。

冒頭に位置する李均明「簡牘文書の種類と遺址諸要素の関係」は、全体の総論にあたる文章であり、簡牘の内容と出土遺構との関連性について、代表的な遺跡をとりあげて概観している。北京において長年、出土簡牘の釈読・整理・研究にたずさわり、あらゆる簡牘史料の内容を熟知している著者ならではの、行き届いた解説といえよう。

邢義田「漢代簡牘文書における正本・副本・草稿と署名の問題」は、簡牘史料の徹底した観察を通して、漢代官僚制度の基底をささえる行政文書作成の実態にせまった論考である。出土簡牘史料の中に作成段階の異なる文書・簿籍が混在していること、同じ一通の文書が機能する局面によって性格を変えていくことなどの指摘は、今後の簡牘研究にとって看過できない論点となろう。

青木俊介「候官における簿籍の保存と廃棄—A8遺址文書庫・事務区画出土簡牘の状況を手がかりに—」は、甲渠候官の遺跡であるA8出土の簡牘を出土地点ごとに整理したうえで、それぞれの内容上の傾向性と候官の業務との関連性を指摘する。簡牘の廃棄・放置を手がかりに漢代文書行政の一端を復元することで、漢簡の古文書学的研究を一歩前進させた論文といえよう。

高村武幸「簡牘の再利用—居延漢簡を中心に—」は、簡牘の作成から廃棄に至る一生すなわちライフサイクルについて正面から取り組んだ、文字通り先駆的な研究である。とりわけ旧居延漢簡の現物観察の結果をふまえ、加工と再利用の多様な形態を明らかにした一段は、簡牘が生成・消滅する動的な史料であることを疑問の余地なく示してくれる。

鈴木直美「馬王堆三号墓出土簡にみる遣策作成過程と目的」は、墓葬出土の簡牘を対象とした論考である。記載形式の観察に加え、副葬品との対応関係や墓中における出土位置なども考慮した上で、遣策という「葬礼準備のためのリスト」を葬送のコンテクストの中に位置づけている。埋葬された簡牘が儀礼プロセスの中で生きて機能していたこと、特有のライフサイクルをたどったことを、説得的に論証した一編である。

佐藤信「日本古代文書木簡の機能と廃棄」は、日本古代の文書木簡がどのような形で機能を終えて廃棄されたのか、シファー風にいえば「機能脈絡から考古脈絡へ」の移行の多様な姿について、豊富な実例にもとづいて論じる。木簡の機能が廃棄の態様を決めるのみならず、廃棄の状況から逆に機能を推定できるという指摘は、中国簡牘研究にとっても傾聴に値する。

籾山明「簡牘・縑帛・紙—中国古代における書写材料の変遷—」は、簡牘を中心とした書写材料の体系から紙を中心とした体系への移行について、縑帛を媒介項とすることで新たな見通しを提示する。紙の発見と普及にとって鍵となるのが絹であることを強調し、中国古代の書写材料の変遷を「簡牘から紙へ」と単純化してきた通説的理解に対し、根本的な見直しを迫る論考である。

劉増貴「下層の歴史と歴史の下層—台湾における「中国社会史」研究の回顧—」は、現代台湾歴史学の特徴である社会史研究の隆盛を通覧し、学史的意味と問題点とを指摘する。研究動向の紹介として有益なことはもちろんであるが、史料研究の方向性を見定めるための示唆にも富んでいる。「簡牘史料の生態的研究」を突き詰めていけば、担い手である人間の諸活動へと行き着くだろう。その諸活動を解析・理解する際に、「歴史の下層」という視座は、必要かつ有効であると思われる。

最後に、研究篇の結びにかえて、陶安あんど「書写材料とモノの狭間—日本木簡学との比較を通じてみた中国簡牘学のジレンマ—」の一文を置いた。紙と並存していた日本古代の木簡と異なり、普遍的な書写材料であった中国古代の簡牘は、「古代人の図書館」を目の当たりにするような豊かさをもつが、またそれゆえに、簡牘固有の側面だけに注目すると全体を見失いかねない。日本木簡学に学ぶことで得られる豊かな成果に注目しつつも、簡牘学だけで「閉じた体系」を形成することに警鐘を鳴らした文章である。

李均明・邢義田両氏の論文は、二〇一〇年三月の学術座談会に提出された原稿を改訂したものであり、劉増貴氏の論考は、二〇〇八年一月の研究会での座談内容を文章化したものである。三氏はかねてより教えを乞うてきた先達であり、われわれ研究会の意図を汲み、充実した論考を寄せてくださった。研究会構成員の文章ともども、中国簡牘のみならず、日本木簡や史料論に関心をもつ研究者にも、広く検討していただけることを望みたい。

注

(1) 「札」と「両行」の使い分けについては、つとに角谷常子が指摘している。同「簡牘の形状における意味」冨谷至編『辺境出土木簡の研究』朋友書店、二〇〇三年、九〇～九八頁。また、本論集所収の邢義田論文も参照のこと。

(2) 岸俊男「創刊の辞」『木簡研究』第一号、一九七九年。

(3) Michael B. Schiffer, Archaeological Context and Systemic Context, in: M. B. Schiffer, *Behavioral Archaeology: First Principles*, Salt Lake City: University of Utah Press, 1995.「考古脈絡」「機能脈絡」という訳語は、五十嵐彰「遺跡形成」（安斎正人編『用語解説　現代考古学の方法と理論I』同成社、一九九九年）に従った。なお、シファー論文の存在については、埼玉大学大学院博士後期課程（当時）の坂野千登勢氏に御教示いただいた。

(4) 簡牘史料が耐久財・消耗財のいずれに相当するかを問うことは意味がない。シファーの提示したモデルは二種類の理念型なのであり、検討の対象となる具体的な遺物に応じて適宜修正されるべきものであろう。その具体例については、本論集研究編に収める高村論文を参照のこと。また、ある種の宗教関係遺物が特異なライフサイクルをもつことについては、W. H. Walker, Ceremonial Trash? in: J. M. Skibo, W. H. Walker, and A. E. Nielson (eds), *Expanding Archaeology*, Salt Lake City: University of Utah Press. 1995. に論じられている。本論集では鈴木論文の扱う簡牘類がこの問題と関連する。

(5) 村井章介「中世史料論」『古文書研究』第五〇号、一九九九年、三七頁。ここにいう「書面」とは、「広義の『文書』をあらわす語」、換言すれば「人間の意思を情報としてある対象に伝達する物体」（山下有美「文書と帳簿と記録 —定説的古文書学をめぐる諸問題—」『古文書研究』第四七号、一九九八年、一〇頁）のことである。

(6) 永田英正『居延漢簡の研究』同朋舎出版、一九八九年、三五〇頁。

簡牘文書の種類と遺址諸要素の関係

李　均明
青木俊介訳

拙著『簡牘文書学』において、秦漢から三国に至る既報の簡牘文書を総合し、簡牘自体の特徴および使用法にもとづいて、書檄類（書・檄・記・伝・致など）、律令類（律・令・科・品・式など）、簿籍類（簿・籍など）、録課類（案・録・志・記・刺・課など）、符券類（符・券・傳別など）、検楬類（検・楬など）の六種に大きく分類した。[1] この分類はあくまで既報の簡牘史料に依拠したものであって実際はこの限りではなく、さらに多様なはずである。ただ、限定的とはいえ基本となる枠組みはすでに備わっており、この分類をもって研究の基礎・出発点とすることに支障はない。簡牘文書は行政の運営ないし個人による事務処理の過程で産出された文字資料であるので、必然的に処理した当事者や機構、およびその業務内容と関係したはずである。特に業務内容は、往々にして文書の種類を決定づけた。したがって、文書の種類と遺址が持つ諸要素もまた、密接に関係していたということができる。以下、このことについて論じてみたい。

一、性質・時代の異なる遺址に現れる文書の種類の差異

文書の種類の区分・発展・変化は、行政の実践と社会の需要の結果である。そのため、異なる機構や集団が必要とする文書の種類、とりわけ各種文書の使用頻度はまったく同じではなく、彼我の間には共通性もあれば特殊性もある。

理論の上からいえば、各級行政機構では（末端にいたるまで）みな前掲六種類の文書形式を使用しなければならず、そうすることで必要な行政業務を行うことができた。とはいえ、機構の性質は一様ではなく、各種文書の使用量には大きな格差が存在する。このような使用量の多寡は様々な歴史的要因の影響も受けるので、遺址間における文書の種類には（文書の種類の構成および同類文書の形式的差異をも含めて）大きな違いがある。比較的規模が大きく、典型的な例をあげて分析してみよう。

竜山里耶古井遺址

この遺址からは秦簡三万六〇〇〇余枚が出土し、その半数以上に文字がある。主な内容は「秦洞庭郡遷陵県政府の公文書で、人口・土地・賦税・吏員・刑徒の記録とその増減や原因、倉の貯蔵管理と食糧・俸禄の支給、道路・郵駅・渡し場の管理と増設、兵器の管理と配備、中央政府の政令の伝達と執行、民族問題、民事訴訟の処理など、当時の社会生活の多岐にわたっている」。前掲の分類と対応させていえば、里耶秦簡の主体は書檄類の下行・平行・上行文書、次いで簿籍類に属する戸籍であり、この二種類の文書が全体の約八〇％を占めている。往来文書が最も多く、このほかに律令や検楬なども確認されているが少数である。(2)

破城子甲渠候官遺址

二〇世紀三〇年代から八〇年代初頭にかけ、この遺址からは一万五〇〇〇余枚の簡牘が出土した。簡牘の形式は多様で、中でも二二号房屋遺址（F22）出土のものには比較的冊書が多く、公文書を保管する場所であったと見なすことができる。この遺址には両漢の屯戍機構である甲渠候官が所在し、長期間使用されていたため、出土簡牘の内容も両漢の居延地区における屯戍活動の各方面におよんでいる。その文書形式は六大分類すべてを含んでおり、各種類の比率は均等で、簡牘文書の分類を研究する上で極めて優れた資料である。(3)

肩水金関遺址

二〇世紀三〇年代から八〇年代の間に、この遺址からは合計一万二〇〇〇余枚の簡牘が出土した。形式は多様で、内容は両漢時代当該地区における屯戍活動の各種方面にわたり、使用された期間も長いが、その内容は甲渠候官遺址出土簡牘ほど広範ではない。文書の形式も六大分類すべてを含んでいるが、中でも交通や関門の通行に関するものが多くを占めており、符・伝・出入名籍といった文書が頻見され、両漢関津制度を研究する上で極めて優れた資料である。(4)

敦煌懸泉遺址

一九九〇年から一九九二年の間、甘粛省敦煌市甜水井の漢代懸泉置遺址から三万五〇〇〇余枚の簡牘が出土した。そのうち文字を持つものは二万三〇〇〇余枚で、これもまた六大分類のすべてを含んでおり、特に駅置・伝舎・厨・厩に関係する内容が目立つ。一般的な詔書や各級官府の往来文書（下行・平行・上行文書）、司法文書、律令、簿籍、録課、検楬のほか、最大の特徴は通行証、すなわち伝を大量に含んでいることで、多くの高級官僚や国名・地名に関する記載があり、シルクロードの交通体系ならびに歴史地理を研究する上で極めて優れた資料である。(5)

長沙走馬楼三国古井窖遺址

一九九七年、長沙五一広場走馬楼古井窖遺址において、三国呉の簡牘約一〇万枚が出土した。文字のあるものはおよそ八万枚。現在のところ、一度に出土した数量としては最多の簡牘である。これらは三国時代、東呉臨湘侯国の文書で、六大分類全体におよぶが、その主体は当時の租税・賦税の収支や戸籍の記録、会計証書であり、数量は膨大である。このほか少量ながら往来文書や検・楬などもあり、三国時代呉国の租税・賦税、戸籍制度を研究する上で極めて優れた資料である。(6)

以上五か所の遺址から出土した簡牘はみな一定の規模を有し、それらの文書の種類の間には顕著な差異が認められるが、それぞれの特徴から、差異が生じたおおよその原因を求めることができる。

遺址の形式の違いが形成する差異―主に房屋城垣遺址と井窖遺址について―

甲渠候官・肩水金関・敦煌懸泉遺址などは、みな房屋城垣遺址に該当する。一般的にこの種の遺址は使用期間が長い。例えば甲渠候官遺址の簡牘は、最も年代の古いものは漢昭帝始元年間（紀元前八六～紀元前八〇）の、最も新しいものは西晋武帝太康四年（紀元二八三）の紀年を持っていて、両者の隔りは三〇〇年以上にもなる。また、肩水金関と甲渠候官の使用期間はほぼ一致する。懸泉遺址の簡牘には、前漢武帝の末から後漢の年号が見える。これらの遺址に残された簡牘は百年以上を経た蓄積であって、決して一度に捨てられたり、短時間で蓄積された結果ではなく、長い年代を経て累積したものである。故に文書の種類の比率が均衡しているのは理にかなったことであり、そのため簡牘の種類について同類簡牘を縦方向に比較するのに有益なのである。さらに房屋城垣遺址出土の簡牘は、甲渠候官二二号房屋のような意図的に保存された公文書もあれば、城垣外の灰坑中へ恣意的に投棄された廃棄簡もあり、種類は複雑である。よって簡牘文書の種類について、横方向の比較を進めるのに有益なのであり、またこれによって、縦方向の研究をも進めることができる。

里耶秦古井遺址や長沙走馬楼三国古井窖遺址などが井窖遺址に該当する。里耶古井出土秦簡の中で紀年の最も古いものは秦始皇二五年（紀元前二二二）で、最も新しいものは秦二世二年（紀元前二〇八）である。長沙走馬楼古井窖遺址出土三国呉簡に見える最も古い年号は後漢献帝の建安二五年（紀元二二〇）で、最も新しいものは呉孫権の嘉禾六年（紀元二三七）であり、年代の範囲はいずれも三〇年（一世代）を越えない。ただ、内容は集中する傾向にあり、走馬楼呉簡は租税の収支・戸口の管理に関する文書が八〇％近くを占めるといった具合である。同類文書の横方向の比較に有利であることは明らかだろう。しかし、房屋城垣遺址出土簡牘と比べると文書の種類は往々にして乏しく、単調である。このほか、長沙市東牌楼古井遺址出土の後漢簡牘にも類似した状況が認められ、明確な紀年のあるものの中では後漢霊帝の光和六年（紀元一八三）が最も古く、最も新しいもので中平三年（紀元一八六）というように、年代の幅も非常に小さい。通常、井窖遺址の簡牘は年代の幅が短く、一度に、あるいは短時間のうちに井戸の中へ投棄された可能性が極めて大きい。それ故に特定の種類に偏重し、内容は比較的少数の分野に集中する。他方、房屋城垣遺址の簡牘は長期（百年以上）の累積によって形成されたものであり、年代の範囲が広い。したがって、文書の種類の割合は相対的に均衡し、内容は乱雑で分散している。

遺址の性質・行政の等級の違いが形成する差異

性質の異なる機構は、その行政機能に必然的な区別があり、使用される文書もすべて同じではないことは、容易に理解できるところである。例えば、甲渠候官と敦煌懸泉置遺址は同時期に設置されたものであるが、甲渠候官は県に相当する屯戍機構であり、その機能は屯戍の管理業務を主とする。そのため使用される文書の大多数は、城塞の防衛に関連する被兵簿・烽火品約・日迹簿など、ほかの種類の遺址ではあまり見られない屯戍機構特有のものである。それに対して敦煌懸泉置遺址は交通路線上の駅站兼宿舎であり、その機能は過客の接待や文書の伝逓を主とする。よって使用される文書としては、交通・伝逓のための通行証や出入・宿泊の記録などが多数を占めるのである。

そのほか注目に値するのは、性質の類似する遺址であっても、所在地の重要性や行政上の等級の違いによって、同じ種類の文書の様相・形式にも差異が生じるということである。懸泉置遺址と肩水金関遺址を比較すると、両者は同じ交通路線上の重要な関所であるが、前者はシルクロードの枢軸上にあり、比較的等級が高く、多くの顕官貴人や王公貴族を接待している。一方の肩水金関は、居延・肩水二都尉の間の検問所である。往来する者のほとんどは両屯戍区間の人員や家族であって、行政上の等級は比較的低い。両所からはともに大量の通行証が出土し、基本の形式は共通するものの、懸泉出土の簡牘は等級の高さを顕示する多くの特徴を有している。例えば以下のようなものである。

(一) 建始二年三月戊子朔乙巳、氐池長延壽移過所、遣傳舍佐普就、爲詔送徒民敦煌郡、乘軺車一乘、馬一匹、當舍傳舍、從者如律令。
／掾長・令史臨・佐光。●四月乙亥過西。

(建始二年三月一八日、氐池長の延寿が通過地へ送る。伝舎佐の普就を派遣して、詔により民を敦煌郡へ送致するにあたり、馬一頭立ての軺車一乗に乗り、伝舎に宿泊させるものとし、従者については律令の規定通りにされたし。／掾の長・令史の臨・佐の光。●四月一八日に通過して西へ向かった。) 『懸泉』例37(7)

(二) 神爵四年十一月癸未、丞相史李尊送獲(護)神爵六年戍卒河東・南陽・潁川・上黨・東郡・濟陰・魏郡・淮陽國詣敦煌郡・酒泉郡。因迎罷卒送致河東・南陽・潁川・東郡・魏郡・淮陽國、并督死卒傳槥(櫘)。爲駕一封軺傳。御史大夫望之謂高陵、以次爲駕、當舍傳舍、如律令。

(神爵四年一一月二三日、丞相史の李尊が神爵六年配属の河東郡・南陽郡・潁川郡・上党郡・東郡・済陰郡・魏郡・淮陽国の戍卒を敦煌郡・酒泉郡へ護送する。よってまた、退役する戍卒を河東郡・南陽郡・潁川郡・東郡・魏郡・淮陽国へ送り返し、ならびに死亡した戍卒の棺の移送を監督する。駕一封軺伝とする。御史大夫の蕭望之が高陵に通達する。順次駕を用意し、伝舎に宿泊させること、律令の規定通りにせよ。)

『懸泉』例40

(三) 五鳳四年六月丙寅、使主客散騎光祿大夫田扶韋制詔御史曰、使雲中大守安國・故□未央倉龍□衛司馬蘇□・武彊使送車師王・烏孫諸國客。與軍候周充國載先俱、爲駕二封軺傳、二人共載。御史大夫延年□□□□、承書以次爲駕、當舍傳舍、如律令。

(五鳳四年六月二六日、使主客散騎光禄大夫田扶韋が御史に、「雲中太守の安国・もとの□未央倉竜□衛司馬の蘇□・武彊を使者として、車師王や烏孫など諸国の客を送らせる。軍候の周充国と乗車して先に連れ立つにあたり、駕二封軺伝、二人乗りとする」と制詔した。御史大夫杜延年が□□□□。文書を受けて順次駕を用意し、伝舎に宿泊させること、律令の規定通りにせよ。)

『懸泉』例215A

(四) ☐
□充光。謹案戸籍在官者、弟年五十九、毋官獄徴事、願以令取＝
＝傳、乘所占用馬。

八月癸酉、居延丞奉光移過所河津金關、毋苛留止、如律令。／掾承☐

(……□充光。厳正に候官保管の戸籍を調べましたところ、弟の年齢は五九歳、官による裁判や徴用は受けておりません。伝の取得、届け出た馬の使用をお認めくださるようお願いいたします。八月癸酉、居延丞の奉光が通過地の河津・金関へ送る。むやみに留めることなく、律令の規定通りにされたし。／掾の承……) 『合校』218.2(8)

（五）□□□年六月丁巳朔庚申、陽翟邑獄守丞就兼行丞事、移函里＝
＝男子李立第（弟）臨自言、
取傳之居延、過所縣邑侯國勿苛留、如律令。　侯自發
（□□□年六月四日、陽翟邑獄守丞の就が邑丞の職務を代行し、文書を送る。函里の男子李立とその弟である臨の申告書を送る。伝を取得し居延へ行く。通過地の県・邑・侯国はむやみに留めることなく、律令の規定通りにされたし。肩水候が自ら開封した。）　『合校』140.1A

（六）永始三年三月辛亥、居延城司馬譚以秩次行都尉事☒
當舍傳舍、從者如律令。／□□□
（永始三年三月三日、居延城司馬の譚が官秩の序列にもとづき都尉の職務を代行する……伝舎に宿泊させること、従者については律令の規定通りにされたし。／……）　『合校』140.2

以上六例はいずれも通行証「伝」であり、前の三例は懸泉置遺址から、後の三例は肩水金関遺址から出土したものである。文書の形式は基本的に同じであり、遺址の性質が類似していることを表す。ただ、懸泉置遺址の通行証には高官や諸国の貴族に関するものがより多い。そのため、附帯する説明事項もより詳細となっている。そのうち最も突出しているのは駕車馬の規格ついての規定で、例（二）には「駕一封軺傳」、例（三）には「駕二封軺傳」とあるがごとくである。『漢書』高帝紀の「乗伝によって洛陽に至った」という個所に対する如淳注には、「律では、四頭立ての高速の馬車を置伝とし、四頭立て中速の馬車を馳伝とし、四頭立て低速の馬車を乗伝とし、一頭立て・二頭立ての馬車を軺伝とする。急ぐ者は一乗伝に乗る」とある。そして、封の数が多いほど等級は高くなり、『漢書』平帝紀の「所在地で駕一封軺伝を用意する」という個所に対する如淳注には、「律では、およそ乗伝に相当する者や駕置伝を使用する者は、いずれも一尺五寸の木製の伝信を持ち、御史大夫の印章によって封印する。乗伝であれば伝信を参封する。参とは三である。集合期限がある場合は、両端を重ねて封じる。端ごとにそれぞれ二封なので、合計四封である。乗置の馳伝の場合は伝信を五封する。両端にそれぞれ二封、中央に一封である。二頭立ての軺伝の場合は伝信を二封する。馬一頭につき一封である」とある。例（二）・（三）に見える封軺伝の伝信はどちらも御史大夫の命令によって発せられており、史書の記載と合致する。新たに出土した肩水金関簡牘によれば、高い等級の通行証が符伝中に占める割合は極めて小さく、大多数は郡内または河西四郡間を往来するための通行証である。

遺址の時代の違いが形成する差異

各種簡牘文書はもとより不変ではなく、社会の発展にしたがって変化する。典型は帝王の発布する文書で、先秦時代の誓・誥・命は戦国時代の秦においては「命書」と呼ばれ、秦の天下統一後は「命書」を「制書」と「詔書」に分けた。漢初に至ると、さらにこれを「策書」・「制書」・「詔書」・「戒勅」の四種に分けた。このような変化の軌跡は明瞭であり、ここでは詳述しない。簡牘で見るところ、同じ種類の文書であっても、その時代の特徴は非常にはっきり表れる。よって、異なる時代の遺址から出土した同種類の簡牘文書は異なる要素にもとづいており、表現形式がことごとく同じとは限らないのである。

時間表現方式の差異

戦国簡には事件をもって紀年とすることがよくあり、例えば以下のようなものがあげられる。

（七）魯昜（陽）公以楚帀（師）逡（後）城鄭之戢（歳）冬柰之月【後

略】　『包山』2号⑨

（八）大司馬卲陽敗晉（晉）帀（師）於襄陵之戢（歲）亯月【後略】
『包山』103号

漢武帝以前は年号が定められていなかったため、年次のみで紀年した。例えば以下のようなものがあげられる。

（九）卅二年四月丙午朔甲寅、少内守是敢言之【後略】　『里耶』⑧152

（一〇）卅三年二月壬寅朔［朔］日、遷陵守丞都敢言之【後略】
『里耶』⑧154

漢武帝中後期に年号の使用がはじまった。例えば以下のようなものがあげられる。

（一一）初元四年二月壬午、甲渠鄣候喜謂第七士吏【後略】
『合校』267.10

（一二）建武四年十一月戊寅朔乙酉、甲渠鄣守候博敢言之【後略】
『新簡』EPF22.453

（一三）嘉禾四年□月庚戌朔廿一日庚午、長沙因守兼中部勸農【後略】
『走馬楼竹簡』「一」6971⑩

例（七）・（八）は遺址から出土したものではないが、戦国楚の文書が有名な事件をもって年代表記としていたことを反映している。例（九）・（一〇）は竜山里耶古井遺址出土の秦簡であるが、当時はまだ年号を使用していなかったため、年次のみによる紀年となっている。例（一一）・（一二）は甲渠候官遺址出土の漢簡である。当時は漢武帝による年号制定後なので、いずれの簡からも年号と年次の記載を確認できる。さらに後漢中期以降は、例（一三）三国呉簡の「廿一日庚午」のように、序数に干支を加えて具体的な日付を表示することが多くなった。

起草・取り扱い者署名方式の差異

（一四）卅三年四月辛丑朔丙午、司空騰敢言之【中略】報署主責發、＝
＝敢言之。
四月己酉、陽陵守丞廚敢言之、寫上謁報、報署金布發、敢言之、＝
＝儋手。
卅四年八月癸巳朔［朔］日、陽陵遬敢言之、至今未報。謁追、＝
＝敢言之。堪手。
（三三年四月六日、司空の騰が申し上げます……返信の際には「主責開封」と記してください。以上申し上げます。四月九日、陽陵守丞の廚が申し上げます。写しを作成して提出しますので、返信をお願いいたします。返信の際には「金布開封」と記してください。以上申し上げます。儋が取り扱った。三四年八月一日、陽陵県令の遬が申し上げます。現在になってもまだ返信がありません。調査してくださるようお願いいたします。以上申し上げます。堪が取り扱った。）
『里耶』⑨5正面

四月己未朔乙丑、洞庭叚（假）尉觿謂遷陵丞。陽陵卒
署遷陵、以律令從事報之。嘉手。

以洞庭司馬印行事。

敬手。

（四月七日、洞庭仮尉の觿が遷陵県丞に通達する。陽陵県の卒は遷陵県に配属したので、律令にもとづいて従事し報告せよ。嘉が取り扱った。洞庭司馬の印で処理した。敬が取り扱った。）

『里耶』⑨5背面

（一五）建武三年四月丁巳朔辛巳、領河西五郡大將軍張掖屬國都尉＝
＝融移張掖居延都尉【中略】如律令。

（建武三年四月二五日、領河西五郡大将軍張掖属国都尉の竇融が張掖居延都尉へ送る……律令の規定通りにせよ。）

『新簡』EPF22.70

六月壬申、守張掖居延都尉曠、丞崇告司馬、千人謂官・縣。寫＝
＝移書到、如大將軍
莫府書律令。
　掾陽・守屬恭・書佐豊。
（六月壬申、守張掖居延都尉の曠、丞の崇が司馬・千人に通告する。候官・県に伝達せよ。複写転送した文書が到着したならば、大将軍幕府書および律令の規定通りにせよ。掾の陽・守属の恭・書佐の豊。）
『新簡』EPF22.71A

例（一四）は里耶秦簡中の下行転送文書である。文中には抄録が多分に含まれ、各部分ごとに簡文中に見える「譫手」・「堪手」・「嘉手」のような起草、あるいは取り扱い者の署名がなされている。「手」は「取り扱い」の意味で、文書の起草や発信・受信に携わった者などであるが、彼らの身分・地位は記されていない。例（一五）は甲渠候官遺址から出土した後漢初年の下行文書で、これにも抄録文書が含まれている。本文の起草者は「掾陽・守屬恭・書佐豊」であり、起草者の名前のみならず、各人の具体的な職位も記されている。両者を比較すれば、その違いは一目瞭然だろう。

二、遺址の性質確定に有効な文書の種類

遺址の性質確定は総合的な分析を通してなし得ることであり、簡牘の記載や遺址の構造、および伴出文物といった各種状況はみな有用な手がかりとなるが、ある種の文書は遺址の性質解析に対して指向性を発揮する。例えば、検楬類の文書封検と函封がそれである。

文書封検と函封はどちらも文書の封緘に用いられたもので、その機能は現代の封筒のようなものである。そこには往々にして、発信者と受信者の双方が記されている。

（一六）　居延都尉章
　甲渠障候以亭行
　　九月戊戌三堠燧長得祿以來
（居延都尉章。甲渠障候宛て。亭によって伝送せよ。九月戊戌、三堠燧長の得祿が持ってきた。）
『新簡』EPT51.145

例（一六）は函封である。「居延都尉章」は封検の封泥上に押された印文、特に発信者の印文を指し、受信時、封泥を取り除いて開封した際に記されたもので、「甲渠障候以亭行」とは文書伝逓の目的地と方法を示している。類似の封検と函封はいずれも受信記録として保存されたもので、終着点に存在すべき文書であり、保存された遺址の性質を表していて、この例は保存場所が「甲渠障候」であることを示している。甲渠障候とは、県に相当する屯戍機関である。

そのほか、検楬の記載を通して遺址の機構の性質を明らかにすることができる例としては、例えば『合校』5.2・5.4・5.19・10.38・284.6のすべてに「肩水候官」、『合校』14.3には「肩水候」と記されており、これらは検または函封であって、いずれもA33地湾肩水候官遺址から出土している。

また『合校』32.5や、二〇世紀七〇年代から八〇年代に肩水金関遺址から出土した封検の多くに、「肩水金関」という記載が見られる。当然ながらこのような記載を持つ簡は、上級機関である肩水候官内にも少量ながら存在している。例えば『合校』74.5の「肩水金関」と記された函封は、A33肩水候官遺址で出土している。とはいえ、肩水金関の出土数とは大きくかけ離れている。

さらに、『懸泉』I0110②：24「縣（懸）泉亭次行。□（懸泉宛て。亭の順序通りに伝送せよ。）」・『懸泉』87-89C：1「效穀縣（懸）泉置嗇夫光以亭行……（効穀県懸泉置嗇夫の光宛て。亭によって伝送せよ……。）」という二件はどちらも敦煌懸泉置遺址から出土しており、出土地に懸泉置が所在していたことを明示している。

前述の封検および函封は同一個所での発見が度重なるほど、指向性が強まる。先に見た甲渠候官遺址・肩水候官遺址・敦煌懸泉置遺址の事例はその証拠である。それらが指向するところは、通常は受信者の所在地とその性質である。もちろん、この類いの封検や函封が発信者の所在地で発生する可能性（つまり封検・函封が発送されなかった場合）も排除できないが、そのようなケースは稀である。

往来文書も遺跡の性質を理解する上で重要な指向性を有し、決定的な役目を果たすことさえある。往来文書は通常、日付や発信者・受信者などの諸要素を必ず備えているので、指向する目標が明確である。里耶秦簡に見える往来文書木牘はその典型といえよう。例えば次のようなものがある。

（一七）卅二年正月戊寅朔甲午、啓陵鄕夫敢言之。成里典・啓陵
　郵人缺、除士五（伍）成里匄・成、［成］爲典、匄爲郵人、謁令・
　尉以從事。敢言之。
（三二年正月一七日、啓陵郷嗇夫が申し上げます。成里の里典と啓陵郷の郵人が欠員となりましたので、士伍である成里の匄・成を叙任し、成を里典、匄を郵人としたく存じます。県令・県尉に対して執行するよう要求してください。以上申し上げます。）
『里耶』⑧157正面
正月戊寅朔丁酉、遷陵丞昌却之啓陵。廿七戶已有一典、今＝
＝有（又）除成爲典、何律令。
應尉已除成、匄爲啓陵郵人、其以律令。氣手。正月戊戌日中守＝
＝府快行。
正月丁酉旦食時、隸妾冄以來、欣發。　壬手。
（正月二一日、遷陵県丞の昌が啓陵郷に差し戻す。二七戸にはすでに里典が一人おり、今また成を叙任して里典とするのは、いずれの律令にもとづくものか。要請に応じて県尉はすでに成と匄を叙任して啓陵郷の郵人としたが、それは律令の規定にもとづいたものである。気が取り扱った。正月一七日の日中、守府の快が伝送せよ。正月二〇日の旦食時、隸妾の冄が持ってきて、欣が開封した。壬が取り扱った。）
『里耶』⑧157背面

この木牘の正面と背面には、二件の文書と一件の受信記録が含まれている。「卅二年正月戊寅朔甲午【中略】敢言之。」および背面の「任手」は、啓陵郷嗇夫による上行文書である。「正月戊寅朔丁酉【中略】守府快行。」は、遷陵県丞から啓陵郷へ返信された下行文書である。「正月丁酉旦食時【中略】欣發。」は、遷陵県丞が受信した際の記録である。彼我の往来関係から、木牘の出土地が遷陵県治の所在地であったことを知ることができる。遷陵は県名で、『漢書』地理志に見える。

（十八）卅三年四月辛丑朔戊申、司空騰敢言之。陽陵褆陽上造徐有貲
　錢二千六百八十
　八。徐（除）戍洞庭郡、不智（知）何縣署、今爲錢校券一上謁、
　言洞庭尉令署所縣責以
　受（授）陽陵司空、［司空］不名計、問何縣官計付署。計年爲報、
　已訾其家、［家］貧弗能入、
　乃移戍所、報署主責發、敢言之。
　四月庚戌陽陵守丞暇敢言之、寫上謁報、報署金布發、敢言之。＝

=僉手。
卅四年八月癸巳朔［朔］日、陽陵速敢言之、至今未報、謁追、=
=敢言之、堪手。

（三三年四月八日、司空の騰が申し上げます。陽陵県褆陽里の上造の徐には貲銭が一六八八銭あります。叙任されて洞庭郡の戍役についていますが、どこの県に配属されているのか分かりませんので、今銭校券を一枚提出しますから、洞庭尉に伝えて配属先の県に取り立てさせ、陽陵県の司空にわたすようお取り計らいください。司空では計算できないので、どこの県で計算したのかを問い合わせます。配属期間を計算して報告し、すでに徐の家を算定しましたが、家が貧しく返済できませんでしたので、戍役の配属先に移送いたします。返信の際には「主責開封」と記してください。以上申し上げます。四月二二日、陽陵県守丞の𦉢が申し上げます。写しを成して提出しますので、返信をお願いいたします。返信の際には「金布開封」と記してください。以上申し上げます。儋が取り扱った。三四年八月一日、陽陵県令の速が申し上げます。現在になってもまだ返信がありません。調査してくださるようお願いいたします。以上申し上げます。堪が取り扱った。）　『里耶』⑨6正面

卅五年四月己未朔乙丑、洞庭叚（假）尉觹謂遷陵
丞。陽陵卒署遷陵、以律令從事報之。嘉手。以
洞庭司馬印行事。

（三五年四月七日、洞庭仮尉の觹が遷陵県丞に通達する。陽陵県の卒は遷陵県に配属した。律令にもとづいて従事し報告せよ。嘉が取り扱った。洞庭司馬の印で処理した。）　『里耶』⑨6背面

この木牘の正面と背面には、合計四件の文書が含まれている。「卅三年四月【中略】報署主責發、敢言之。」および背面の「敬手」の二字は、陽陵県の司空の騰が洞庭郡へ提出した上行文書である。「四月庚戌陽陵守丞【中略】觹手。」は、陽陵県守丞が前述の報告を審査した後に提出した上行転送文書である。「卅四年八月【中略】堪手。」は数か月を経た後、陽陵県が前述の案件について再度洞庭郡に報告するよう請求した上行文書である。「卅五年四月【中略】以洞庭司馬印行事。」は、洞庭仮尉が前述の案件を処理するために遷陵県丞へ発した下行文書である。この木牘の内容は事情が込み入っていて過程が冗長だが、終着点が遷陵県丞であることは明らかなので、遷陵県がこの一連の文書の最終的な保存場所ということになるわけである。

前掲二例に類似した往来文書が里耶秦簡にしばしば確認できることから、里耶古井遺址が秦の遷陵県官署内に位置していたことがわかる。

以上の例は幅の広い木牘の表裏に書かれており、記述が明確で、文書も完全であるので、当然ながら判断は比較的容易である。居延や敦煌におけるこの種の文書は、ほとんどが複数の簡を組み合わせた冊書に書かれており、散乱しやすく、判断は難しくなる。

簿籍は行政および経済管理活動の過程で形成される会計、あるいは統計文書である。単独の一件、または一組の簿籍では遺跡の性質を確定する指向作用を持たないが、大規模な簿籍群ともなれば指向性がはっきりしてくる。長沙走馬楼三国呉簡がその典型である。

長沙走馬楼三国呉簡に見える帳簿の大多数は莂が転化したもので、個体の莂が組み合わさって冊書を構成し、帳簿となった。走馬楼三国呉簡におけるこの種の帳簿に戸籍を加えた比率は、全体の八〇％以上にのぼる。

走馬楼の帳簿の統計は家族単位（戸主名義の記載）からはじまって、逐次、里（丘）から郷、郷から県（侯国）単位へと帰納的に合計され

ていく。主な統計の対象は租税と戸口で、租税は常に家族―丘―郷―県という等級ごとの統計であり、人口は家族―里―郷―県という等級ごとの統計となっている。

人口統計を例とすれば、逐次統計の軌跡は以下のようになる。

（一九）右奇家口食五人　訾　五　十。　『走馬楼竹簡』［一］10396

これは奇家の家族人口の合計である。走馬楼呉簡の中には、しばしばこのような統計が見られる。

（二〇）右吉陽里領吏民卅六戸、口食一百七十三人。

『走馬楼竹簡』［一］10397

これは吉陽里の戸口・人口の合計であり、走馬楼呉簡の中には、しばしばこのような統計が見られる。

（二一）小武陵郷謹列嘉禾五年限佃□戸口食人名簿。

『走馬楼竹簡』［二］9[11]

（二二）南郷謹列嘉禾五年限佃人戸口食人名簿。▼□

『走馬楼竹簡』［二］1131

以上の二例は、郷を単位とした戸口・人口の合計である。走馬楼呉簡の中には、しばしばこのような統計が見られる。

（二三）縣郷謹列嘉禾四年人名年紀爲簿　□『走馬楼竹簡』［二］7957

この事例は、県の総計簿である。

走馬楼呉簡に見える戸口・人口統計は、全体として諸郷の合計を並列した形で表記することで、一県（侯国）の総合データとなっている。『走馬楼竹簡』［一］4336「臨湘謹列起七月訖九月卅日收米租錢如牒」・『走馬楼竹簡』［一］4352「臨湘謹列起四月一日訖六月卅日地僦錢口簿」という賦税に関する合計からは、この県（侯国）が「臨湘国（県）」であることがわかる。

走馬楼呉簡の租税・賦税および人口統計と関連して幾度も登場する郷としては、都郷・東郷・広成郷・楽郷・模郷・南郷・平郷・桑郷・西郷・小武陵郷・中郷をあげることができる。

これら一一郷は走馬楼呉簡における出現頻度が非常に高く、『走馬楼竹簡』［一］を例に統計を取れば、東郷三八回・都郷一一一回・広成郷二五一回・楽郷七六回・模郷一〇二回（鏌郷四回）・南郷四五回・平郷二九六回・桑郷九一回・西郷一一六回・小武陵郷七三回・中郷六三回となる。以上の情報から分かるように、多くの郷が走馬楼呉簡全体の中で一〇〇〇回以上登場するが、これほどしっかりと諸郷の状況を掌握しなければならないのは県クラスの機関のはずであり、前掲の諸郷についていえば、臨湘侯国をおいてほかにない。諸郷の出現頻度の高低は人口の多少と関係（戸籍と賦税はともに人口登記と徴収にもとづくため）し、出現頻度が高ければ人口が多く、低ければ少ないということになる。『走馬楼竹簡』［一］4985に、「右小武陵郷領四年吏民一百九十四戸、民口九百五十一人、吏口□□□、筭一千三百卅四錢。」とあるように、小武陵郷の人口規模は中程度である。『走馬楼竹簡』［二］2529には、「□凡廣成郷領吏民□□五十戸、口食二千三百一十人。」とあり、広成郷の人口は比較的多い。一一郷の総人口は二万人前後であって、一県（侯国）相当の人口数である。これらの状況を総合すると、走馬楼三国古井は三国時代呉国の臨湘国行政機構―臨湘侯相府の構内に位置したということになる。ただし、これら井戸の中の簡牘は、主に田戸曹管轄の戸籍と租税・賦税帳簿である。あるいは当時、故意にここへ放棄されたのかも知れない。

以上のことをまとめれば、性質の異なるように見える遺址でも、その文書の構成には共通性があり、大多数は六大分類すべての種類の文書を備えている。そしてまた顕著な個性も有しており、これは主として種類の比率の差異として表れる。例えば、甲渠候官遺址の六大分類文書の比率は相対的に均等であるが、肩水金関と懸泉置遺址は、出入符や符・伝・出入名籍の占める割合が大きい。里耶古井遺址は往来文書の比率が高く、走馬楼三国古井遺址は、莂を組み合わせて作成された帳簿や戸口簿が多数を占めている。このような違いは、遺址の性質と機能によって決まるものである。ただ、性質が類似する遺址であっても、その地理上の位置や行政上の等級の違いによって、文書の種類に明らかな差異が現れる。例えば、懸泉置遺址には特定の形式を持った高官貴人用の通行証―伝が多く残されている。一方、肩水金関で発見されるほとんどは、一般庶民や下級官吏用の符や伝で、形式も前者に比べて簡単である。ある種の文書、検楬類の文書封検や封函、往来文書や規模の大きな簿籍群には遺址の性質を確定する指向性があり、このような指向性を前提として文書の内容に則した総合分析をあらためて行うことで、具体的な遺址の性質に対するさらなる認識の深化が可能となる。

注

（1）李均明・劉軍『簡牘文書学』（広西教育出版社、一九九九年）。
（2）湖南省文物考古研究所『里耶発掘報告』（岳麓書社、二〇〇七年）。本文で本書中の簡文を引用する際は『里耶』と略称する。
（3）甘粛居延考古隊「居延漢代遺址的発掘和新出土的簡冊文物」（甘粛省文物工作隊・甘粛省博物館『漢簡研究文集』甘粛人民出版社、一九八四年、四七六～四九八頁所収）。甘粛省文物考古研究所・甘粛省博物館・中国文物研究所・中国社会科学院歴史研究所『居延漢簡―甲渠候官与第四燧』（中華書局、一九九四年）。本文では『新簡』と略称する。
（4）前掲注3甘粛居延考古隊報告書。
（5）胡平生・張徳芳『敦煌懸泉漢簡釈粋』（上海古籍出版社、二〇〇一年）。
（6）長沙市文物工作隊・長沙市文物考古研究所「長沙走馬楼J22発掘簡報」（『文物』一九九九年第五期四～二五頁）。長沙市文物考古研究所・中国文物研究所・北京大学歴史系走馬楼簡牘整理組『長沙走馬楼三国呉簡・嘉禾吏民田家莂』上・下二冊（文物出版社、一九九九年）。
（7）前掲注5。本文では『懸泉』と略称する。
（8）謝桂華・李均明・朱国炤『居延漢簡釈文合校』（文物出版社、一九八七年）。本文では『合校』と略称する。
（9）湖北省荊沙鉄路考古隊『包山楚簡』（文物出版社、一九九一年）。本文では『包山』と略称する。
（10）長沙市文物考古研究所・中国文物研究所・北京大学歴史系走馬楼簡牘整理組『長沙走馬楼三国呉簡・竹簡』［壱］上・中・下三冊（文物出版社、二〇〇三年）。本文では『走馬楼竹簡』［一］と略称する。
（11）長沙簡牘博物館・中国文物研究所・北京大学歴史系走馬楼簡牘整理組『長沙走馬楼三国呉簡・竹簡』［弐］上・中・下三冊（文物出版社、二〇〇七年）。本文では『走馬楼竹簡』［二］と略称する。

【訳者付記】本論文中の簡牘史料の日本語訳は、すべて原著者の校閲を経た上で訳者が付したものである。

漢代簡牘文書における正本・副本・草稿と署名の問題

邢　義田
中村威也訳

「漢のよく九州を制する所以は、文書の力なり」『論衡』別通篇

秦漢時代の公文書における書式、起草、定稿、書写、署名、副署名、封印、保存、点検、機密保持、伝送、ならびに正本・副本と草稿の性質などの問題は、これまで内外の多くの研究者によって注目されてきた。この十年あまりの間に、私もいささかの分析を進めてきたが、なおとらえきれない部分が少なくないことを常に感じていた。近年になって、新たな資料が陸続と出土し、古い資料にも良好な図版が出版されるなど、検討をさらに深める機会がおとずれた。本稿は、中でも特に研究者を悩ませてきた、正本・副本（時に底本でもある）・草稿と署名の問題について論じたいと考える。

これは今なお全面的に解決する手立てがないにもかかわらず、避けては通ることができない基本的な問題でもある。敦煌・居延出土の数万枚にのぼる簡牘は、大半が漢代の辺境行政における公文書と簿籍とで占められている。行政事務の面から言えば、それらは正本か底本か副本か、さもなければ草稿ということになる。正本・副本や草稿などの特徴、および行政手続の中に占める位置などを正確に把握することなしに、当時の行政事務の実態を再構成することはできないし、さらに一歩を進めて、秦漢官僚制の最も基本的かつ日常的な姿について認識を得ることも難しい。

中国における漢晋時代の出土簡牘の研究は王国維から始まるが、王国維はつとに簡牘の形状と「検署」の制度に注目していた。かれの『簡牘検署考』は劈頭を飾る業績であり、それに続いて労榦や陳夢家などの研究があらわれた。[1]しかしそこでは、簿籍と文書の作成手続や文書の正本・副本・草稿についての問題は、ほとんど言及されていない。いち早く「古文書学」(diplomatic)の視点から居延漢簡の原文書の性質について整理し認識した研究者は、おそらく日本の森鹿三、藤枝晃、永田英正らであろう。かれらに加えて、かつて森の研究班に参加したことのあるマイクル・ローウェ（Michael Loewe）や大庭脩、のちには永田に学んだ角谷常子らが、漢簡の文書構成や発送・受領の研究に力を注ぎ、簡牘の文書学的研究の先駆となった。ローウェは居延漢簡255.21にもとづいて公文書の副本（duplicate copy）の存在を初めて指摘し、[2]藤枝は草書で書かれた文書は草稿であると指摘した。[3]永田英正はこうした研究から啓発を受けて、破城子・地湾・博羅松治出土

の送達文書の書式を分析した結果、それらの中には簿籍送達文書の本文書もあれば「本文書の写しもあり、また本文書の控えもしくは下書きとみなさなければならないものも存在する」[4]と総括している。これは永田が、上記の諸遺跡には文書行政の手続の上で異なる性格を持った簿籍や文書が存在する、と述べているに等しい。永田は公文書の性格の判別は時として非常に困難であると考えていたが、当時知られていた資料に限っては、基本的に藤枝晃の観点を引き継いで、ある種の簡牘文書が底本または草稿であると判断を下した[5]。一方、大庭脩は、漢簡の文書に見える官吏の署名と副署について全面的に考察を加え、正式な文書は発行した官署の長が自ら署名したはずだと指摘した[6]。かれの見解は、正式な文書あるいは文書正本の特徴についての重要な認識の代表的な一例である。

大庭がこの説をとなえたのは、簡牘文書が書かれた際に、日付と官署の長が署名する箇所とが空欄になっていることや、日付と署名とが異なった筆跡で書かれていることなどに注目した結果であった。大庭は、正式に発行された文書は責任を負う官署の長が直接自署したのち、属吏が副署し、さらに日付を埋めてはじめて正式な効力を有すると考えた。文書の副本の特徴については、次のように指摘している。

署名も同筆であるということは、書記官が全文を書いたという意味で、控え文書と考えることができる[7]。

大庭の関心の焦点は、上級の長官の署名と下級の官吏の副署名にあり、ここから正本・副本の鍵となる差異を見いだそうとした。正本は官署の長が自署するが、副本であればどのような文書であろうと本文と署名はすべて書記が代行する。大庭は正本と副本の違いから一歩進めて、正本・副本と遺跡の性格との関係について甲渠候官を例に次のように指摘している。

甲渠候の発信が甲渠候官で発見された場合、それは控え文書、下書き原稿などで、正式に相手方に発送されたものではないと考える必要があるから、もともと甲渠候官遺址で甲渠候の発信の正式のものを発見することの方が困難であろう[8]。

もし私が誤解していなければ、大庭がこのように説いたのは、甲渠候官から発送された正式な文書あるいは正本は、その場所以外の遺跡から出土しなければならず、したがって甲渠候官で出土したものの大半は、残された副本か草稿と見なければならないと仮定していたからに違いない。それゆえに大庭は、発送された文書の正本を甲渠候官遺跡で発見することは困難であろうと考えたのである。

一九九六年に角谷常子は、居延で新たに出土した寇恩爰書冊の書写形式を検討し、公文書の副本には「札」が、正本には「両行」が使用されたのではないかということに気づいた[9]。「札」とは、幅が一cm、長さが二二・五〜二三cmで、一行に書写する簡であり、「両行」とは、長さは同じ程度であるが、幅は二cmで、二行に書写する簡である。角谷は新・旧居延漢簡について全面的に検討したのち、二〇〇三年にはさらに進んで、簡牘の形態と文書の性格との間に関連性があることを確認している。角谷は、公文書の製作過程、正本と副本の違い、そして草稿と副本の関係について議論し、草稿には両行・札ともに用いられるものの札がやや多く、それには推敲の必要等の要因が考えられる、と指摘した。こうして、文書の性質と作成手続に関する認識は、さらに大きく前進したのであった[10]。

ローウェ、藤枝晃、永田英正、大庭脩、角谷常子らによる以上の見解は、漢代の簡牘文書の性質と公文書行政の手続に関する認識に大きく貢献した。近年、中国の研究者も正本・副本などの問題を重視し始めており、後述する李均明・劉軍・汪桂海らのほかに、今年になって初世賓や呂静も討論に加わった(11)。以下、こうした先行研究の基礎を踏まえて、漢代辺境から出土した公文書の作成・発送と署名について、いささか初歩的な観察を提示してみたい。

一、文書正本は基本的に属吏が署名を代行する

まずは署名について考えよう。行政文書に紙が使用された時代、たとえば唐代においては、文献上からも出土文書の実物からも、官署の長と幕僚が文書に必ず署名あるいは副署名をしたことが証明されている(12)。簡牘が使われていた時代もまた、そうであったのだろうか。もしそうだとしたら、どのように署名し、どんな性格の文書に署名をしたのだろうか。また署名には一定の約束ごとがあったのだろうか。これらの問題は、新たな資料の出土によって、さらなる議論が可能となっている。

第一に、漢代の文書の題簽と署名は、「式」の規定に準拠していた。すでに公開されている敦煌懸泉置漢簡の中に、次のような二条がみえる。

(1)皇帝陛下。始昌以私印行丞事、上政言變事書、署不如式、有言而誤。

(2)六十　公車令奉親劾南廣守長堂琅、右尉平第上女子徐意言變事書一封、平第不為意稱妾而為稱臣、有言而誤(13)。

この二枚が属していた冊書には、明らかに前後の文があったはずである。敦煌懸泉置漢簡は現在のところ完全には公刊されていないので、同じ冊書に含まれる関連した簡があるのか知ることはできない。今のところ明らかなのは、前者の簡にかかわる状況が、丞事を代行した始昌が政という人物の変事の上奏を転送した際、その書が「署、式の如くあらず、言有るも誤てり」というものだったということだけである。後者の簡によれば「言有るも誤てり」とは、女性が上書する場合「妾」と称すべきところを、南広県の右尉が上奏文を写した時に、徐意の身分を誤って「臣」と称してしまったことを指しているようである。では、「署、式の如くあらず」とは何を指しているのか。それはこの二枚の簡からは見いだせない。

「署、式の如くあらず」の「署」とは、おそらく題簽や署名などを広く指したもので、その形式は「式の如く」でなければならず、もし式に合っていなければ、糾弾あるいは懲罰を受けたのであろう(図1)。漢代の官吏がどのように封検や楬に題署すべきであったのか、またどのように文書に職位と爵里、姓名を署名すべきであったのかなどについては、形式を明文化した規定があったに違いない。注目すべきは、署名と同じような効果を生じた印璽についても、その書体は秦漢時代に八体ないし六体の一つとして、「摹印」あるいは「繆篆」と呼ばれていたことである。『二年律令』「史律」の記載から、秦代・漢初にいわゆる八体が存在していたことは明らかであるから、八体の一つである「署書」も秦に起源を求めることができるかもしれないが、それがどのような特徴を有していたのかは明確ではなく、さらなる研究が必要である(14)。

第二に、私はもともと、正式な文書または文書の正本は長官の自署

図1　敦煌懸泉置漢簡局部

がなければならなかったという考え[15]に賛同していたが、居延漢簡を全面的に検討したのちは、長官が正本に自署したという説はおそらく正しくなく、属吏が署名を代行することこそが常態であったと考えるに至った。しかし、なぜ見解を変えたかを説明する前に、長官自署という大庭脩が提出した説の立場に立って、その説を補強する証拠をできるだけ探し出しておくことにしたい[16]。その点『後漢書』党錮列伝の李膺の条は、ひとつの傍証となるかもしれない。後漢の桓帝の延熹九年に党錮の事件が起こり、桓帝は詔書を下して李膺らを逮捕させようとし、「案、三府を経るも、太尉陳蕃これを卻《しりぞ》け……平署するを肯《がえ》んぜず」とある[17]。「案」とは詔書案を指しており、汪桂海は詔書の正本だとする。もし汪説が正しいとすれば、正本の文書には署名が必要だったことが証明できる。以前は私も汪説に賛同し、大庭説を支持する証拠としたが、何度も検討した結果、現在ではこの「案」を保存用の底本と見なした方がよいのではないかと考えている[18]。「案」は起草され、点検され、署名されて確認されるという段階を経たのちに、はじめて清書されて発送用の詔書正本となるのだ。「案、三府を経る（三府に回された）」とは、詔書の底本がまず三公によって署名確認されるべきことを示している。その後、清書された正本にも署名がなされたはずであるが、それは三公が自署したのではなかったであろう。前漢・後漢の郡国が百をもって数えるほどあったことを想起すれば、中央から郡国に下達される詔書や公文書は、帝国全土にかかわる場合（たとえば居延から出土した「元康五年改火詔書」のような）であれば、一件につき百通以上作成しなければならない道理となる。もしすべてに三公の自署が必要であれば、三公は自ら百通に署名することができたのであろうか。この点だけからも、発送文書の正本に自署することがあまり現実的でないと推察できる。

三公の自署は、わずかに公文書作成の内部作業の中で意味を持っていたにすぎない。発送される公文書の正本は、署名ではなく璽印によって信憑性と権威性が保証された。後漢の三公は、前漢の丞相と同じように政務の責任者であり、その実権は尚書に奪われつつあったとはいえ、名目上はなお責任を負っていた。だからこそ、皇帝や皇帝に代わって実権を握った者が詔書の下達を認める前に、太尉・司徒・司空の三公が定稿にもとづいて清書された詔書案に署名したのである。このような案は最終的に皇帝やその代理人によって朱筆で鉤（チェック）を打たれることが必要で（「施すに朱鉤を以てす」）、こうしてようやく本当の保存用の底本となり、発送される正本はすべてこの底本にもとづいて清書されたのであろう[19]。「平署」とは、詔書案に三公が頭を揃えて署名することで[20]、かれらが共同で責任を負うことを意味し、また詔書の起草・立案が慎重になされたことをあらわしている。

以上のことから、その他の各級の公文書についても、下達される前段階で、文書がかかわる実務の重要性と性格とに応じて、各級の官吏が底本に自署するか、または各級の長官と連帯責任を負う官吏とで自署・副署したのではないかと推測される。署名と副署に関する興味深い事例が、伝世文献に二つ見えている。一つは、三国時代に呉の大将軍の孫綝が少帝の孫亮を廃そうとした際に、「亮の罪状を以て遠近に班《あまね》く告するも、尚書の桓彝、署名するを肯んぜず。綝、怒りてこれを殺す」[21]というものである。後漢以後の尚書は、職位は軽いが権力は重かった。桓彝が署名しなかったというのは、大将軍の孫綝が起草した少帝の罪状に関する文書に副署しなかったのであろう。もう一つは、曹操が呉を征伐しようとした時に、三軍は行くことを願わず、丞相主簿の賈逵が諫言の書を起草し、三人の同僚の主簿に連名で署名することを迫った。『魏略』には、賈逵が「すなわち諫草を建て以て三人に示す。三人已《や》むを獲ずして、皆な署名す」(22)とある。これは、明らかに諫言の書の草案に署名したものに違いない。前述の「各級の官吏」について、大庭脩や冨谷至は、辺境の候塞に関して言えば六百石以上の官吏であると考えている(23)。六百石以下がどうであったかは、まだ検討されていない。かれらが言う署名は正本になされる署名のことであるが、私がここで述べたのは底本への自署である。底本への自署はおそらく、特定の秩級以上に限られなかったと思われる。

第三に、大庭脩が検討した「建武三年隧長病書簡冊」(以下、「病書簡冊」と略称する)について、若干の検討を補ってみたい(図2)。これは三簡からなる文書で、甲渠候官遺跡破城子A8の、完全な形の簡牘が大量に保存されていたF22で出土した。内容は次の通りである。

建武三年三月丁亥朔己丑城北隧長黨敢言之
迺二月壬午病加兩脾雍種匈脅丈滿不耐食　(EPF22.80)
飲未能視事敢言之　(EPF22.81)
三月丁亥朔辛卯城北守候長匡敢言之謹寫移隧長黨
病書如牒敢言之　今言府請令就醫　(EPF22.82)

建武三年三月己丑(三月三日)に、城北隧長の黨が上級の城北候長に対して、二月から病気をわずらっており勤務できないという状況を

図2　EPF22. 80–82

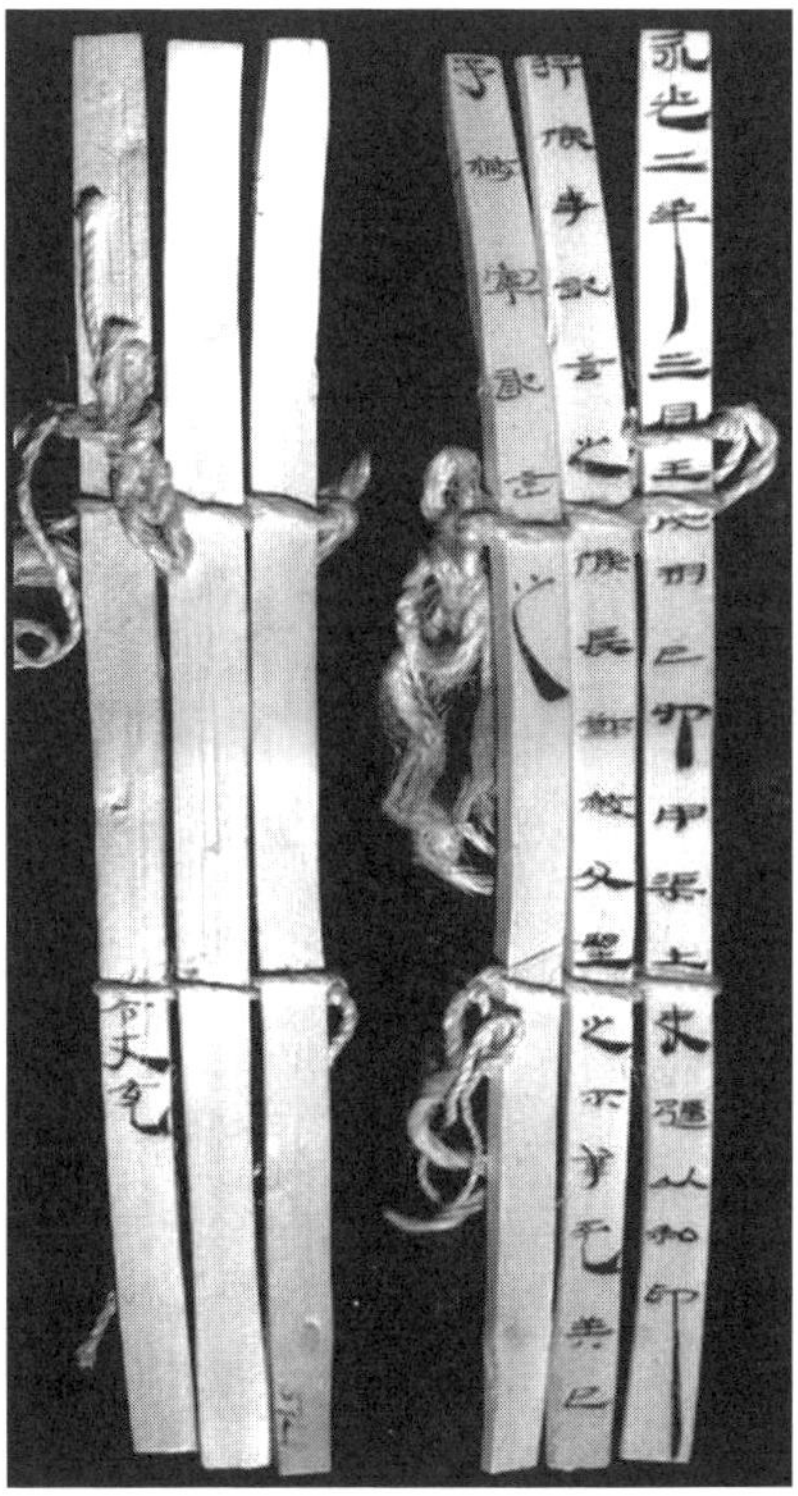

図3　57. 1AB 赤外線画像

報告している。城北部の守候長の匡は報告を受け取ったのち、辛卯(三月五日)に上級の甲渠候官に報告した。この文書の貴重な点は、冊書の最後に別筆で「今言府請令就醫」という七文字の指示があることで、これは当時の公文書処理の方式の一つに、到着した文書の上に直接指示を書きつける場合があったことを明示している。以下、まずは

冊書の編成と書写について、若干の観察を補っておこう。

（一）三枚の簡の文字間の空白に注目すれば、冊書にはもともと二本の編縄があったことに気づく。その形状は中央研究院が所蔵する三簡の「請喪仮文書冊」（57.1）（図3）と同一である。57.1もまた破城子A8、甲渠候官の所在地から出土したもので、二本の編縄が今も残存している。これは、甲渠候官から上級に発送された文書の底本である。この冊書の底本は両面とも筆跡が同じであり、大庭脩の説に従えば、属吏が一筆で書きあげたもので、背面の令史充が書き手なのかもしれない。単行で書かれた札で構成されている点は、札に書いたものが副本であるという角谷常子の説に合致している。発送された文書の控えとなる副本であるから、何の指示も記されておらず、この点はEPF22.80-82と異なっている。注目すべきは、甲渠候官の吏が城北守候長の送付した隧長黨の病書に指示を書き入れた時点では、編縄がなお存在していたに違いないことである。ある吏が冊書に「今言府請令就醫」と指示を書き入れた。指示の文の「令」の字は編綴の箇所にあたり、「令」の字の引き下ろされた最後の一筆が編縄の上を通過したため、筆跡の一部は編縄とともに失われてしまったのである。甲渠候官の吏が指示しているのは、すみやかに居延都尉府に上言し、都尉府の許可を得て黨を医師に診せるようにというものであった。冊書57.1の正本が上級官署に送達されれば、上級官吏がその上に指示を記し、似たような状況が再現されたはずである。換言すれば、責任ある官吏が受け取った文書の上に直接指示を書いたり、処理した記録を残したりすることは、当時の一般的な行政処理の方法の一つであったに違いないということである。[24]

（二）最後の指示の文を除いてEPF22.80-82の三簡の筆跡は同じであるから、同一人物の手によることは確実で、城北守候長の匡あるいはその属吏（制度上、候長の下には候史がいる）が書いたに相違ない。次に、この冊書は城北隧長の黨が病状を報告した原文書ではない。[25]「謹みて……病書を写移すること牒の如し」とは、城北守候長が隧長黨の病状報告の原文書にもとづいて、上行文書に病状を書き写したということで、[26]これはすでに事実関係を確認し、隧長の黨の病気に対して責任を負うむね上級官署に願い出ているに等しい。この病状報告・治療請願書は、城北守候長から送られて甲渠候官で出土し、さらに甲渠候官の吏の指示もあるので、城北守候長が甲渠候官に送付した正式な文書もしくは文書の正本であると認めることができよう。

（三）しかし、以上のように断定するには、なお一抹の不安が残る。大庭の理解によれば、正式な文書は発送する官署の長が自身で署名したはずである。この冊書文書を送付したのは城北守候長の匡であるが、匡が自身で署名したはずの「匡」の字は簡に見られる他の文字といかなる筆跡上の違いもない。大庭説が成立するには、文章と署名がともに匡自身の筆によるものだから筆跡が一致しているのだと考えなければならない。官吏の編制から考えれば、候長の下には候史がおり、候史が文書を担当していたはずである。[27]残念ながら、現状では城北部の当時の人員状況を知ることはできない。匡が守候長であり、その時ちょうど在任している候史が不在であったならば、候長の職を代行している匡が自らの手で文章を書き、署名せざるをえなかったであろう。辺塞においては、吏員に欠員が生じても、しばらく補充される者のいない場合がしばしばあった。[28]そのほかに、何でも自分自身で処理することを好む官署の長がいた可能性も排除できない。匡がもしそのような人物であれば、自分自身で文書を書き、かつ署名した可能性もあるだろう。したがって、この文書だけにもとづいて大庭説を否定すべきではないと思われる。

以上の三点にわたり、大庭説の立場に立って可能な限りその説を弁護しようと試みた。しかし現在までのところ、居延・敦煌出土の簡牘文書の中に、本当に長官が自署したと判断できる事例は見いだせないようである。[29]大庭説によれば、甲渠候官が発送した正本は、甲渠候官から出土する可能性はないにせよ、文書を受領した他の官署の遺跡であれば、必ずや出土するはずである。しかし実際には、その他の遺跡から甲渠候の自署した文書だと判断できる文書が出土した例は、ただの一つも見いだせない。[30]甲渠候官の遺跡から出土した、他の上級・下級ないしは同級の官署から送られて来た文書に注目しても、それぞれの文書を発送した官署の長が自署したと判断できる状況はないようである。たとえば、各候・隧や居延都尉府・輔平居成尉が甲渠候官ないし甲溝候官に送付した文書の多くは、文書の本文・日時・長官の職階・姓名をあわせて、書吏が一筆に書きあげている。その中には正本もあれば、甲渠候官・甲溝候官が複写した保管文書もあったであろうが、[31]筆跡を異にした署名は見あたらないのである。

発信官署の長による自署の事例が見あたらず、かえって文書の本文と署名との筆跡が同じ例ばかりあるのは、なぜであろうか。この疑問は我々に、文書の正本は長官が自署しなければならないという説を放棄するよう迫っている。後代の文書の慣行によれば、長官の印や署名、サインや花押が、権威を示し、書類の信憑性を保証する重要な手段であった。このことから推測すれば、漢代の六百石以上の官吏が書類に自署すべきだというのは、合理的な仮説の一つだと言えよう。しかしながら、角谷常子の包括的な研究によれば、漢代のあらゆる公文書は封検の有無にかかわらず、一律に印章を用いなければならなかった。[32]もし、角谷説が正しければ、それは公文書の権威性・信憑性・信頼度が漢代でもなお戦国以来の伝統を受け継いでいたということ、つまり印璽に頼っていたのであり、長官の自署や代理人の別筆による署名に頼っていたのではなかったことを意味する。

署名は文書の内部作業にとって意義を有していた。署名は文書の底本作成の過程の中で発生するとも言える。署名と日付を書き加えることで、官署内部に保管しておく書類の底本となるため、単行の札あるいは両行の簡の日付と署名が空欄のままになっている状況が生じるのである。もし、署名がなかったならば、あるいは署名がそれほど重要でなかったならば、どのように署名すべきかを「式」によって規定する必要はなく、前述のように「署、式の如くあらず」ということは起こりえなかったであろうし、すべての正本・副本は同一人物によって一筆で書きあげられて、日付と人名をわざわざ空欄にする現象も見られなかったはずである。

このような現象を解釈するために、本稿では次のような仮説を立てたい。すなわち、漢代の公文書の作成は理論上、官署の長が最終的な責任を負っており、何でも自分で済ませる長官や勤勉な長官であれば、起草から署名もしくは指示までを自分自身で行うか、他人の手をわずかに借りるだけで処理できた。しかし、現実にはほとんどの場合、「有司に一任」されていたのであり、六百石以上の官吏が発信したものであっても、基本的には属吏によって署名と押印のみならず、指示さえも代行されたのである、と。[33]こうした行政の実態は、皇帝と丞相を代表とする中央官僚機構との間のみならず、地方の郡県や辺塞においても見られた。[34]

二、属吏による指示の代行

ここに提示した属吏による指示の代行に関しては、証拠を挙げていささか説明しなければなるまい。建武三年の「病書簡冊」は、まさに指示代行の一例である。この冊書の「今言府請令就醫」という七文字の指示は、甲渠候本人の自筆ではなく、他人が代行したものである㉟。厳密に言えば、それを確かめるにはまず、甲渠候の確認できる他の筆跡と比較対照しなければならない。現在のところ利用できる資料に制約があり、ある個人の筆跡を特定することはきわめて困難である。次に提示するのはただ、現在の研究者といささか意見を異にした、大胆な仮説にすぎない㊱。

まず、文書の書き手を判断する上で、筆跡の異同は絶対にして唯一の基準では決してない。同じ一個人であっても、書いた時点の違いや使用した筆墨の相違、あるいは緩急・健康状態・心理状態といった種々の要素によって、整い方やくずし方などが大きく異なった字体を書くことはありうる。しかし、二人の別の人間であれば、似せようと努め、かつ相当な練習をかさねない限り、判別できないほどに似ている文字を書くのは難しい、ということは、おそらく否定しきれないだろう㊲。

幸いにして私たちが対象にしている資料は、模倣とは縁がない。秦漢政府の官吏や書吏が行政文書の筆写や署名にあたり、書道家のように意図的に書法の変化を追求したり、他人を模倣して自分自身の筆跡の特徴や癖を隠そうとしたりすることは、まずありえないだろう。書吏の筆跡の特徴を判別することは、相対的に言えば難しくないし、誤認する危険性もまた低いと思われる。四〇数年前にマイクル・ローウェは、筆跡やその他の条件をもとに、四〇余点の居延漢簡の文書冊書を復元することに成功している㊳。永田英正、大庭脩、謝桂華、角谷常子などの研究者も、同様な仕事を継承し、より踏み込んだ成果を多く生みだすことに成功している㊴。同じ方法を用いて、注意深く慎重に大量の資料を比較検討した上であれば、筆跡はなお書写の特徴と文書構成を判別する重要な根拠の一つとなることを、私は信じて疑わない㊵。

筆跡の考察は、必然的に書き手ともかかわるので、まず書き手と筆跡の関係について確かめておく必要がある。新旧の居延漢簡には、王莽から建武初年前後の甲渠候に関する資料が比較的多い。李均明、劉軍、鵜飼昌男、李振宏、孫英民らの研究によれば、王莽の地皇年間から建武四年一一月までの間に、「獲」という名の人物が二度、甲溝(甲渠)鄣守候と候に任ぜられている㊶。破城子A8出土の簡牘の中には、異なる筆跡による「獲」の署名をいくつか見いだすことができる㊷。以下にまず、筆跡の類似した四つの例を挙げよう(図4)。

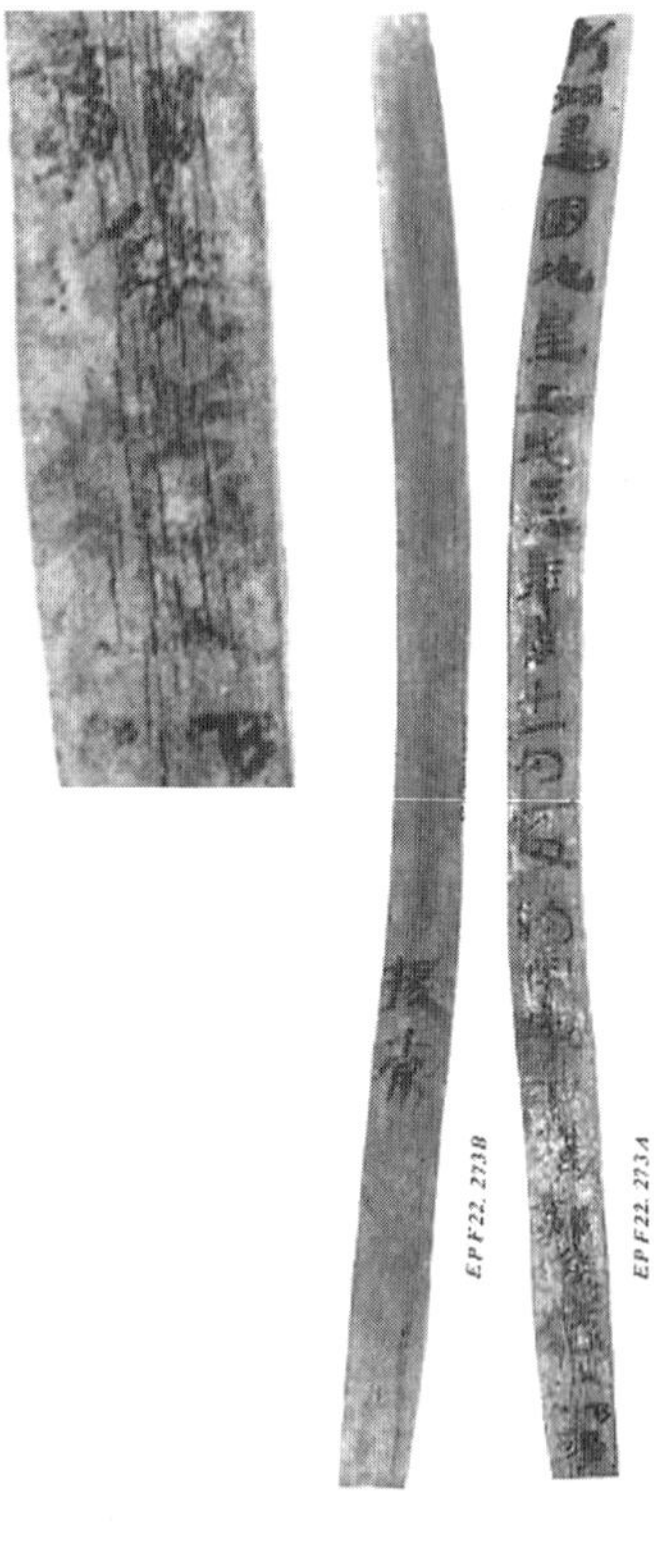

図4　EPF22. 273AB 及び局部

EPF22. 460AB 及び局部

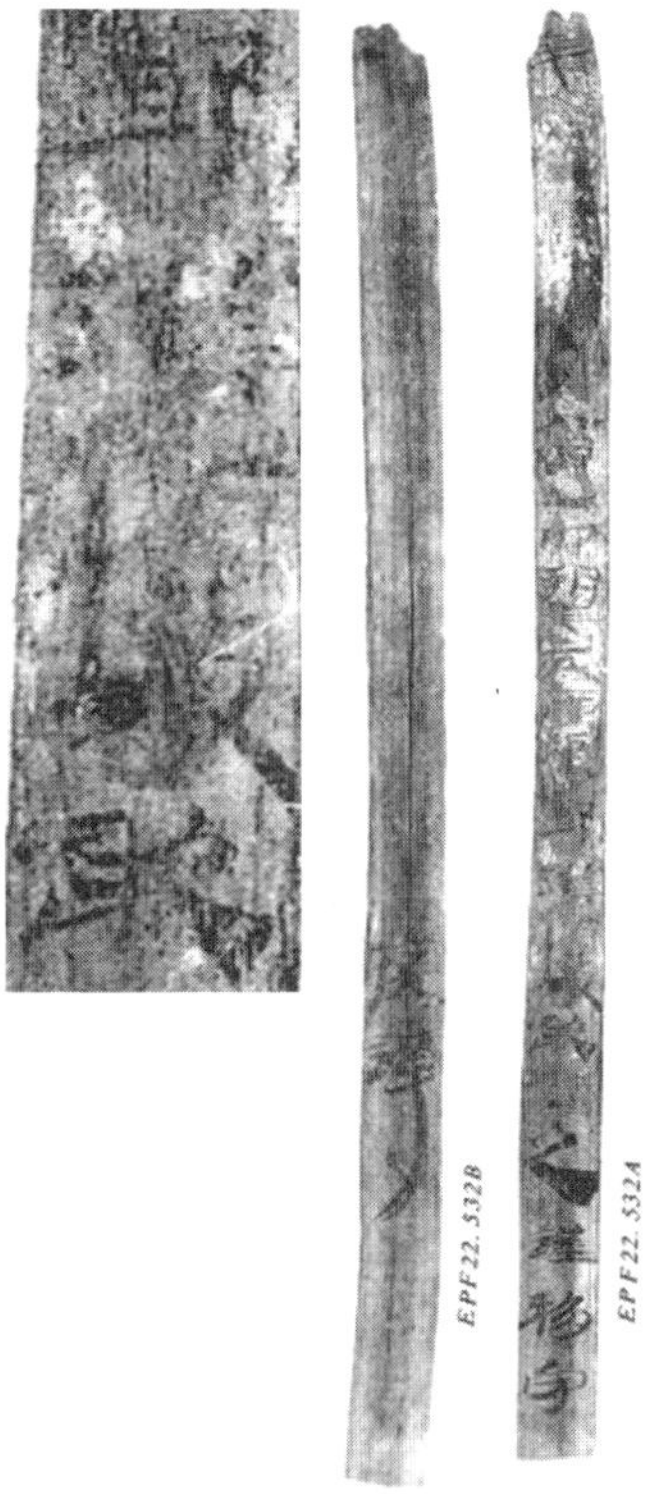

EPF22. 532AB 及び局部

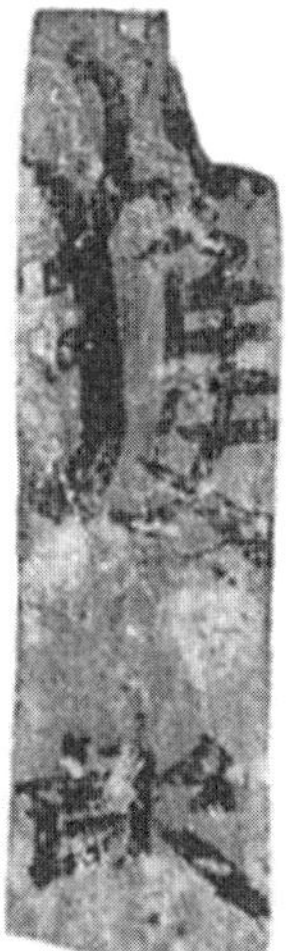
EPT48. 67

図5　EPF22. 82局部

この四例のうち、EPF22. 273、EPF22. 460、EPF22. 532はともに破城子A8のF22房址からの出土、EPT48. 67はA8の48号グリッドからの出土である。時期は始建国地皇上戊四年（西暦二三）から建武三年（西暦二七）にあたる。このうちEPF22. 460は、「元始廿六年」という紀年を持っているが、光武帝が元号を建てた後になっても、居延の辺塞ではしばらく光武の正朔を奉ぜず、また王莽の年号も用いなかったため、引き続き平帝の年号を使用して、元始廿六年という紀年となったのであろう。これは建武二年（西暦二六）にあたる。EPF22. 532の年号は不明であるが、「八月乙卯朔」という簡の記載から推測すると、建武三年に相当しよう。EPT48. 67は欠損がはなはだしいが、残存している「敢」の字とEPF22. 460の「敢」の字とを比べてみると、同一人物の手で同一の時代に属していることがわかる。換言すれば、この四点の文書は、三～四年の間に書かれたものに相違なく、時期的に大きく隔たっていない。そこでもう一度、この四例の四つの「獲」の字を眺めてみると、EPF22. 532の文字はやや不鮮明であるものの、字の運筆や風格は一致しており、簡の上下のその他の文字に比べて、いずれも特に大きく書かれている。同一人物の手によると考えて問題はないだろう。

これら四つの「獲」の字が甲渠候の自筆とすれば、「病書簡冊」に見えた指示の筆跡（図5）と対照した場合、指示が甲渠候の自筆によるものか疑わざるをえない。なぜなら文字の全体的な形も、筆画の構

図6—1　76.15（右：赤外線、中：裏焼き、左：原簡）

成や運筆上の特徴も、違いが大き過ぎるからである。反対に、もし指示が甲渠候の自筆だとすると（長官が指示したというのは合理的な仮説であろう）、EPF22.273、EPF22.460、EPF22.532、EPT48.67に見える「獲」の字が甲渠候の手になる可能性は低くなる。

私は旧稿の中で、文書の中に残した空白に書き入れられた「獲」の字は、すべて甲渠候獲の自筆であると考えた[43]。しかし今では、そうではないと考えている。中央研究院史語所所蔵の居延旧簡と破城子A8から新たに出土した簡牘を仔細に検討した結果、次の事実を見いだしたからである。第一は、甲渠（甲溝）鄣候または守候の獲が自署した書類に、自筆と属吏の代筆という二つの異なる状況があったこと。第二には、「病書簡冊」の指示は甲渠候による自筆ではなく、別人による代筆だということである。

図6—2　EPF22.187A及び局部

これらの新しい認識を証明するために、まずA8出土の簡牘から発見した証拠を一瞥しておく必要がある（図6—1〜2）。図6—1の76.15の「渠鄣候獲守尉」を見ると、「獲」の署名が自筆でないことの手がかりがあることに気づく。この一枚はA8出土の残簡ではあるが、残った文字のうち「鄣候獲」の三字は非常にはっきりとしている。「渠」の字は損なわれているが、赤外線写真では、早期に撮影された裏焼き写真や近年に原簡を撮影した写真よりずっと明瞭に「渠」の字の下半分が見えるので[44]、これが「渠」の字であることは間違いなかろう。またこの残簡の「鄣候」二字は、EPF22.273、EPF22.460、EPF22.532Aの「鄣候」の二文字と筆跡が完全に一致しており、76.15も建武三年前後の簡であると推測できる。つまり、この残簡に見える鄣候の獲は、先に触れた始建国地皇から建武年間初期の甲渠鄣候の獲である。赤外線写真によれば、残簡の「獲」の字が墨色・筆跡においての他の文字と異なることは明白であり、文書を書き終えた後に別筆によって空欄を埋める形で書き加えられたことは明白である。この「獲」の字の筆跡の特徴は、図4に見えるものと完全に異なっているが、一方、図6—2のEPF22.187Aの「甲渠鄣候獲」の「獲」

図7　EPF22. 186–201

の字とは同じ手によっている。[45] EPF22. 187Aは建武三年のもので、「甲渠言永以縣官事行警徼牢駒隧内中駒死永不當負駒」という標題を持つ一六枚の簡から構成され、合計四百余字が記された冊書（図7、EPF22. 186–201、以下「駒罷労病死」冊書と略称する）の中の一枚である。[46] 冊書全体の字跡はやや草卒であり、明らかに同一人物が書いたものである。大庭説によれば、これは長官の自署を必要としない副本となろう。この冊書には「獲」の字が他に一箇所あらわれているが（図8、EPF22. 201）、その筆跡はこの冊書の他の文字と完全に一致している。

要するに、以上の二例はいずれも空欄に獲が署名した文書であるが、「獲」の字の筆跡は明らかに異なっている（図8）。とするならば、必然的な結論として、もし獲が自身で文書案に署名したのであれば、そのうち一種類の署名は他人の代筆だということになる。さらに一歩を進めれば、文書案あるいは文書の底本（副本の一種）は、理論上は発送に責任を負う官署の長による自署を必要としたはずであるが、実際には他人に代筆させる状況があったと言わざるをえない。

先に提出した仮説によれば、当然のことながらもう一つの可能性がある。それは、右の二種類の署名はともに他人の代筆であって、甲渠候はこれらのルーティンな文書のいずれにも自筆で署名していないというものである。属吏が署名した例としてEPT8. 1ABを見てみよう（図9）。この簡は甲渠鄣候の放が居摂二年二月に正月から三月までの「吏奉賦の名籍」を上呈した際の送り状で、全簡が両行で書かれ、八分の隷書の筆跡は非常に整っており、「放」の字を含めて同一人物が同筆で書いたものである。簡の背面は令史の恙の単独署名であるうえに、「恙」の文字が非常に大きく書かれて篆書の雰囲気をもつのに対

図8　獲字筆跡対照表

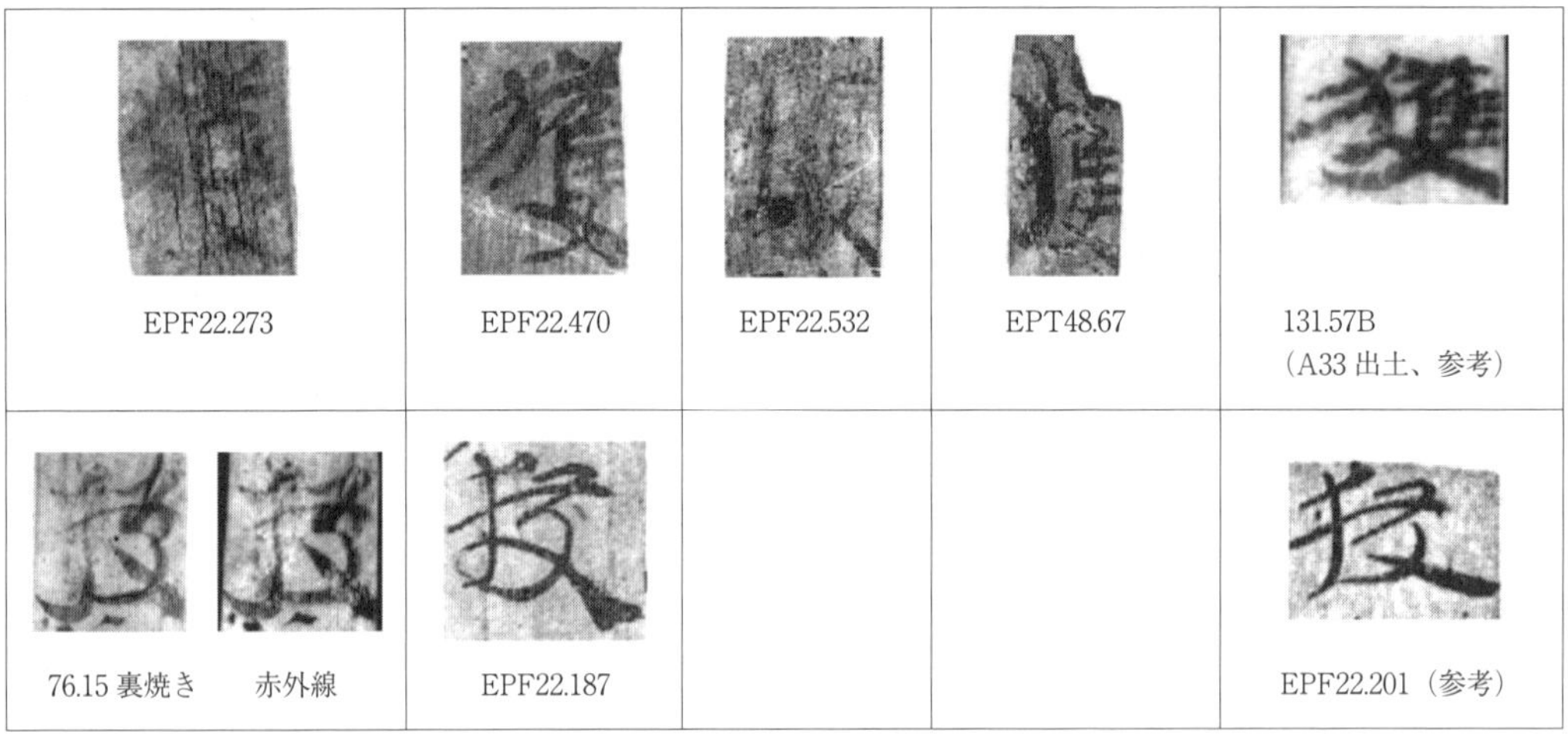

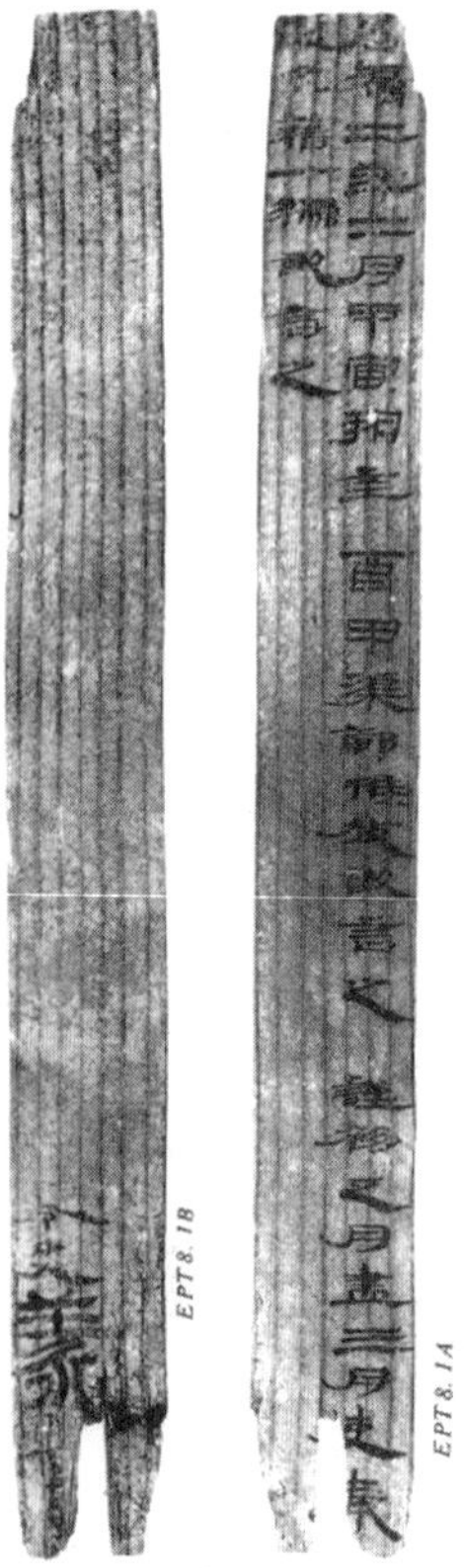

図9　EPT8.1AB

図10　EPF22.187B 局部

し、「令史」の二文字はずっと小さい。書法や大きさに作為性が認められることから、「兼」の字は令史の兼が自署したものと考えるべきである（図9）。各官署で季節ごとに吏奉賦の名籍を上級へ報告するのは疑いもなくルーティンワークであるから、この簡はほぼ確実に、属吏である令史が書写し代行署名したルーティンな文書の証拠と見ることができよう。[47]

甲渠候の獲に関連する文書について言えば、その中に明らかに他人による署名の代行があったと推定される以上、六百石以上の官吏があらゆる書類の底本に自署する必要はないということになる。では、誰が獲の代わりに署名したのであろうか。その代筆者を探すとすれば、次の三つの条件に適合していなければならない。

㈠代筆者は、前述した冊書の年代である建武二、三年頃に甲渠候の属吏でなければならない。なぜなら、前述した冊書はすべてこの時期に属しているので、この時期の甲渠候の属吏でなければ代筆できないからである。

(二)代筆者の文書もやはり甲渠候官遺跡の破城子Ａ８から出土していることが望ましい。

(三)比較可能な筆跡のサンプルを多く残していることが望ましい。

非常に幸運なことに、破城子遺跡のＦ22からは完全にそろった冊書が比較的多く出土しており、かつ建武二〜三年頃のものも少なくない。李振宏と孫英民がこの時期の甲渠候の長官と属吏について整理と編年をおこなっており、人ごとに筆跡の標本を探す手間を省いてくれる。比較検討した結果、私はある尉史（名は堅か?）（図10）がその代筆者としての可能性があると考えた(48)。

その理由は、この尉史が大量に残した筆跡と「病書簡冊」に見られる指示とを比較検討してみると、両者が非常に類似していることに気づくからである。前述の「駒罷労病死」冊書（図７）は、文書の内容が始まる第一簡の背面（EPF22.187B）に「掾譚尉史□（堅?）」という署名がある。この四百余字の冊書は、墨色や書法から同一人物が同一の筆を使い、一度に書きあげたことは論を俟たない。背面の「掾譚尉史□（堅?）」という五字も、正面の文書の筆跡の特徴と一致している。この冊書がこの尉史の書いたものだとすると、時期と出土地点はきわめて明確で、比較検討できる筆跡資料が大量にあることになる。ただし、「病書簡冊」（EPF22.80-82）の指示語はわずかに七文字にすぎず、字数は多くないので、比較検討するには同じ文字、とりわけ常用される文字を比べるのがよいだろう。こうすれば、書き手の運筆の癖と特徴が、より明確に反映されることになる。

以下にまず二組の冊書に見られる類似した文字を挙げ、参考に供したい（図11）。

先に述べたように、「駒罷労病死」冊書に見られる四百余字の書風は完全に一致しており、ひとりの人物が建武三年一二月に同時に書いたことは疑いがない。同じ年の九箇月前、すなわち三月に書かれた「病書簡冊」の末尾の指示は七文字であるが、両者を比較すると、五つの共通した文字が見いだせる（今、言、府、請、令）。この五文字は漢簡の文書ではよく使われる文字と言えるが、うち「今」「言」の二文字はそれぞれ三例、「府」は二例、「請」「令」は各一例で、計一〇例ある。これらの文字の全体の形態、筆画の長短の割合、傾斜や湾曲の角度、運筆の軽重を比較検討すると、その特徴が非常に似ていることが見てとれる。やや不安なのは「令」の文字であろうか。ふたつの「令」の字の末筆が、一方は長く、一方は短い。これは指示語の「令」の字の末筆がちょうど編縄の上にかかるため、書き手が末筆を若干引き伸ばして書いたためだと考えられる。もし、両者の冊書の書風の類似が一文字や二文字にとどまるのであれば、偶然かもしれず、同一人物の手によるものか確定できないが、「今言府請令就醫」七文字のうち五文字について、このように書風が類似し、かつ複数見えるというのであれば、同一人物の手になる可能性は高いはずである。もちろん「病書簡冊」上の指示語の文字と図11中の文字とには、明確な相違もある。しかし、最も大きな相違である筆画の粗細は、使用した毛筆の違いによると思われる。両者の書風や運筆の癖の特徴は、実際にはかなり一致している。これらの類似例を簡牘中の別人が書いた同一文字と比べてみれば、両者の一致はいっそう明白に見て取れる(49)。

尉史某が代筆したという仮説が成立するためには、さらに次の二点

図 11　尉史某の筆跡対比表

簡番号	今	言	府	請	令	備考
EPF22.82						建武三年三月
EPF22.187						建武三年十二月
EPF22.188	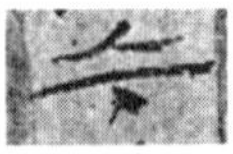 					建武三年十二月
EPF22.192						建武三年十二月
EPF22.193						建武三年三月
EPF22.200						建武三年十二月
EPF22.201						建武三年十二月

をクリアしなければならない。第一に、冊書上に尉史某とともに署名している掾譚が書き手ではないこと。この点については、かつて掾譚自身ならびに掾譚とその他の属吏が共同で署名したすべての文書を詳細に分析し、掾が甲渠候の属吏の中でも地位が比較的に高い幕僚長であり、文書行政に責任を負っていることを証明したことがある。かれが署名（たとえ単独の署名であっても）するということは、文書作成の全般について責任を負うことを表明しているのであって、自身で書き記したことを意味しているのではない。[50]「駒罷労病死」冊書は掾譚と尉史某によって共同署名されているが、状況はこれと同じであろう。つまり、文書の総責任者が掾譚であって、書き手はおそらく職階の低い尉史であったということである。

　甲渠候官は県レベルの単位であって、属吏の中には尉史よりさらに低い職階の佐あるいは書佐がいる。書佐の職務は書写である。理論上は、前述した冊書もまた佐あるいは書佐が書いた可能性が高い。厳密に言えば、前述の文書が尉史某によるのか、それとも職階の低い書佐によるのかを完全に証明できる根拠があるわけではない。では、なぜこの冊書が尉史某の手によるものだという仮説を立てるのか。その理由は、第一に、目下のところF22からEPF22.82の指示語や「駒罷労病死」冊書と類似した筆跡で書佐が署名した文書簡を見いだせていないからである。それゆえ、そこにかれの署名がある以上、これらの冊書は尉史某によって書かれたのだと仮定する方が理にかなう。第二に、もしEPF22.82の指示語の筆跡が「駒罷労病死」冊書のものと類似しており、同一人物の手によることに同意するなら、甲渠候の指示語を代筆した人物を想定しなければないが、職階の高い尉史と低い書佐のどちらに、より可能性があるだろうか[51]。比べてみれば、尉史の可能性のほうが高いと思われる。

次に文書の製作や発送の順序について述べれば、公文書はその性質と重要性によって、まず起草され、訂正され、校閲され、校閲後に、さらに書吏によって正式な発送文書として清書される場合もあれば、下書きなどの手続をふまず、書吏が一筆で正式な書類を書きあげ、封印したのち発送される場合もあった[52]。文書の正本は発送されるが、先に触れた「駒罷労病死」冊書は、編綴のために空間をあけておらず、署名や日付の箇所にも空欄はなく、一筆で書きあげられて、修正された痕跡がないので、おそらくは副本の類であろう[53]。

以上の分析にもとづいて、ひとまず次のように結論することができる。すなわち、漢代の居延・敦煌の辺境においては、正式な公文書あるいは文書の正本は、特定の状況のもとで長官が自署した可能性も理論上は排除できないが、実際には属吏や代理人が代わりに署名し、代わりに指示を出すことが多かった。正式な公文書は一般的に、文書を扱う書吏がまず下書きし、または直接書きあげたが、その際に長官の署名と発送日時の箇所を空欄とすることもあれば、しないこともあった。空欄にするかしないかの原則が何であるかは、現在のところ完全に見極めがたい。まとめれば、書吏がルーティンな文書を書き終えると、空欄のあるものもないものも、文書作業に責任を負う吏（居延や敦煌の辺境でいえば、通常は掾である）が文書に誤りがないか校閲し、空欄があれば書吏や他の属吏が長官の署名を代筆し、発送日時を書きこんで控えとする[54]。また、同時に何通かを書きあげて、そのうちの一通を発送する正本に、一部を底本あるいは副本とする場合もあった。しかし、文書によっては、官署の長またはその代理人が日時を書きいれ、署名し、封緘ないし押印してから発送することもあった。完全に長官自筆の署名がなかったのかどうか、どんな文書であれば属吏や特定の代理人による署名や指示の代行が許されていたのかは、なお問題として残されている。長官自身が署名や指示を行うのか、それとも代行するのかといったことがらは、一面で行政手続の規定と関連するが、また一面では長官個人の職務姿勢や勤務態度と関連し、一概に論じることは容易ではない。私の仮説は、およそルーティンな公文書は、発行する長官の秩級が六百石以上であろうとなかろうと、属吏や特定の代理人に署名や指示を代行させることが多かったであろう、というものである。居延や敦煌から出土した文書は、ルーティンなものが圧倒的多数を占めているから、長官の自筆による署名が実際に存在したとしても、多くはなかったはずである。

三、甲渠候官に見る正本発送と署名順序について

以上、正本の文書と署名の問題について補足した。続いて、甲渠候官から文書の正本が見つかることはないという大庭説について、少し振り返ってみることにしよう。大庭が甲渠候官から文書の正本が見つからないと考えたのは、以下の三つの理由によっている。第一に、前述のように、文書の正本は発送されるものだから、甲渠候が発送した

正本は、甲渠候官以外の遺跡から出土するはずであって、甲渠候官からは出土しないはずだと推定される。第二に、甲渠候官の公文書は理論上、署名ののちに滞留したまま送られないということはありえない。たとえ作業中の公文書であっても、時が来れば発送されるはずであるから、甲渠候官の遺跡の中に残されているはずはない。第三に、大庭は署名と日付が空欄になっている冊書を草稿だと見なしているので[55]、甲渠候官遺跡からかれのいう正本は発見されないことになる。

空欄のある簡を草稿あるいは副本と見なすのは、大庭以外の多くの研究者の意見でもある（本稿第四、五節に詳しい）。こうした考えは、研究者が文献や大量の簡牘を分析して得られた結論であって、当然のことながら相応の理由がある。しかし、次に述べるような理由から、完全に同意するにはやはり不安を感じる。

第一。居延や敦煌出土の簿籍と文書は、ほとんどがルーティンワークに属するものであり、私見によれば下書きはまず必要ないので、いわゆる草稿も存在しない（本稿の第五節に詳しい）。たとえば、各種の人事異動や勤務の分配、上級官署からのルーティンな調査（たとえば四時の禁を犯した者の有無など）への回答、糧食の出入に関する簿籍、月言簿、四時簿、あるいは決まった様式のある封検や、標題のはたらきを持った楬、いわゆる送り状などがそれである。これらの簿籍や文書は実際のところ、そのつど下書きする必要はない[56]。これまでの多くの研究は、詔令や章奏の起草の手続にもとづいて、他の公文書の作成手続を推測している。しかし、皇帝の幕僚による詔書の起草や大臣による上奏文の起草は、辺境のルーティンな文書の作成手続と比べれば、はるかに複雑であろう。辺境の文書は、人員の資質や時間的制約などのため、相対的に簡単で迅速かつ簡略化した手続が求められたはずである。詔令や章奏から辺境の文書作成を推測することが、必ずしもふさわしいとは思えない。下書きするかしないかは大きな違いである。

第二。正本が発送されてしまったとしても、残ったもの——草稿・定稿・副本・底本いずれの名称で呼ぶにせよ——も同様に完備した内容をもっているはずで、カギとなる日時や責任者の名が空白で記入されないままということはありえない。起草時に日時や発信者名が記されていなかったとしても、保存の際に書き加えられたはずである。漢代では、しばしば保存された文書をもとに（すなわち「謹んで文書を案じ」て、ないしは「文書を案じ」て）責任の追及や対応の決定がなされる。控えの文書の記録が不完全であれば、責任の追及は絵空事になってしまう。短い間だけ書き加えられないのであれば、あるいは記憶にたよって、これこれの事柄はしかじかの時に某々が責任をもっておこなったと知ることもできよう。しかし研究者の推定によれば、漢代の公文書の保存期間は一〇年から一三年であるので[57]、時が流れ、人事が一変したのちも、控えの文書の内容が不完全なままであったら、責任の追及は困難となろう[58]。

第三。ある研究者は、改訂後の草稿に日付と署名が書き加えられて控えの副本になるとしている[59]。このことは正しい。しかし、そうだとすれば、甲渠候官遺跡A8から出土した、王莽の末年から建武初年までのさまざまな年の、日付や署名が書かれていない多数の文書は、何なのであろうか。もしこれらがすべて、書き加えられるのを待っている（まだ書き加えられていない）控えの副本だとすると、なぜ何年も経過しているのに結局書き加えられないままなのだろうか。このことをどのように解釈すればよいのであろうか。

第四。また他の研究者によれば、日付や署名が空欄のものは草稿ないし保存用の定稿であるという。しかし、同一の政務にかかわる文書であれば、たとえ同時に多くの官署に発送されたとしても、起草するのは一通であるし、定稿も一通を保存すれば十分なはずである。なぜ甲渠候官からはあれほど多くの、年月のみならず日付まで同じ草稿や定稿や副本が存在するのであろうか[60]。しかも、これらの簡はルーティンな事務に属するものであるから、きわめてよく似た草稿や副本を保存しておくことは、理解しがたいのではなかろうか。

　これらの理解しがたい問題を解くために、私は一つの仮説を提示したい。それは、日付や署名が空欄となっている文書を一律に同一の性質の文書とは見なさない、ということである。すなわち、その一部分は研究者が言うように、ある種の草稿もしくは定稿としての性質をもち、補筆された上で保存用の底本ないし副本になった。しかし別の一部分は、発送を待っている正本であった可能性も排除できない。

　甲渠候官から発送された正本は、当然、送達されるべき部署（これが正本の最終帰着点である）から発見されるであろうが、正本の中には発送前の段階で、作業未完成の状態のまま発送部署に存在したものあるだろう。正本の大部分は一筆で、日付や署名も同一人物の手によって書かれ、長官や代理人の自署がない。ただし、ルーティンな文書は下書きを経ずに、書吏によって一度に数通が書かれたが、その中には文書作成の責任を負う属吏によって長官の名と日付が補筆され、発送に回されて正本となるものもあれば、また補筆のうえ保存に回されて、底本あるいは副本となるものもあった。

　作業中の発送文書の正本が、一度は甲渠候官や肩水候官などの部署の遺跡に存在していたことは、理の当然である。そのほとんどは最終的に、手続にそった作業を終えたのち発送されるが、一部分が何かの原因により時がきても発送されない、ないし発送できないということも十分にありうる[61]。甲渠候官を例にとれば、破城子A8遺跡からは、草稿（原文の名も「草」である）と控えの副本（原文の名も「副」である）が出土しているほか、作業中の正本もまた若干出土しており、その中には上行・下行文書ともに含まれる。次にそれぞれ例を挙げ、それらが発送手続上の異なった過程にあったことを説明しよう（図12―1・2）。

(1) 甲渠言府下赦令／詔書●謹案毋應書
建武五年八月甲辰朔　甲渠鄣候　敢言之府下赦令
詔書曰其赦天下自殊死以下諸不當得赦者皆赦除之上赦者人數罪別
之
會月廿八日●謹案毋應書敢言之　(EPF22. 162-165)

(2) 建武五年四月丙午朔癸酉甲渠守候　謂第十四
　　掾譚　(背面)
隧長孝書到聽書從事如律令
第十四隧長李孝　今調守第十守士吏
第十士吏馮匡　斥免缺　(EPF22. 250-253)

図12―1のEPF22. 162-165は上行文書であり、四簡から構成されている。その初めは双行の小字で「甲渠言府下赦令／詔書●謹案毋應書」と書かれた標題簡である。のこる三簡が文書の本文であり、その内容は建武五年八月に甲渠鄣候から上級の居延都尉府に送られた返信で、甲渠候管轄下には「殊死より以下の諸そまさに赦を得るべからざる者は、皆な赦してこれを除せ」という詔書に該当する者がいないと

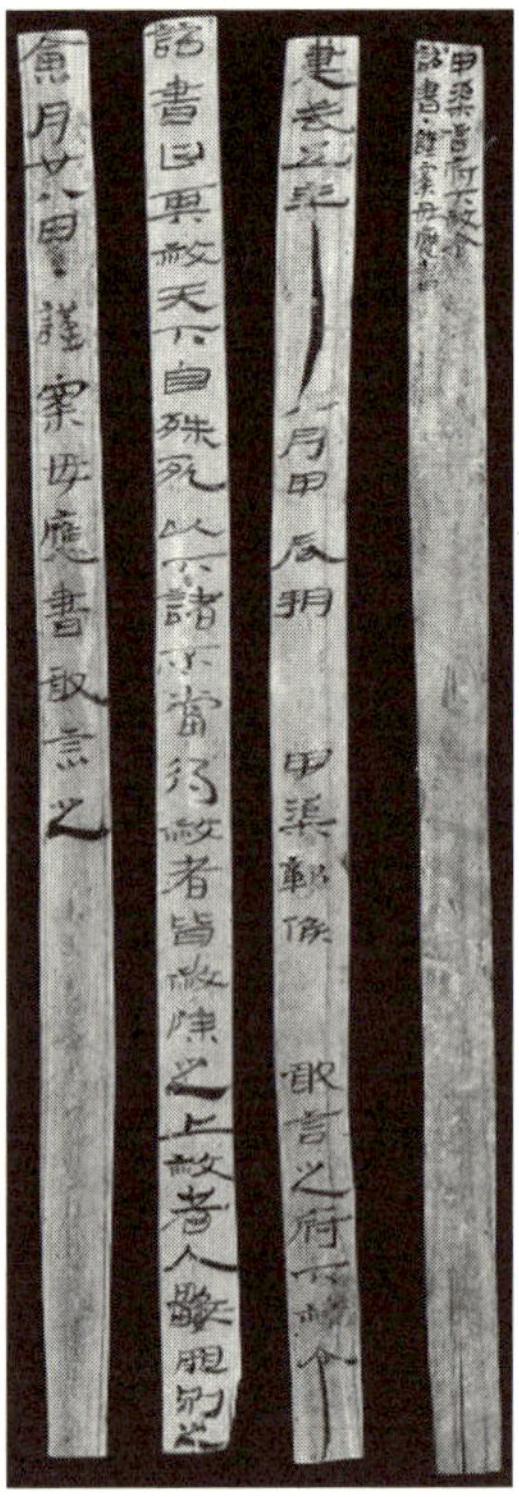

図12—1　EPF22. 162-165

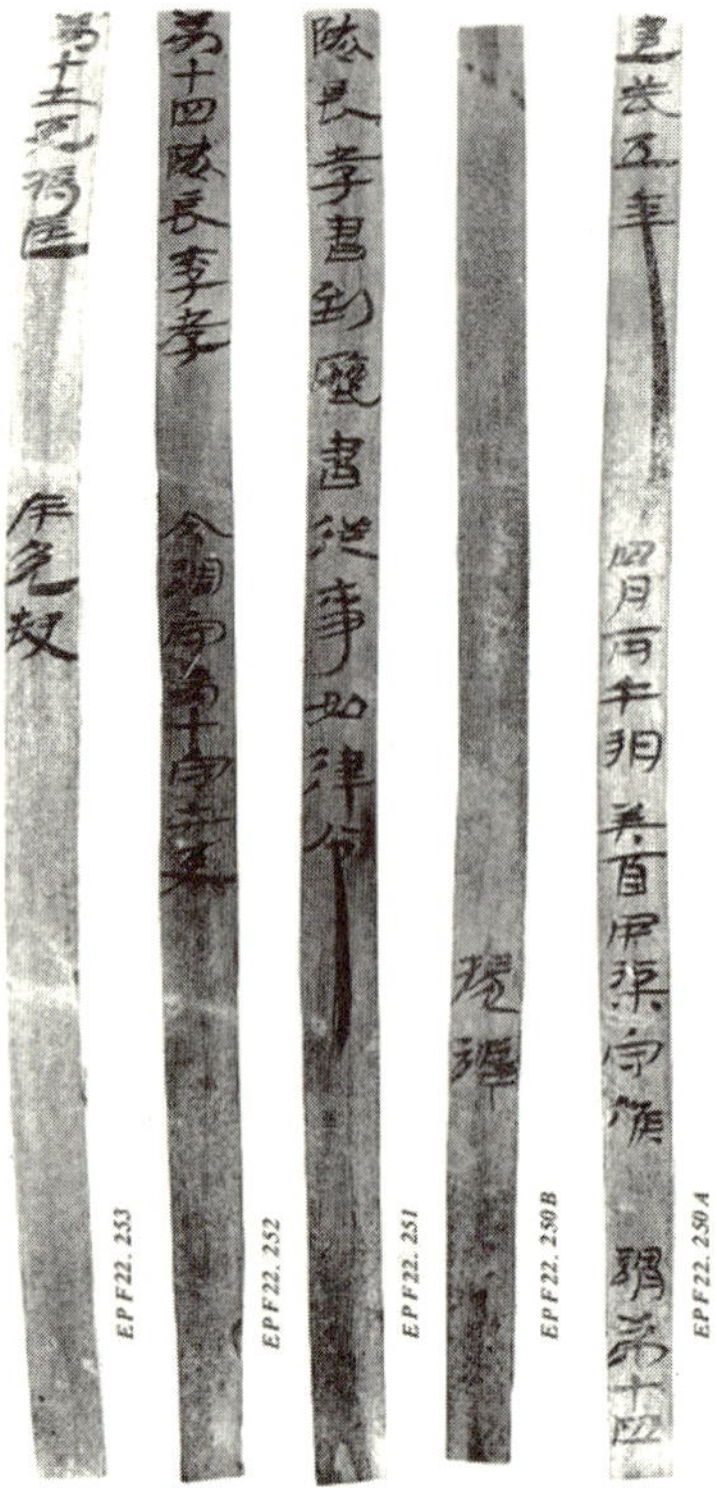

図12—2　EPF22. 250AB-253

図13　EPF22. 452

述べている。「八月甲辰朔」の下の日付と「甲渠鄣候」の下はともに空欄となっており、書き込まれるのを待っている。[62] このような上級官署への回答はルーティンワークであるから、下書きの必要がないはずである。札を使って単行に書かれているのも、両行に書き直してから送付する必要がなかったからではあるまいか。もし、発送する正本は必ず両行であり、札は必ず草稿だというのであれば、この空欄のある札が保存用に使われたことは理解しがたい。補筆されない完全な底本は、底本として保存する意味を失うだろう。それゆえ、この単行で書かれた札は、補筆・発送を待っている正本と見なすのがよいと思われる[63]。ただし、発送されなかった原因については不明である。

その他の冊書に見える通例からすると、この上行文書は、発送の前に日付を埋めて、甲渠鄣候が署名する必要のほか、さらに第一簡（ETP22. 163）の背面ないし正面に、掾または掾とその他の担当の吏の職名と名前を記入しなければならなかった。たとえば EPF22. 452 には、「甲渠候　下尉謂第四候長」と「掾　兼尉史嚴」（図13）のように、甲渠候と掾の名が空欄になっている様子が見てとれる。文書を準備したのは兼尉史の嚴であり、かれが掾と甲渠候との名を書き加えることではじめて、保存されるか、封印して発送されるかしたのであろう。同様な例は、EPT65. 44AB「建世二年三月癸亥朔　甲渠守候　移殄北候官當／掾　」（図14）と、EPT65. 43AB「建世二年三月癸亥朔甲申甲渠［守］候　移殄北候官當曲／掾譚」（図15）にも見える。この二枚の札は、一方は丁寧に、他方は草卒に書かれているが、同年同月のものである。一方は日付と守候の名と掾の名がすべて空欄になっていて、他方は日付と守候の名は書かれているが、甲渠守候の名は空欄のままである。両者を比較するならば、署名の順番は甲渠候より掾が先であったことがわかる。もし研究者の意見に従って、これら札を使って書かれたものが草稿ないし副本だとしたら、なぜ日付と署名の空欄状況が異なっただけの草稿ないし副本が二通存在するのか、説明されなければならない。草稿ないし副本が、どうして重複して保存されなければならないのだろうか。これらを草稿ないし副本と見なすことは適当であろうか。むしろ異なる署名段階にある二通の文書と見なしたほうが、より可能性が高いのではないか。署名を終えたのち、正本一通は殄北候官に送られ、一通は甲渠候官に保存された。このような作業の手続は、あまり長くない時間のなかで同一人物によってなされたと思われるため、補筆した筆跡の墨痕の濃淡や乾燥に差が出る場合もあるが、時には先に書きあげた本文との間にほとんど差異がなく、前後関係を見きわめることが難しい場合もあろう。

図14　EPT65. 44AB

図15　EPT65. 43AB

もう一度ふりかえるなら、EPF22. 162-165が文書発送の手続を終えていない発送待ちの公文書だと確認するには、その標題簡についても考察を加えなければならない。なぜあのような一枚の標題簡があるのだろうか。標題簡は公文書とともに発送されるのだろうか。それとも、控えとして保管されるのだろうか。F22出土の多くの完備した冊書には、同じような形態の双行小字で書かれた標題簡がある。たとえば、籾山明が分析した「駒罷労病死」冊書（EPF22. 186-201）には、書式を完全に同じくする一枚、「甲渠言永以縣官事行警檄牢駒／隧内中駒死永不當負駒」と双行小字で記された標題簡がある。籾山は、この冊書は甲渠候官で作成された副本であり、標題を附して文書庫に保管されたと考えている[64]。

もしそうであれば、前述の「赦令毋應書」冊書（EPF22. 162-165）もまた、保存された副本なのであろうか。この二通の冊書を比較すると、次のような相違を見いだすことができる。

第一。「駒罷労病死」冊書（図7）が草書で書かれ、ややくずれているのに対し、「赦令毋應書」冊書（図12―1）の書法は、優美とは言えないものの、それほどくずれてはいない隷書である。

第二。「駒罷労病死」冊書は、初めから終わりまで、署名も日付も一気に書かれているが、「赦令毋應書」冊書は署名と日付の箇所が空欄となっている。

第三。「駒罷労病死」冊書は書いた時点で編縄の空間をあらかじめ空けてはいない。書き終えたのち、編綴して冊書にすると、字跡の一部が編縄で覆われてしまうはずであるから、発送や閲覧に適しているようには思えない。むしろ複写した副本であってはじめてありうる現象であろう。一方「赦令毋應書」の三簡は、編縄が通過する箇所の空間を比較的大きくとってある。たとえば第一簡の「甲」と「辰」の間、第二簡の「死」と「以」の間は、いずれも明らかに空白を大きめにとってある。第三簡はあまり明瞭でないが、三枚の簡のちょうど同位置を上段の編縄が通過するようになっている。下段では、第二簡の「皆」と「赦」の間の空白ははっきりしていないが、編縄を通過させることはできる。第三簡の下段の編縄が通過する箇所には文字がないので、問題とはならない。正式な文書が複数枚の簡で構成される場合は、必ず編綴されるので、編綴する時に編縄で隠れないように文字を配置し、読みやすくしているのである。

以上の三点にもとづけば、二つの冊書は同じ書式の標題簡をもってはいるものの、性格は異なっていると言える。すなわち「駒罷労病死」冊書は副本であり、「赦令毋應書」冊書は署名を待って発送される正本であろう。以上のように考えられるならば、正式な文書か副本かを問わず、同じ形態の標題簡を作成することがありえた。標題簡は、文書を受け取った者が読む際にも、また発送した官署が保管した文書を探す際にも、便宜を供したのである。

図12―2のEPF22. 250-253は下行文書で、四枚の簡から構成されており、二筋の編綴した痕跡が残っている。内容は、建武五年四月に甲渠守候が第一四隧長らに人事異動命令を下達したものである。この文書の背面には掾の譚の署名がすでに記入され、日付も書き加えられて、あとは守候の署名を待つだけとなっている。

EPF22. 452とEPF22. 250-253との違いを総合的に分析すると、次のような手続が確認できる。文書発送の前に、まず文書に責任を負う掾が単独か、あるいは掾とその他の文書担当者（属、令史、尉史、書佐…）とが連名で署名し、日付を書いたのち、甲渠候あるいはその代理人の署名がなされた。EPF22. 250Aの日付の「癸酉」の文字に注意すれば、この二文字は同一人物の手になるものであるが、前後の文字との間隔がやや異なっているので、後から補って書かれたものであることがわかる。日付を補塡する現象は、同じく癸酉の日付をもつ別の人事異動冊書EPF22. 254-257（図16・18）にも見ることができる。この冊の「癸酉」と「守候」の四文字は明らかに墨が滲んでぼやけ、その前後の文字と異なっており、後から書き足されたことは明白である。日付を書き込んだ時、「守候」の二文字を書き漏らしていることに気づき、一文字分の空間に二文字を書き足したので、非常に狭苦しく窮屈になっているのである。

掾や他の吏が日付を書き込んだ、さらに明瞭な事例は、建武六年七月戊戌朔乙卯に甲渠候が、管轄下には銭を盗鋳する者、樹木を斬る者、四時禁を犯す者がいないと報告し、「掾譚令史嘉」により署名された一連の文書に見ることができる（図17・19）。

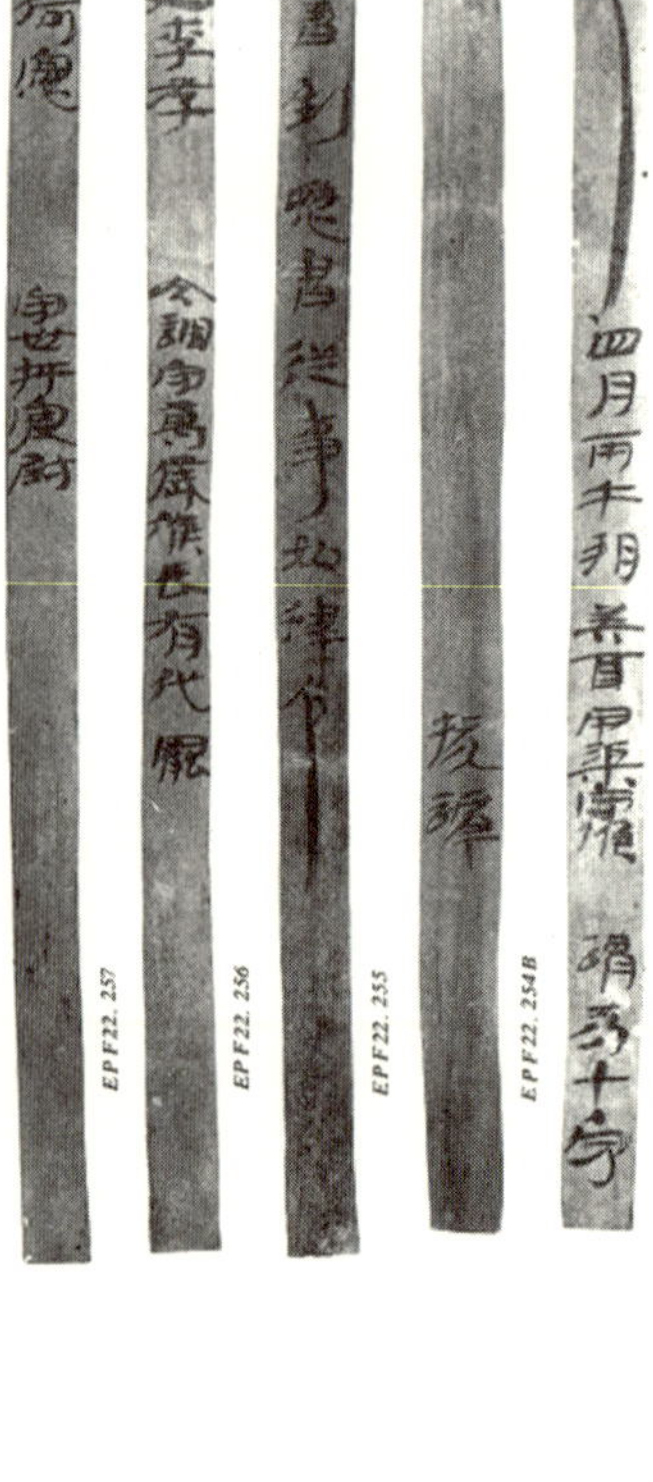

図16　EPF22. 254AB-257

これらの文書はすべて「甲渠鄣守候（甲渠鄣候）」の下に空欄があり、日付の「乙卯」はすでに記入されている。乙卯の二文字の墨色はやや薄く、簡背面の署名の「掾譚令史嘉」の墨色に近いので、掾と令史が署名した時に書き加えられたのであろう。これもまた、幕僚の署名が部署の官署の長やその代理人より先になされたことを証明する例である。これがおそらく行政の原則に合致した署名順序なのであろう。

F22から出土した以下のような人事異動の文書冊EPF22. 56-60（図20）は、私を困惑させるものである。この冊は五枚の簡から構成されており、正面の内容は次の通りである。

図17　EPF22. 38AB、EPF22. 51AB、EPF22. 53AB

牒書吏遷斥免給事補者四人=一牒

建武五年八月甲辰朔丙午居延令　丞審告尉謂郷移甲渠候官聽書從事如律令　（EPF22. 56A）

甲渠候官尉史鄭駿　遷缺　（EPF22. 57）

故吏陽里上造梁普年五十　今除補甲渠候官尉史　代鄭駿　（EPF22. 58）

甲渠候官斗食令史孫良　遷缺　（EPF22. 59）

宜穀亭長孤山里大夫孫況年五十七　勤事[65]　今除補甲渠候官斗令史　代孫良　（EPF22. 60）

第一簡の「居延令」の三文字の後には空欄が設けられており、署名を待っている文書案のようであるが、同一簡の背面には別筆で甲渠候

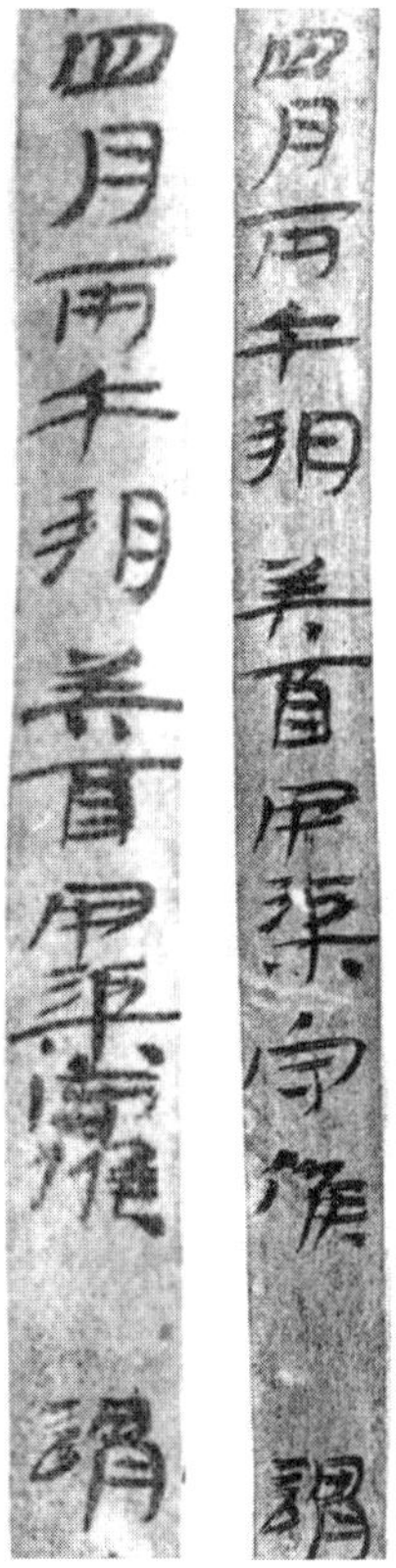

図18　EPF22. 250A 局部（右）とEPF22. 254A 局部（左）

図19　EPF22. 38A 局部

図20　EPF22. 56AB-60

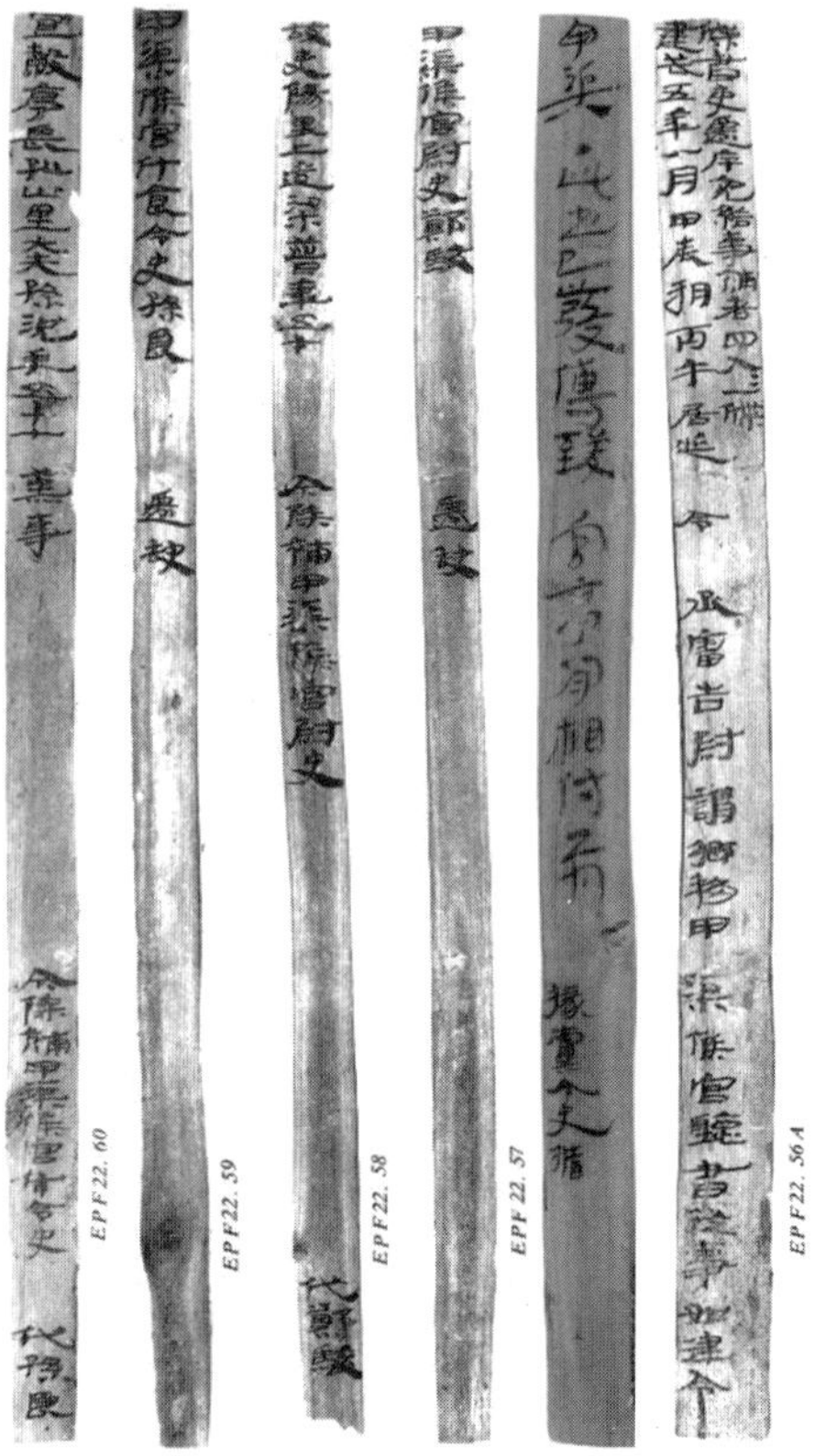

官が文書をすでに受け取って処理したことが注記されている。

甲渠●此書已發傳致官亭閒相付前　　掾黨令史循

（EPF22. 56B）

この冊書が私を困惑させるのは次の点にある。

第一に、形式面では、第一簡の「居延」と「令」の字の間、及び「令」と「丞」の字の間に空欄が設けられている。「延」と「令」の字の間には編縄の痕跡があるから、空欄箇所に編縄が通っていたという理解でよかろう。では、「令」と「丞審」の間に設けられた空欄は一体何なのだろうか。これは居延令の署名が入るはずの空欄であろうか。もしそうであれば、署名の手続を終えていない文書を、居延県はなぜ発送したのであろうか。そして、なぜ甲渠候官の治所の遺跡から出土したのであろうか。

第二に、これが居延令によって発送された正式な人事命令であるならば、重要な文書と言わざるをえない。最後の簡の「斗食令史」はあろうことか「斗令史」と書かれているが、このような書き落としが許されたのであろうか。

第三に、この冊書の第一簡の背面には「甲渠●此書已發傳致官亭閒相付前」という別筆による記録がある。この記録は「甲渠」の二文字を頭に出し、下に墨点を加えている。これは前述したような、送付されてきた文書に文書受領部署が後処理を書き記した現象であり、甲渠候官の吏が文書受領後に記録したものであろう。ここにいう「此書」とは「甲渠候官聽書從事」の「書」、すなわち「牒書」のことであり、「已發」とは文書の封がすでに開けられたことを指す。「傳致官亭閒相付前」の意味は、やや難解である。「閒」は「間」の如く読み、「相付」という句は郵伝文書記録（居延漢簡179.1（労図版539）、EPF22. 151D、EPF22. 324）に見える。この記録は、おそらく甲渠候がすでに人事異動命令を受け取って開封し、さらに亭から亭へと伝えて、各当事者に転送したことを述べているのであろう。甲渠候官尉史と斗食令史の欠員に補充された一人は陽里に戸籍のある故吏、もう一人は宜穀亭長であり、おそらくどちらも甲渠候官の治所にはいない。[66] 甲渠候は居延令からの文書によって、前述したような後処理を記録したのであるから、甲渠候が受け取ったのは、居延令が下達した効力のある公文書の正本あるいは正式な文書だと認めざるをえない。その中に書き落としがあるのは、書吏が不注意だった結果とするほかにない。いずれにせよ、この居延令から甲渠候官に送付され、甲渠候官遺跡から出土した文書を、草稿や文書案や副本と見なすことは難しい。
　このような署名のない「正式な文書」あるいは正本がもたらす困惑を解消するために、「建武三年候粟君責寇恩事」爰書冊（EPF22.1-35）にも同様の未署名の現象があることに注目したい。破城子F22から出土したこの爰書は非常に有名であり、構成について研究者の熱心な議論を巻きおこした。その見解がどのようであったかは、とりあえずここでは論じないが、ほとんどの研究者で一致しているのは、この冊書の一番うしろの二枚の簡（EPF22.34-35）が、居延令から甲渠候官に送られた文章であるということで、これを永田英正は「呈送状」、籾山明は「送達文書」と呼んでいる（図21）。その内容は次の通りである。

十二月己卯居延令　守丞勝移甲渠候官候所責男子寇恩事郷
置辭爰書自證寫移書到□□□□辭爰書自證（EPF22.34）
須以政不直者法亟報如律令　　掾黨守令史賞
（EPF22.35）

図21　EPF22.34-35及び局部

この送付された文書の居延令の署名欄は空白となっていて、署名がまったく存在しない[67]。これもまた甲渠候官遺跡のF22から出土したものである。簡の背面に署名した者の一人は、やはり掾の黨である。これは建武三年の爰書冊であるが、その第一簡の背面には「掾黨守令史賞」と署名されている。前述した居延令から甲渠候官に下達された人事命令冊書（EPT22.56-60）は建武五年のものであるから、三年から五年にかけて、黨はずっと居延県掾の職に就いていたことになる。
　注目に値するのは、掾の黨の責任によって発送された正式な公文書としては、甲渠候官から出土した二通だけが検討の対象となるにすぎないが、この二通とも空欄を設けている点と、居延令の署名がないという点が、期せずして一致していることである。居延令が発したこの二通の簡牘について、署名のされていない空欄が削除や修正の結果でないことを確かめるため、私は重慶出版社から二〇〇三年と二〇〇八年に前後して出版された『河西簡牘』一八八頁と『内蒙古居延漢簡（一）』三二頁のEPF22.34-35および『河西簡牘』二一五頁と『内蒙古居延漢簡（四）』二五～二六頁のEPF22.56-60の冊書の図版を特に点検してみた。このカラー図版は原簡を拡大しており、非常に鮮明である。空欄の箇所の簡面は平らで、削り落とされた痕跡やかすれた墨跡のあとも見いだせない。空欄の箇所は意図的に空けてあるのであって、書かれた後に削り取ったわけではないことを確認できた。
　空欄が意図的に設けられたことを確認したが、このような空欄が出現するにはそれだけの特別な原因があったはずだと言える。おそらくある特殊な状況下、たとえば県令や県長が何らかの原因で一時欠員となっているような場合、公文書は名義上やはり県の令・長の署名をもって発送されるが、実際には令・長の署名欄は空白のまま、丞が署名を代表したうえで（この箇所は書吏が一筆に書きあげるのであり、丞が自署するのではない）発送されたのかもしれない。このような状況が当時の標準的な行政手続にかなっているのかについては、さらなる研究が必要であろう。当然のことながら、丞が他の官署に対して独自に文書を発送する権限を有した可能性もあろう(68)。しかし、そうであれば、文書は「丞某移甲渠候官」云々と書かれなければならず、先に居延令を書くはずがないし、「令」の字の下に署名のための空欄があるはずもない。したがって、丞が独自に文書を発送する権限を有していた可能性は低いだろう。いずれにせよ、建武初年は河西地帯が混乱の中にあった時期で、居延県令に着任者がいたかどうかも確かに問題である。建武初年の居延の文書には、更始二・三年（三年が光武元年に当たる）の年号が少なからず見え、また建武二年・三年や建世二年（劉盆子の年号、光武二年に当たる）、さらには平帝元始二六年の紀年（光武二年に当たる）まで存在している。おそらくはこの数年間、居延地区の政局が動揺しており、号令が統一されず、「無主」の状態ですらあったことを反映しているのであろう(69)。居延県令に一時期在任者がおらず、文書作業も逸脱しており、正本の公文書が長官の名を書かず属吏によって発送されたり、または発送すべきものが発送されなかったりした。このような「非常事態」の状況を、今日ではもとより確認することができないが、王莽の末年から後漢初期にかけての河西地域の状況を推しはかるなら、その可能性は低くないだろう(70)。

もし、以上に述べてきたことに一理あるならば、このような非常時期の「逸脱」した文書から、正常な文書の作成手続に対する我々の認識が影響を受けるべきではないだろう。換言すれば、建武三年の候粟君責寇恩戊辰爰書冊（EPF22.21-32）は、両行の形式を用いて隷書で丁寧に書写されており、編縄のための空欄があり、送達文書を添えるという特徴を備えているのであるから、居延県が甲渠候官に発給した文書の正本もしくは正式な公文書に相違ないと考えるのである(71)。

四、副本の多様な役割と重層的な意義

いわゆる副本とは、秦漢時期の行政の中で「副」と称されるものであるが、それには多様な役割と重層的な意味がある(72)。その根本的な意味は、ある種の簿籍や文書をもとに転写複製されたものはすべて「副」だというものである。「副」は控えとして保存されるほか（漢代には「底」や「底本」という語はまだ出てきていない）、文書の付属書類ともなるし、またはさらに転写されて他の官署へ発送されることもある。同じ一通の文書が、受領、開封、保存、複写して転送といったプロセスの中で、占める位置および生み出す作用にもとづいて、正本・副本の役割をあわせ持ったり、転換したりする現象が見られるのである。

（一）副本の保存

まずは保存される副本について述べよう。控えであることから底本と呼ぶこともできるが、性質上は保存書類である。居延甲渠候官が存在した破城子の59号グリッドから出土した一点の円頭木楬には、「候尉上書／副」と二行に記されている（EPT59.578、図22）。木楬の上端には紐を結びつける穴がある。甲渠候官の候と塞尉は、上書した文書の控えをとって保存しているため、これらの保存書類に結びつけておく題簽があったのである。上書の正本は必ず上級官署に送付される。

図22　EPT59. 578

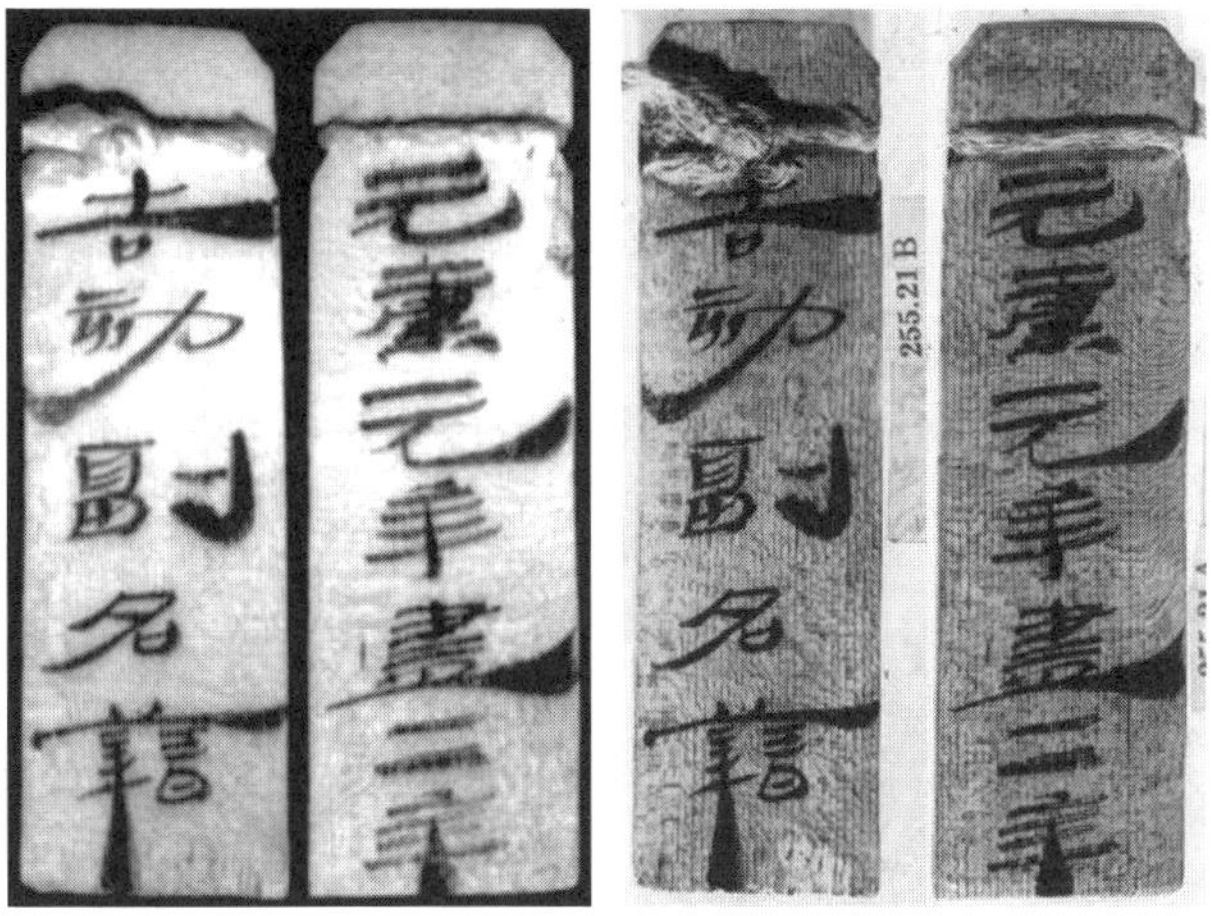

図23　255. 21AB（右：裏焼き、左：赤外線）

ここに見える「上書の副」とは、控えとして保存しておくためのものであろう。中央研究院歴史言語研究所所蔵の居延漢簡の中には、同じように両面に分けて「元康元年盡二年／告劾副名籍」と書かれた紐つきの木楬がある（255. 21AB、図23）。この木楬は肩水候官が存在した地湾A33から出土した。これは元康元年から二年までの二年間の肩水候官管轄下の告劾者に関係する名籍の題簽で、「副名籍」と記されている。ここから第一に、この題簽のもとに二年間の告劾に関する名籍が集められていたこと、第二に、このほかに正本の名籍が存在していたはずであることがわかる。以上の二枚の木楬は、文書の控えと名籍の保存書類とが、ともに「副」と呼ばれていたことの確証と言えよう[73]。

大庭脩が指摘する通り、控えとされる副本の重要な特徴は、書吏が一筆に書きあげる（日付と人名は時に補筆されるが、時に同一人物により補われるので、やはり一筆に書きあげたと見ることができる）という点にある。中央研究院歴史語言研究所所蔵の通称「永元器（兵）物簿」、すなわち永元五年から七年までの「広地南部官兵釜磑月言及四時簿」（128. 1〈労図版 570–575〉、図24—1・2、口絵写真15）は、二人の書吏がおのおの一筆で書いたもので、大庭の言う副本に当たる。この簿冊が実際に発送された正式な文書または正本ではなく副本であることは、次の点から証明できる。

第一に、この七七枚の木簡の編綴の紐はほぼ完全であり、ひとつの完全な冊書をなしていることは明らかである。注目すべきは、全体が四回の編綴によって一冊に綴じられている一方で、内容のうえでは時期を異にする五つの簿籍から構成されていることである。簿冊正面と背面の編縄の結び目の分かれ方から明白に読み取れるのは、第一～第一六簡が二本の編縄によりまず綴じられたのち、第一七～第三二簡が

図24　128.1（右：正面、左：背面）

別の二本の編縄により第一部分に結びつけられ、同様にして、第三三～第四八簡が第三部分、第四九～第七七簡が第四部分をなしている、ということである。第一～第三部分はいわゆる月言簿であり、それぞれが「廣地南部言某年某月（見）官兵釜磑月言簿」で始まり「某年某月某日、廣地南部候長某叩頭死罪、敢言之、謹移某月見官兵物（釜磑）月言簿一編、叩頭死罪、敢言之」で終わる。対して第四部分は、編綴で繋がれた二通の「四時簿」を含んでおり、それぞれが「廣地南部言某年某月盡某月見官兵釜磑四時簿」で始まり「某年某月某日、廣地南部候長某叩頭死罪、敢言之、謹移某月盡某月見官兵釜磑四時簿一編、叩頭死罪、敢言之」で終わる。月言簿は月を単位に作成される報告書であり、四時簿は四季つまり三箇月を一つの単位に作成される報告書である。三年にわたる月ごとの連続しない五通の冊書（永元五年六月、七月、永元六年七月、永元七年正月から三月まで、同年四月から六月まで）を、四つの部分に分けて一つに編綴していることは、正式な文書にあるべき現象とは思えない。なぜなら、正式に報告される月言簿や四時簿は、その名の通り、月ごとや季節ごとに上級官署へ上奏されるべきものだからである[74]。

第二に、内容が三年にわたり、七七枚で構成されるこの簿冊は、筆跡から判断すると、最初の二通の月言簿が同じ書吏の手によっており、後の一通の月言簿と末尾の二通の四時簿はまた別の書吏の手によって書かれている（図25）。前二通と後三通の筆跡の特徴、文字の整い方、墨色の濃淡はすべて異なる。私は、この冊書がある特定の目的のために、A27にあった障塞機関に保存されていた月言簿と四時簿の底本の中から必要な部分を選びだし、二人の書吏によってあらためて書き写されて編成されたものではないか、と推測している。広地候官は南部と北部とに分かれており、二つの部で管轄していた隧は知られる限り少なくとも八～九個あろう。広地南部の隧の総数は確かではないが、冊書に出てくる破胡と澗上の二つだけではないだろう。この冊書が広地南部の二つの隧に関するものだけを含んでいることと、特定の月と四時の資料であるということは、隧と月とが意図的に選ばれたことを意味している[75]。もしこの冊書が単に広地南部の月言簿と四時簿の保存資料ないし底本だとしたら、月ないし四時を追って連続して編綴されていないことが説明できない。さらには、南部の二つの隧だけが含まれていて、すべての隧が含まれていないはずはない。なぜ特定の隧、特定の月の資料が選ばれて、冊書に構成されたのかは、依然として謎である。

永田英正は「永元器（兵）物簿」の構成上の特殊性に鋭く注意され、この冊書が「極めて例外に属する」とされた[76]。これは非常に理にかなっている。なぜなら月言簿や四時簿は、明らかに月ごとあるいは四季ごとに上級の広地候官に上呈されるものだからである。確かにこの冊書はそのために編成されてはいない。しかし永田は、この冊書が極端な例外だとするものの、「広地南部候長の発信であるから、受信者は広地候官である。すなわち簡一～簡一三までの「兵釜磑簿」は、簡一四～簡一六の送り状をつけて広地南部候から広地候官へ提出されたのである」という[77]。正常な状況下であれば、このように広地候官を文書の目的地とする理解はあり得るかもしれない。しかし、この冊書の構成はきわめて例外的なのであり、受信者が一体誰なのか、なお後考を俟たねば確定しがたいと思う。ましてや、この冊書の出土したA27遺跡が広地候官の所在地かどうか、今なお決められない状況にあってはなおさらである[78]。いずれにせよ、こうしたことは、この冊書の性質が本来は副本であったという理解には影響しない。

第三に、この冊書が下書きの草稿という可能性はあるだろうか。なぜなら、一般的に研究者の多くは、草稿はやや草卒に書かれると考えているからである。この冊書は書きかたの面から言えば、確かにそのような印象を抱かせる[79]。ただ、先に論じたように、草稿には必ず草書が用いられるわけではなく、草書を用いたものが必ず草稿だというわ

図25　永元器（兵）物簿筆跡対照表

	月言簿一	月言簿二	月言簿三	四時簿一	四時簿二
廣地南部					
官弩	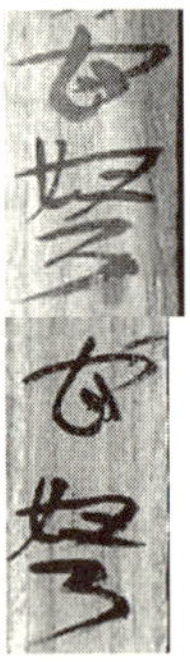				
四石					
銅鍭					

	月言簿一	月言簿二	月言簿三	四時簿一	四時簿二
候長					
張			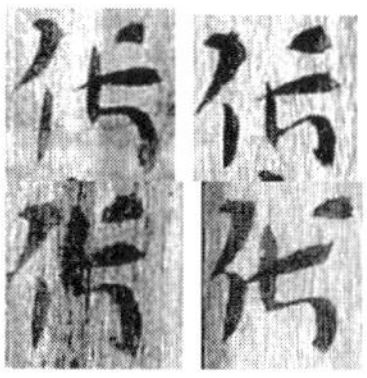		
年					
言	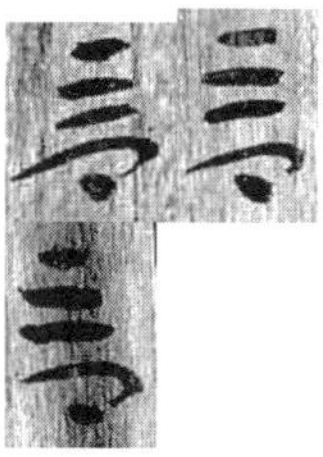	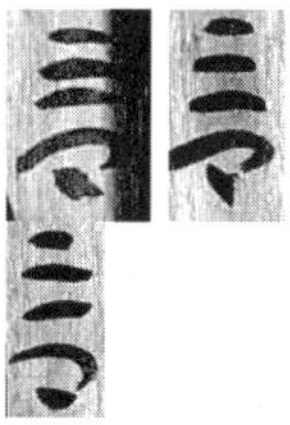	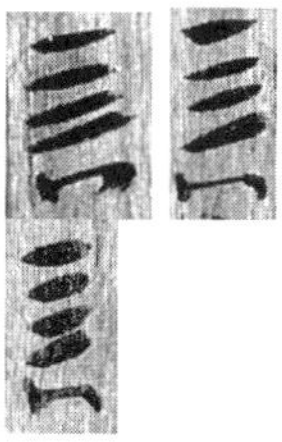	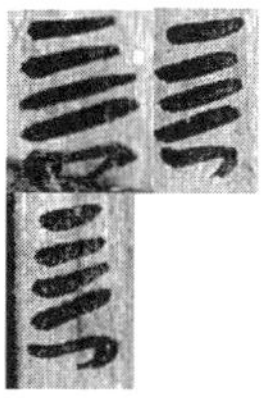	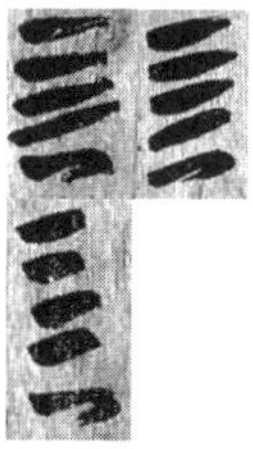
月言簿／四時簿		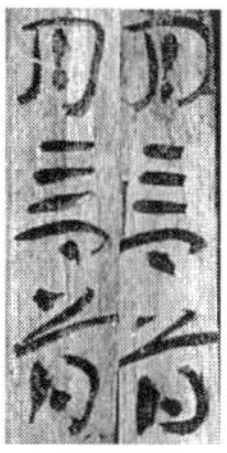			

けでもない。草書で書くか否かは、書き手の習慣によって決まるものであって、文書の性格を判断する絶対的な基準とはなりえない。この冊書も書写の面から言えば、書き落としや省略があったり（たとえば「某年某月見官兵釜磑某某簿」とすべきところを初めの月言簿では「見」の文字が抜けている。第一・第二の月言簿には弩や箭などの装備の数量を列挙する前に「今」の一字があるが、第三の月言簿以下は「今」の文字がなくなる。第三～第五部分の冊書の「右破胡隧兵物」「右澗上隧兵物」の「兵物」の二字は抜けたり略されたりしている。報告の責任を負っている「候長信」は初めの月言簿に出てくるだけで、後ろの四通にはすべて「信」の字がない）、上下を転倒して書いていたり（たとえば「毋出入」を「毋入出」と書いている）、語句を略したり簡単にしたり（たとえば第一・第二の月言簿には「今餘官弩二張箭八十八枚釜一口磑二合」という語句を記した一簡があるが、第三の月言簿と第四・第五の四時簿にはそれがない。また、三通の月言簿に「凡弩二張箭八十八枚釜一口磑二合　毋出入」と見えているのに、二通の四時簿はいずれもこの句がなく、相当する簡もない）しているが、草稿によくある代替符号や縦線を用いた削除、書き落としを小字で補うことなどは見られない(80)。

さらに、二つの注意すべき現象がある。一つは、冊書全体には二本の編縄があるが、簡の側面に切り込みがなく、編縄のための空欄もなく、書かれた文字が編縄の通っている箇所で覆い隠されていることである。また、最後の一通の月言簿の末尾と四時簿の末尾とには、それぞれ一枚の空白の簡がある。これらの現象はすべて、上呈される正式な文書にあるはずのない現象である。正式な文書や草稿である可能性が排除されるのであれば、この冊書はおそらく副本であろうと思われる(81)。七七枚の簡が二人の書吏によって書かれた際に、少なからず誤字や書き落とし、省略などを含んでいたのは、後漢和帝・永元年間の居延の辺境行政が弛緩していたことを反映しているのではないか。これはまた別途に留意すべき問題である。

この冊書と類似しているのは、肩水候官の所在地である地湾A33出土の、大庭脩が復元に成功した「元康五年詔書冊」八簡である(82)。この冊書には、切り込みも編綴のための空欄もなく、最初から最後まで筆跡は同一であり、詔書の内容と順次下達されていく記録とが完全な形で書き記されている。大庭が指摘するように、末尾に見える肩水候官令史の得の手で書き写されて、保存用の副本ないし底本とされたことは疑いがない（図26）。この冊書はすでに大庭によって十分に説得的な分析がなされているので、ここではこれ以上論じない。

さらに、正本・副本は同時に作成されたのかという問題を考察しなければならない。本稿のこれまでの議論では、正本・副本が有すると思われる書き方や、編縄の箇所を空欄にするかしないか、切り込みがあるかないかなどの差違に着目してきたにすぎず、正本・副本が同時に作成された場合に違いを生じるかについては考慮してこなかった。作業の合理性から言えば、正本と副本が同時に作成された可能性は低くない(83)。書吏が文書を作成する際、同一書式の複数通を同時に書いて、同じように空欄を設けておき、校閲を経たのち書吏により空欄が書き補われて、保存用と発送用とに分けられたのであろう。しかし、現段階では、別々に作成した可能性も排除することはできない。すなわち、先に底本を完成させてから、底本をもとに一通あるいは複数通の発送用正本を書いたとも言えるのである。現在のところ、同一地点からの出土があるだけで（前述した図17のEPF22.38・EPF.51・EPF.53など）、異なった地点からの出土がないので、同一の内容の冊書文書をもとに

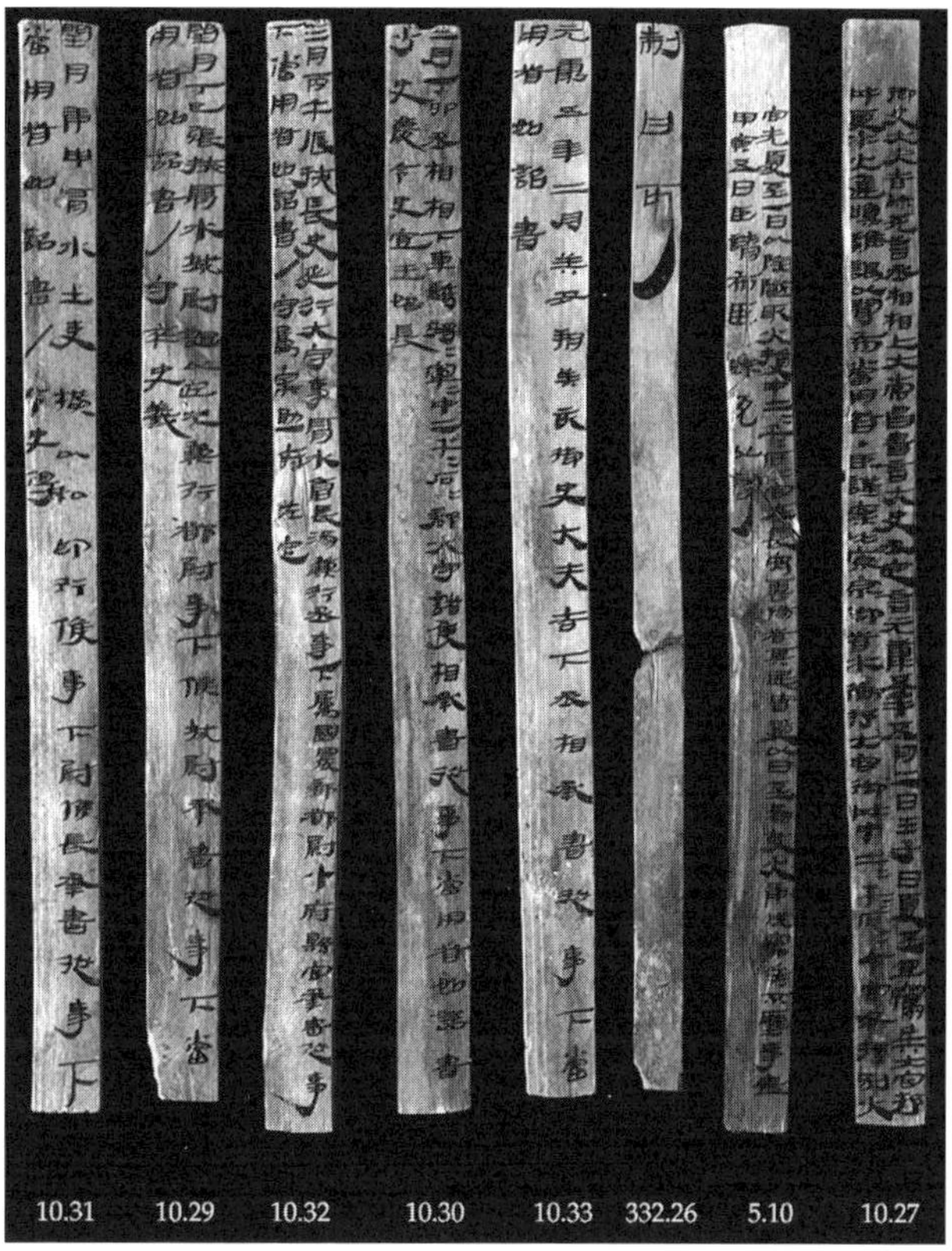

図26　歴史語言所所蔵元康五年詔書冊

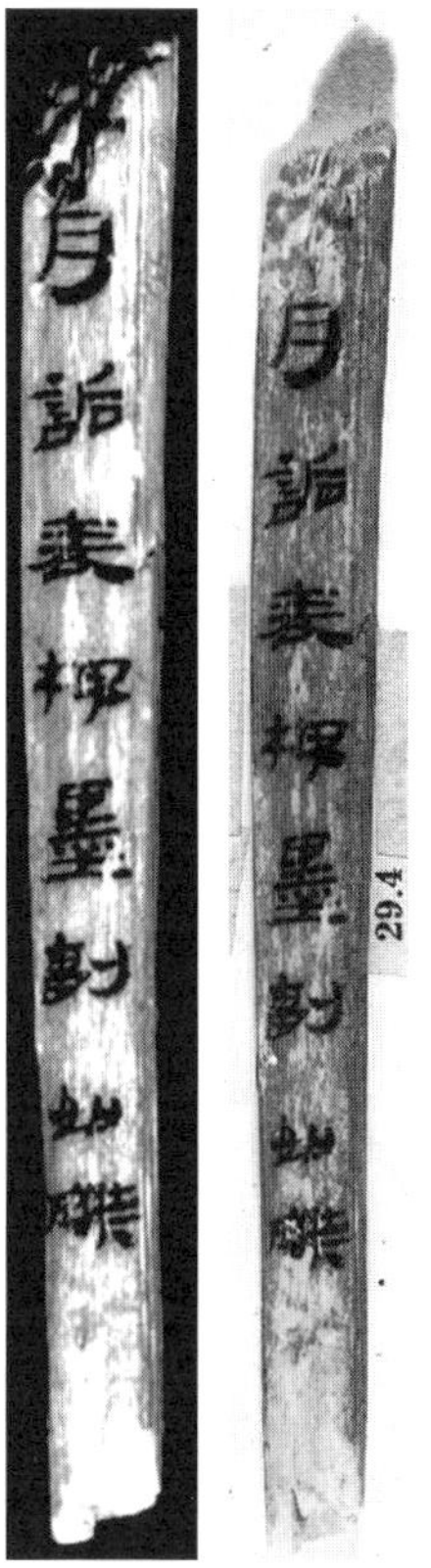

図27　29. 4（右：裏焼き、左：赤外線）

前述の作業プロセスで結局どれが正しいのかを決めることはできない。同一地点からの出土であれば、どれが正本でどれが副本であるかを判別するのはきわめて難しい。もし異なった地点からの出土であれば、文書伝達過程の中で正本・副本いずれの性格をもつか判別することは容易であるし、正本・副本の別が確定すれば、同一人物が同時に書写したものなのか引き続き分析することが可能となり、さらには正本・副本が同時に作成されたのかどうかも判定しやすい。しかし残念なことに、この重要な問題に答えるだけの十分な材料は、なお存在していないようである。

（二）その他の性格の副本

以上に論じたところによれば、保存されたものがいわゆる底本ないし副本であると言える。ただし、秦漢時期の「副」の定義は今日よりも広いようで、時には書写して送付した簿籍をも「副」と称している。湖北省江陵張家山前漢初期墓から出土した『二年律令』「戸律」には次のような規定がある。

> 恒以八月令郷部嗇夫・吏・令史相雑案戸籍、副藏其廷。……　(329)
>
> 民宅園戸籍、年細籍、田比地籍、田命籍、田租籍、謹副上縣廷、皆以篋若匣匱盛、緘閉、以令若丞・　(331)
>
> 官嗇夫印封、獨別為府、封府戸。……　(332)

毎年八月に郷部嗇夫は、県へ派遣されてきた吏と令史とともに戸籍を査定しなければならない。戸籍の調査は基本的に郷で行われるものであったから、調査し確定した戸籍の原本は郷によって保存され、副本は県に上呈された。そのため「謹んで副を県廷に上す」または「副はその廷に蔵す」と言うのである。同様の規定は『二年律令』「津関令」にも見える。

…令將吏為吏卒出入者名籍、伍以閲具、上籍副縣廷。 (494–495)

「津関令」に「籍の副を県廷に上す」とあるのも、「吏卒出入者名籍」を作成した部署が名籍の副本を書写して県廷に送付したのであろう。このことから、秦漢時期の県廷とその他の部署では、このような管轄下から送られてきた、「副」と見なされた簿籍を多数保管していたに違いないことがわかる。このほか、居延金関A32遺跡から出土した「☐月訴表枏墨副如牒」（29.4、労図版60）という残簡がある（図27）。簡文は非常に明瞭であるが、文意がよく分からない。ただ、「牒の如し」というのは発送された文書に見える常用語であり、「某某の副は牒の如し」とは明らかに、文書発送部署から見て、牒の中に書き写されたある種の文書ないし簿籍が「副」と見なされていたことをあらわしている。

この種の「副」には伝信も含まれる。格好の例証となるものが、敦煌懸泉置出土の「失亡伝信冊」である[84]。この冊書は非常に長文なので、関係する部分のみを次に移録する。

永光五年五月庚申、守御史李忠監嘗麥祠孝文廟、守御史任昌年為駕一封軺傳。外百卌二。御史大夫弘謂長安、以次為駕、當舍傳舍、如律令。 (866)

永光五年六月癸酉朔乙亥、御史大夫弘移丞相・車騎將軍・將軍・中二千石・二千石・郡太守・諸侯相、五月庚申、丞相少史李忠守御史假一封傳信、監嘗麥祠孝文廟事。己巳、以傳信予御史屬澤欽、欽受忠傳信、置車軨中、道隨亡。今寫所亡傳信副、移如牒。書到、二千石各明白布告屬官縣吏民、有得亡傳信者、予購如律。諸乘傳・驛駕・厩令・長・丞亟案其傳、有與所亡傳同封弟者、輒捕繋、上傳信御史府、如律令。…… (867–869)

これは、中央の御史大夫から各郡国に発送され、丞相少史守御史の李忠が失った通行証明書を捜索したものである。各地の二千石クラスの長官に、この事実を広く知らせて、もし拾得した者がいた場合は規定に従って褒美を与えること、また、遺失したものと同じ封印・番号の通行証明書を所持した者を伝車に乗せてはならない、所持者を即刻逮捕して、証明書を御史府に返送するよう求めている。各地に遺失物を捜索させる際の手がかりとするために、御史府は底本をもとに李忠がなくした番号「外百卌二」の通行証明書の内容を抄録し、各地に一通ずつ交付した。それが「今、亡う所の伝信の副を写し、移すこと牒の如し」という文言である。ここでは非常にはっきりと、底本をもとに複写し送付した通行証明書を「副」と言っている。「伝信副」という言い方は、前述した「上書副」「墨副」と同様である。つまり、それは伝信の原物でなく、複写したものをいう。各郡国の守相に同時に送付しなければならないのであるから、百以上ある郡国のために、百通あまりの複写を作成しなければならなかったと想像される。

複数通の同一文書を発送する際、主要な対象者に発給するものは現在で言うところの正本にあたるが、関連する部署に発給されたものは、漢代において「副」と呼ばれた。たとえば、有名な後漢の「史晨碑」には、上奏文一通を「尚書に上」し、また「副は太傅、太尉、司徒、司空、大司農府に言す」と記されている。『後漢書』の中にも少なからず例証がある。これについては、研究者によってすでに論及されているので、これ以上触れないことにする。(85)

郷・県から郡へ、郡から中央へと、あるいは上行し、下行し、平行する際、各部署では無数の正本と、いわゆる副本とが受け取られたであろう。正本・副本にかかわらず、文書を受領する部署からみれば、それらはすべて今でいうところの正本と見なされて保存され、またさらに書き写されて他の上級・同級・下級の部署に送られた。くりかえし書き写され伝送される過程のなかで、いろいろな誤りが生じることは避けられない。誤りを追跡調査し、また責任を明白にするため、文書を受領・発送した官署では、文書の内容のみならず、受領した文書に記された取扱い者の名や受領した日時、伝送者と封印の内容、あるいは印が完全か破損かといった状態をも記録しておく必要があった。これらは周知のことに属する。

本稿で強調したいのは、くりかえし書写・伝送され、また多くの部署へ同時に発送されるといった複雑な状況のもとでは、特別な指標がない限り、文書の正本・副本は時としてほとんど区別できない、ということである。正本と副本とは理論上、主要な内容のみならず、標題簡に至るまで一致すべきものであり、違いはただ、自筆による署名があるか書吏によって一筆に書かれるか、伝送による時間差のため文書の発送・受領各部署で発送・受領記録に日付の前後が生じるか、または封題によるか（たとえば『漢書』魏相伝には、「副封」について言及があり、封の上に「副」と表記される）、文書の発送・受領者の相対的な地位により異なる用語が使用されているか（たとえば「告」「下」「移」「敢言之」など）(86)にとどまるであろう。このほか、香港中文大学が所蔵する前漢中期と考えられる出土地不明の「奴婢廩食粟出入簿」木牘と木簡の上には、「桼副」「稟桼副」「稟副」と明記されている（図28—1～3）(87)。これら出土地不明の簡牘が信頼に足るものであれば、封検の上に「副」と注記されているほか、簿籍それ自体に「副」と表記された

図28—1　135正面

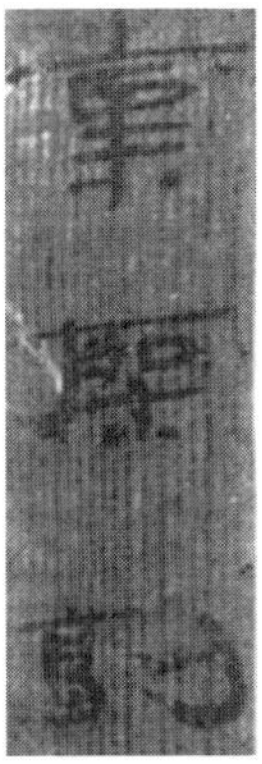
図28—2　150背面

図28—3　153背面

ものも、やはり一種の副本であると証明できる。

五、草稿と副本の区別

正本と副本には当然区別があるはずであるが、判別は時に困難である。その大きな原因は前述の通り、正本と副本とが主要な内容において同一であることと、副本の性格が多様であったことである。では、副本または底本は、草稿とどのように区別されるのであろうか。この問題はすでに多くの研究者が議論してきた。たとえば永田英正は、副本と草稿に区別があることに注意しているが、その区別がどこにあるかについては仔細に検討していない。大庭脩は居延漢簡35.9をとりあげた際に、「三五・九の……候の下の空白は署名のために空けたもの、したがって草稿と考えるべきなのであろう」と述べている。[88]角谷常子は、草稿は日付と長官の名を空欄として、推敲・修訂したのち両行形式で清書されて発送正本となるが、修訂をへた草稿が一旦保存されると、その性格は保存用の副本に変わる、と考えている。[89]言い換えれば、角谷はいわゆる草稿と副本は文書作業の段階によって決まるのであり、段階が異なれば草稿も副本になりうると考えているわけである。汪桂海は、居延漢簡の27.26、EPT68.81-82、EPF22.38A、EPF22.158、EPF22.163-164などを例として挙げ、「簡文中の文書発送者はみな官職名があるのみで、姓名は空白となっている。EPF22.163-164の発送の日付は年、月、朔のみが書かれていて、日付は空白となっている。このことから、これらの文書簡は甲渠候官から発送された文書の草稿だと言える」と述べている。[90]また、「居延漢簡の官府の簡牘文書の一部は草書で書写されており、当時の文書の草稿が含まれている可能性が高い。草稿は改訂・清書・点検・承認の署名を経て、最後に文書の定稿となる。一般的に、定稿は保存されなければならない」とも言っている。[91]李均明と劉軍は、草稿について論じた際に、草稿の特徴として次の三つを挙げている。

①書き方がやや草卒で、書き消し・書き足しが比較的多く、
②発信者の人名が「ム」または「君」の字で代用されており、[92]
③発信者の人名および日付が空欄である。[93]

換言すれば、汪、李、劉諸氏は一致して、草稿は書き方が比較的草率であるか、あるいは草書で書写されていて、発送文書の人名と日付が空欄である、という特徴があると考えている。大庭脩と角谷常子は、人名と日付が空欄になっているという点は同意している。このほか角谷は、草稿が「加筆修正」される可能性について指摘し、李均明・劉軍は、草稿に塗りつぶしや書き足し、代替字の使用などが見られることに注目している。汪桂海は、定稿は保存されるべきものだと指摘しているが、草稿が保存されるか否かについては言及していない。しかし、汪は草稿の証拠をあげた際、五点の居延漢簡の資料を列挙している。換言すれば、草稿が保存されることはあったはずであり、居延漢簡や敦煌漢簡では明らかに「草」に言及しているのである。

(1)主官掾更定此草、急言府、即日餅庭隧〼　（EPT17.5）（図29—1）
(2)〔令？〕史譚奏草　（EPT31.1）（図29—2）
(3)掾褒奏草　（286.18）（図29—3）
(4)正月戊辰移書敦徳□□草　（敦89B）（図29—4）

右に挙げた第一の例には「主官の掾がこの草を更定す」とある。こ

図29—1　EPT17.5

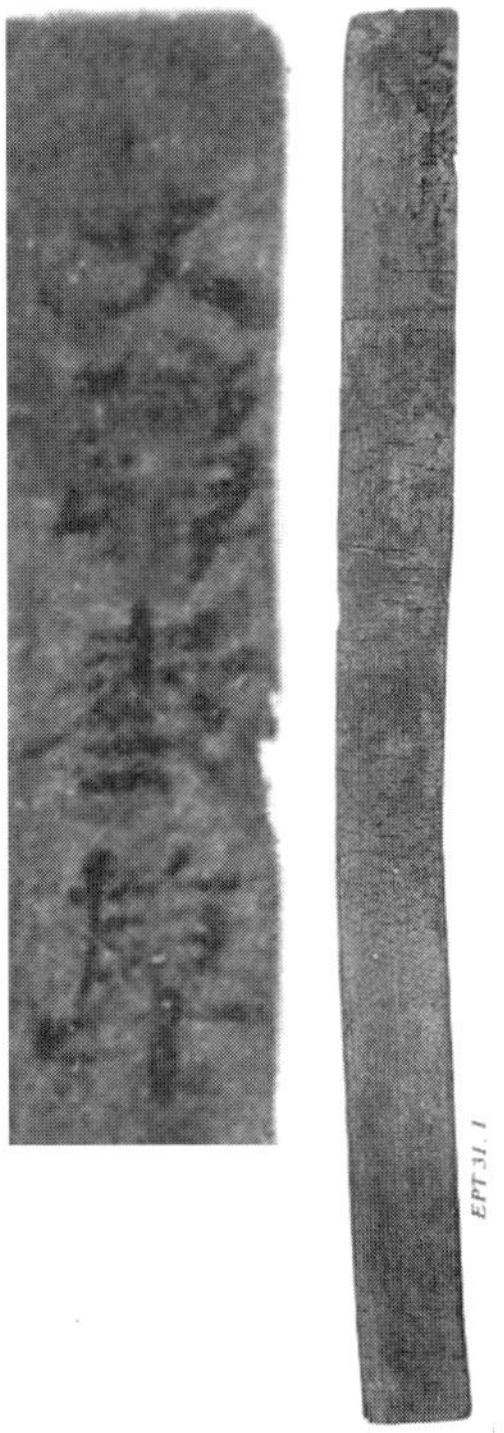

図29—2　EPT31.1及び局部

図29—3　286.18赤外線及び局部

図29—4　敦89B局部

の「草」は変更・修訂が加えられている上、それが主官の掾の責任においてなされており、ある種の文書の草稿を指していることは疑いがない[94]。第二、第三の例は、令史の譚と掾の褒が作成した上奏文の草稿の標題簡であり、優美な隷書で簡の右上隅に書かれている。二つの簡の様式は同じであり、上奏文の草稿の標題に一定の形式があったことがわかる。第四の例は、粗雑に書かれた草稿で、文書が自ら「草」と名乗っている。確実に「草」があり、また「副」もある以上、「草」と「副」とが同じものではないはずである。草稿と副本あるいは底本との区別はどこにあり、どのようにして出土冊書の中から弁別できるのか。この点が明確にしなければならない問題となってくる。

　第一に、汪桂海の指摘する通り、文献に見える「真・草詔書」の「草」は草書ではなく草稿を意味する[95]。李均明・劉軍もまた、草稿がどんな書体で書かれるのかは、書き手の習慣によるところが大きいと正確に指摘している。居延・敦煌簡の中には、もとより草書も少なくないが、それらは必ずしも草稿ではないし、草書を用いていない中にも、草稿であろうと思われるものがある。たとえば、汪桂海が挙げた五件の草稿の例を見ると、すべてが草書というわけではない。前掲286.18の「掾褒奏草」の四文字の標題は非常にきれいできちんとした隷書であり、敦煌漢簡89Bは雑に書かれた草書である。したがって、草稿であると証明するには、草書で書かれていること自体はよるべき基準とならないようだ。しかし、本稿で強調しておきたいのは、草書であることとその他の書写現象、たとえば代替符号や書き足し・削除の痕跡などが同時にあらわれていれば、それは草稿の可能性が高くなるということである。

　一つの好例は、李均明・劉軍が挙げている五〇余枚からなる敦煌出

146　118　117

図30　敦117・118・146

土簡、「始建国天鳳四年正月に使西域大使五威左率都尉の某」が王莽に上奏した文章の案文である(96)。この上奏文の案文は、編綴されていた順序を復元することがなお困難であるが、形跡から見れば、一通ではなく、また一度に書かれたものでもないように思われる。たとえば「使西域大使五威左率都尉糞土臣ム稽首再拝上書」という完全に同じ様式と内容の簡が三ないし四枚見えるが（図30）(97)、このような上奏文に特有の語句が同じ上奏文中に複数回あらわれるはずはない。もしこれが複数部あった上奏文の案文の残簡で、上奏内容もそれぞれ異なっていたとするならば、散乱した数十枚の簡を複数の文書冊にどう復元したらよいのかは、まったく容易なことではなくなる。

幸いなことに本稿と関係するのは編綴ではなく、それらが草稿であるかどうかという点である。筆跡がほとんど同じであることから見れば、これらの簡はもともと複数の文書であったにせよ、同一人物の手によるものに違いない。その特徴は次の点にある。

㈠すべて草卒な草書であること。

㈡すべての「臣某」という箇所を空欄にせず、代替符号の「臣ム」を用いていること。

㈢文字を加筆・削除した痕跡があること。代替符号や字の加筆・削除、手直しの痕跡などが図版で比較的明確に見える簡を次に挙げる（図31）。

「ム」の符号は「臣某」の場合に使われているだけでなく、たとえば「大泉都」という肩書き（敦60）の後にも使用されている(98)。上奏文の草稿を代筆した属吏は、まず草稿を長官に提出しなければならなかったが、長官の名を直接呼ぶのは憚れるが、空欄にするべきでもないということで、けっきょく代替符号を使ったのではないか。このような符号は、保存用の底本あるいは副本にはほとんど見られない（詳しくは後述する）。底本は修正や校訂をへた草稿を書き写してできあがるものであるから、そこには文書発送の日付、内容、文書受領者、担当者の肩書きと名前が完全に記録され、さらには内容を要約した標題簡も含まれているはずであり、それでこそ理にかなう。完全であるから、後日、底本をもとに後処理や責任追及ができるのである。これが草稿と底本ないし副本との相違点であろう。

次に、草稿が起草者あるいは長官により訂正されれば、必ずその痕跡が残るはずである(99)。もし訂正した人物が起草者本人でなければ、筆

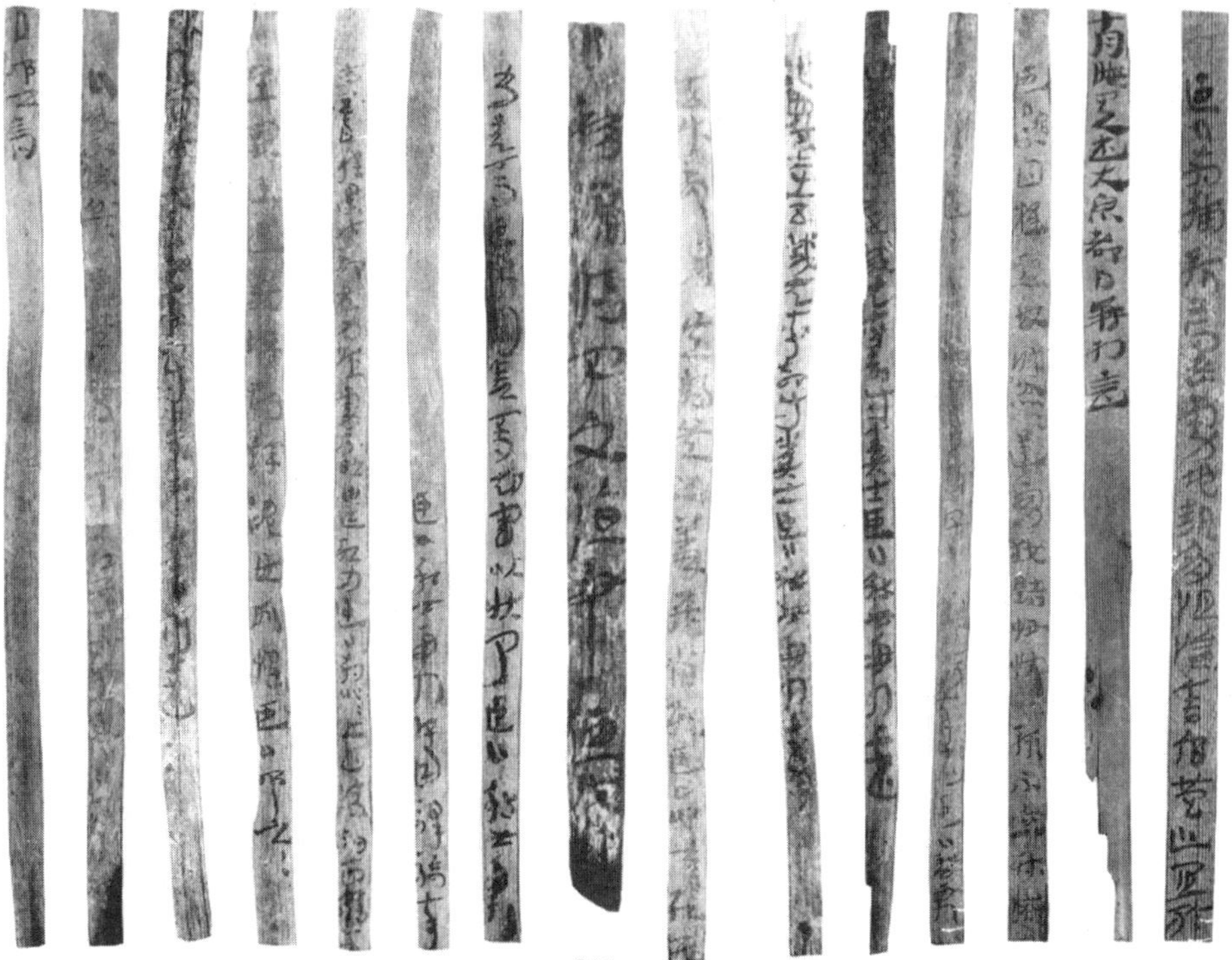

158　151　146　145　139　138　132　131　120　118　117　110　104　60　50

図31　敦50・60・104・110・117・118・120・131・132・138・139・145・146・151・158

52

敦52及び局部

84

敦84及び局部

跡は異なるだろうし、起草者本人が草稿を書いた時に自分自身で文字を加筆・削除したのなら、筆跡は同一であろう。図31の敦52に「誠恐誤天時失戰利不敢入塞從報□□□郭☒」とある「不敢入塞從報」の六文字には、縦線が明確に引かれていて、削除されたことを示している。同じような訂正の仕方は居延漢簡EPT56.73AB（図32）にも見られる。このような縦線で訂正した簡牘は、居延漢簡の中ではきわめて少ない[100]。図31の敦84に「空諸國不止車師前附城」云々とある「不止」の二文字は、やや小さな文字で「諸國」と「車師」の間の右側に補われている。筆跡から判断すれば、これは起草者本人が自身で補ったようである。このような補筆の仕方は、居延漢簡55.13＋224.14＋224.15（労図版253）とEPT59.117A（図33—1・2）にも見える。この二枚の簡牘はともに丁寧に書かれているが、前者は「言」がやや小さな文字で「者」と「須」の間の右側に、後者の「縣」の字も同様の方

図32　EPT73. 56AB及び『居延新簡』の釈文

史晉史偃再拜言甲渠候遣令史延齎居延男子陳護衆
所責錢千二百女子張宜春錢六百居延丞江責錢
二百八十凡二千八十辭晉令史忠將護等具錢
再拜白
五六・七三A

史晉史偃再拜言甲渠候遣令史延齎居延男子陳護衆所責錢千二百居延丞江
責錢二百八十女子張宜春責錢六百凡　史忠將護衆
子
二千八十請以付 錢 辭晉令史忠召護衆等見此具再拜白　（有墨筆塗改迹）
五六・七三B

図34　EPF22. 125-150・151ABCD

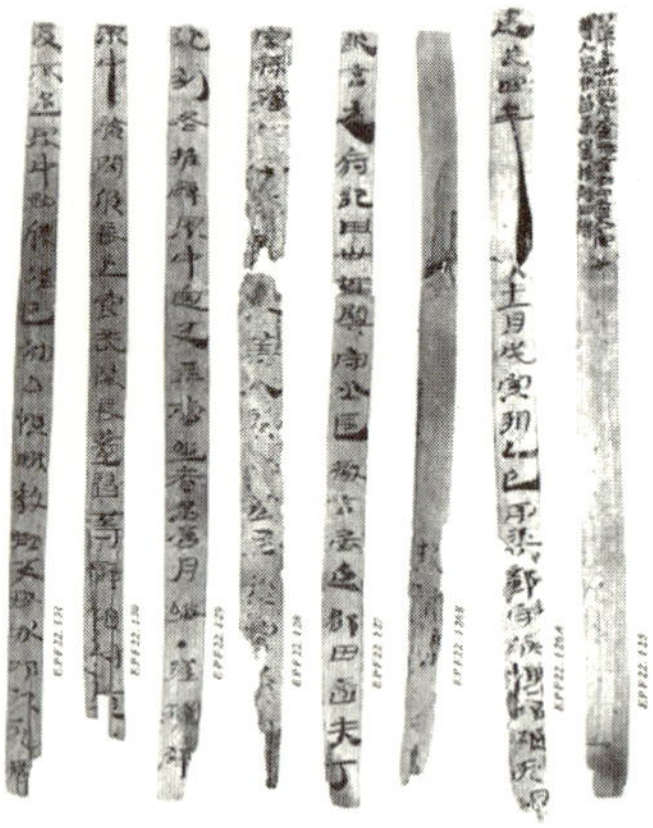

図33―1　55. 13+224. 14+224. 15局部

図33―2　EPT59. 117A

法で「安」と「吏」の字の間に補われている。このような訂正・補筆の痕跡は、草稿の文面に見られることはあっても、複写された保存用の副本や底本の文面にはあらわれないはずである。[101] これが副本ないし底本と草稿とのもう一つの相違点である。

最後に、草稿であると判断できる決定的な理由は、李均明・劉軍が指摘するように、敦煌漢簡89Bの「正月戊辰移書敦徳□□草」という文字である。ここでは「草」と自称しているから、草稿であることに間違いはない（図29―4）。[102] 先に引用した二つの「奏草」も、「草」と自称しているから、必ずや草稿であろう。正本や副本ないし底本が「草」と自称するはずはない。[103] これが三つ目の相違点である。

以上のような草稿と底本・副本との間に想定される三つの相違にもとづくならば、居延漢簡や敦煌漢簡の中に見いだせるのは、ほとんどが正本と副本・底本であり、未定稿の草稿はきわめて少ないと思われる。[104] 居延出土の数万点の簡牘に関して言えば、前述した訂正や補筆の痕跡があり、草稿と判断できる簡牘は、数点しかない。草稿が少ない原因は、少なくとも三つある。

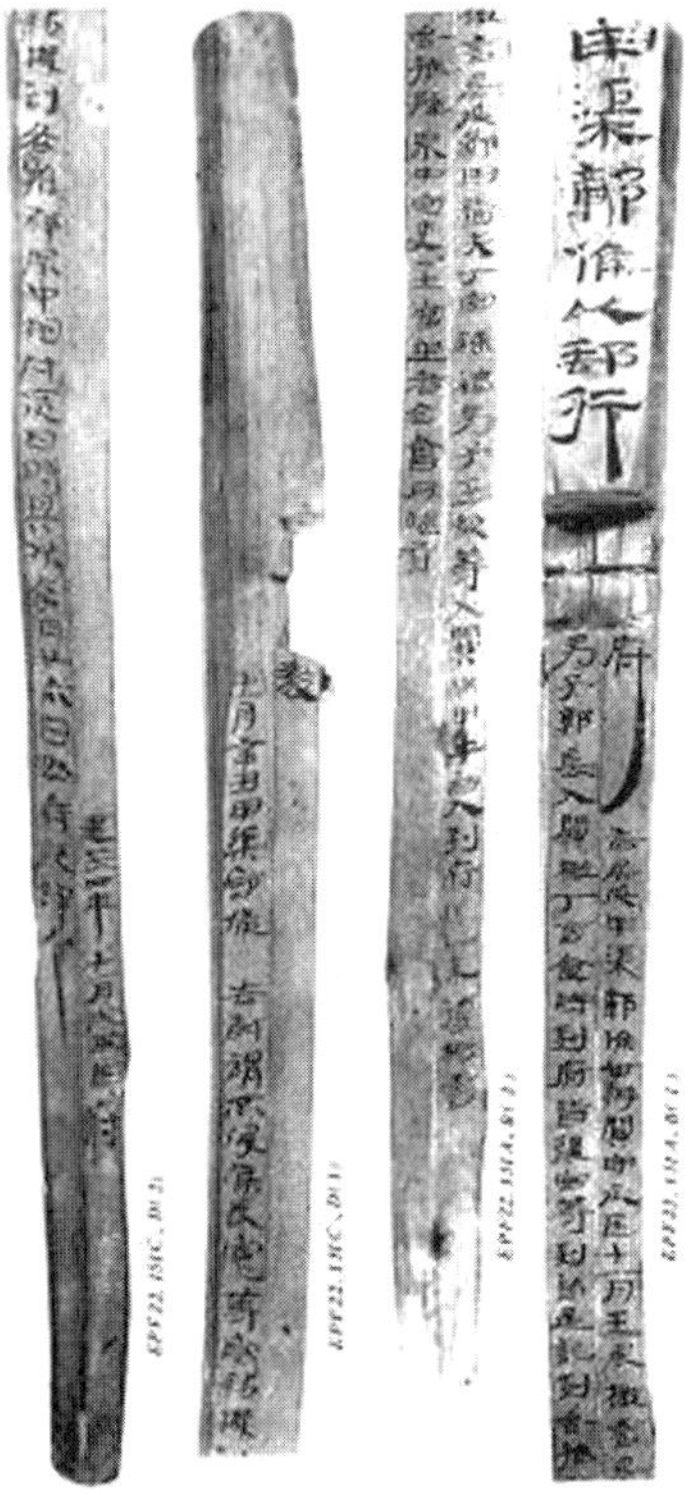

第一に、汪桂海が言うように、草稿は必ずしも保存されたわけではない。保存するということになれば、副本や受領した正本なども加わって、各部署が文書を保管するための空間的負担は非常に大きなものとなる。ひとたび保存用として副本や底本が完成してしまえば、草稿は短期間保存されたのち、削られて再使用に供されたり、別の用途に転用された可能性が高い。そうすれば、保存空間を大きく節約できるからである。[105]

第二に、前述した草稿は、使西域大使五威左率が敦煌の前線から上奏した奏草であった。敦煌・張掖太守などの官僚や甲渠候・肩水候のような官吏もまた上奏したと思われ、それらの下級部署が上級部署に送付した文書はすべて「奏」と名付けられたのであろう。「奏」は掾や令史が起草し改訂するから、理論上はこのような上奏文の草稿が居延や敦煌の各辺塞遺跡に多く保存されていたはずであるが、実際には限られたものであった。その根本的な原因は、恒常的な性質の文書には「式」[106]があったためだと思われる。決まった形式に従って公文書を書写すれば、下書きという手続を常に省くか、少なくとも固定した形式の箇所では省略することができる。下書きが必要なのは、文書自体の内容が複雑で微妙なものか、非恒常的なものがほとんどであろう。たとえば、辺郡の太守が中央に上奏したり、とりわけ軍事情勢を報告したりする場合には、注意深く程度をはかり、一字一字について吟味しなければならない。あらかじめ下書きすることは、きわめて自然であり、上奏文の草稿が保存されることも十分に理にかなっている。また、司法文書は刑罰や権益に関係し、罪状を記録するには一字一字に留意する必要があったであろうから、罪状の部分には下書きを要したはずである。[107]そのほかの、属吏の昇進や免職、糧食の出入、任務の割り当て、勤務評定など、地域的あるいは部署内部でのルーティンな事務については、関連する簿籍や文書の書式を担当官吏が知悉していて、下書きを要せず、要求に合った簿籍や文書をただちに作成できたはずである。

第三に、居延や敦煌など辺境の障候はランクが低く、部署内部、あるいは上下・同等の部署間のルーティンワークが多いため、出土した圧倒的多数は恒常的な簿籍や文書であった。[108]したがって草稿の出土が

図35　EPF22. 324

少ないことは、むしろ理にかなっている。前述の簡に見えていた「掾褒奏草」「[令?]史譚奏草」などは、その内容が下書きを必要とするものであり、ルーティンな事務ではなかったと思われる。

前述した草稿と副本の相違を証明するためには、さらに李均明・劉軍が草稿を検討した際に引用した居延出土の冊書、すなわち建武四年の「甲渠言卅井関丁宮等入関檄留遅謹推辟」冊に加えて、完全な形で保存され、「甲渠鄣候以郵行」の文字と詳細な表記の内容とが記された封検を解明しなければならない（EPF22. 125-150, 151ABCD）（図34）。この冊書には「ム」符号が一箇所あらわれており（EPF22. 131）、文字はやや草卒なので、草稿であると見なされてきた。[109] この冊書と前述した封検とは関連があるのか、すべてが草稿なのかについて、あらためて仔細に検討してみなければなるまい。第一に、この封検に注目しなければならない。まずその内容を次に移録する。

甲渠鄣候以郵行□

府告居延甲渠鄣候卅井關守丞匡十一月壬辰檄言居延都田嗇夫丁宮祿福男子王歆等入關檄甲午日入到府匡乙未復檄言　（A面）
男子郭長入關檄丁酉食時到府皆後宮等到留遲記到各推辟界中定吏主當坐者名會月晦有　（B面）
教　　建武四年十一月戊戌起府　（C面）
十一月辛丑甲渠守候　告尉謂不侵候長憲等寫移檄到各推辟界中相付受日時具狀會月廿六日如府記律令　（D面）

封検に書かれた内容がどうであれ、「甲渠鄣候以郵行」という標題によれば、これが建武四年一一月戊戌に居延都尉府から逓送システムを通して甲渠鄣候に送付された文書であり、それゆえに甲渠候官遺跡から出土した、ということは明白である。次に、封検のD面の記録から、甲渠守候が都尉府の要請に従って相応の処理をしたことがわかる。封検の書きかたには一般的に決まった形式があり、下書きを必要としなかったであろうから、これがいわゆる草稿の一部ではありえない。

正式な封検を受け取っている以上、封された正式な文書も存在したはずである。正式な文書はどこにあるのだろうか。図34の二六枚の簡が、正式な文書あるいは正本であろうか。私はそうは考えない。この冊書の中には「ム」符号が見えているから、確かに李均明・劉軍が言うように、文書の草稿であるように思われる。正式な文書の中にこのような代替符号があれば、きわめて不可思議であろう。また、同じ遺跡からは書きかたと様式がより正規な簡（EPF22. 324）が出土しており、この簡が封検と関係のある正式な公文書ないし正本の一部であるかに思われる（図35）。その内容は次の通り。

持行到府、皆後。宮等到、留遲。記到、各推辟界中、相付日時具
　言狀、會月廿六日。謹案鄉嗇夫丁
宮入關、檄不過界中。男子郭長入關、檄十一月十八日乙未食坐五
　分、木中隧長張勳受卅井誠勢

この簡は三つの欄に分かれて両行で書かれ、二本の編縄の痕跡があり、字体は非常に整った隷書で、様式は「建武三年候粟君責寇恩事」冊の戊辰爰書（EPF22.21-32）の一部とほとんど同じで、正式な文書が備えているべき姿といえる[10]。このことから推測できるのは、前述した封検と関連のある正式な文書（冊書）が本来は存在したはずであるが、それは現在のところ、この一枚しか確認されていないということである[11]。つまり、EPF22.324をEPF22.151の封検が封じていた正式な文書であると見なすことができよう。EPF22.324と関係のある冊書の他の部分がさらに出土すれば、比較検討し、より明確に草稿と正式な文書の間の異同を見いだすことができると信じる。

六、結論

秦漢時代の文書の作成・伝送と保存などに関して、現在判明していることはそれなりに多いとはいえ、どれが正本・副本・底本で、どれが草稿なのかを明確に指摘するには、大きな困難がなお存在している。本稿では試みに、出土簡牘から異なる性質の文書の特徴をいくつか探し出し、あわせてその間の相違について分析を進めたが、なお多くの認識上の盲点が存在することを認めざるをえず、現状ではまだ正本・副本と草稿について全面的な定義を下すことはできない。先学諸賢によって得られた成果と比べれば、本稿はただ遺を拾い、欠を補ったのみで、新たな地平を大きく切り開くことはできなかった。次に挙げる結論は、結論というよりも暫定的な仮説にすぎない。これらは必ずや、さらなる研究の進展とさらに多くの新資料とによって、実証され、修正され、また覆されることだろう。

一、居延と敦煌出土の文書の正本もしくは正式な公文書は、公文書が送付されるべき部署から出土するはずであり、すでに作成されたもののまだ発送されていない正本は、様々な状態で文書発送部署に存在していたのであろう。発送を待っている正本の中には、日付と官署の長の署名箇所とが空欄のまま、補筆されるのを待っているものもあった。補筆者は官署の長自身とは限らず、通常はその属吏や書吏であった。補筆の手続についてはなお不明な点が多い。比較的明らかなのは、文書行政の責任者である掾が先に署名するか、掾と他の担当者である属・尉史・令史・佐・書佐らが副署するかしたうえで、発送の日付を記入し、官署の長ないし職務代行者の名前を書き入れて、さらに押印もしくは封緘のち発送された、ということである。ルーティンな文書は、一般的に属吏や代理人が署名や指示を代行した。辺境の公文書の多くはルーティンなものであったので、長官が自筆で署名したことを確認できる事例は、実際にはほとんど見られない。ただし、この先、そうした事例が出土する可能性は否定できない。

二、正式な文書もしくは正本が複数枚の簡で構成される場合は、簡

冊の形式上、編綴されなければならず、編縄が通る部分は空欄でのこされる。文書の主体部分は往々にして「両行」の形式をとり、比較的整った隷書が用いられる。ただし、このすべてを常に備えているわけではない。正式な文書簡の長さは漢尺で二尺（約四六cm）であるが、一尺など別の長さのものもある。おそらくは物資の不足や、規定をあまり厳格に順守しないなどの理由によって、辺境地域の正式な文書には必ずしも二尺の簡が用いられているわけではなく、むしろ一尺の簡が多い。簡の幅は一cmと二cmのものが混用されていることもあり、必ずしも一定ではないし、両行簡の中央も隆起しているとは限らない(112)。要するに、辺境の冊書や簡牘の長さや幅は、往々にして入手できる材料に合わせていたのであり、任意性が高く、例外が非常に多いのである。

三、いわゆる副本は、秦漢時代に「副」と称され、行政の中で複合的な意味をもっていた。その根本的な意味として、ある種の文書や簿籍を複写して作ったものはすべて「副」とされたようである。「副」は保存用書類として用いられた一方、再度書き写されて他の部署に送付された。さらに、同一の文書を多数発送する際、主要な対象に発給されたものは現代で言うところの正本に相当し、関係部署に発送されたものは「副」と称された。発送された正式な文書には、ある種の簿籍や文書が付随して書き送られることがあったが、これは「副は牒の如し」と称された。同一の文書であっても、受領・開封・保存と再転送というプロセスの中で、占める位置と発生する機能とにより、正・副の役割が重なったり転換したりするという現象が生じうる。くりかえし書写・伝送され、また多くの部署へ同時に発送されるといった複雑な状況のもとでは、特別な指標がない限り、文書の正本・副本を区別することはきわめて難しい。理論上、正本・副本の主体となる内容は、標題簡に至るまで一致するはずであり、相違点はわずかに書写・発送作業をした日時の前後や、封題と発送受信者の相対的地位によって異なる用語などに見られるにすぎない。自筆で署名しているか別筆で署名しているかによって、正本・副本を区別するには、現在のところ証拠がまだ充分ではない。

四、居延漢簡と敦煌漢簡に「草」あるいは草稿が存在することは、まったく疑問の余地がない。その特徴は訂正の痕跡があること、代替符号があること、書写がやや乱雑な場合があることである。ただし後二者は絶対的な基準ではない。現在、草稿の性格を持つことが明白に見分けられる冊書や簡は非常に少ない。その原因は、辺塞の部署は行政上のレベルが低く、日常的に取り扱う多くがルーティンな事務であるので、関係する公文書には決まった書式があって、あらかじめ下書きを必要としないことにある。つまり、ルーティンな文書は速さと簡便さが求められるので、一度に正式な文書を何通か書きあげて、あるものは発送し、あるものは保存した。その中には、全体を一人が書きあげたものもあり、日付や署名の部分だけ空欄にしたものもある。空欄にするかしないかをどのように決めていたかは、現在のところ明確にできない。あらかじめ下書きする必要があるのは、章奏や司法爰書などの比較的複雑ないし微妙な文書に限られたのであろう。下書きする必要がないので、出土も少ないのである。また、ひとたび草稿をもとに校正され清書されて、保存用の底本あるいは正式な公文書を書き上げたならば、保管のための空間的負担を減らすため、草稿はもはや保存されなかったであろうから、出土例も少ないのである。

五、受信部署は公文書を受領したのち、送られてきた文書の封検の正面もしくは背面に、封印の内容と完全であったか壊れていたかの状況や、伝送者の肩書・人名・送達日時などを注記し、また時として開封者と開封状況も記録した。このほか、発送されてきた文書や封検に直接、認可や指示、そのほかの後処理などを記入する場合もあった。異なる筆跡で後処理が記録されていれば、それは文書の正本とみなすべきであろう。ただし、後処理が保存用の底本に記されるといった状況も存在したはずである。[113]この点については、さらなる研究の進展を待たなければならない。

六、編綴と書写などの特徴の分析にもとづけば、中央研究院歴史語言研究所所蔵の「永元五年至七年広地南部官兵釜磑月言及四時簿」の性格は、A27にあった障塞において、ある種の必要から月言簿と四時簿の底本中の特定部分を選んで編綴したものか、あるいは二人の書記が月言簿と四時簿の底本中から特定部分を書き写し、四回の編綴によって五通の簿籍をひとつに繋いだ複写本であると思われる。なぜ永元五年から七年のある月と時期とにかかる月言簿と四時簿を選択したのか、またなぜ月言簿と四時簿を連結してひとつにしたのかについて、原因は今なお不明である。[114]底本・複写本のいずれであるにせよ、性格的にはすべて副本である。理論上では、広地南部月言簿と四時簿の正本は、しかるべき時期に、所属する上級部署である広地候官へ送付されたに違いない。しかしこの特定の目的で編成された冊書が、誰に発送するために準備されたのか、なお確定することは難しい。地湾A33出土の「元康五年詔書冊」は、大庭脩が指摘したように、肩水候官の属吏が複写した副本であろう。

以上の所論に大きな進展が見られない最大の原因は、冊書の復原作業がいまだに不十分なことにある。何千何万の出土簡牘の大多数は本来、冊書の形式で存在していたが、今日までにわずか数十通がマイクル・ローウェ、大庭脩、謝桂華らによって部分的に復原され、あるものが永田英正や李天虹によって「集成」されたにすぎず、復原を待っているものは今なおきわめて多い。もし今後、出土地や出土地点、層位（たとえば出版が待たれる敦煌懸泉置・居延新簡の考古報告は出土簡の層位についてのデータが添えられるかもしれない）などを基準に、全面的に敦煌・居延出土の残簡を冊書に復元し、異なる遺跡から出土した、書き手を異にする関連文書を比較検討できたならば、公文書の性格・構成・伝送と保存管理に対する我々の認識にとって大きな助けとなるはずである。

当然、さらに助けとなるのは、居延・敦煌の辺塞にそって発掘が進み、さらに多くの比較検討しうる公文書が出土することである。理論上、公文書は烽燧線上を伝送され、各部署において受領・開封が記録され、副本の作成・保存がなされる必要があった。これは一粒一粒の真珠が一本の線上に連なっているようなものである。今後、散簡が真珠の首飾りのように連なって出土することは期待できないにせよ、出土数が増えれば、手がかりも必然的に多くなり、真珠がどのように一本の線上で連なっていたかを解明する上で、より多くの期待が持てるようになるだろう。

ここ数十年来、居延・敦煌の辺塞のほか、秦漢時代の内郡地域からも、地方行政に関連する多数の簡牘文書が相次いで出土している。湖南省龍山里耶の秦漢遷陵県城から三万余件の文書が出土したのはその一例である。湖北省の江陵と荊州、湖南省長沙の走馬楼、東牌楼、五一広場などからは、さらに大量の地方政府文書簡牘が出土して、整理と公刊を待っている。これらの資料が出版されれば、我々の秦漢地方行政と文書管理に対する理解は必ずや今日よりずっと進んだものとなり、本稿で提示した暫定的な結論のいくつかも検証されるであろう。

とりわけ重要なのは、長いあいだ秦漢内郡の資料を欠いていたため、辺塞の簡牘文書にもとづいて漢代の一般的な文書行政の認識をうちたててきたことである。たとえば永田英正は、居延漢簡を研究して得られたひとつの重要な結論として、辺塞の候官は内郡の県に相当し、辺塞の文書制度は辺塞特有の制度ではなく、上計文書の例に見られるように、内郡の文書制度が再生し発展したものであると指摘している(115)。これはまことに筋が通っている。最近、北朝鮮の平壌で出土した楽浪郡戸口簿木牘の図版と内容を見ることができたが、その内容と形式は安徽省天長、江蘇省尹湾、湖北省荊州紀南松柏村などの地で出土したものときわめて類似しており、永田説に新たな論拠を与えたと言える。ただし、比較するならば、辺境の物資的条件は異なっており、先に多く引用・依拠した甲渠候官遺跡F22出土の文書簡は、ほとんどが王莽や建武初期の情勢が不安定な時代のものであり、文書に用いられた簡や書写の形式にしばしば「逸脱」現象が見られる。そうした資料をもとに文書の一般的な形式を研究することは、平穏な時代の内郡の文書に依拠する場合に比べ、より困難であることは疑いなかろう。加えて、漢代の辺郡と内郡とでは自然条件に大きな差異があり、漢王朝政府は行政の上で両者を明確に区分して、異なる機能と役割を与えていた(116)。とするならば、日常行政や文書業務の上で辺郡と内郡とは完全に一致していたのか、違いがあったのかなどについても、これからさらに研究を進めていく価値がある。

後記　本文初稿は先学である永田英正氏、親友である角谷常子、籾山明、冨谷至、李均明、侯旭東、馬怡、張俊民、李明釗、劉増貴、李宗焜の各氏、および門生の劉曉芸、劉欣寧、游逸飛から教示を得た。ここに謹んで謝意を表する。本稿の誤りの一切は作者自身が負うものである。なお、中国語版は『中央研究院歴史語言研究所集刊』第八二本第四分に掲載され、二〇一一年一二月に刊行の予定である。

注

（1）王国維原著、胡平生・馬月華校注『簡牘検署考校注』（上海・上海古籍出版社、二〇〇四年）参照。その後、労榦や陳夢家らが簡牘制度について考察した。労榦『居延漢簡考釈—考証之部』（李荘・中央研究院、一九四四年）、『居延漢簡—考釈之部』（台北・中央研究院、一九六〇年）、陳夢家『漢簡綴述』（北京・中華書局、一九八〇年）参照。

（2）Michael Loewe, *Records of Han Administration*, Cambridge, 1967, reprinted in 2002 by Routledge Curzon, p. 32.

（3）藤枝晃「居延の草書簡」『第三回木簡学会における研究報告』（一九八一年）。この文章は見ることができず、永田英正『居延漢簡の研究』（京都・同朋舎出版、一九八九年）三三三頁及び注三に引かれたものを参照した。永田氏の教示によれば、そこに引用されたものは大会上での口頭報告であり、論文ではないとのことである（二〇一〇年一月一〇日の永田氏からの電子メールによる）。

（4）永田英正『居延漢簡の研究』、三四九頁。

（5）永田英正は『居延漢簡の研究』、三三三頁で各種の簿籍の形式を分析し、居延旧簡の〈永元器物簿〉（128. 1）を考察した際に、「公文書でこのように草書体を用いるというのは控えか下書きだという見解があり、この冊書全体の性格が十分に把握できないという問題を残している」と指摘している。また永田は同文中で、基本的には藤枝晃の意見を採用し、その他の草書で書かれた文書も底本または草稿とみなしている。前掲書三四六～三五〇頁参照。

（6）大庭脩「文書簡の署名と副署試論」『漢簡研究』（京都・同朋舎出版、一九九二年）二四七～二七〇頁。李均明・劉軍と汪桂海にも関連する研究がある。李均明・劉軍『簡牘文書学』（南寧・広西教育出版社、一九九九年）、汪桂海『漢代官文書制度』（南寧・広西教育出版社、一九九九年）、李均明『秦漢簡牘文書分類輯解』（北京・文物出版社、二〇〇九年）参照。

（7）大庭脩『漢簡研究』、二五〇頁。

（8）大庭脩『漢簡研究』、二五〇頁。

（9）角谷常子「秦漢時代の簡牘研究」『東洋史研究』第五五巻第一号、一九九六年、二一一～二二四頁。

（10）角谷常子「簡牘の形状における意味」、冨谷至編『辺境出土木簡の研究』（京都・朋友書店、二〇〇三年）、八九～一一八頁、所収。

（11）最新の議論として、初世賓「懸泉漢簡拾遺（二）」『出土文献研究』第九輯（北京・中華書局、二〇一〇年）、一八四～一八七頁、呂静「秦代行政文書管理形態之考察―以里耶秦牘性質的討論為中心」武漢大学簡帛研究中心『簡帛網』（二〇一〇・一一・二二）など参照。

（12）中村裕一『唐代公文書研究』（東京・汲古書院、一九九六年）参照。中日の文献や敦煌出土の「式」残巻には、様々な文書の署名の形式が多く挙げられているが、それが自署を必要としたかどうかについては言及がない。参考とすべき各種唐代文書の現物から見れば、官員は花押を除いて文書正本にみずから署名していないが、文書の文案にはしているようである（以下の注（17）に引く『唐律疏議』を参照のこと）。中村裕一は自署の問題について検討を加えてはおらず、その他の研究者にも明確な考察が欠けている。たとえば呉麗娯は、魏晋南北朝の「各種の文書の署名や花押、年月日、用語などにはすべてそれぞれ固有の形式があり、一部は唐代の表状箋啓の前身と認めることができる」と述べ、署名や花押に形式があることに言及しているが、自署かどうかには触れていない。呉麗娯『唐礼摭遺―中古書儀研究』（北京・商務印書館、二〇〇二年）、七五頁参照。

（13）馬建華編『河西漢牘』（重慶・重慶出版社、二〇〇三年）、四九頁、また西林昭一編『簡牘名蹟選』七（東京・二玄社、二〇〇九年）、五頁。この二簡の編号は今なお正式に公表されていないが、字跡は明瞭である。「政」の字は「歐」と釈されていたが、誤りであり、改めた。「政」は人名であろう。始昌が丞の職を代行し、政の言変事書を上奏したが、その書の署名が式に則っておらず、内容にも誤りがあった。「式」が何であるかについては、拙稿「従簡牘看漢代的行政文書範本―「式」」『厳耕望先生紀念論文集』（台北・稲郷出版社、一九九八年）、三八七～四〇四頁参照。

（14）署書について論じたものとして、馬怡「扁書試探」、武漢大学簡帛研究中心編『簡帛』第一輯（上海・上海古籍出版社、二〇〇六年）、四一五～四二八頁、張嘯東「従湖南郴州蘇仙橋J10. J4出土西晋三国呉簡看魏晋三国孫呉簡牘的署書書体」『東方芸術』二〇、二〇〇九年、一〇八～一一一頁、同「二〇世紀新出土簡牘暨簡牘書署制度綜論」、中国書法

院主編『簡帛書法研究』（北京・栄宝齋出版社、二〇〇九年）、一～四九頁、などがある。

(15) 二〇一〇年三月に東京大学で行われた「中国出土簡牘資料の生態研究座談会」の席上で、私が発表した本稿の初稿「試論秦漢公文書的正本・副本・草稿和簽署」、籾山明編『中国出土簡牘資料の生態的研究学術座談会要旨・資料』（東京・非売品、二〇一〇年）、四一～七八頁、八九～一二一頁を参照されたい。座談会では、角谷常子、冨谷至、籾山明、宮宅潔、李均明、劉欣寧の各氏より重要な御教示を得て、再考のうえ論点の改訂を行うことができた。右の各位に感謝したい。

(16) 南北朝時代には文書に親署する例が確かに存在する。たとえば、『宋書』武三王伝の衡陽文王義季の条には、「義季はもと書に拙く、上、余人をして啓事を書かしめ、ただ自ら名を著すのみを聴《ゆる》す」と見える。義季は書が上手でなかったので、啓事の文書には署名だけすればよいと特別に許されていた。また『陳書』蕭允伝、弟の蕭引の条には、「引は隷書を善くし、当時の重んずる所となる。高宗、かつて奏事を披《ひら》き、引の署名を指して曰く、『此の字、筆勢翩翩として、鳥の飛ばんと欲するに似たり』と。引、謝して曰く、『これすなわち陛下その羽毛を仮するのみ』と」とある。蕭引の奏章への署名が自署であったことは疑いない。これは文書に親署していたことの動かぬ証拠である。ほかにも『北斉書』庫狄干伝や『魏書』閹官伝・劉騰の条などに例が見えるが、贅言しない。

(17) 汪桂海は、ここでいう「案」が正本を指していることを論証した。同『漢代官文書制度』、一二四～一二五頁、参照。ただし、『唐律疏議』巻一〇に「諸そ公文に本案あり、事直にして官司に代わりて署する者は、杖八十。代判する者は、徒一年」（劉俊文点校本、二〇三頁）とあり、公文書の本案とは、長官の署名を待つ公文書定本の底案を指しているようである。それを「案」と呼ぶことは、漢代と同じである。最近、初世賓が漢代の官文書の正本・副本の問題を論じ、「前掲の副本と対応するものはすべて正本とは称しておらず、この時にはまだ正本・副本の区別はなかったようである」と述べているのを目にすることができた。初世賓「懸泉漢簡拾遺（二）」『出土文献研究』第九輯、一八四頁、参照。確かに漢代の文献や出土資料の中には「正本」の語を見いだせないが、初世賓も『魏書』『隋書』『唐六典』などの文献から正本という語を見いだしており、副本と対応するものを正本と名付けることは概念として差し支えないであろう。正本という語ないし概念には淵源があるはずで、唐代になって突然あらわれたものではないだろう。

(18) 漢代では政治のことを議論したり、行政上の責任を追及したりする際、文書の中に「謹案文書」「案文書」「案某某文書」といった文言がしばしば見える。私見によれば、それらが指しているのは、底本として保存されている文書を点検することである。

(19) 汪桂海『漢代官文書制度』、一一五～一一七頁、参照。また『漢旧儀』には「詔書は朱鉤を以て施行す」とある。私は、漢代の詔令の草案に朱筆で鉤を打ったのは、皇帝本人または権限を授けられた代理人だと推測している。皇帝または代理人は、詔書の原稿に鉤を打ったのであり、実際に皇帝の名を署名したり代理で署名したりすることはなかったであろう。朱筆で鉤を打つ手続が三公の署名する前か後かは、証拠に乏しい。私は、三公が署名するのは鉤が打たれる前であり、そうすることで皇帝の最終的な決定権を確保しているのではないかと推測する。「詔書は朱鉤を以て施行す」とは、詔書に朱筆で鉤が打たれ、最終的に下達し実施される前の手続が完了したことを指すのであろう。

(20)『後漢書』党錮列伝の李賢注には「平署は猶お連署のごときなり」とあるが、いまひとつ要領をえない。平署とは、もとより三人が連名で署名することであろうが、どのように連署したのであろうか。私見では、三人の名が高さを揃えて並ぶことで、上下に署名する意味ではないと考える。現在見ることができる漢代の簡牘文書の署名はすべて同一簡上にあって上下に、すなわち地位が高い者は上に、低い者は順に下に配列されている。ここで言う「平署」とは、署名が左右に並んでいることで、そうすることで署名者の地位が同等であることを示すのであろう。後漢桓帝期の乙瑛碑は、司徒の呉雄と司空の趙戒が孔子廟のために百石の卒史を置くように要求し許可を得た詔書を、文書の形式に従って刻んでいるが、「制曰可」三文字の皇帝の指示と「奏雒陽宮」という一行の下に、司徒公の呉雄と司空公の趙戒が左右に並んで署名しているのが見える（司徒公河南□□□字季高／司空公蜀郡成都□戒字意伯）。これが詔書に「平署」した一例であろう。孔廟に卒史を置くことは、三公のうち司徒と司空が提出したものであったから、二人が「平署」しているのであり、もし三公が上書して請願したなら、当然三公が平署したに違いない。この碑はまた、三公について言うなら、いわゆる署名に職階と爵（公）・里（蜀郡成都など）と姓・名・字とが含まれていたことを明らかにしている。乙瑛碑の拓本は永田英正編『漢代石刻集成（図版・釈文篇）』（京都・同朋舎出版、一九九四年）、一一四〜一一五頁、参照。また、翁方綱は「制曰可と奏雒陽宮の二行の下半分には、ちょうど二行分の石面が空いていたので、書き手が二人の姓字爵里をここに補記したのであって、これを署名とは言えないだろう」（『両漢金石記』巻六、乾隆五四年刊本影印、一五頁上）と述べている。言うこころは、二人の姓名爵里は空白を埋めるために書かれたのであって、もとの制詔の文ではないということである。二〇一〇年七月三日、私は特に曲阜におもむいて原石を調査し、問題となる二行の文字が書体、筆画の刻字の太さや深さ、字の配置などにおいて碑面の他の文字と完全に同じであり、同時に彫られたとみるべきであることを理解した。同時に彫られたものである以上、石の空白部分に空欄を埋めるため書き加えたのではない。孔廟への卒史の設置は、認可を得たうえで詔書を石碑に刻んだのであるから、きわめて厳粛なできごとであり、空白を補うためや、空白が足りないなどの理由によって、刻石者が文字を増減することは許されなかったはずである。もちろん、前漢・後漢で制詔の形式が変わった可能性も排除できない。乙瑛碑は後漢末期の制度を明らかにできるにすぎない。

(21)『三国志』孫綝伝（中華書局標点本）、一四四八頁。

(22)『三国志』賈逵伝裴松之注引『魏略』、四八一頁。

(23) 大庭脩『漢簡研究』、二四八頁。冨谷至も、文書の権威性を示すため、六百石以上の官員の文書は自ら署名することが必要であったと主張している。同『文書行政の漢帝国』（名古屋・名古屋大学出版会、二〇一〇年）二一四・二一六頁。

(24) 同一簡の背面あるいは正面に別筆で後処理が記録されている事例としては、EPT59. 36、EPT59. 49AB などがある。

(25) 李均明と劉軍も同様の考えを示している。李・劉『簡牘文書学』、一七〇〜一七一頁。李均明『秦漢簡牘文書分類輯解』（北京・文物出版社、二〇〇九年）一三八〜一三九頁参照。

(26)「謹みて写移す」とは、「病加両脾、雍種［腫］、匈［胸］脅［脇］丈［脹］満、不耐食」といった病状を慎重に書き記して移送したことを示している。当然のことながら「謹」の字は公文書の常套文句であり、実際にその事を慎重にしたかどうかはまた別である。「謹写移」と「謹移」

「移」といった用語とは意味上の違いがあるようで、後二者が文書類を転送したが改めて書き直していないのに対し、前者は改めて書き直したために「写」の一文字が多いのであろう。

(27) たとえば居延漢簡 267.15AB には「五鳳五年二月丁酉朔乙丑、甲渠候長福敢言之、謹移日迹簿一編敢言之」(A)、「╱候史定」(B)とある。

(28) たとえば居延新簡 EPT59.106 には「城北候史李忠　徙缺」とある。李忠が在任した時期やその後に誰が補充されたのかなどは、残念ながら知りえない。陳夢家はつとに辺境のポストが補充されにくい現象に注目している。「漢簡所見居延辺塞与防禦組織」『漢簡綴述』(北京・中華書局、一九八〇年) 六八頁、を参照のこと。漢代の地方人事の欠員一般についての議論は、鵜飼昌男「漢代郡太守の持つ人事権について—地方長吏の欠員を視野に—」冨谷至編『辺境出土木簡の研究』(京都・朋友書店、二〇〇三年)、二七五～二九五頁参照。

(29) 冨谷至もこのことを指摘している。同『文書行政の漢帝国』、二〇六頁参照。

(30) 大庭脩が甲渠候官・肩水候官出土の例を挙げているほかに、署名の筆跡が違う事例を数点みつけることができた。すなわち「誠」(EPF22.335、EPF22.337)、「戎」(EPT48.25)、「護」(EPT50.5、EPT50.13A)、「放」(EPF22.45A、EPF22.47A、EPF22.48A、EPF22.50A、EPF22.54A)である。これらはみな甲渠候官から出土している。金関でも新簡が出土しており、公表が待たれる。

(31) 甲渠候官以外の官署から送達された文書について、破城子A8出土の事例ではわずか数点が代表として挙げられるだけである。すなわち、EPT5.1(第二三隧長宏)、EPT20.4AB(居延都尉誰行丞事)、EPT43.6(萬歳候長宗)、EPT48.135AB(第八隧長九百翊)、EPT50.16AB(居延都尉湯)、EPT59.1(不侵守候長士吏猛)、EPT59.49AB(呑遠士吏戎)、EPT59.56(不侵候長茂)、EPT59.160(張掖庫宰以近秩次行大尹文書事)、EPT65.23AB(裨將軍輔平居成尉伋)など。

(32) 角谷常子「木簡背書考略」『簡帛研究訳叢』第一輯(長沙・湖南出版社、一九九六年)、二二六～二二八頁。冨谷至もまた文書が「印を以て信と為」される重要性について論じている。同『文書行政の漢帝国』、八〇～八三頁参照。

(33) 属吏による指示の代行は、秦代からすでにそうであった。里耶秦簡によれば、啓陵の郷嗇夫が県令・県尉に郷の里典と郵人の任命許可を要請したが、結局、回答したのは県令や県尉ではなく県丞であった。この秦牘についての議論は、拙著「湖南龍山里耶 J1 (8) 157 和 J1 (9) 1-12 号秦牘的文書構成・筆跡和原檔存放形式」『簡帛』第一輯(二〇〇六年)、二七五～二九六頁を参照されたい。高村武幸はこの例にもとづいて、秦漢の県丞が独立した文書発送の権限をもっていたか否かを考察している。同『漢代の地方官吏と地域社会』(東京・汲古書院、二〇〇八年)、二〇三～三三四頁参照。

(34) 最もよい説明は、『漢書』陳平伝の、文帝が陳平に不満を抱きながらも事をかまえなかったという対話に見られる。ここでは煩雑になるので引用しない。中国古代の政治哲学は、「君主たる者は人材を選ぶことに心を砕くが、政治を行うことには気を遣わない」ということと、「有司に一任」することとを指導の原則としていた。地方長官にもまた同じ論理があてはまる。ただし、文書を自身で見ようとした人もいたし、秦の始皇帝や前漢の武帝のように他人の手を借りなかった者、あるいは宣帝の時の河南太守の厳延年のように「尤も獄文を為《つく》るに巧みにして、史書を善くし、誅殺せんと欲するところは、奏を手に成し、主簿・親近の吏も聞知するを得ず」（『漢書』酷吏伝、厳延年の条）といった人もいた。そのほかの漢代の皇帝で、みずから詔令を起草した者は非常に多い。汪桂海『漢代官文書制度』、一一七頁、およびそこに引かれる趙翼『廿二史箚記』「漢帝多自作詔」条、などを参照のこと。

（35）冨谷至も同様の意見である。同『文書行政の漢帝国』、二一三頁参照。

（36）大庭脩は、この別筆で書かれた七文字が候官の長、すなわち甲渠候の指示であると判断した。同『漢簡研究』、二四七頁。同『木片に残った文字—大庭脩遺稿集』（京都・柳原出版、二〇〇七年）、一一二頁、参照。籾山明も同様の考えである。同『漢帝国と辺境社会』（東京・中央公論新社、一九九九年）、一七九～一八一頁、参照。

（37）近代刑事鑑定の専門家の筆跡に対する意見によれば、筆跡は思考と筋肉動作とによって形成される。文字を書くことを習得する場合、練習によって脳と手部の筋肉とを調和させ、一定の安定したバランスに達したのちは、特別な原因がない限り、自己の書写上の特徴と癖が形成されるはずである。もし、他人の筆跡を模倣しようとすれば、他人が書いた特徴と癖を模倣する一方で、同時に自分の特徴と癖を放棄しなければならない。痕跡を残すことなく完全に模倣する可能性はきわめて小さいのである。中央警官学校刑事学部教授の陳虎生による『文書鑑定学』（台北・自印本、一九八三年）、一一三～一一五頁、を参照のこと。また陳虎生『文書鑑定重要問題系統化分析之研究』（台北・名佳文化事業有限公司、一九八七年）も参照のこと。後者は中国語文章の筆跡の特徴と自身の特徴を隠すことに対して、さらに進んだ実験と分析をおこなっている。また、角谷常子も漢簡の筆跡鑑定の問題について詳細な検討を加えている。同「秦漢時代の簡牘研究」二一四～二二四頁参照。

（38）Michael Loewe, *Records of Han Administration*, Cambridge, 1967. reprinted in 2002 by RoutledgeCurzon.

（39）永田英正はローウェの古文書学研究の「画期的」な意義を高く評価している。同『居延漢簡の研究』、五五頁。謝桂華は冊書の復原に力を入れ、豊富な成果を挙げている。たとえば「新・旧居延漢簡冊書復原挙隅」『秦漢史論叢』第五輯（北京・法律出版社、一九九二年）二六四～二七七頁、「新旧居延漢簡冊書復原挙隅（続）」『簡帛研究』第一輯（北京・法律出版社、一九九三年）一四五～一六七頁、「居延漢簡的断簡綴合和冊書復原」『簡帛研究』第二輯（北京・法律出版社、一九九六年）、二三八～二六四頁、「元康四年賜給民爵名籍残冊再釈」大庭脩編『漢簡研究の現状と展望』（大阪・関西大学出版部、一九九三年、所収）、一八二～二〇〇頁など。角谷常子も「建武三年候粟君責寇恩爰書冊書」を例に筆跡問題について踏み込んだ議論をしている。同「秦漢時代の簡牘研究」、二一四～二二四頁、参照。近年、簿籍の集成と復元に注目した研究には、李天虹『居延漢簡簿籍分類研究』（北京・科学出版社、二〇〇三年）もあり、参考になる。

（40）出土文献の筆跡研究は近年ますます重視されてきている。『簡帛』第四輯には、関連する論文が幾篇か掲載されており、馮勝君「従出土文献看抄手在先秦文献伝布過程中所産生的影響」『簡帛』四（二〇〇九年）、四一一～四二四頁はその代表と言える。相対的に言って、本稿が検討する漢代辺境文書の書写と字体についての問題は、戦国時代の書体が異なる写本と比べずっと単純であろう。

（41）李均明・劉軍「居延漢簡居延都尉与甲渠候人物志」『文史』第三六輯（北京・中華書局、一九九二年）、一三九～一四二頁、鵜飼昌男「建武初期の河西地区の政治動向—『後漢書』竇融伝補遺」『古代文化』第四八巻第一二号（一九九六年）、二〇～三三頁、李振宏・孫英民『居延漢簡

人名編年』（北京・中国社会科学出版社、一九九七年）、三一〇～三一一頁。「獲」は敦煌広至県人の「張獲」であろう。そのほか、居延新簡EPT65.23ABには、地皇上戊三年に書吏の「獲」という人物が見え、甲溝あるいは甲渠障候の「獲」と同一人物だと考えられないこともないが、EPF22.273Aには地皇上戊四年の甲溝鄣候の「獲」という人物も見える。地皇三年では秩級がかなり低かった書吏（王莽の時、書佐は書吏と称した）が、わずか一年で県令・県長クラスの候になるのは想像しがたい。彼らは同時代の同名別人であったと仮定する方向に私は傾いている。

(42) どのように「獲」の署名を特定するかについては、かつて論じたことがある。拙著「漢代書佐・文書用語「它如某某」及「建武三年十二月候粟君所責寇恩事」簡冊檔案的構成」『中央研究院歴史語言研究所集刊』第七〇本第三分（一九九九年）五六三～五六四頁、を参照のこと。また筆跡が類似した「獲」字は居延旧簡131.57B（A33地湾出土）にも見ることができる。図8参照。

(43) 邢義田「漢代書佐・文書用語「它如某某」及「建武三年十二月候粟君所責寇恩事」簡冊檔案的構成」、五六四頁。

(44) 図6―1の中央は中央研究院歴史語言研究所所蔵の居延旧簡の裏焼き写真であり、反転させて正像にした。本稿で使用する裏焼き写真はすべて反転させて正像にしてある。

(45) この簡の草書の「獲」字の識別については、于豪亮「釈漢簡中的草書」『于豪亮学術文存』（北京・中華書局、一九八五年）、二五七頁参照。

(46) 籾山明はこの冊書に詳細な分析を加えている。同「居延新簡『駒罷労病死』冊書―漢代訴訟論のために・続」原載『堀敏一先生古稀記念中国古代の国家と民衆』（汲古書院、一九九五年）、二〇五～二二一頁、のち同『中国古代訴訟制度の研究』（京都・京都大学学術出版会、二〇〇六年）第三章第一節、一二八～一三八頁、収録、参照。良好な図版は、馬建華編『河西漢牘』一五八～一六七頁、または、胡之編『内蒙古居延漢簡（三）』（重慶・重慶出版社、二〇〇八年）、あるいは、西林昭一編『簡牘名蹟選』八（東京・二玄社、二〇〇九年）に見える。

(47) 属吏の中では書佐を除けば令史が主に書写や修訂を担う官吏であった。汪桂海『漢代漢文書制度』、一一五～一一九頁参照。

(48) 『居延新簡―甲渠候官』（北京・中華書局、一九九四年）は「堅」と釈している。ただ簡上のこの字（図10参照）は、上半分の筆画が簡略化されているか残欠しているかして、釈文を確定することが困難である。

(49) 佐野光一編『木簡字典』（東京・雄山閣出版、一九八五年）は、漢簡の「請」の字を四七例（六六七～六六八頁）、「府」の字を一一〇例（二七一～二七二頁）、「言」の字を二四一例（六五五～六五八頁）収録している。これらの字例に照らせば、本表の「請」「府」「言」の字の書法に独自の特徴があり、他のものと明確な違いのあることがはっきりと見て取れる。このこともまた、本表に挙げたものがおそらく同一人物の手になることを傍証する。

(50) 邢義田「漢代書佐・文書用語「它如某某」及「建武三年十二月候粟君所責寇恩事」簡冊檔案的構成」、五六一～五六三頁。角谷常子は掾の譚を甲渠候官の「書記官」と称したが、譚の署名の字体が同一でなく、文書の字体とも違っている状況に注意を向け、このことから「掾譚」が譚の自筆による署名かどうか確定できないとしている。その態度は非常に慎重である。同「秦漢時代の簡牘研究」『東洋史研究』第五五巻第一号（一九九七年）、二二三頁注八、参照。鵜飼昌男は「簡の筆跡について見てみると、建武初期の簡はほとんどが掾譚によって書かれている」と考えているが、この説は正確でない。同「建武初期の河西地域の政治動向—『後漢書』竇融伝補遺」『古代文化』第四八巻第一二号、三〇頁、参照。鶡飼はまた炯眼にも、尉史・令史でなく掾によって文書が作成されることの奇妙さに気づいているが、それをただ河西の混乱時期の「特例」と解釈している。正常な状況下にあって掾が文書書写の作業に当たりうることに、鶡飼もまた気づいていないことがわかる。

(51)　尉史は斗食の吏に属し、奉銭は月六〇〇銭、書佐は佐史の下に位置し、奉銭は月三六〇銭である。陳夢家「漢簡所見奉例」『漢簡綴述』（北京・中華書局、一九八〇年）、一四五～一四六頁、参照。

(52)　文書の発送手続については、李均明・劉軍『簡牘文書学』一六四～一七一頁、参照。

(53)　籾山明は、この「駒罷労病死」冊書を甲渠候に差し出す前に候官で作成された副本だと考えている。同『中国古代訴訟制度の研究』、一三八頁参照。

(54)　現在見ることのできる事例からすれば、掾だけでなく属・尉史などについても各人が副署したのではなく、その中の一人が代表して署名しているようであるが、その詳細はなお把握しがたく、さらなる研究が待たれる。

(55)　大庭脩『漢簡研究』、二五一頁、「三五・九の……候の下の空白は署名のために空けたもの、したがって草稿と考えるべきなのであろう」。

(56)　つとに角谷常子は、ルーティンワークの公文書には札による下書きを用いず、直接両行に書き記し、比較的複雑なものになってはじめて札を用いて下書きをするという意見を提出している。同「簡牘の形状における意味」、九八頁、を参照。私は、複雑な公文書になってはじめて下書きがなされ、ルーティンワークのものには下書きが必要でなかったという見解に、全く賛成である。

(57)　汪桂海『漢代官文書制度』、二二七～二三二頁参照。

(58)　保存用の底本に日付や姓名が必要であったことの傍証の一つは、唐五代時期の枢密院の公文書の「底本」が保存の時に必ず「日月姓名に繋ける」とされていることで、宋敏求『春明退朝録』は「それは控えとするからである」と考えている。中村裕一『唐代公文書研究』（東京・汲古書院、一九九六年）、五七七～五七九頁。

(59)　角谷常子「簡牘の形状における意味」、九六頁。

(60)　甲渠候官A８遺跡からは、年月日は異なるが内容が同一のもの、あるいは年月日が同じでかつ内容も類似しているか同一であるが、空白のあけ方が必ずしも同一でない文書簡などが出土している。たとえば、EPT65.43AB、EPT65.44AB、EPF22.45AB、EPF22.47AB、EPF22.48AB、EPF22.51AB、EPF22.53ABなど。汪桂海は草稿と定稿を論じ、文書の日付・署名が空欄になっているものと「ム」の符号で代替されているものとを同一視し、これらを草稿であるとしている。私見によれば、「ム」の符号のあるものは草稿ではあるが、空欄を設けているものはそうとは限らず、両者を分けて考えなければならない。汪桂海『漢代官文書制度』、一一九～一二一頁参照。

(61)　最終的に発送されなかった原因はいろいろ考えられる。たとえば、ある種のルーティンな文書ないしは複数通必要な性格の文書が一度に何通も作成されたが（たとえばEPF22.162-165など）、実際には全部を使い終わらなかった場合、または文書が書き終えられて発送を待っているその時になって、文書に関係する人物や事柄に変化が生じて（たとえばEPF22.250-253）文書が廃棄された場合などがあろう。

(62)　冨谷至は、この署名が空欄となっている応書の性格を副本だと考えている。同『木簡・竹簡の語る中国古代』（東京・岩波書店、二〇〇三年）、一三五～一三八頁、参照。もしこれが保管されている副本であるなら、署名や日付が空白であり、文書中に署名者と文書の日付が明確に記録されていないことを認める理由がないように思う。文書の内容が完全でないことは、先に触れた通り、「文書を案ずる」ことで責任を追及するという秦漢時代の習慣とそぐわないように思われる。

(63) 辺境では物資が常に不足しており、文書の書写や編綴で簡を使うときは、多くの場合、粗末なもので間に合わせていたので、長さや幅が必ず「式」に合うわけではなかったのであろう。ましてや建武年間初期には、河西地方が混乱の中にあり、文書作成が規定にあわない状況がずっと多かったに違いない（詳細は後文を参照）。したがって、単純に「札」を下書きに「両行」を正本に用いるといった視点から文書の性格を判断することは、適当ではないと考える。その事例について詳しくは注（110）を見られたい。

(64) 籾山明『中国古代訴訟制度の研究』一三八頁。

(65) ここの「勤事」の二文字を『居延新簡　上─甲渠候官』は「薫事」、大庭脩は「薫事」と釈している（大庭脩『漢簡研究』、一二七頁）。薛英群は「兼事」と釈し、永田英正は「□事」と釈し、意味不明とする（永田英正『居延漢簡の研究』四九九頁及び五一七頁注五に引く薛氏説）。思うに、「事」の前の一文字は、原簡では「」に作る。馬王堆帛書『老子』甲・乙本と郭店本『老子』の「勤」は「堇」に作っている（馬王堆『老子』甲本30、103、乙本222下、郭店『老子』乙本9）。居延漢簡479.5に「□力勤事毋害可補造史唯」という句がある。この句の「勤」は、原簡ではやはり「」（裏焼き写真）・「」（労図版577）に作っており、「堇」の下に四つ点がある。『漢書』宣帝紀、神爵元年春正月の条に「天下の勤事の吏に爵二級、民に一級……を賜う」（二五九頁）とあり、『漢書』元帝紀、永光二年春二月の条に「吏の六百石以上に爵五大夫、勤事の吏に各々二級（を賜う）」（二八八頁）とあって、宣帝・元帝の時代に「勤事の吏」というものがあった。しかも、479.5には「勤事」「毋害」（『居延漢簡合校』〈北京・文物出版社〉、などが「毋官」に作るのは誤り）の二つの語があり、この二者が考課の専門用語であることは疑いがないので、資格にかかわる職位の異動文書の中に現れることは、まさにふさわしい。

(66) 永田英正と大庭脩は、ともにかれらを居延県の人であるとしている。宜穀亭は不明であるが、おそらく居延県管轄下の亭であろう。永田英正『居延漢簡の研究』、四九八頁、大庭脩『漢簡研究』、一二九頁参照。

(67) 角谷常子もこの現象に注意している。同「秦漢時代の簡牘研究」、二二一頁および注一一参照。

(68) 高村武幸『漢代の地方官吏と地域社会』、三〇三～三三八頁、を参照のこと。

(69) 鵜飼昌男は、この時期の河西の動乱状況が居延一帯の人事異動や甲渠候獲の任免にどのような影響を与えたか、仔細に分析をしている。同「建武初期の河西地域の政治動向─『後漢書』竇融伝補遺」、二〇～三三頁。

(70) 永田英正は、つとにこの時期の居延令が空席であったことを指摘している。同『居延漢簡の研究』、四九八頁。

(71) 角谷常子もまた、この部分を正本の文書だと見なしている。同「秦漢時代の簡牘研究」、二二一～二二四頁参照。

(72) 古代の言語習慣において、「副」には「補佐する」（丞相・校尉・副丞相・副校尉など）、「かなう」（「以て人望に副《そ》う」など）、「従う」（『続漢書』百官志の引く『漢書音義』に「正は掾と曰い、副は属と曰う」とあるなど）などの多様な意味があるが、本稿では多言しない。

(73) 前述したようにマイクル・ローウェは、つとに255.21木楬を利用して副本の存在を証明した。汪桂海は、官文書の副本は主に章奏に限って作られたと考えているが、検討すべき見解である。同『漢代官文書制度』、一一九〜一二二頁。

(74) たとえば、肩水金関から全簡がそろって出土した「建国二年五月槖他莫当隧守禦器簿」は、月単位で帳簿を作り上級部署に提出しており、いわゆる月言簿の一種であることは明白である。『河西漢牘』、一五六〜一五七頁参照。

(75) 陳夢家の考訂によれば、広地候官には少なくとも広地、破胡、潤上、勝之、北界、萬年、□留など七つの隧があったとされる（陳夢家『漢簡綴述』中華書局、一九八〇年、九〇頁）。永田英正は広地候官所属の隧を再検討して、六つの隧を列挙し、「潤上」を「河上」に釈し直している。陳夢家が挙げた北界隧について、永田は図版が鮮明ではないとしてこれを除いた（永田英正の『居延漢簡の研究』）。163.19の「廣地北界隧卒」などの字は赤外線写真によると十分に鮮明であり、疑問を解決するに足る。「潤上」の釈文も実際には誤っていない。これにより陳夢家が考証した隧の数と名は、なお有効であると考える。『居延新簡』中には、別に二つの広地の隧名が見える（EPT57.17「廣地同亭卒」、EPT59.645「廣地次□隧長」）。これによれば、広地候官には少なくとも九つの隧があることがわかる。また、冊書の永元五年の月言簿には五年六月と七月の二つの部分があり、それに続いて永元六年七月の月言簿と七年の正月から三月までの四時簿が編綴されている。なぜ永元五年八月から一二月までの五箇月分の月言簿がなく、六年は七月の月言簿だけなのであろうか。理屈の上では月言簿は毎月一部作られたはずである。永元七年の四時簿についても、正月から三月までと四月から六月までの二つの部分しかなく、七月から九月までと一〇月から一二月までの部分が欠けている。なぜ部分的な月言簿と部分的な四時簿で冊書を編成したのだろうか。この冊書が月言簿や四時簿の保存資料の単純な底本ではなく、意図的に選んで書き直した上で一つの冊書に編成されたことは明らかである。

(76) 永田英正『居延漢簡の研究』、三三三頁。

(77) 同右、三三三頁。

(78) 「永元器（兵）物簿」が出土したA27が広地候官の所在地だったかどうかは、いまだに証明されていない。陳夢家はかつて、広地候官はA24小方城またはA27査科爾帖にあると推測したが、この説に対してより詳細な、もしくは説得力のある議論を展開している研究者はいないようである。陳夢家「漢簡考述」『漢簡綴述』、三三頁、参照。また呉礽驤は、A27は一九六〇年代に基本建設の必要性からすべて平らに整地されてしまったと報告している。呉礽驤『河西漢塞調査与研究』（北京・文物出版社、二〇〇五年）、一五八頁、参照。二〇〇六年夏に、私はエチナ河沿岸を調査したが、A27は現在中国で最も重要な宇宙ロケット発射基地の敷地内にあって、今後のさらなる調査や発掘の可能性はほとんどないことを知ることができた。呉礽驤が言う「基本建設」とは、酒泉宇宙ロケット発射基地のことを指しているのであろう。

(79) 永田英正は、この冊書がすべて草書によって書写されていることに注意を向け、かつ草書で書かれたものは控えか下書きであるという藤枝晃の意見を紹介している。ただ永田は慎重に「この冊書全体の性格が十分に把握できないという問題を残している」と述べる。永田英正『居延漢簡の研究』、三三三頁、参照。

(80) 驚くべきは、五部の冊書に記されている破胡と澗水の二つの隧の弩・箭・釜・磑の数量と保存状態がまったく同じだということである。まる二年間、二つの隧では一本の矢も放たれず、一丁の弩も損なわれず、釜と磑も損なわれていなければ整備もされてはいない。このような記録が、文章の表面上のことなのか、実際の状況なのか、疑わざるをえない。和帝の永元五年から七年は、居延漢簡の紀年簡のうち最末期にあたる。その時期の辺境の規律はもはや往事と異なり、ルーティンな報告はおざなりに流れていたように見える。

(81) 永田氏も「永元器物簿」の性格について悩んでいたが、「永元器物簿」と「橐他莫当隧守禦器簿」とを比較した後では「橐他莫当隧守御器簿、そしてまた参考資料の永元の兵釜磑簿から判明することは、機関で作成した簿籍は送り状を付けて上級機関に提出するものであった、ということである」と述べている（『居延漢簡の研究』、三三八頁）。言い換えれば、永田は「永元器物簿」を、「送り状を付けて」上級に送られる正式な文書と見なしているわけである。しかし永田は、上級に送付する正式な文書になぜ空白の簡があるのかについて、まったく考察を加えていないし、正式な文書に編縄の通る箇所を空白にしないという現象がありうるかについても言及していない。これと比較対照すれば、「橐他莫当隧守禦器簿」は書写が非常に整い、編縄の通る箇所は空けられており、正式な文書であるように見える。このような差違は考慮されるべきことである。

(82) 大庭脩『漢簡研究』、一三一～一三二頁。

(83) 汪桂海はつとに、「副本は正本と同時に製作されるものである」と明確に述べている。同『漢代官文書制度』、一二八頁、参照。

(84) 釈文は謝桂華と張徳芳らが校訂したものによっている。張徳芳「懸泉漢簡中的〝伝信簡〟考述」『出土文献研究』第七輯（二〇〇五年）、七七～七八頁、参照。完全な釈文は、馬怡「懸泉漢簡〝失亡傳信冊〟補考」『出土文献研究』第八輯（二〇〇七年）、一一一～一一二頁参照。869 の「其傳」の二文字を、胡平生・張徳芳『敦煌懸泉漢簡釈粋』（上海・上海古籍出版社）と前引の馬怡の釈文はともに「莫傳」に作っており、前引の張徳芳は「□傳」に作っている。原簡の字形は確かに「莫」に近いようであるが、それでは文意が通じない。張俊民は電子メール（二〇〇九年一二月一日）の中で、「其」と釈すべきではないかという意見を出されたが、それで文意はよく通る。今、これに従う。

(85) 汪桂海『漢代官文書制度』、一二五～一二六頁。また、『後漢書』の楊秉、李雲、黄琬などの伝を参照。

(86) 初世賓もまた、正本と副本の内容には区別がないはずだと考えている。初世賓「懸泉漢簡拾遺（二）」、一八四頁。

(87) 陳松長編著『香港中文大学文物館蔵簡牘』（香港・香港中文大学文物館、二〇〇一年）、134 簡背面、135 簡正面、136 簡背面、150 簡正面、153 簡背面、を参照のこと。編者である陳松長は、これらを稟食簿の副本だとしているが（八頁）、正しいであろう。また、報道によれば、湖南省里耶秦簡の中にも明らかに「副」と書かれた簡があるというが、残念なことにどんな形式なのかは分からない。湖南省文物考古研究所編『里耶発掘報告』（長沙・岳麓書社、二〇〇六年）、一二五頁、参照。

(88) 大庭脩『漢簡研究』、二五一頁。

(89) 角谷常子「簡牘の形状における意味」、九六頁。

(90) 汪桂海『漢代官文書制度』、一二〇～一二一頁。

(91) 同右、一二八頁。

(92) 清代の学者・趙翼は「ム」が「某」の古字であると指摘している。趙翼『陔餘叢考』（台北・新文豊出版公司景印湛貽堂蔵板、一九七五年）巻二二、六頁上下、参照。また、于豪亮「居延漢簡叢釈」（詣ム治所の条）、『于豪亮学術文存』、一八八頁、参照。

(93) 李均明・劉軍『簡牘文書学』一六四～一六六頁。李均明『秦漢簡牘文書分類輯解』一三六～一三七頁。ただ、『簡牘文書学』の一〇一～一〇二頁では空白にしておくことを論じて、「一般的に、日付を空けていたり、人名を空けていたりするのは、正式に発送していない文書の原稿と言える。これらの文書は秘書により起草され、主管する長官の校閲を経た後で、はじめてその名前が署名され、……空白になっている日付は発送する日になってから日付が書かれる」と述べている。李・劉は、署名を必要とする正式文書は草稿に署名を加えて完成したと考えているようである。汪桂海は、草稿と草稿によって清書した底本もしくは副本とを区別しており、また底本と正本も区別している。

(94) 「草」が草稿であることを証明する例は数多い。たとえば、『史記』屈原賈生列伝には「懐王、屈原をして憲令を造為せしむ。屈平、草稿を属するも未だ定まらざるに、上官大夫、見てこれを欲わんと奪す。屈平、与えず。因りてこれを譏して曰く、『王の屈平をして令を為《つく》らしむること、衆の知らざるは莫し。一令の出づるごとに、平その功を伐《ほこ》りて以為えらく、我れに非ざれば為すあたわざるなり』、と。」とあるが、ここにいう「草稿」が起草の「草」であることに間違いはなかろう。「草稿」が「槀草」とも称されたことは『後漢書』南匈奴列伝等に見える。

(95) 汪桂海『漢代官文書制度』、一二一頁。初世賓「懸泉漢簡拾遺（二）」、一八五～一八六頁。

(96) この天鳳四年の戦役の背景に関する考証としては、饒宗頤・李均明『新莽簡輯證』（台北・新文豊出版公司、一九九五年）、二〇〇～二〇七頁が参考になる。内容の考証は、張徳芳「関於敦煌漢簡中西域史料的幾個問題」『懸泉漢簡研究』（蘭州・甘粛文化出版社、二〇〇九年）、三〇三～三二二頁、参照。

(97) 最多で四枚あるだろう。もう一枚の敦76にも「使西域大使五威左率都尉□□□」などの文字がある。しかし一部の文字は図版を見ても釈読しがたい。

(98) 「ム」という符号は、草稿では銭の枚数やその他を代替する場合にも用いられているようである。EPS4T2.52を参照のこと。本稿では詳述しない。

(99) これは一般的に竹簡・木簡を削刀によって痕跡を残さないように削り改めるのとは異なる。起草した吏が長官による修訂を判別しやすいように、長官は字句の脇に文字や語句を補ったり、縦線で削除すべき所を太く塗りつぶしたりしたのではないかと推測される。

(100) 他にはわずかにEPT44.3などが見いだせるのみである。

(101) 副本を書いた際、偶然の誤りや書き落としのあることは排除できない。角谷常子はEPF.22.195で「留」の字が右側に補筆されている例を指摘し、これを「加筆訂正」した例と称する。角谷常子「簡牘の形状における意味」、九五頁、参照。

(102) 李均明・劉軍『簡牘文書学』、一六五頁。李均明『秦漢簡牘文書分類輯解』、一三六頁。

(103) ただし、ある特定の状況で作られた文書の正本が「草」と自名する草稿を含むことがある。たとえば、建武二八年に北匈奴が使者を遣わして和親を乞い、光武帝が三府にどのように返答すべきか議論させた際、司徒掾の班彪が上奏し、上奏書の「報答の辞」を「槀草」と称している

（『後漢書』南匈奴列伝、二九四六頁、に見える）。このような草稿は、上奏文正本の付属文書だと言える。「草」と呼ばれてはいるが、草卒に書かれたものではあるまい。

(104) 考えを異にする研究者もいる。たとえば、李均明は、「現在見ることのできる簡牘文書について、草稿の占める割合は非常に大きい。とりわけ上行文書の草稿は非常に多く、たとえば、字体が草卒であることや、塗りつぶしや補筆が多いことなどの明らかな特徴を有している」（『秦漢簡牘文書分類輯解』、一三六頁）と述べている。初世賓は、この説に対しては意見を多少保留しており、「居延・敦煌漢簡は基本的にはすべて官文書の控えであるが、前述した草稿の特徴のようなものはむしろきわめて少い。たとえば、文字の誤りの訂正は主に削り去ることによっており、塗りつぶしあるいは補筆はごくごく僅かしかない」と述べている。同「懸泉漢簡拾遺（二）」、一八五頁。私は、初氏の意見に同感である。

(105) これまで、汪桂海を除く研究者たちは、文書制度を議論する際、竹簡木簡のような文書の蓄積には保存のための空間が必要なこと、それが文書管理制度に影響を与えることなどを見過ごしてきた。私は汪桂海の研究にもとづき、さらに踏み込んだ議論を試みたことがある。邢義田「漢代簡牘的体積・重量和使用—以中研院史語所蔵居延漢簡為例—」『古今論衡』一七（二〇〇七年）、六五～一〇一頁、参照。

(106) 邢義田「従簡牘看漢代的行政文書範本—「式」」『厳耕望先生紀念論文集』（台北・稲郷出版社、一九九八年）、三八七～〇四〇四頁、参照。

(107) たとえば、EPS4T2. 52は小字で書写された、債務の紛争に関係する木牘であるが、異なった墨色の増補した筆跡や、また四度にわたり「ム」符号が見られることなどから、草稿と見なすべきである。

(108) 永田英正は居延漢簡の集成を行い、その集成によって圧倒的多数のものがルーティンな簿籍の類であることを明らかにした。他にも李天虹『居延漢簡簿籍分類研究』（北京・科学出版社、二〇〇三年）、李均明『秦漢簡牘文書分類輯解』（北京・文物出版社、二〇〇九年）参照。

(109) 李均明・劉軍『簡牘文書学』、一六五頁。

(110) 正式な公文書の様式の一つは両行、つまり一枚の簡に二行で書くことである。角谷常子がこの点について指摘している。同「簡牘の形状における意味」、九〇～九八頁、参照。この説は出土簡牘から証明できる。敦煌懸泉置出土の王莽簡に「詔書は必ず明白大書し、両行を以て故恩沢詔書を著せ。嘉徳なくんば、書佐は方に宜しく二尺の両行の嘉徳と長短の等しき者を以て、便宜を以て従事すべし……」（胡平生・張徳芳『敦煌懸泉漢簡釈粋』（上海・上海古籍出版社、二〇〇一年）二頁、II0114③：404）とある。ここでいう「二尺の両行」が正式な詔書について述べていることは疑いがなく、正式な文書に簡の長さと書写形式に規定のあったことが推測される。また、胡平生と馬月華の「両行」に関する議論、『簡牘検署考校注』（上海・上海古籍出版社、二〇〇四年）、四一～四二頁、を参照のこと。ただし、すでに考察したように、正式な文書は単行でも書かれたし、冊書の中で単行と両行、ひいては三行が並存する状況すらあったようである。懸泉置出土のいわゆる「失亡伝信冊」がその例であるが、この冊は編縄が完全に残っており、第一簡の上欄が三行に、下欄が二行に分けて書かれている点は注目に値する。この冊書の図版は、『出土文献研究』第七輯、図版一一頁、に見える。また懸泉置出土の「伝車亶轝簿」は一〇枚の簡から成り、編縄が残存している。簡の幅は様々で、札であったり、両行であっていたりしている。札には単行で文字が書かれているが、上欄が単行、中欄が両行で書かれている様子も見られる。文書冊の実際の状況が、これまでの認識よりずっと複雑であることが見て取れる。

(111) 本稿の修訂稿を角谷常子に送り、教示を請うた際、角谷は、EPF22.464とEPF22.324の二枚の簡の一行の字数が同じであり、またEPF22.464の第一行の最後の「界」の字とEPF22.324の「界」の字の書法が同一なことを指摘し、接続して一つの冊書に含めることができるのではないかと指摘した。その説が取るべきであるとすれば、この正本にはもう一枚の簡が存在することになる。ただ残念なことに、EPF22.464の図版は最後の「界」の字を除いてほとんど認識できず、その釈文も字跡の剝落したあとの痕跡によってなされており、さらなる検証が望まれる。

(112) 長さ約四六cm、両行で書写され、中央に隆起があり、簡面が両側に向けて傾斜している形状の簡牘文書は、長沙走馬楼八号井戸出土の武帝期の両行文書が典型であろう。長沙簡牘博物館・長沙市文物考古研究所聯合発掘組「二〇〇三年長沙走馬楼西漢簡牘重大考古発現」『出土文献研究』第七輯（上海・上海古籍出版社、二〇〇五年）五七～六四頁、及びカラー図版を参照。また謙慎書道会展七〇回記念『日中書法の伝承』（東京・二玄社、二〇〇八年）、一二四～一二五頁、あるいは西林昭一編『簡牘名蹟選』二、二八～三二頁を参照。ただし、前述した敦煌懸泉置出土の「失亡伝信冊」は、わずかに長さ二三・二cmであり、前半の五枚の簡は両行で書かれ、中間の三枚の簡だけに中央の隆起が見られる。厳密にいえば、形態の基準に完全には合致していない。

(113) たとえば、湖南里耶J1(9)1-12号秦牘は、保存用の底本に後処理を記録したものではないかと思われる。邢義田「湖南里耶J1(8)157和J1(9)1-12号秦牘的文書構成・筆跡和原檔存放形式」『簡帛』第一輯（上海・上海古籍出版社、二〇〇六年）二七五～二九六頁、を参照。居延出土の文書の中ではEPT56.6Aの補記「書即日餔時起候官」、EPT48.25の補記「候君詣府」などが、文書の底本に後処理の状況を記録したものである。

(114) 二つの状況が推測できよう。一つはこの時の上申制度が月言簿から四時簿に簡略化されており、毎月の上申が一季に一度の上申に簡略化されていたというもの。さもなければ、月言簿はまだ存在していたが、四時簿は月言簿にもとづいて、三箇月ごとに一通の四時簿を編成していたというもの。いずれが正しいかは、現状では確定しようがない。

(115) 永田英正は帝国行政の末端機構として、辺塞の候官が内郡の県に相当することを正確に指摘し、あわせて漢代辺塞の候官の職掌を議論したのちに、「いわゆる文書行政は辺郡の軍事地域にのみ見られる特殊事情かというと、決してそうではない。というのは漢の天下に施行された上計制度は、まさに文書行政の一環をなすものであったからである。したがって辺郡の制度は内郡の制度がもちこまれ、発展したものにほかならない」と結論づけている（同『居延漢簡の研究』、五一六頁）。上計制度の重要な一環が戸口簿である。その他の簿籍や文書の制度については、内郡の資料の公刊を待って、より明確な答えが出せるだろう。たとえば漢制によれば、多くの正式文書あるいは簿籍はみな二尺、二尺四寸あるいは三尺の簡牘を用いたが、現在検討できる材料からみると、居延と敦煌の辺塞は竹木資源がやや欠乏していたか、あるいは行政上の特殊な規定があったかのため、基準の長さに合致する簿籍や文書は非常に少ない。ただ、秦漢の内郡地区から出土した簡牘には検討すべき例が少なくない（たとえば里耶戸籍簡の長さは四六cmであり、走馬楼J8出土の長さ四六cmと二三cmの両行と単行の文書がある）。この現象は引き続き注目に値する。湖南省文物考古研究所編『里耶発掘報告』（長沙・岳麓書社、二〇〇七年）カラー図版三六～三九、長沙簡牘博物館等「二〇〇三年長沙走馬楼西漢簡牘重大考古発現」『出土文献研究』第七輯、五七～六四頁及びカラー図版、参照のこと。長沙走馬楼西漢簡の比較的明瞭な図版は『日中書法の伝承』、一二四～一二五頁、または西林昭一編『簡牘名蹟選』二、二八～三七頁、にも見える。

(116) 私は以前、「漢代的辺郡与内郡」、「漢代的辺吏・辺患与辺民」という二篇の文章を書いたことがあるが、すぐには解決できない問題があり、今なお定稿を得るに至っていない。

候官における簿籍の保存と廃棄
——A8遺址文書庫・事務区画出土簡牘の状況を手がかりに——

青木俊介

はじめに

額済納河流域の漢代烽燧遺址にはそれぞれ編号が付与されており、A8とは、俗に破城子と呼ばれる遺址を示す。出土簡牘の記載内容から、この遺址は居延甲渠塞の部燧を統括した甲渠候官であったと考えられている。

A8遺址では一九三〇年代と一九七〇年代の二度にわたる調査が行われ、一万三〇〇〇枚以上の簡牘が得られた。これだけ大量の簡牘が、文書として実際に運用されていた官署の遺址で発見されたことは注目に値する。なぜならば、墓や井戸より出土する法律文書や行政文書とは違い、文書が文書として扱われていた時の様子を、記載内容とその出土地点との関係からうかがい得る可能性を秘めているためである。(1)

簡牘の出土地点を意識した研究はこれまでにも多く存在する。ことに、居延や敦煌の烽燧遺址出土簡牘を研究する際には、文書の性質や処理方法を検討する上で不可欠な要素である。だが、先行研究で意味するところの「出土地点」は遺址単位であり、それによって明らかとなるのは機関相互の関係である。

他方、本稿でいう「出土地点」とは、遺址内部における簡牘出土地点のことであり、簡牘が有する文字や形の情報と出土状況とを照合・分析することによって、機関内部での文書および人間の動きの解明を目的とする。A8遺址を特に取り上げるのは、前述の特長に加え、簡牘の詳細な出土位置や遺構の情報が公表されており、考察の展開に適した条件を備えているからである。

このような手法に対しては、A8遺址はすでに放棄された施設なのだから、簡牘の出土状況から分かるのは放棄時の様子に過ぎず、甲渠候官の活動を復元することはできないとする批判もあろう。しかし、遺址に残された簡牘群は一時に形成されたものではなく、甲渠候官の一〇〇年にもおよぶ活動によって蓄積されたものである。従ってその蓄積の厚みから、一定の傾向を読み取ることは可能なのではないか。考察を進めることで、この仮説の当否も明らかとなるだろう。

本稿では、遺址内での出土地点が明確な一九七〇年代出土簡（以下、新簡）を主たる考察対象に据える。とはいえ、一九三〇年代出土簡（以下、旧簡）をも適宜参照することはいうまでもない。

一、A8遺址の概要

まずはA8遺址各所および簡牘の出土状況を、主に発掘簡報[2]と図1・2を参考として紹介しておきたい。ついては、遺址全体を探方（グリッド）の配置にもとづいて五つに区分し、解説を加える。なお、塢墻沿いの外部に位置する探方は、塢墻内部との連続性に鑑みて「塢内」に含めることとする。

（1）塢内東部（T1～18・39・42・45・49・68、F20～37）

A8遺址北の塢墻から東の塢墻に沿って、多くの小部屋が配置されている。これらの大部分は住居と考えられており、さらに厨房（F26）や家畜小屋（F32）があることから、この一帯は甲渠候官に勤務する吏卒の生活区画であったとすることができる。

出土した簡牘は二一七九枚。そのうちの三二五枚は塢墻を挟んだ外側（T1～4・7・10・13・16）で見つかっているが、これらの大部分は加工痕を持つ。再利用した上で、使用に耐えなくなった簡牘が、塢墻上から外部へ投棄されたものと思われる。ちょうどF32の東側には、塢墻へ登る通路が確認されている。

出土簡のほとんどは烽燧の運営に関する公文書である。すでに述べたように、ここは生活区画であって、本来このような文書を作成・処理する場所ではない。よってこれらの簡牘は、塢内西の事務区画（後述）から移動してきたものと解すべきだろう。

外部へ投棄されたものがそうであったように、生活区画の出土簡の多くは意図的な加工を施されている（図3）。特に刀の切っ先のような形状をした木簡、あるいは端の焦げたものが目立つが、これらは籌木と呼ばれ、現代のトイレットペーパーにあたる[3]。また、F32は家畜小屋とされているが、例えば

廁中豕羣出、壞大官竈。注：廁、養豕圂也。
（廁の中の豚が一斉に逃げ出し、大官の竈を壊した。注：廁とは、豚を養う小屋である。）　『漢書』武五子伝（燕剌王劉旦）

というように、漢代には豚を廁に飼う習慣があり、明器にも廁に豚を配したものが存在する[4]。F32も廁として機能していたかも知れず、周囲で籌木が多く発見されるのも理にかなう。

生活区画の大部分から出土する簡牘は再利用されたものが多い。つまり、ここで必要とされたのは素材としての簡牘であり、それらはすでに文書としての機能を喪失していたとすることができる。ただし生活区画の中でも、F22とT68の出土簡牘は異質である。

F22は6㎡足らずの小部屋であるものの、ここからは八八九枚もの簡牘が出土している。その中には著名な「候粟君冊書」など、四〇組余りの完形、あるいは完形に近い冊書が含まれており、甲渠候官の文書庫であったとする見方が強い。

出土簡牘の年代分布も、F22が文書庫であった証拠の一つである。李均明氏による居延漢簡の編年[5]に従って年代分布を見てみると、F22出土の簡牘のほとんどが、新・王莽期から後漢・光武帝期のものであることが判明する（表1）。発掘簡報は甲渠候官の実質活動期間の下限を建武八年（紀元三二）としており、それに依拠するならば、F22の出土簡はほぼ最新の文書といえよう。新簡の中に、光武帝期ものと

図１　甲渠候官遺址発掘探方分布図

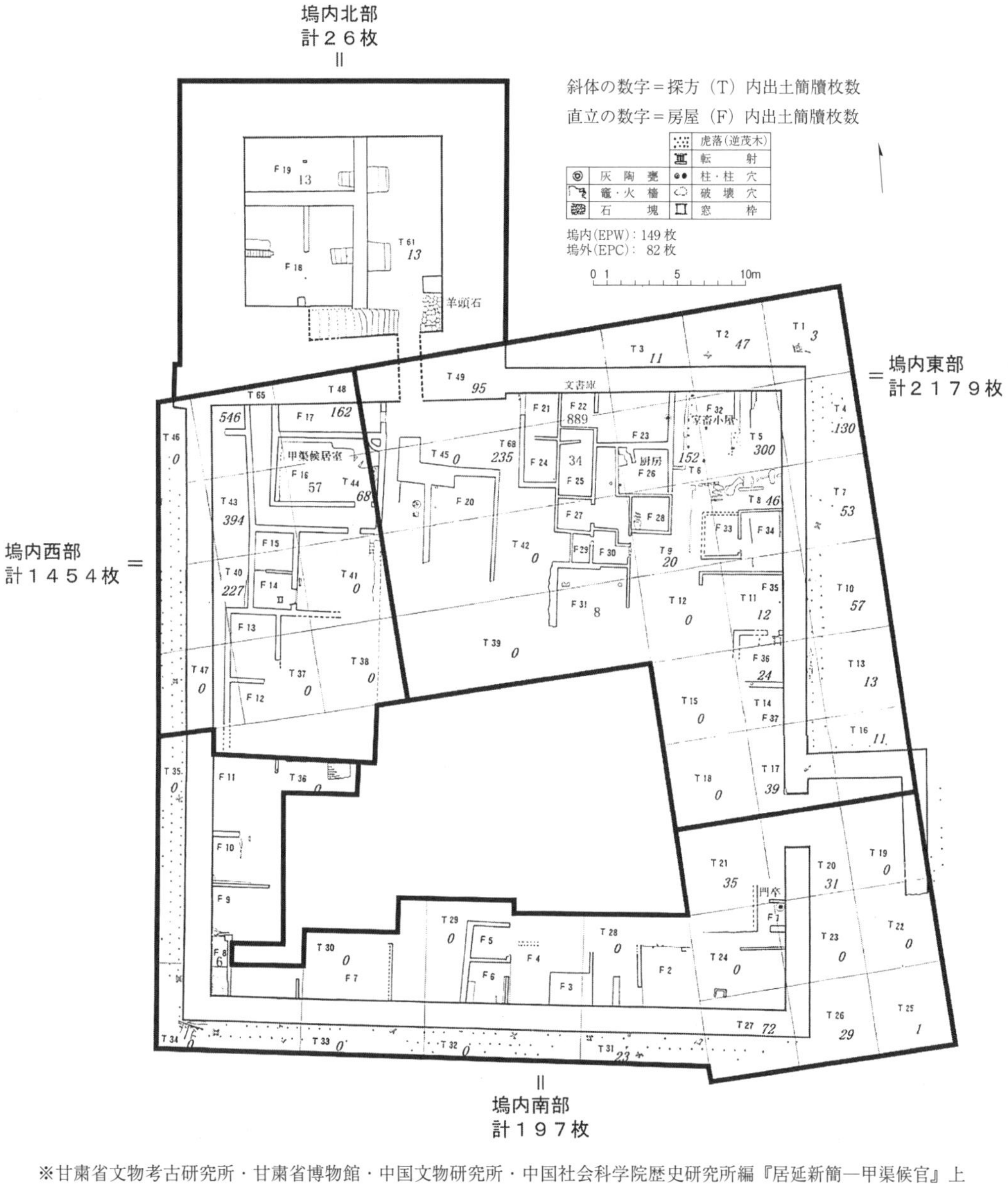

※甘粛省文物考古研究所・甘粛省博物館・中国文物研究所・中国社会科学院歴史研究所編『居延新簡—甲渠候官』上（中華書局、一九九四年）所載の図をもとに鈴木直美氏が作成したものを一部改変。

図2　A8（甲渠候官）遺址発掘図

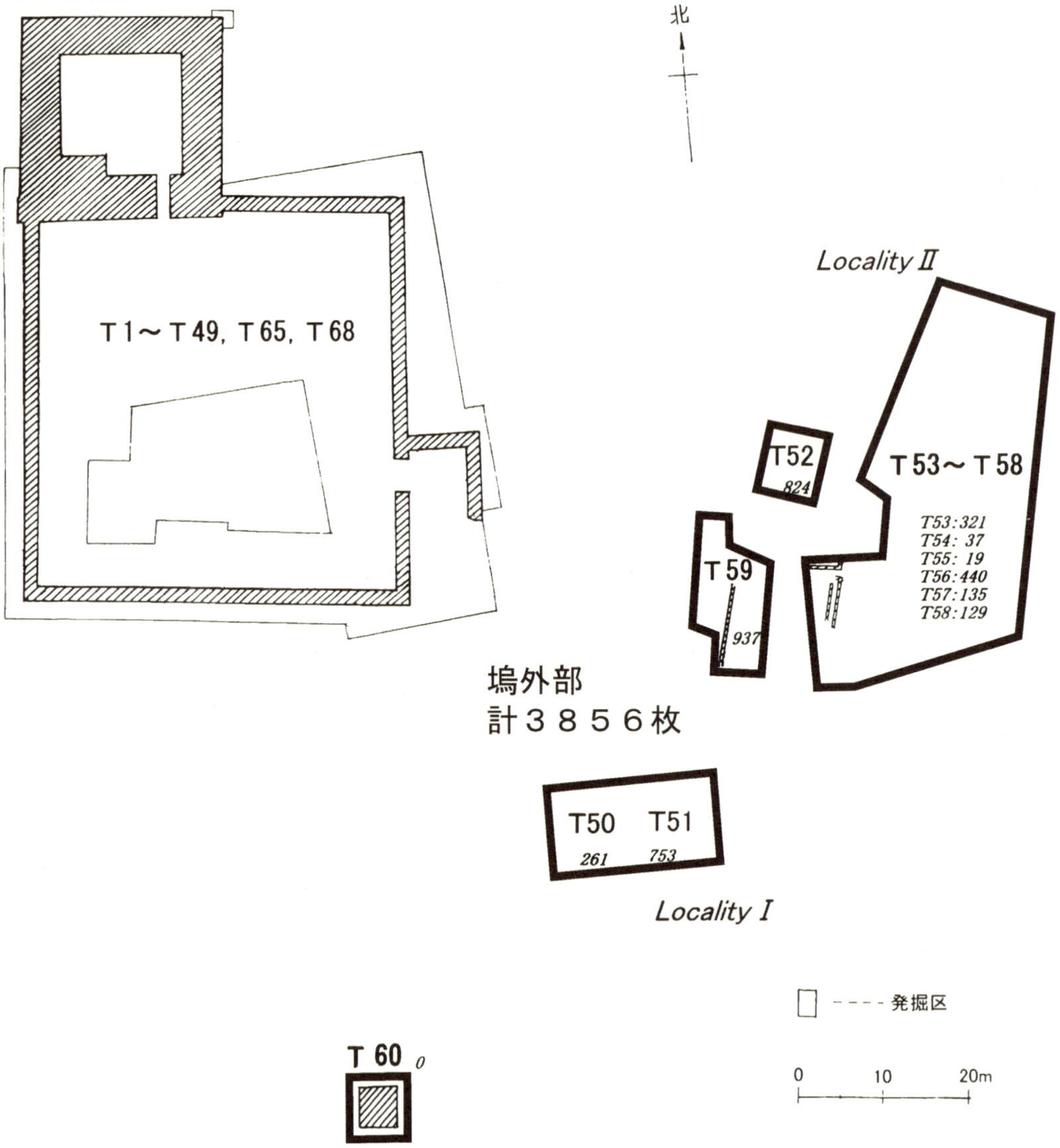

※甘粛省延考古隊「居延漢代遺址的発掘和新出土的簡冊文物」（『文物』1979年第1期）図11をもとに鈴木直美氏が作成したものを一部改変。

図3　生活区画出土簡

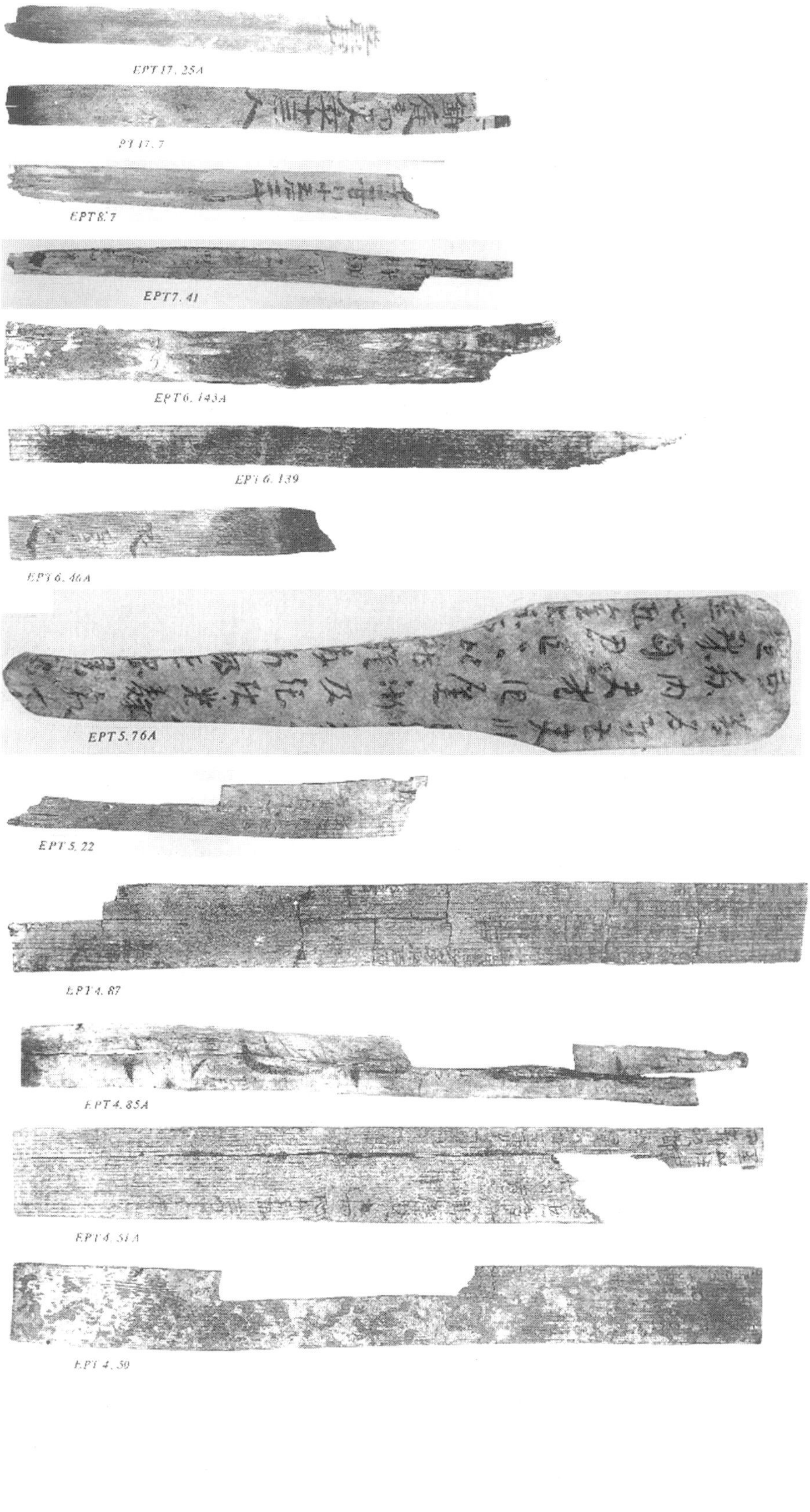
EPT17. 25A
EPT17. 7
EPT8. 7
EPT7. 41
EPT6. 143A
EPT6. 139
EPT6. 46A
EPT5. 76A
EPT5. 22
EPT4. 87
EPT4. 85A
EPT4. 51A
EPT4. 50

塢内西部						塢内南部							塢内北部		塢外部										
T40	T43	T44	T48	T65	F16	T20	T21	T25	T26	T27	T31	F8	T61	F19	T50	T51	T52	T53	T54	T55	T56	T57	T58	T59	合計
																	1								1
																						1			2
																		1				4	1		6
																2		2			2	8	6	2	22
															1	2	5	8			6		2	1	27
				1												5	4	8			11		1	2	35
	1			1												2	1	9			21		1		38
																	2								2
1				1												6	2	5	1		12	8	7	2	47
				1												4	4	4			2			1	17
			2													6	5							2	17
				1											1	17	12						1	2	36
															1	2	1								4
				1											2	10	10				2			1	27
				1			1								4	16	13	1	1						41
				1												5	7		1					2	18
				1											2	2	7				1			1	16
				1											9	1	4								16
															6			1							13
2	1			2											1	1							1	1	10
2			2	2											3	1				1					13
	1			1											7	9	16							1	38
2	8		1	13						1					1				1	2		1		1	33
																								2	4
	1		1	1																					3
1															1			1				1		2	7
	1			1						1					1									4	10
																								1	1
	1			2													2							12	30
	2		1	1																		1		16	42
1	5		3	4					2	1														2	39
20	30	1	12	39		1		1	3	7		2	2		2		2		1	2				108	321
																									1
	4		2	2																					16
					1																				1
	1			4						1															10
																									1
		1	1	2	1	2			2	2														2	95
1	3	5	3	10	2	1				1	1													3	76
			2																						2
				1																					3
													1												1
																									9
30	59	7	30	95	4	4	1	1	7	14	1	2	3	0	42	91	98	40	5	5	57	24	20	171	1151

表1　A8遺址出土簡牘年代分布表（冊書は1件とする）

		塢　内　東　部																			
年　　代		T1	T2	T3	T4	T5	T6	T7	T8	T9	T10	T11	T13	T14	T16	T17	T49	T68	F22	F25	F31
昭帝	始元（前86－前81）																				
宣帝	本始（前73－前70）								1												
	地節（前69－前66）																				
	元康（前65－前62）																				
	神爵（前61－前58）		1															1			
	五鳳（前57－前54）		1			1															1
	甘露（前53－前50）			1			1														
	黄龍（前49）																				
	宣帝時期					1			1												
元帝	初元（前48－前44）													1							
	永光（前43－前39）					1						1									
	建昭（前38－前34）					2															
	竟寧（前33）																				
	元帝時期																			1	
成帝	建始（前32－前29）				1	2													1		
	河平（前28－前25）					1													1		
	陽朔（前24－前21）					2															
	鴻嘉（前20－前17）				1																
	永始（前16－前13）			1	3	1		1													
	元延（前12－前9）											1									
	綏和（前8－前7）									1										1	
	成帝時期		1		1				1												
哀帝	建平（前6－前3）					1			1												
	元壽（前2－前1）					1											1				
	哀帝時期																				
平帝	元始（1－5）										1										
孺子嬰	居攝（6－7）							1	1												
	孺子嬰時期																				
王莽	始建國（9－13）				5	2		4								1	1				
	天鳳（14－19）		1		2	6	4	1										1	5	1	
	地皇（20－23）				1	1	2				1								13	2	1
	王莽時期		5		13	13	10	6		1			1	4	1	7	1		25	1	
隗囂	復漢（23－？）																		1		
淮陽王	更始（23－25）						2				1						1		4		
	淮陽王時期																				
劉盆子	建世（25－27）																		4		
光武帝	元始（26）																		1		
	建武（26－55）						2							2				14	63	1	
	光武帝時期						1	1				1			1	2		1	38		1
章帝	元和（84－87）																				
和帝	永元（89－104）																1		1		
安帝	永初（107－113）																				
後　漢　章　帝　以　後																	9				
合　　計		0	9	2	27	35	22	14	5	2	3	3	1	7	2	10	14	17	157	7	3

確定できる簡牘は合計一七二枚あるが、そのうちの一〇二枚、実に六〇%がF22一か所から出土している。また反対に、王莽期より古い簡は、前漢・成帝の建始年間（紀元前三二～二九）と河平年間（紀元前二八～二五）のものが各一枚あるだけである。こうした状況から汪桂海氏は、一定の保存期間を過ぎた文書を定期的に取り出して廃棄していたとする。[6]文書の保管施設ならではの処置であろう。

T68からは二三五枚の簡牘が出土した。多くは劾状であり、李均明氏の研究によれば、これらのほとんどは冊書を構成する。[7]この文書のまとまり様には何か特別な意図を感じるが、編号が「T（探方）」であるように屋外であって、T68がどのような空間であったのかは定かではない。

（2）塢内西部（T37・38・40・41・43・44・46～48・65、F12～17）

高さ〇・九メートルの台基上に房屋が立ち並んでいる。修築された痕跡があり、現存している遺構は、甲渠候官の活動期間後期に建てられたものと考えられている。中でも最大の房屋であるF16は、後期における甲渠候の居室とされる。

ところで、E.P.T68:19の

候、復持酒出之堂煌上。飲再行酒盡、皆起。讓與候史候□〼

（甲渠候がまた酒を持ち出し、堂煌の上に行った。二まわり飲んだところで酒が尽きたので、全員立ち上がった。譲と候史・候……）

という記載から、甲渠候官に「堂煌」という施設が存在していたことは明らかである。その「堂煌」とは、『漢書』胡建伝に

於是當選士馬日、監御史與護軍諸校列坐堂皇上、建從走卒趨至堂皇下拜謁、因上堂〔皇〕、走卒皆上。

（士の馬を選ぶ当日、監御史と護軍の諸校が堂煌の上で一同に着座した。胡建は走卒を従えて走り、堂煌の下に着いて拝謁し、堂煌に上ると走卒も全員が上った。）

とあることから、上り下りするような高さを持つ空間であったことが分かる。塢内西側一帯は一段高くなっており、おそらくはこの台基が甲渠候官の堂煌だったのだろう。

また薛英群氏によれば、堂煌とは、軍隊統帥の場所や官吏が事務を行う堂舎を指すとのことである。[8]旧簡206.4の、

受官錢定課四千、負四筭。

萬歳候長充　毋自言堂煌者第一、得七筭。　相除定得三筭。第一

（万歳候長充は評価第一。候官の銭を受け取り勤務評定を行うと四〇〇〇銭なので、四算を失う。堂煌に申告する者がいないので評価第一であり、七算を得る。差し引き三算を得るものと定める。）

という記載からは、勤務評定に関わる申告は[9]堂煌に対して行うものであったことがうかがえる。この簡のような勤務評定の文書は、堂煌において作成されたのだろう。こうした状況から、塢内西部の台基上こそが、甲渠候官における吏卒の事務区画であったとすることができる。すなわち、遺址中に見つかるほぼすべての文書は、ここで作成ないし処理されたものということになる。

塢内西部から出土した簡牘は一四五四枚。その八〇%にあたる一一六七枚はT40・43・65から発見されている。T40・43・65には、台基上の建築物と塢墻との間の細長い空間が含まれるが、「T」番号なので、発掘者はここを房屋とは見なしていない。しかし、候官内東・南・北の塢墻に沿ったすべての房屋が塢墻を部屋の壁の一部としてお

り、ここだけ構造が違うのは不自然に感じる。さらにT65には、部屋の仕切りのような壁も確認できる。この空間は一体何なのか。

　これに関して、王子今氏が興味深い考察をしている。王氏は漢代の建築明器に、密閉された細長い構造の小部屋が表現されていることを指摘し、疏勒河流域の漢代辺塞遺址の「隔道」や、楼蘭の漢魏遺址などにも同様の構造が認められるという。さらに、A1遺址（殄北候官）も障の西側に長方形の房屋があり、そこから漢簡約五〇枚が発見されている。王氏によれば、これらは文献中に登場する「複壁」であるという。複壁は緊急時の避難場所として利用されるほか、文書・書籍を壁蔵する場所でもあり、漢代西北辺塞の「隔道」・「夾道」から多くの簡牘文書が出土する原因であるとする[10]。この説を踏まえると、A8遺址のT40・43・65も複壁であり、房屋であったと見なすことができる。

（3）塢内南部（T19～36、F1～11）

南の塢墻内側に沿って部屋が並んでおり、塢門から入ってすぐのF1は門卒の詰め所に比定されている。文書検の中には、「門卒某が持ってきた」という着信記録を持つものもある。そのほかの部屋の役割については分かっていない。

　一九七枚の簡牘が発見されているが、うち一五六枚が塢墻外側（T20・25～37・31）で見つかっている。削りくずなどが含まれていることから、これらも生活区画と同様に投棄されたものだろう。

（4）塢内北部（T61、F18・19）

　北西に出っ張った形で障（望楼）が築かれている。基底部の周囲二三・三m、厚さ四～四・五m、残存する高さ四・六mで、有事の際に武器とする羊頭石が積まれている。西側の一段低い部分に二つの部屋（F18・19）があり、そこにあった建物は火災によって焼失したとされる。さらにその部屋の一m上層には、後期に建てられたと思しき小屋の形跡がある。また、長官である甲渠候の居室は当初、障内に設けられていたらしい。

　簡牘は東南角にある障門から入ったT61で一三枚が見つかっており、F19からも同数の木簡が発見された。内容は雑多で、封検なども含まれている。ほとんどが断簡であるため、文書として持ち込まれたものではない。

（5）塢外部（T50～60）

　塢門外、東に三〇m余り離れた七〇m×三〇mの範囲から、柴草や糞便、廃棄された器物、焼灰、砂礫などが発見されており、甲渠候官のゴミ捨て場であったと見なされている。

　またここからは、旧簡と新簡を合わせた簡牘の過半数が出土している（新簡は三八五六枚）。しかし、ゴミ捨て場という出土地点の性格を考慮すると、これら大量の簡牘はこの場所に移動してきた時にはすでに文書としての役割を終えており、ゴミとしてここに廃棄されたものとすることができる。

　塢の南五〇mの位置には、烽台とされる円形の土丘（T60）がある。版築によって築かれた土台は方形をしており、残存している高さは〇・七m、基礎部分は四・八×五mである。この烽台は烽燧線上からはずれており、候官専属の見張り台であったとされている。附近には信号用の積薪や旗竿の跡が残っているが、簡牘は発見されていない。

甲渠候官の実質的な活動期間は建武八年（紀元三二）頃までであったが、年代の最も新しい簡としては、晋の太康四年（紀元二八三）のものが確認されている。その間、遺址にある程度の改変が加えられたとは思われるが、廃棄簡を含めて当該期間の簡牘の出土数は非常に少なく（表4）、活動は極めて零細であったと考えられる。従ってA8遺址の遺構や簡牘の出土状況は、甲渠候官最盛期の様子を相当に反映したものといえる。

本稿は、簡牘の記載内容と出土地点との関係を基礎に考察を展開するものである。よって、記載内容と出土地点との間に関係性を見出し得ない塢外のゴミ捨て場とその出土簡、再利用ないし廃棄物である塢内東部生活区画の大部分や南部の出土簡は、主たる考察対象から除外する。また、北部から出土した簡牘数はわずか二六枚であり、障との関係性も感じられない。東部T68からは劾状の冊書がまとまって出土しているが、T68自体の性格がつかめない。結果、要件を満たすのは、塢内東部の文書庫（F22）と事務区画である塢内西部（T37・38・40・41・43・44・46～48・65、F12～17）の二か所となる。

二、文書庫と事務区画出土文書の傾向

F22は文書庫とされているが、すでに述べたように、すべての公文書は事務区画で作成・処理されたものなので、文書庫の文書も事務区画から持ち込まれ、そこに保管されたわけである。ただ、もしT40・43・65が複壁であり、文書の保管場所であるならば、事務区画にも文書庫が存在したこととなる。たといそうでなくとも、大量の文書が文書庫であるF22に移されることなく事務区画に留め置かれていたこと

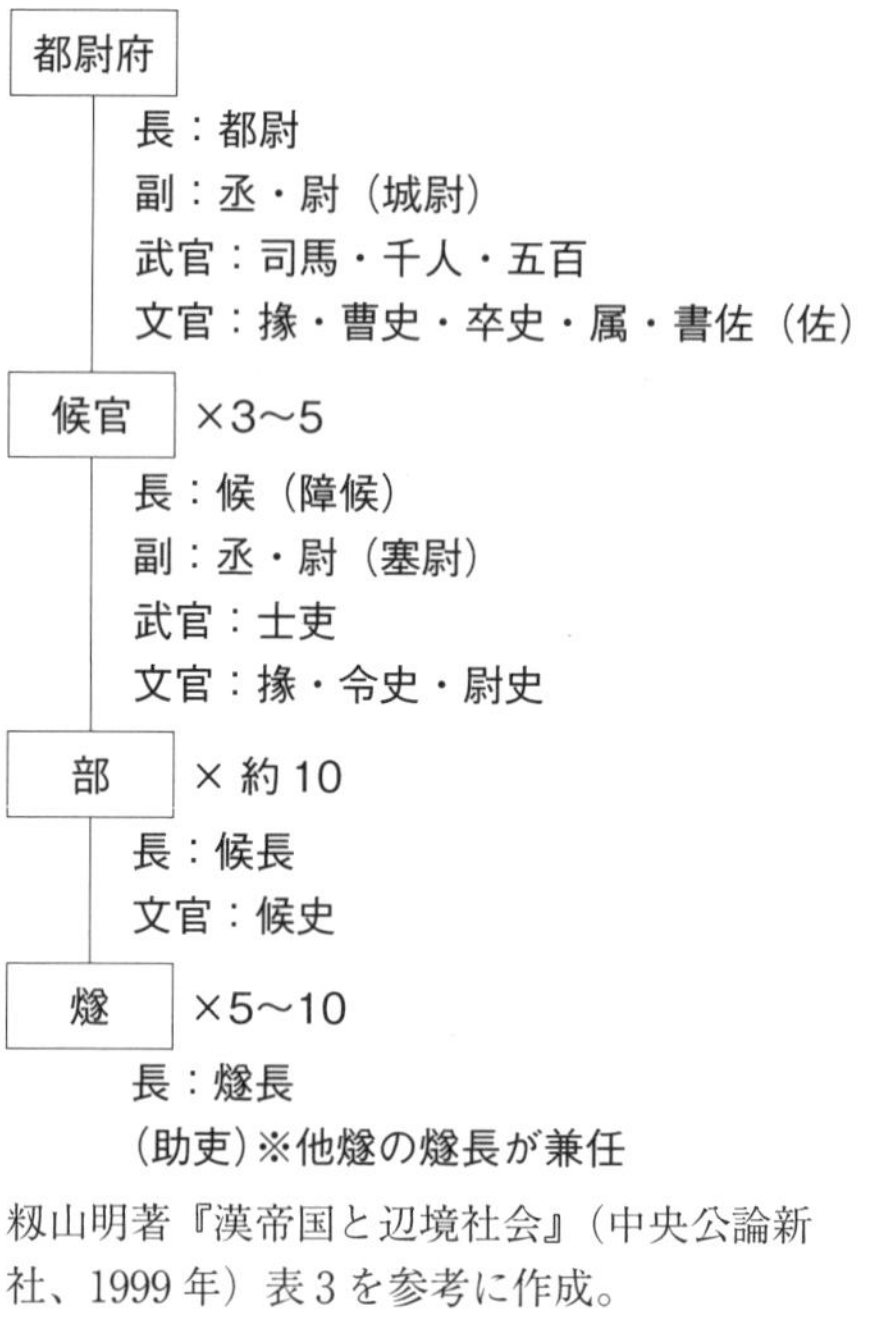

籾山明著『漢帝国と辺境社会』（中央公論新社、1999年）表3を参考に作成。

図4　漢代辺塞機構および所属官吏

になろう。このような文書の振り分けはどのような基準によるものなのか。以下、文書庫と事務区画それぞれの出土簡牘を検討する。

（1）漢代辺塞の機構と文書行政システム

出土簡牘の検討に先立ち、漢代辺塞の機構・文書行政システムを把握しておこう。

対匈奴防衛線の最末端に位置するのが、「燧」と呼ばれる烽火台である。燧は五～一〇を単位として「部」を構成する。責任者である候長が所在する燧の名が、そのまま部の名称となった。そして一〇前後の部が「候官」の管轄下に置かれ、さらに「都尉府」が三～五の候官を統轄した。その統属関係を図式化したのが、（図4）である。この等級は郡―県―郷―里という地方行政機構と対応しており、例えば候官の長官である候は、県の長官である県令と同格ということになる。

公文書の処理もこの機構に沿って行われた。都尉府からの下行文書

は候官・部を経て燧へ至る。反対に、燧で作成された文書は原則として部を経由して候官に送られ、[11]候官から都尉府へと上呈されたのである。この機構形態を理解した上で、文書庫・事務区画出土簡牘の分析に取りかかるとしよう。

（2）文書庫出土の簿籍簡

井上亘氏はF22をはじめとする漢代の書府の機能について論じ、次のように述べている。「書府は……簿書を整理・保管し、また、官府間で正本と副本を持ち合うことで情報管理を徹底し、さらに、そうした文案の保管や故事の蓄積が、官僚制的な先例主義の基礎ともなったのである」[12]。この井上氏の説に漢代辺塞の機構および文書行政システムを加味するとF22には、

A　上級機関から甲渠候官への下行文書
B　甲渠候官から上級機関への上行文書（の写し）
C　同級機関から甲渠候官への平行文書
D　甲渠候官から同級機関への平行文書（の写し）
E　甲渠候官から下級機関への下行文書（の写し）
F　下級機関から甲渠候官への上行文書

という六種類の文書が保管されていなければならない。

B・D・Eは甲渠候官発の文書であるので、A8遺址から出土するのは不自然のように思われる。しかし、例えば張家山漢簡「二年律令」戸律三三一簡の、

民宅園戸籍・年細籍・田比地籍・田合籍・田租籍、謹副上縣廷、【後略】

（民の宅園戸籍・年細籍・田比地籍・田合籍・田租籍は、厳正に副本を県廷へ上呈し、……）

という規定から、上申者は副本を提出し、正本を控えていたことが察せられる。それは後掲の簿籍送達文書簡の記載などから、甲渠候官にもあてはまるのは確実で、B・D・Eは発信文書の写しとすることができる。

右の六種類のうち、Fの文書、その中でも特に簿籍類が最多であったと予想される。なぜならば、候官の主たる下級機関は部燧だが、近年発見された額済納漢簡99ES17SH1:7の記載によれば甲渠候官管轄下の燧は七六あり、[13]一つの燧が提出する簿籍簡が一枚だとしても、提出回数や簿籍の種類を考慮すると、候官に集まる部燧の簿籍簡は年間数千枚、あるいは万にもおよんだはずだからである。それでは実際に文書庫出土簿籍簡の状況を見て行くことにする。

簿籍簡を検討するに当たって注意しなければならないのは、部燧のことを記録した簿籍であっても、部燧から提出されたものとは限らないということである。前述の機構に沿って、部燧は簿籍を候官に提出、候官はそれらを整理・集計し、体裁を整えた上で都尉府などへ上呈した。[14]その上呈簿籍は写しが作成され、候官にも保存される。つまり部燧に関する簿籍には、部燧自身の提出によるものと、候官がまとめ直したものとが存在するわけである。このことに留意して見てみると、文書庫出土の簿籍簡が持つ特徴が浮かび上がってくる。

E.P.F22:83〜115には同一形式の簡が連続している。その中から完形で、文字が比較的鮮明なものを抜き出してみる。

第六燧長皇隆　正月食三石　正月辛巳自取　E.P.F22:83
第十三燧長王習　正月食三石　正月辛巳自取　E.P.F22:84
不侵燧長石匡　正月食三石　正月辛巳自取　E.P.F22:85

鉼庭候長陳宗　正月食三石　正月壬午自取　E. P. F22: 86
第一燧長召浦　二月食三石　二月辛亥自取　E. P. F22: 87
第三燧長薛寄　二月食三石　二月辛亥自取　E. P. F22: 88
令史夏侯譚　四月食三石　四月辛亥自取　E. P. F22: 93
第八燧長梁習　四月食三石　四月辛亥自取　E. P. F22: 94
三堠燧長張業　四月食三石　四月辛亥自取、E. P. F22: 95
止害燧長徐歆　四月食三石　四月辛巳自取　E. P. F22: 97
第九燧長單宮　、十月食三石　十月甲寅自取　E. P. F22: 106
臨桐燧長孟賞　、十月食三石　十月甲寅自取　E. P. F22: 107

李均明氏によれば、これらは「吏廩食名籍」と呼ばれる食糧配給名簿[15]で、永田英正氏による分類のV―ロ―dに相当する様式[16]である。吏廩食名籍は、

建平三年六月庚辰朔戊申、萬歳候長宗敢言之。謹移部吏卒廩七月食名籍一編。敢言之。　E. P. T43: 6

（建平三年六月二九日、万歳候長の宗が申し上げます。謹んで万歳部の吏卒廩七月食名籍一編を送ります。以上申し上げます。）

という簡の記載などから、部単位（候官所属の吏については候官）で作成され、部から候官に送付されるものであったことが分かる。しかし、ここにあげたものは部で作成されたものではない。

図版を確認すると（図5）、同じ月の簡はいずれも同じ筆跡に見える。そして、同筆で書かれた簿籍の内容が複数の部にまたがっており、E. P. F22: 93に至っては候官の令史についての記録である。吏廩食名籍は部ごとに作成されるものなので、ある部がほかの部の、まして候官の名籍作成に関わることはあり得ない。このことを踏まえると、前掲の吏廩食名籍は、部から送られてきた原本にもとづいて候官でまとめられたもの、すなわち分類Bの「甲渠候官から上級機関への上行文書」に該当すると考えられるのである。

文書庫出土の簿籍簡には、E. P. F 22: 83~115の吏廩食名籍と同じ特徴を持った簡・冊書や、記載内容から候官で作成されたことが確実な簡が多い。残簡もあるので正確な数はあげられないが、図版・釈文を確認する限り、F22には簿籍と思しき簡が一八〇枚前後あり、そのうち一〇〇枚近くは甲渠候官で作成されたものと分かる。そのほかの簡もほとんどは作成場所を判別できないだけで、この中にも甲渠候官作成のものが含まれているだろう。仮にそれらすべてが部燧提出のものだとしても、文書庫出土簡八八九枚に占める割合は一割にも満たない。

さらに、文書庫出土の簿籍送達文書簡にも興味深い傾向が認められる。簿籍送達文書簡とは、簿籍を提出する際、簿籍本体と一緒に編綴された送り状のことであり、その判定基準は上申文書であること、上申者は姓をいわず名のみであること、「敢言之」の文言が用いられ、加えて「謹移……一編」とあることである[17]。その基準に適合するものをここに列挙してみよう。

建武四年五月辛巳朔戊子甲渠塞尉放行候事敢言□
謹移四月盡六月賦錢簿一編敢言之　E. P. F22: 54A
建武四年五月辛巳朔戊子甲渠塞尉放□▨
謹移正月盡六月財物簿一編敢言之　E. P. F22: 55A
建武泰年三月甲午朔庚申甲渠鄣守候　敢言之謹移三月
E. P. F22: 430A
建武四年十一月戊寅朔乙酉甲渠鄣守候博敢言之●謹移十月盡十＝
＝二月

図5　文書庫出土吏稟食名籍

穀出入簿一編敢言之　E.P.F22:453

更始二年七月癸酉朔己卯甲渠鄣守候獲敢言之府書□□□
被兵簿具對府●謹移應書一編敢言之　E.P.F22:455

漢元始廿六年十一月庚申朔甲戌甲渠鄣候獲敢言之
謹移十月盡十二月完兵出入簿一編敢言之　E.P.F22:460A

☐年八月乙卯朔癸亥甲渠鄣候獲敢言之謹移守　E.P.F22:532A

☐國天鳳一年十二月己巳朔丁丑甲溝第三候史丼劾移居延獄以律＝
＝令從事☐　E.P.F22:685

河平四年☐壬子朔壬子餅庭☐
謹移吏卒☐□簿一編敢言之　E.P.F22:705

注目すべきはE.P.F22:705[18]以外、いずれも甲渠候官から発信されているということである。附属の送り状に記された発信者が、簿籍本体の発信者であることは間違いない。そして「敢言之」という上行文書特有の用語から、これらの簿籍は甲渠候官で作成された上呈簿籍（の写し）とすることができる。

このように、文書庫出土の簿籍は原則として甲渠候官で作成されたものであった。そしてこれを換言すれば、候官が簿籍を作成する際に参照した部燧提出の簿籍簡は、文書庫には保管されていなかったことになる。文書庫であるはずのF22に保管されていないのならば、それらは一体どこにあるのだろうか。部燧から甲渠候官へ送付された簿籍の行方を求め、続いて事務区画の出土簡を見てみることとする。

（3）事務区画出土の簿籍簡

事務区画出土簡のうち、図版・釈文から簿籍と考えられる簡はおよそ四五〇枚。その中の約九〇枚は記載内容から候官で作成されたものと分かるので、部燧提出の簿籍の候補は三六〇枚前後となる。E.P.T65:8～14には、同種類・同様式の簿籍簡がまとめられている。

同
城北候長竇何　十一月食一斛五斗　十月丙寅掾譚取卩　E.P.T65:8A

第二十三隧長董放　十一月食一斛五斗舒　十月乙亥守尉史＝
＝王陽取卩　E.P.T65:9

同
推木候長王宏　十一月食一斛五斗　十月丙寅掾譚取卩　E.P.T65:10

第十桼候長趙彭　十一月食一斛五斗　十月丙寅妻取卩　E.P.T65:11

甲溝第三十二隧長張護　十一月食□斛□斗　十月甲子嫂難取卩　E.P.T65:12

三十
第二十燧長陳尚　十一月食一斛五斗　十月乙丑母取卩　E.P.T65:13

甲溝當曲隧長趙翕　十一月食一斛五斗今□☐　E.P.T65:14

これらも文書庫の例と同じく吏稟食名籍で[19]、永田分類V―ロ―d様式という点でも一致しているが、筆跡の様子が決定的に異なっている。文書庫の吏稟食名籍は、別の部の情報であっても同じ月の簡は同じ筆跡で記されており、それ故に候官で作成されたものと判定することができた。一方、E.P.T65:8～14はすべて同じ月の記録だが、いずれも筆跡が違う（図6）。さらに永田英正氏によれば、V―ロ―d様式の簡に見られる「卩」印は個人による食糧受領の印であり、部で作成された第一次の生の記録であるという⑳。これらのことから、ここにあげた簿籍群は部燧から候官へ提出された原本であると考えられる。関連する内容の簡が同一の筆跡で書かれていれば、簡がバラバラに発見されても冊書として復元することができる。文書庫には筆跡を手がかりに冊書として復元された簿籍が多く存在しており、それらは候官で集計・整理され、上級機関に提出された前記分類Bにあたる文書と見なすことができる。

それに対して、事務区画の簿籍は筆跡の異なるものが大半で、冊書として復元できるものは大変少ない。このことは、各簡が別の場所、別の書き手によって作成されたことを表しており、事務区画出土の簿籍は、部燧などによって作成された原本がほとんどを占めていると考え得るのである。吏稟食名籍に、文書庫出土のものには見られない受領印が記されていることもその証左となる。

九〇枚の候官作成の簿籍も、文書庫出土のものとは異質である。それらの中に含まれるのは、候官の吏卒に関する簿籍、候官への出頭記録である詣官簿、候官の宿直記録である直符書といった甲渠候官の内部資料であって、いずれも原本に属するものといえる。

続いて、事務区画出土の簿籍送達文書簡を見てみよう。文書庫出土のものと同様、ここでも顕著な傾向が認められる。損傷を免れ、発信者の分かる簡を抽出し

図6　事務区画出土吏稟食名籍

てみる。

〼年六月丙辰朔丁酉城北候長□〼
〼編敢言之　E.P. T40: 45A

元延四年九月戊寅朔戊寅不侵候〼
謹移八月郵書課一編敢言之　E.P. T40: 147A

建平三年六月庚辰朔戊申萬歳候長宗敢言之謹移部吏卒
廩七月食名籍一編敢言之　E.P. T43: 6

永光四年八月戊申朔丁丑臨木候長〼
謹移吏日迹簿一編敢言之　E.P. T48: 1

永光四年六月己酉朔□□□□長齊敢言之謹移吏日迹
簿一編敢言之　E.P. T48: 2

始建國天鳳二年二月戊辰朔戊寅第十桼候長良敢言之謹移戍卒病＝
＝死爰書旁行
衣物券如牒敢言之　E.P. T48: 136

〼候長放敢言之謹移〼　E.P. T48: 148

□廩三月食名籍一編敢言之　E.P. T65: 123

一つの例外もなく、すべて部燧より発信されている。この状況から、部燧より提出された簿籍が、事務区画に集積されていた様子を看取することができるのである。

（4）事務区画における原本の扱い

王子今氏の説にもとづき、T40・43・65は複壁であり、文書庫として機能していた可能性があることを先に述べた。王氏は漢魏辺塞遺址の複壁からの簡牘出土を文献史料における文書・書籍の壁蔵になぞらえたが、T40・43・65が文書庫であったという確たる証拠はない。それどころか簡牘の出土状況を見ると、T40・43・65を文書庫とするには躊躇せざるを得ない。甲渠候居室であったF16を例外とすると、事務区画全体に文書を保存しようとする意思を感じないのである。その理由をいくつかあげてみる。

①まとまりを欠く文書

　複壁部分をはじめ、事務区画の出土簡は乱雑でまとまりに欠けている。保存を意図するのならば後日の参照に備え、文書の種別などによって整頓されていたはずであり、そうであれば、同種の文書が一か所にかたまって出土するはずである。筆跡が異なる吏廩食名籍にE.P. T65: 8〜14という連続した番号が与えられていることから、発掘者・整理者もそれを意識して編号しているのだろう。ところがこの事例を除くと、事務区画から出土した同一種類の文書群はほぼ皆無である。

　文書を保存するならば、冊書の形でまとめておくのが便利だろう。簿籍送達文書に紐をかけるための空白があることから、部燧から送られてきた簿籍も冊書の形態であったことが分かる。それにも関わらず、同種の簿籍簡のかたまりが見られないのは、紐をはずされバラされた状態で置かれていたからと考えられる。保存に適した状態とはいえない。

②簡牘の年代

　すでに紹介したように汪桂海氏は、文書庫では保存期間を過ぎた文書を定期的に取り出し、廃棄していたとする。それならば文書庫と呼べる施設には、比較的新しい文書が保管されているはずである。F22の出土簡は二点の例外を除くと、新・王莽期から後漢・光武帝期のもので、A8遺址出土簡全体の中でも特に新しい文書が集中しており、この条件に適合している。

それに対してT40・43・65をはじめとする事務区画出土簡牘の中には、前漢時代の古い簡も相当数含まれているのである（表1）。文書の保存期間や入れ換えに対する意識があったとは思えない。

③公文書簡への習書

事務区画出土の簿籍送達文書簡の一例としてあげたE. P. T40: 45の背面は、

〼□□　以以以以以　〼

というように、習書に用いられている。E. P. T40: 45が保存すべき文書であるのならば、このようなことは許されるはずがない。また、E. P. T65: 105Aには、

［建世二年正月甲子朔甲渠鄣候守入入入入

と記されている。E. P. T43: 67の「建世二年二月甲午朔　甲渠鄣守候〼」という記載を踏まえると、これは「守候」と書くべきところを「候守」と誤ったがために、「入」の字の習書に利用したものだろう。このような簡牘が保存に値しないことは明らかである。

④大量の断簡

A8は今から二〇〇〇年以上も前の遺址であり、そこから出土する簡牘は何らかの要因で破損していることが多い。F22で発見された簡牘も約四八％が断簡である。

とはいえ、F16（甲渠候居室）を除く事務区画出土の簡牘は、F22と比べると断簡の占める割合が格段に高い。図版から判断した事務区画各所のおよその断簡率を列記すると、T40が八一％、T43が九一％、T44が九五％、T48が七九％、T65が七五％となり、特に数センチ程度の残片が目立つ。このような状況から、事務区画から出土する簡牘が保存状態にあったとは考えづらいのである。

①〜④に鑑みると、事務区画から出土する文書はそこに放置されたものと見なし得る。T40・43・65は文書庫ではなく、再利用に供するための、いわば「反故紙」を置いておく退蔵庫であったと思われる。部燧提出の簿籍をはじめとする大量の原本は処理された後も移動せず、事務区画で反故にされたのである。

以上、出土地点別の簡牘の傾向分析から、簿籍については文書庫と事務区画への振り分けの原則が見えてきた。

前述のように、候官では部燧などから提出された簿籍の原本を整理・集計し、都尉府などの上級官署へ提出するという処理を行う。この過程で候官には、部燧提出の簿籍と、自らが作成した上呈用簿籍の二種類が存在したわけだが、簿籍簡の出土状況からすると前者は事務区画に留められ、後者（の写し）が文書庫に移送されていたのである。

三、候官における簿籍の処理

出土簿籍簡の傾向と出土状況から、候官では候官作成の上呈用簿籍を文書庫に保存し、部燧提出の簿籍の原本を事務区画で廃棄していた様子を読み取ることができる。しかし原本の廃棄は、文書の正本と副本を作成し、その一方を控えておくという漢代の文書制度にそぐわない印象を受ける。簿籍の原本を放棄しても不都合は生じなかったのであろうか。

（1）原本廃棄のタイミング

候官において、部燧提出の原本はどのタイミングで廃棄されたのか。

E.P.T52:83の記述から、ある程度それを推測することができる。

建昭四年四月辛巳朔庚戌、不侵候長齊、敢言之。官、移府所移=
=郵書課舉曰、「各推辟部中、牒別言。會月廿七日」。●謹推辟、=
=案
過書刺、正月乙亥人定七分、不侵卒武、受萬年卒蓋。夜大半三=
=分、付當曲卒山。雞鳴五分、付居延收降亭卒世。

（建昭四年四月三〇日、不侵候長の斉が申し上げます。候官は都尉府から送られてきた郵書課挙を送り、「それぞれ部中を検閲し、文書をもって個別に報告せよ。期日は二七日」と命じられました。●謹んで検閲しましたところ、過書刺を見ますに、正月二四日人定七分に、不侵卒の武が万年卒の蓋から受け取っております。夜大半三分に、当曲卒の山にわたしております。鶏鳴五分に、居延収降亭卒の世にわたしております。）

居延都尉府から下された郵書課挙の指示を実行すべく、甲渠候官が管轄下の部に転送。それにともなって、不侵候長の斉が部内における過書刺の検閲結果を報告したものである。「郵書課挙」とは挙書の一種で、郵書課の問題点を挙出する文書である。郵書課は、郵便物の受けわたし時刻、逓伝にかかった実際の時間と規定の所要時間、規定の時間内に伝達が行われたかどうかの記録である。「過書刺」とは郵書刺とも呼ばれ、郵便物の数量、内訳、封泥に押された印章、受信者、逓伝の時間、授受に関わった人名を記したものをいう。(21)

さて、この郵書課と過書刺だが、A8遺址出土の表題簡には「某部の某年某月の過書刺（郵書刺、郵書課）」という書式が用いられ、簿籍送達文書簡にも前掲E.P.T40:147Aのように「某月の郵書課一編を移す」と書かれていることから、部より毎月候官へ送られていたことは確かである。そして候官は、所轄の部が提出した記録をまとめて記録簿を作成する。(22) 227.14に「甲渠候官の河平二年三月の郵書……」とあるのがその表題簡であり、こちらも一か月ごとに作成されたようだ。おそらくこれを都尉府へ上呈したのであろうが、候官から都尉府への報告も毎月行われていたに相違ない。E.P.T52:83所載の郵書課挙は、居延都尉府がこのような甲渠候官からの報告書を確認し、問題点を見つけた結果、発せられたものと考えられる。

E.P.T52:83では、不侵候長の斉が過書刺を調べた上で(23)甲渠候官に返答している。しかし、過書刺や郵書課は部から毎月提出されるのだから、建昭四年四月の時点において、甲渠候官は同年正月の過書刺をすでに受領しており（そもそもその情報がなければ候官は都尉府に上申できず、都尉府から郵書課挙が発せられることもない）、部に確認せずとも必要な情報を所持していたはずである。それにも関わらず部に対して照会・報告を求めているのは、郵書課挙が下された段階で、部から提出された原本が甲渠候官にはすでに保存されていなかったからではあるまいか。あるいは、候官が持つ原本に対する調査指示も別途あったのでは、と考える向きもあろう。しかし、個人の受領印のある食糧支給の記録が提出されていることから見て、部燧提出のあらゆる文書は原則として生の記録であったとされる。(24)部に保管されている記録はそのコピーであり、もし候官にあるオリジナルを確認できるのならば、コピー――誤写の恐れもある――を確認する必要はないはずだろう。よって、調査対象は部が保管する記録のみであったと思われる。

この郵書課挙がいつ下されたのかは不明だが、少なくとも四月末の時点で、正月の過書刺や郵書課の原本は廃棄されていたことになる。過書刺や郵書課のみに限った扱いとは考えづらく、簿籍も同様であったのではないだろうか。

このように、候官では上呈簿籍が完成すると、それほど間を置かずに原本を廃棄していたと思われるのである。

（2）簿籍のチェック

部燧が簿籍を提出し、それを受け取った候官は情報をまとめ直して都尉府へ上呈する。このプロセスは上計制度の一環だが、候官は部燧からの報告を鵜呑みにしたわけではない。

E. P. T43: 70には、

呑遠候長王恭、持兵簿詣官、校。□

（呑遠候長の王恭が兵簿を候官に持参し、調査を受けた。……）

とあり、呑遠候長持参の兵簿が候官において調査されている。また、旧簡206. 7には、

令史弘、校第廿三倉穀。　十月簿、餘穀粺程大石六十一石八斗＝＝三升大。

（令史の弘が第廿三倉の穀物を調査する。一〇月の簿には、残余の穀・粺程は大石で六一石八斗三升大とある。）

と記されている。この「令史の弘」は先行研究によって明らかにされているように甲渠候官の書記官で、(25)「第廿三倉」は第廿三部に置かれていた部倉の一種である。(26)つまり、候官の吏が第廿三部より提出された一〇月の帳簿の記録と、実際の穀物貯蔵量との照合作業を行っているわけである。さらにE. P. T53: 33Aを見ると、

]□□長・丞拘校必得事實、牒別言、與計偕如律令。　（後略）

（……長・丞は比較調査して必ず事実を把握し、文書をもって個別に報告し、一緒に上計すること律令の通りにせよ。……）

というように、長官や次官は比較調査を行って必ず実情を把握するよう述べられている。このように候官は、部から提出された簿籍の当否をチェックしていたのだった。

簿籍の比較調査をされるのは部だけではない。旧簡の129. 22・190. 30は、

校甲渠候移正月盡三月四時吏名籍、「第十二燧長張宣史」。案府＝＝籍、「宣不史」、不相應。解何。

（甲渠候が提出した正月から三月までの四時吏名籍を調べたところ、「第十二燧長の張宣は史である」とあった。都尉府に保管されている名籍を見ると、「宣は史ではない」とあり、食い違っている。どのように釈明するのか。）

というように、居延都尉府が甲渠候官提出の四時吏名籍と、自らの保管する名籍との食い違いについて詰問した文書である。上級機関による検閲にさらされ、不備があった場合に譴責を受けるのは候官も同様であった。(27)

129. 22・190. 30で焦点となっているのは第十二燧長の情報であることから、問題の四時吏名籍は部燧が提出した簿籍の原本をもとに甲渠候官で作成され、居延都尉府に上呈されたものだろう。E. P. T43: 70や206. 7の内容と合わせて考えると、候官は都尉府からの譴責を免れるためにも、部燧の報告内容をチェックした上で上呈簿籍を作成したはずである。それならば、チェックを通して内容の証明を経た上呈簿籍のデータは、原則として原本よりも正確性に優るという扱いになろう。また、提出された簿籍の当否を検討するには過去の簿籍との整合性を確認しなければならないが、上呈簿籍の写しを保存しておいてそれを参照すればよく、原本は廃棄しても問題ないことになる。

（3）A8遺址における簡牘消失の可能性

候官へは一年の間に、管轄下の部燧より数千から一万枚にものぼる簿籍簡が送付された。さらに候官で作成された上呈簿籍、そしてそれらの蓄積を考慮すると、甲渠候官址であるA8遺址からは、簿籍簡だけで数十万枚の出土があって然るべきだろう。ところが実際の出土数は、簿籍以外のすべての簡牘を合わせても一万三〇〇〇枚程度なのである。なぜ想定数と実数とが乖離しているのか。その原因としては、以下の二点が思い当たる。

まず一つ目として、A8遺址が放棄された際に持ち去られた可能性が考えられる。すでに述べたように、甲渠候官の実質的な活動期間は建武八年（紀元三二年）頃までなので、それから間もなく放棄されたものと思われる。甲渠候官放棄の時点で重要と見なされた文書は搬出されたはずであり、それらの文書は当然A8遺址からは出土しない。

二つ目はいわゆる「異処簡」[28]の存在である。辺境出土の簡牘には、事務手続き以外の移動もあり得たことがすでに指摘されている。[29]例えば額済納漢簡2000ES7SF1: 11は、

母大女□如年六十二　見在署用穀二石九升少
第卅一隧卒王敞　子小男駿年一　見在署用穀七斗六升少　☑
妻大女如年廿六　見在署用穀二石九升少

という第卅一燧卒の卒家属廩名籍なのだが、簡の内容とは関係のない第七燧の遺址で見つかっている。このような「異処簡」の移動の要となっているのが候官と考えられる。A8遺址の事務区画からは卒家属廩名籍がいくつも発見されている。このことを考慮すると、2000ES7SF1: 11はもともと第卅一燧所属の部から候官へ提出されたもので、候官での処理が済んで反故にされた後、第七燧に持ち込まれたのだろう。

候官には膨大な量の文書が集められたが、部燧の遺址から出土する文書簡は少ない。しかし、部燧においても習書簡や籌木などとしての再利用のため、素材としての「簡牘」は必要だったはずである。扱う文書の絶対数が少ない部燧ではそれを自前で調達できないので、大量の「簡牘」を保有する候官から供給されたのではないだろうか。候官から部燧への反故簡牘の配布、あるいは部燧の吏卒が候官へ立ち寄った際、ついでに持ち帰るといったことが行われたのだろう。こうして反故簡牘が逐次持ち出されるので、候官に不要な文書簡が滞留することはなかったのである。

このほかにも焚きつけとしての使用など、候官から簡牘が消失する経路は複数あり、これらの要因によって想定数と実数との乖離が生じたものと考えられる。

おわりに

A8遺址の文書庫と事務区画出土の簿籍の状況を分析することによって、次のような知見が得られた。

①文書庫出土の簿籍は、候官においてまとめられた上呈簿籍である。
②事務区画出土の簿籍は、部燧提出の簿籍や候官内部の記録といった原本である。
③文書庫出土の文書は保存を意図したものであり、事務区画出土の文書は廃棄されたものである。よって①②と合わせると、候官では上呈簿籍の写しのみを保存し、原本は廃棄していたことが分かる。
④上呈簿籍は原本の当否を調査した上で作成されるので正確性が高く、それを候官に保存しておけば、原本を廃棄しても問題はなかった。

文書庫出土のものも含め、候官のあらゆる公文書は事務区画で処理・作成されたが、そこでは部燧提出の原本と候官作成の文書に対し、異なる扱いをしていたことは明らかである。

そしてこれらの事実から、辺塞組織の上計プロセスにおいて、報告責任が部燧より候官へ移動する様を看取することができる。

部燧の簿籍は候官に提出され、チェックを受けた。この段階で記載と実際との齟齬が見つかったならば、非は部燧にあることになる。チェックを経て間違いのないことが確認されると、候官は上呈簿籍にまとめ、都尉府などの上級機関へ提出する。部燧が提出した簿籍は、およそこの段階で候官において廃棄された。つまりここで、部燧とその提出による簿籍は任務を全うしたことになるのであり、それより後は、候官とその作成による上呈簿籍に報告責任が移ることとなる。候官における原本の廃棄は、部燧に対してこれ以降、簿籍の記載と実際との当否を追及しないという意思表示であり、上呈簿籍の信用を保証する行為であったのではないか。もし候官による部燧へのさらなる責任追及の可能性があるのならば、原本は候官に保存されていたはずである。

とはいえ、先に紹介した事例のように、上呈簿籍の矛盾を上級機関によって指摘される場合もあった。ただ、上呈簿籍の作成責任は候官にあるので、たとい原本のミス記載によって問題が生じたのだとしても、すでに原本の整合を認めた以上、その罪は候官に帰するものであって、部燧は責任に問われなかったのかも知れない。このことについては挙書や律の規定などを精査し、あらためて論じる必要がある。ちなみに、簿籍の報告によって部燧の不正や不行き届きが発覚した場合は、また別の話である。

本稿は二〇一〇年二月に行われたシンポジウム「中国出土簡牘史料の生態的研究」での報告を核としている。その報告の際、会場から「F22も文書庫であるという明証はなく、遺構から出土する文書も甲渠候官放棄後、本来の文書処理業務とは無関係に移動されたものかも知れない。よって、放棄された遺址から活動期の様子をうかがうことはできないのではないか」という指摘を受けた。

確かに甲渠候官は放棄されてから二〇〇〇年を経ており、その間に遺構や簡牘の位置に変化があったことは否めない。ただ前述のように、出土簡牘の年代を考慮すると、候官機能停止後のA8遺址における人の活動は極めて零細で、遺址に大きな改変が加えられたとは思えない。そして、F22に冊書や年代の新しい文書が集中していること、それに対する事務区画出土簡牘の保存状態の悪さ、両出土地点の簿籍簡の内容に明確な差異があることは不動の事実である。このような傾向が候官の業務と関係なく、無作為に生じたとは考え難い。やはり、長期にわたる活動の積み重ねによるものと見なすべきだろう。よって、放棄された遺址からも活動期の様子をうかがうことは可能なのである。

本稿では、簡牘が持つ情報と遺址内における簡牘の出土地点情報との融合を試みた。その結果、文書庫と事務区画出土簿籍簡の性質および出土状況の差異を発見し、候官における簿籍の保存と廃棄の原則を明らかにすることができた。さらにそこには、漢代辺塞機構における報告・監査責任を解明する糸口も見える。試みは一定の成果を得ることができたといえよう。

漢代辺塞機構は各級機関と機関間のつながりという、いわば点と線によって成り立っている。しかし、遺址そのものを「出土地点」とする従来の認識から明らかにできるのは線のみであり、構成要素の半分に過ぎない。線と線との結節点である機関内側の活動をも把握することで、はじめて辺塞機構全体を正確に理解できるのであり、遺址内部における「出土地点」を分析する意義はそこに生じる。

その分析には、遺址の詳細な発掘情報が不可欠である。ところが残念なことに、A8遺址は正式な発掘報告が発表されていない。そこで本稿では簡報に依拠したのだが、遺址内部の構造物の年代など不明な点が多い。今後、簡牘の出土が発表される際には、出土遺址・遺構の情報をも併せて発表されることを切に願う。

注

(1) 官署などに備えつけられて移動しない簿籍もあるが、本稿では宛て先を持つ報告書としての簿籍を扱うため、「文書」の中には簿籍も含めるものとする。

(2) 甘粛居延考古隊「居延漢代遺址的発掘和新出土的簡冊文物」(『文物』一九七八年第一期。後、甘粛省文物工作隊・甘粛省博物館編『漢簡研究文集』甘粛人民出版社、一九八四年所収)。

(3) 髙村武幸「簡牘の再利用―居延漢簡を中心に―」(本書所収)。

(4) 張建林・范培松「浅談漢代的厠」(『文博』一九八七年第四期)。

(5) 李均明著『居延漢簡編年―居延編』(新文豊出版公司、二〇〇四年)。

(6) 汪桂海著『漢代官文書制度』(広西教育出版社、一九九九年)二三〇〜二三一頁。

(7) 注5李均明氏著書。

(8) 薛英群著『居延漢簡通論』(甘粛教育出版社、一九九一年)一九八〜一九九頁。

(9) 陳直「居延漢簡綜論」(同氏著『居延漢簡研究』天津古籍出版社、一九八六年所収)二九〜三〇頁によれば、辺郡の官吏の勤務評定は緡算・貲算・算賦と同じく、「算」を用いて計算されていた。

(10) 王子今「漢代建築中所見〝複壁〟」(『文物』一九九〇年第四期。後、同氏著『秦漢社会史論考』商務印書館、二〇〇六年所収)。文献史料における「複壁」は緊急避難場所として登場する機会が多いが、本来的な機能は物置であったと思われる。人が潜んでいるとは思いもよらない場所だからこそ、隠れ家として利用されたのだろう。

(11) 後掲E. P. T65: 123は、第十五燧から直接甲渠候官へ送られている。

(12) 井上亘「漢代の書府―中国古代における情報管理技術―」(『東洋学報』第八七巻第一号、二〇〇五年)。

(13) エチナ漢簡講読会「エチナ漢簡選釈」(『中国出土資料研究』第一〇号、二〇〇六年)の注釈による。

(14) 永田英正「簿籍簡牘の諸様式の分析」(同氏著『居延漢簡の研究』第Ⅰ部第三章、同朋舎、一九八九年)三八六〜三八七頁。

(15) 李均明著『秦漢簡牘文書分類輯解』(文物出版社、二〇〇九年)三五六〜三五八頁。

(16) 永田英正「居延漢簡の集成一」(前掲同氏著書第Ⅰ部第一章)一五三〜一五六頁。

(17) 注14永田英正氏論文三四〇頁。なお、「簿籍送達文書簡」の呼称も永田氏の命名による。

(18) E. P. F22: 705は前漢・成帝河平四年(紀元前二五年)のもので、文書庫の出土簡の中では年代が極端に古く、イレギュラーな簡である。何らかの理由によって紛れ込んだものかも知れない。

(19) 注15李均明氏著書三五六〜三五七頁。

(20) 注14永田英正氏論文三八六頁。

(21) 冨谷至「漢代の地方行政」(同氏著『文書行政の漢帝国』第Ⅲ編第一

章、名古屋大学出版会、二〇一〇年）二三八～二三九頁。

(22) 注14永田英正氏論文三六五～三六六頁。

(23) 額済納漢簡 99ES17SH1:1 に、「第十七部河平二年吏卒被兵簿。善書之。」とある。注13選釈によれば「善書」は清書の意であり、部では簿籍の写しを取っていたことが分かる。

(24) 注14永田英正氏論文三八六頁。

(25) 森鹿三「令史弘に関する文書」（『東洋史研究』第一四巻第一・二号。後、同氏著『東洋学研究』漢簡篇、同朋舎、一九七五年所収）。

(26) 冨谷至「食糧支給とその管理」（前掲同氏著書第Ⅲ編第三章）三三一頁。

(27) 注14永田英正氏論文三九七～三九八頁。

(28) 注13選釈「解題にかえて」（当該部分は籾山明氏によるもの）。

(29) 宮宅潔「辺境出土簡研究の前提―敦煌の穀物関係簡より―（発表摘要）」（『中国出土資料研究』第六号、二〇〇二年）。

※本稿で参照した簡牘史料のテキストは以下の通りである。ただし、図版にもとづき一部改めた個所がある。

居延旧簡＝謝桂華・李均明・朱国炤編『居延漢簡釈文合校』（文物出版社、一九八七年）

居延新簡＝甘粛省文物考古研究所・甘粛省博物館・中国社会科学院歴史研究所・文化部古文献研究室編『居延新簡―甲渠候官与第四燧』（文物出版社、一九九〇年）

額済納漢簡＝エチナ漢簡講読会「エチナ漢簡選釈」（『中国出土資料研究』第一〇号、二〇〇六年）

張家山漢簡＝彭浩・陳偉・工藤元男主編『二年律令与奏讞書―張家山二四七号漢墓出土法律文献釈読』（上海古籍出版社、二〇〇七年）

また、参照した図版は以下の通りである。

居延旧簡＝労榦編『居延漢簡』図版之部（中央研究院歴史語言研究所、一九五七年）

居延新簡＝甘粛省文物考古研究所・甘粛省博物館・中国文物研究所・中国社会科学院歴史研究所編『居延新簡―甲渠候官』下（中華書局、一九九四年）

額済納漢簡＝魏堅主編『額済納漢簡』（広西師範大学出版社、二〇〇五年）

張家山漢簡＝同前

簡牘の再利用
――居延漢簡を中心に――

髙村武幸

はじめに

簡牘が発見されて以来、戦国から秦漢そして魏晋期の歴史を研究する上で、重要な一次史料として用いられてきた。研究も簡牘の記載内容のみを対象とし、伝世の典籍文献史料の補助として用いる初期の手法から、書式の分類、さらに簡牘の形態それ自体が持つ意味にまで着目した研究が多数公表されるに至っており、簡牘学が中国古代史研究にとって不可欠であることは言を俟たない。

これらの簡牘は、出土形態から墓葬遺跡出土簡と官府遺跡（古井含む）出土簡に大別できるが、官府遺跡出土簡の相当数は使用後に廃棄されたと考えられるものである。しかし、当初意図された目的での使用が終わっても、例えば文字を削り書写材料として再生したり、木片・竹片として書写材料以外の用途に転用したりした可能性がある。すなわち、簡牘は一度の使用のみで廃棄されるばかりではなく、二次・三次使用の後に廃棄され、簡牘の記載内容と使われ方とが無関係である可能性も考慮すべき史料だということになる。

従来、こうした可能性に留意がなされることもあったが、踏み込んだ研究は管見の限りほとんどなかったように思われる。こうした「史料」というより「遺物」としての側面への注意は、記載内容のより正確な理解に寄与するであろうし、また当時、公務をはじめひろく用いられていた簡牘の使用実態を解明し、中国古代の社会や生活の一端を明らかにすることにもつながる。

そこで本稿では、代表的な中国古代の遺跡出土簡である居延漢簡を中心に、簡牘の再利用について基礎的な検討を行ないたい。こうした考察に際しては、簡牘の実見が必要となるが、幸いにして二〇〇七年一一月・二〇〇八年八月に、台湾の中央研究院歴史語言研究所で一九三〇年代居延漢簡を調査する機会を与えられたので、本稿ではその成果を踏まえていきたい[1]。

なお、よく知られている通り、居延漢簡を作成・使用したのは前漢後半期の張掖郡に設置された辺境防衛組織であるが、その組織の大要については、別掲の表1を参照されたい。

表1　張掖郡軍事組織図

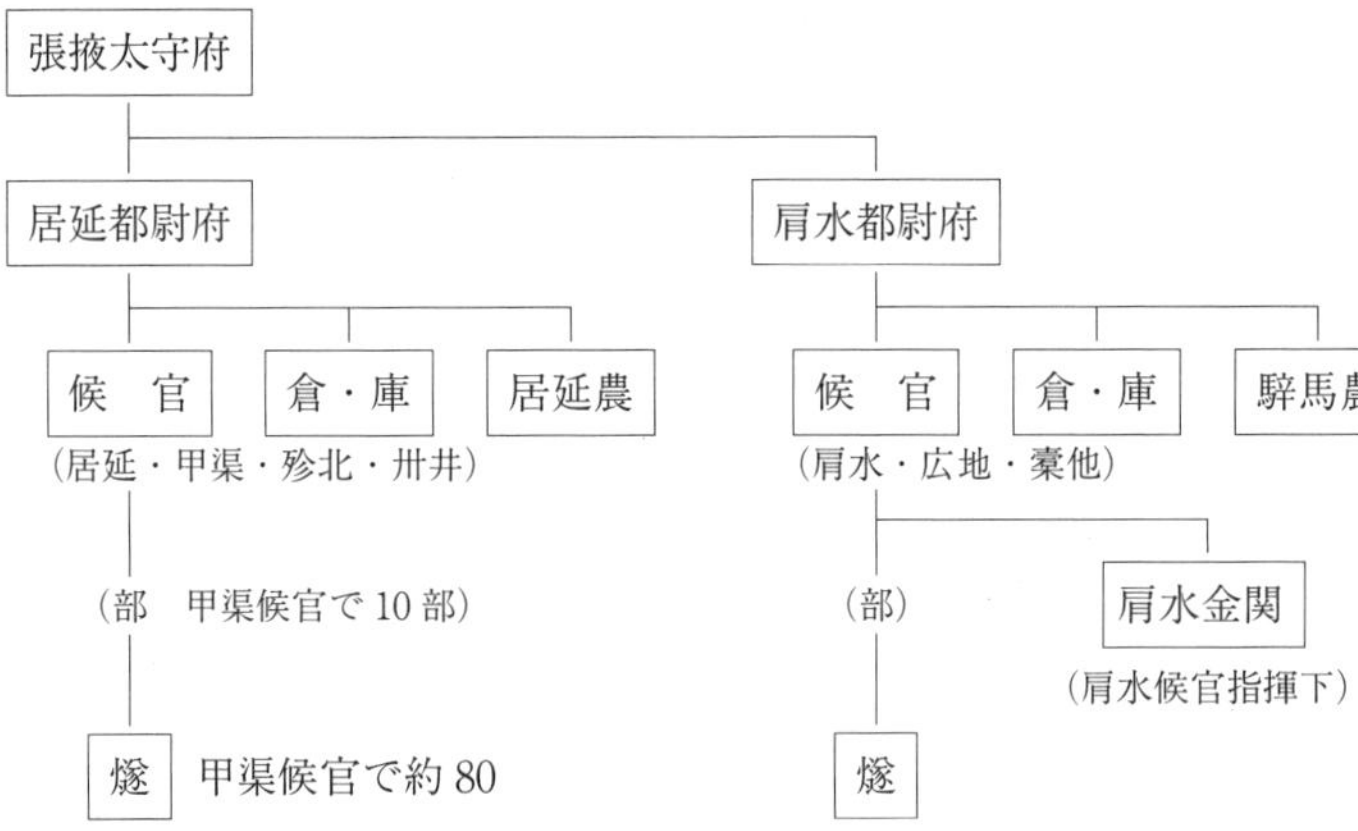

永田英正『居延漢簡の研究』第二部第四章「簡牘よりみたる漢代辺郡の統治組織」（同朋舎、1989 年）を参考に作成

一、簡牘の製作

再利用の検討の前に、官府で使用される簡牘がどのように製作されたり入手されたりするのかを、先行研究の成果によりつつ簡単にみておく。李均明・劉軍両氏によれば、辺境防衛組織内での簡牘輸送に関する記録や検は少なからずみられる。[2] 検を一例掲げておく。

禽寇燧札二百両☐行五十縄十丈☐六月為七月☑　（10・9, A33）

（禽寇燧あて、札二百・両☐行五十・縄十丈☐、六月為七月…）

ここにみえる簡牘はすでに書写材料として加工されたものと考えられるが、こうした加工品は購入によって確保される場合があったようである。次の事例は直接の買い付けを示すものではないが、その可能性を示唆しよう。[3]

尉史幷白

教問木大小賈謹問木大四韋長三丈韋七十長二丈五尺韋五十五●＝

＝三韋木長三丈枚百六十椽木長三丈枚百長

二丈五尺枚八十毋櫝槧　（EPT65・120, A8）

（尉史幷申し上げます。

お申し付けに木の大小の価格のご質問がありましたので、謹んで問い合わせたところ、四韋で長さ三丈のものは韋ごとに七〇、長さ二丈五尺のものは韋ごとに五五。●三韋の木で長さ三丈のものは一つ一六〇、椽木は長さ三丈で一つ一〇〇、長さ二丈五尺で一つ八〇、櫝・槧はありませんでした）

しかし、戍卒らによる簡牘の原材料採集を示すような内容の漢簡も存在する。

其一人作長　二人伐木

三人卒養　六人積茭

八月甲辰卒廿九人　☐☐　☐☐☐四人　☐☐　十四人運茭四千＝

定作廿五人　二人綴絡具

☐☐☐功

＝六十率人二百九十☑　（30・19A, A8）

ここにみえる「伐木」は木の伐採で、戍卒らが木材伐採作業に従事していたことを示す。

☑省卒趙宣伐財用檄到召□□詣官毋後司馬都吏

(2000ES7SF1:6B, T14)

(…省卒の趙宣は財用を伐採に行った。檄が到着したら、□□招集し候官に出頭させ、司馬・都吏に遅れてはならない)

この簡の「伐財用」とは、何らかの書写材料の伐採であろう。全ての簡牘を購入で賄うことは非現実的で、このように原材料から辺境防衛組織自身により集められ簡牘に加工されたと考えられる。加工の担い手も戍卒たちであった。

十月戊午鄣卒十人省卒六人　其一人守鄣　一人門　二人吏卒養
一人守閣　二人木工　一人舂
一人馬下　二人作席　五人受銭

(EPT65・422, A8)

☑□□鄣卒十人　一人守園　一人吏養
一人助園　二人馬下
一人治計　一人削工
一人取狗湛

(267・22, A8)

これらの「作簿」[4]にみえる「伐木」「削工」とは、エノ＝ギーレ氏も指摘するように木製品製作、特に消費量の多い簡牘の製作加工と関連させて考えてよいのではなかろうか[5]。あるいは「木工」もその中に含まれる可能性があるだろう。特に、有封泥匣封検などは単なる板への加工ではなく、立体的な細工が必要とされ時間もかかる。毎日継続的に作成するための人手が必要とされたであろう。こうした簡牘の製作の実態は、次の睡虎地秦簡の秦律の内容からみて、戦国秦漢期を通じてどの地域でも変わらなかったと思われる。

令県及都官取柳及木棨(柔)可用書者、方之以書。毋(無)方者乃用板。其県山之多茾者、以茾纏書。毋(無)茾者以蒲・藺以枲萷(製)之。各以其檮(獲)時多積之。司空。

(睡虎地秦簡秦律十八種・司空律, 131・132)

(県及び都官に柳や木質の柔らかく書写に用いることができるものを、方にして書写に用いさせる。方がなければ木板を用いる。その県の山に茾が多ければ、茾で書をまとめる。茾がなければ蒲・藺または枲でまとめる。それぞれ収穫が多ければ貯蔵する。司空)

県・都官[6]において書写材料を採取し使用すべきことを記しており、また司空律であることからみても、刑徒がそのための労働力として利用されたとの想定がゆるされるだろう[7]。

簡牘が官府で日常的に消費される書写材料である以上、日常的に製作が続けられなければならない。居延漢簡の「作簿」に「木工」「削工」の作業が記載されることは、この作業の全てが簡牘製作ではないにせよ、その裏付けともいえよう。そのためには官府が管理し継続的に使える労働力が必要とされ、戍卒や刑徒が適しているといえる。その場合、辺境では烽燧などの組織末端では、安定的供給に充分な労働力を確保することが難しく、簡牘製作は主に候官でなされたに相違ない。候官から書写材料が烽燧へ向けて供給されたことを示す簡がみられることは、エノ＝ギーレ氏が指摘している[8]。例を掲げておこう。

両行百札二百縄十枚
建昭二年二月癸酉尉史□付第廿五燧

(EPT59・154A, A8)

こうした供給は定期的であったようである。

驪喜燧　札百　八月己酉輸☑
両行卌　檄三

縄十丈　　(7・8. A33)

ここから、内地であれば、戍卒の代わりに刑徒やさらには更卒を管理した県が簡牘製作の主体となったとの推測が可能である。

これらの点を総合すると、簡牘の製作については、次のようなことがいえるだろう。

(1)官府、特に県級官府（候官・都官含む）で消費される簡牘は、通常は当該官府が原材料の調達から加工製作までを行なった。

(2)場合により原材料や加工品などは購入されることもあった。

(3)簡牘製作にあたるのは、辺境では戍卒で、官府管理下にある労働力が用いられた。従って内地では刑徒・更卒などがこうした作業に従事したと推測される。辺境の事例からみる限り、簡牘製作に廻せる労働力がない末端行政機構に対しては、県級官府で製作された簡牘が供給された。

以上みてきたものは、基本的に新規に製作された簡牘、全て書写材料（検や符など別の機能を持つものも含む）として用いられる「新品」の製作加工過程である。次に、こうして製作された簡牘が当初の使用目的を終えた後の、再利用について考えたい。

二、書写材料としての再利用

簡牘の再利用としてまず考えられるのが、一次使用時の書写内容を削り落とし、再度書写材料とすることであろう。簡牘は書いた文字を削り落として消去することが容易であるので、書写材料としての再利用は漢代人にとっても一般的なものであったと考えられる。

ただし現在の所、残念ながら明確に「再生紙」ならぬ「再生簡牘」と判断できる簡牘はなく、また、出土簡牘自体からそれが一次使用での書写か再利用での書写かを判断することは困難である。[9] ただし、そうした利用があった傍証として、削衣（削りくず）が挙げられるだろう。

まず、最近新たに公表された敦煌漢簡中の削衣の事例をみると、[10] 習字を行なっては削ったと考えられる、「小学書」を古風な隷書で記した削衣が多数含まれている。[11] ただし、この場合は習字であるため、同内容の文字を書写しては削る行為を繰り返すのが当然であり、むしろ最初からそうした使用法が想定されていたに相違ないから、「再利用」と考えてよいかは慎重であるべきだろう。

そこで注目されるのが、西嶋定生氏が二十等爵制の史料として用いた一群の居延漢簡である。[12] この居延漢簡のほとんどが、発掘後に裏打ちの紙に貼付されて保存されていることからもわかる通り削衣であるが（図1）、書写内容がかなりよく読み取れる点で、誤記の訂正というような部分的削除ではなく、明らかに簡牘の書写面を全体的に削り落とし、完全に文字をなくそうとしたものとみなせる。[13] 内容・筆跡から考えて、同一の冊書の編成簡と考えられるので、元来爵位賜与に関

図1（162. 7）

わる何らかの冊書として使用された後に不要となり、材質的にも木目が通った良材であるため、再利用されたのであろう。後述する他の再利用用途の場合、書写面を完全に削除する必要がないものも多く、完全に文字を削除する必要があるのはやはり書写材料としての再利用を念頭においての作業であろう。先にみた「作簿」の作業中、「削工」が、書写面削除処理を含めた簡牘書写面の形成に該当する作業ではないだろうか。木材を一から加工して簡牘を製作するより、書写面を削除する方がはるかに簡単であることは疑いない。

なお使用済簡牘は、烽燧などに書写面削除処理がされぬまま運ばれることがあったようである。それが、記載内容からいえば本来出土するはずのない遺跡から出土する「異処簡」である(14)。例えば次に掲げるエチナ漢簡は官吏の人事資料であり、甲渠候官にあってはじめて役に立つものであるが、実際にはその指揮下でありほとんど記載内容とも関わりない第九燧から出土している。

居延甲渠箕山隧長居延累山里上造華商歳六十　始建国地皇上　＝
＝戊三年癸卯除　史　(2000ES9S: 2, T13)

（居延甲渠箕山隧長、居延累山里の上造の華商、歳六十。始建国地皇上戊三年癸卯除任。「史」である）

このような簡は、甲渠候官で不要となった後、再利用するため烽燧などに運ばれたものと考えられる。あるいは、先にみた烽燧に供給された札や両行に、こうした未処理のままの使用済簡牘が含まれていたと考えることもできるだろう。ただし、少なくとも札・両行と、書写材料であることを明確にした記載である以上、未処理の使用済簡牘をそのように称するか疑問も残る。むしろ、先にみた「削工」が書写面削除処理にあたるとすれば、定期的に供給されるものは再利用簡であっても処理がされて書写材料としてすぐ使えるものが供給され、未処理のものは当該部署の吏卒が必要に応じて適宜個別に貰い受け、書写材料に限らず様々に活用していたと考える方が、書写面削除処理に廻せる人員数を考慮すると適当であるかも知れない。そうした書写材料以外の再利用については次節以降で考える。

三、書写材料以外の再利用

(1)木としての再利用

書写材料以外の再利用方法としてまず思い浮かぶのが、燃料としての利用であろう。書写面削除処理や封泥匣の処理など、余分な手間がかからないだけに、最も一般的な再利用方法だったとも考えられ、それを裏付けるかのように、実際の居延漢簡の中には焼け焦げた簡も少なからずみられる（図2）。また再利用という側面のみならず、燃やすことにより、記載内容ごと完全に簡牘を消失させられるという利点があり、必要に応じて焼却処理を行なっていた可能性は否定できない(15)。本稿でも後ほどゴミ捨て場について触れるが、ゴミ捨て場に灰が捨てられていることも確かである。

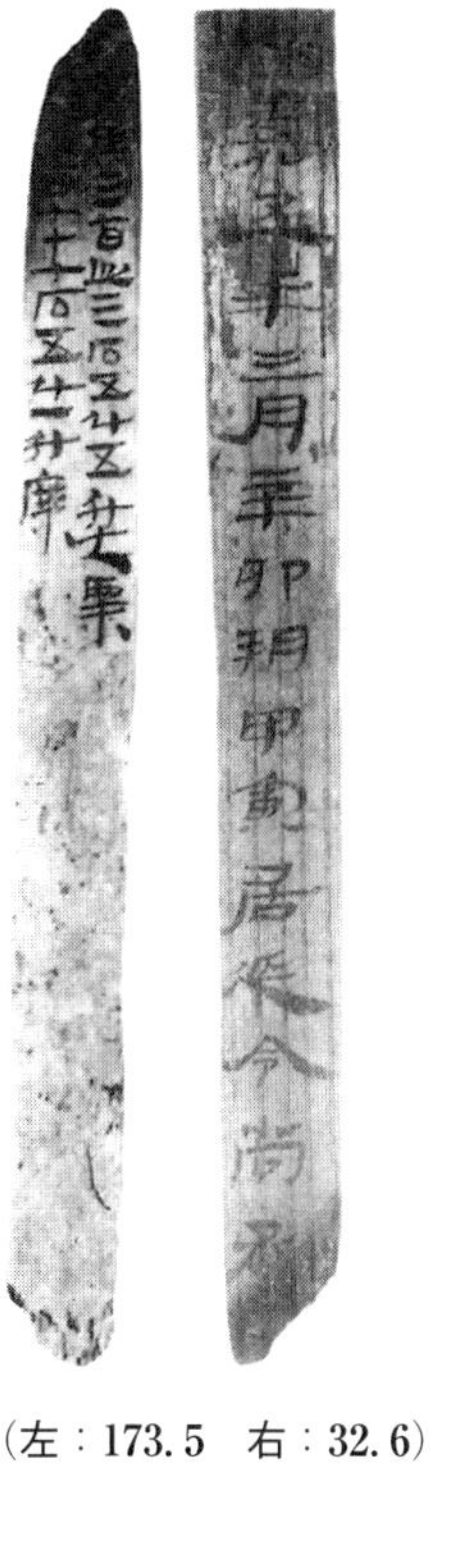

図2（左：173.5　右：32.6）

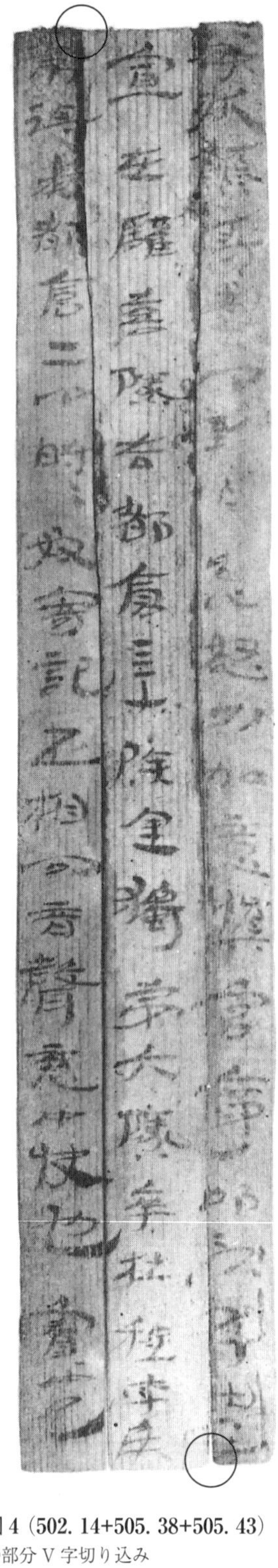

図4（502. 14+505. 38+505. 43）
○部分Ｖ字切り込み

図3（306. 3）

しかし、この焼け焦げた簡が燃料・焚付などの用途で用いられたならば、図2にみられるように、先端部分のみ焼け焦げた状態のものが相当数見出せることに、かえって説明がつかないのではないか。通常は焚付にせよ燃料にせよそのまま完全に燃やされ、先端部分のみ焦げて燃え残るものが多数存在するとは考えにくい。また、これらの簡は焦げた先端部分が斜めもしくは丸い山型になっているものが多く、自然に燃え残ったと考えるよりは、簡の先端を人工的に整形して焦がしたと考えるのが妥当である。

　その人工的整形という点で、居延漢簡に散見される、斜めに切断された簡牘が関係するであろう。図3は焦げていない斜め切断加工された簡の実例であるが、実見すると自然にそうなったのではなく、明らかに人工的に斜めに切断された痕跡がある。この加工が何のためになされたのかは、従来注目されるところにはならなかったが、この切断部を焦がして炭化した部分を軽く落とせば、図2のような簡牘ができあがると思われる。焦がし加工の前段階と位置付けることが出来る。これら一連の加工の過程をまとめると、使用済簡牘を複数に分割するように斜めに横切断し、斜め切断部を少し焦がして鋭角な部分を適当に落とす、ということになろう。

　両行や牘など幅広の木簡などは、その前段階としてさらに縦に切断されたことは、図3の文字の右側が切れていることからも看取できるが、より明瞭には図4に掲げた事例が好例である。書信の記された木牘が縦に三分割されているが、左側上辺・右側下辺の切断部分をみると、小さくV字の切込みが入っていて、ここに刃物を当てて切断したと推測されること、また割れ方も大体均等になっていることから、人工的に切断したものと推察される。幅広の簡牘は再利用用途によっては、このように一枚の簡牘を縦に分割してから、さらにそれぞれの用途に適した再加工を施されたと考えられ、その中には書写材料への加工の他、焦がし加工や斜め切断加工が含まれるのだろう。

　これら焦がし加工や斜め切断加工を明らかに施されたと考えられる居延漢簡を写真から管見の限り抽出したのが表2―1・2である。この表に採用するにあたっては、前掲の加工によりそのような形状になったものか自然にそうなったものか判断が疑わしいもの、例えば切断部分が粗くへし折った疑いが強いものや、焦げてはいるがささくれがひどいものなどは全て排除した。その上でさらに、加工が明確と考えられるものを「○」とし、加工の可能性があるものを「△」で示した。なお、検討に用いたテキストの写真が白黒であることに加え、細かい部分まで明瞭に判別できるものばかりではないため、上記の判断にあたりどうしてもぶれが生じてしまう点は、あらかじめご了解願いたい。特に、一九三〇年代簡については写真に問題があり、表への採録を見送ったものが多い。

この表を一瞥すれば、かなりの数量が存在することが読み取れる。従って、斜め加工・焦がし加工は簡牘の再利用方法としてはごく一般的な方法であったと考えなくてはならない。また、この表では排除したが、居延漢簡中の小片となってしまった簡の中にも、斜め加工や焦げと思われる痕跡を有する事例は少なくない。

次に問題となるのがこのような加工を施された簡牘の用途だが、一つの可能性としていわゆる籌木、廁籌簡（排便の後に拭う道具、現在のトイレットペーパー）が考えられる。[16] 典籍文献史料などに籌木を焦がしたとの記載は管見の限りないが、チベット木簡のうち籌木として使用されたものに焼け焦げがあったという報告などから勘案して、[17] 籌木として使用される簡牘に焦がし加工を行なうやり方があったのではないか。[18] 斜め切断することで使い勝手がよくなり、さらに焦がして角をなくし使いやすくする目的があったのではないか。[19]

甲渠候官遺跡であるA８に常駐したとされる吏卒の数は官吏・卒共に一〇名程度、合計二〇名程度であるから、[20] 毎日最低でも二〇本程度の籌木が消費される計算となる。甲渠候官管轄下の約八〇を数える烽燧には吏卒三～四人が詰めていたから、甲渠候官管轄下全体では、毎日三〇〇本程度の籌木が消費されたことになろう。斜め加工・焦がし加工を施された居延漢簡が比較的多いということも、毎日のように使用されては捨てられる籌木だと考えれば、説明がつくように思われる。烽燧遺跡に散見される「異処簡」は、書写材料としてよりも、実は主としてこうした用途のために貰い受けられてきた簡牘だった可能性は否定できない。

現在公表されている居延漢簡の相当部分が出土したA８甲渠候官遺跡では、便所の遺構が発見されていないようであるが、[21]（表２―１）にみられるように、斜め加工・焦がし加工が施された簡牘が多い（三三四点中二六七点、七九・九％）のがゴミ捨て場のT50～59である。注㉑所掲文献によれば、T50～59は「柴草・糞便・廃棄物と焼灰・沙礫の堆積」であるから、そこに糞便とともに使用済の籌木などが廃棄されたと推測される。もっとも、正式の発掘報告書ではなく、確実な便所とは言い難いため、やや不明瞭な部分が残ることは否めない。

そこで、もう少し明瞭な事例として、発掘区画のうちT５と呼ばれる一角が便所として用いられた可能性が報告書によって指摘され、[22] 胡平生氏が同区画出土簡中に籌木の存在を指摘した、[23] 敦煌馬圏湾の漢代遺跡の状況を参照する。表２―３は先の居延漢簡と同様に斜め加工・焦がし加工が施された馬圏湾出土漢簡を集成したものである。一瞥すると、T５出土簡の多さが際立つが、元来、馬圏湾漢簡約一二〇〇本のうち、約四〇〇本がT５出土である以上、数量はさほど問題にならない。それよりも、馬圏湾漢簡にみられる斜め加工の上で焦がし加工をも施された簡が、ほとんどT５に集中する点に注目すべきであろう。

T40:116	△		37	T51:561	△		63	T52:350	○	○	56	T58:13	○	△	143	T65:114	△	○	148
T40:187	△		122	T51:565	△		56	T52:356	△	○	52	T58:20	△	○	157	T65:124	△	△	164
T43:11	○	○	86	T51:576	○	○	84	T52:357	△	○	88	T58:24	△		210	T65:133	△		38
T43:43	△		82	T51:581	△	○	58	T52:358	△		106	T58:27	△		149	T65:134	△		54
T43:46	○	○	203	T51:582	△		103	T52:359	○		149	T58:28	△		171	T65:147	△		69
T43:91	○		100	T51:590	△	△	62	T52:437	△	○	57	T58:37	△		172	T65:158	△	○	84
T43:125	△	○	34	T51:591	△	○	80	T52:440	○	○	60	T58:38	△		150	T65:162	○	○	70
T43:147	△		50	T51:604	○		94	T52:450	△	○	35	T58:51	△	△	117	T65:172	△		62
T43:155	△	○	34	T51:631	△	△	43	T52:455	○	○	61	T58:54	△		98	T65:174	△		67
T43:188	△	△	37	T51:633	△	○	75	T52:457	△		64	T58:73	△	△	124	T65:187	△		40
T43:248	○	○	53	T51:635	△	○	109	T52:459	△		64	T58:102	○		38	T65:202	○		73
T43:325	△		65	T51:641	△	○	61	T52:461	△		70	T58:124	△	△	83	T65:222	△		64
T44:23	○		153	T51:644	○	○	36	T52:511	○	○	102	T59:25	△	△	136	T65:225	△		95
T44:55	△	○	36	T51:650	○		62	T52:516	△		49	T59:43	△		206	T65:226	△	△	92
T48:13	△		77	T51:652	△	○	59	T52:543	○		61	T59:83	△	△	176	T65:270	△	○	141
T48:35	△		35	T51:654	△	○	35	T52:544	△	○	198	T59:98	△	○	118	T65:273	○	○	59
T48:50	△		34	T51:661	○		53	T52:554	○	△	81	T59:111	△	○	190	T65:277	○	○	112
T48:100	○		84	T51:664	△		39	T52:563	△		80	T59:115	△		157	T65:336	○	○	66
T48:125	△		38	T51:674	○	○	45	T52:573	△	○	103	T59:119	○	○	72	T65:352	○	○	88
T49:29	△	△	191	T51:702	○		63	T52:579	○	○	127	T59:130	○		83	T65:360	△		53
T49:58	△		72	T51:706	○	○	48	T52:580	△		60	T59:132	△		108	T65:362	○	○	97
T50:29	△		82	T51:713	○	○	65	T52:602	△	○	67	T59:183	△	△	154	T65:414	△		186
T50:35	△	△	89	T51:719	○		94	T52:621	△		35	T59:254	○	○	62	T65:449	○		88
T50:39	△		41	T51:720	△	△	74	T52:636	○	○	60	T59:268	△	○	147	T65:483	△	○	50
T50:58	△		103	T51:724	△		81	T52:641	△		41	T59:276	△	○	52	T65:501	△		46
T50:61	△		81	T51:747	△	△	123	T52:649	○	○	41	T59:304	△		58	T65:514	○		56
T50:66	△	△	112	T52:2	○		160	T52:656	△	○	87	T59:306	○		89	T65:527	△	△	43
T50:72	△		122	T52:4	△	△	142	T52:663	△		37	T59:316	○	△	51	T65:528	△		63
T50:77	△		94	T52:7	△		95	T52:700	○	○	94	T59:320	△		74	T65:535	△		48
T50:83	△		70	T52:11	○	○	142	T52:703	△		64	T59:353	△		88	T65:536	△		53
T50:91	○	△	54	T52:12	△		126	T52:724	△	○	70	T59:357	○		225	T65:542	○	○	97
T50:112	△		78	T52:16	△		71	T52:726	○	○	47	T59:374	△		111	T68:41	△	○	119
T50:113	△		42	T52:27	○	○	113	T52:746	△	○	103	T59:393	△	○	93	T68:42	△	○	97
T50:123	○		77	T52:28	○		73	T52:758	○	○	206	T59:398	△	○	126	T68:43	△	○	95
T50:151	△	△	42	T52:33	△	○	156	T52:760	△	○	163	T59:401	△	△	79	T68:44	△	○	96
T50:153	○		88	T52:37	△	○	86	T53:1	△		79	T59:404	○		80	T68:45	△	○	94
T50:176	△	○	199	T52:51	○		119	T53:41	△	○	197	T59:407	○	△	82	T68:46	○	○	103
T50:185	△		61	T52:57	○	△	76	T53:103	○		108	T59:408	○	○	89	T68:47	△	○	144
T50:189	△		72	T52:73	△		93	T53:134	△	○	82	T59:434	○		42	T68:48	○	○	147
T50:192	△		75	T52:76	○	○	39	T53:189	△	△	143	T59:446	△	△	49	T68:52	○	○	137
T50:222	△	△	98	T52:78	○		87	T53:195	○		85	T59:457	○		45	T68:53	△	○	105
T50:223	△		119	T52:79	○	○	62	T53:254	○		31	T59:465	△		61	F22:685	△	○	
T50:233	△	△	80	T52:107	△	△	65	T53:259	△		87	T59:471	○		59	F22:838	○		
T50:240	△	○	61	T52:127	○		62	T53:261	△	△	63	T59:496	○		74	W108	△		

※ 簡の長さはテキスト写真の計測に基づくため、実際の長さとの誤差が生じている。

表 2-1　A8 出土 1970 年代居延漢簡中の斜め切断加工・焦がし簡牘

簡番号	加工	焦げ	長さ	簡番号	加工	焦げ	長さ	簡番号	加工	焦げ	長さ	簡番号	加工	焦げ	長さ	簡番号	加工	焦げ	長さ
T2:16	○		73	T51:66	○	○	233	T52:129	△		128	T53:278	○	○	66	T59:499	○	△	98
T3:7	△		57	T51:99	○		42	T52:131	△		93	T53:293	○	△	207	T59:500	○		98
T4:29	△		59	T51:165	○		156	T52:138	△	△	142	T56:104	△	○	156	T59:512	△	○	62
T4:32	△		31	T51:258	○	△	147	T52:139	△	○	202	T56:107	△		191	T59:518	△		62
T4:42	△		63	T51:265	△		86	T52:150	○	○	72	T56:108	○	○	154	T59:526	○	○	25
T4:73	△	△	50	T51:268	△		85	T52:151	△	○	109	T56:132	○	○	109	T59:550	△		148
T4:116	○	△	81	T51:271	△		154	T52:152	△	○	194	T56:157	△		89	T59:558	△	○	114
T5:48	△	△	39	T51:283	○		63	T52:156	△	○	104	T56:166	△	○	127	T59:560	△		51
T5:115	△	○	51	T51:287	○	○	84	T52:163	△	○	34	T56:187	△	○	99	T59:567	△	○	67
T5:116	○	○	36	T51:292	○		108	T52:164	△		71	T56:188	△		71	T59:609	△		74
T5.255	○		123	T51:303	△		174	T52:170	○	○	80	T56:205	△	△	126	T59:659	△	△	61
T6:4	△	○	113	T51:304	△		156	T52:173	△		79	T56:206	○	△	90	T59:666	○	△	67
T6:5	△		195	T51:308	△	△	157	T52:174	△		56	T56:208	△		101	T59:669	△		49
T6:31	△		100	T51:312	△		34	T52:182	△	○	120	T56:215	△	○	58	T59:683	△		44
T6:70	△	○	71	T51:314	△		151	T52:191	○	○	95	T56:216	△	○	85	T59:689	○	○	181
T6:80	△		170	T51:321	○	○	95	T52:192	△	△	166	T56:230	△	△	108	T59:695	△		210
T6:91	△	△	79	T51:322	○		158	T52:195	△		143	T56:264	△		141	T59:708	△		55
T6:105	△		74	T51:345	○		145	T52:205	△	○	155	T56:282	△	△	145	T59:721	△		31
T6:106	△		128	T51:364	△		41	T52:209	○		185	T56:284	△	△	102	T59:727	△		34
T6:134	△		31	T51:367	○	△	137	T52:227	△		99	T56:289	○		81	T59:735	△	△	34
T7:6	○		103	T51:370	○		126	T52:231	△	△	128	T56:318	△		117	T59:755	○	△	60
T7:14	○		63	T51:393		○	96	T52:240	△		148	T56:338	△		198	T59:784	△		35
T7:29	△		63	T51:397		○	164	T52:247	○		123	T56:354	△	○	43	T59:788	△		49
T8:17	△		52	T51:398	○		158	T52:257	△		117	T56:360	△	○	38	T59:804	△	△	157
T8:18	△		54	T51:400	△	△	93	T52:259	○	○	173	T56:361	△	△	47	T59:840	△		67
T10:27	△	△	57	T51:406	△	△	184	T52:261	○	○	137	T56:364	○		192	T59:863	○	○	106
T10:43	△	△	31	T51:407	△	○	170	T52:269	○		107	T56:383	△		86	T59:870	△		141
T17:19	△		53	T51:426	○	○	58	T52:272	△	○	135	T56:395	△		125	T59:888	△	○	172
T17:22	○	○	77	T51:437	○	○	52	T52:275	△	○	186	T56:434	△		99	T59:892	○	○	172
T17:25	△	○	110	T51:487	○	○	49	T52:278	△		135	T57:11	△		65	T59:908	○		46
T21:19	△	△	41	T51:492	△		68	T52:288	△		47	T57:21	△	△	56	T59:910	○	△	97
T27:18	△	○	176	T51:495	△		45	T52:289	△		66	T57:31	△		148	T59:922	△		57
T27:19	○		171	T51:502	△		63	T52:300	△		173	T57:33	△		156	T59:923	△		51
T27:32	△	△	150	T51:508	△	○	62	T52:301	○	△	113	T57:63	△	△	126	T59:933	△		48
T27:41	△		82	T51:510	○	○	132	T52:312	△		105	T57:70	△		124	T65:1	△		186
T40:20	△	△	172	T51:519	○	○	87	T52:313	△		59	T57:73	△	△	109	T65:20	△		193
T40:21	△		180	T51:520	○	△	88	T52:318	△	○	220	T57:100	△	○	177	T65:60	△		156
T40:34	△		161	T51:535	△	△	108	T52:333	△		58	T57:103	○	○	44	T65:64	△	△	226
T40:55	○		71	T51:541	△	△	78	T52:336	△		93	T57:122	△	△	87	T65:55	△		234
T40:66	△		43	T51:548	△		30	T52:341	△	△	46	T58:5	○	△	88	T65:72	△		198
T40:93	△		38	T51:554	○	○	66	T52:346	△	○	142	T58:8	○		76	T65:79	△		103
T40:111	△	△	60	T51:555	○		60	T52:347	○	○	103	T58:12	△	○	97	T65:86	△		117

56.27	△	△	79	127.7	○	○	153	214.84	○	△	65	290.17	△	△	142	504.8	○		89
56.39	△	△	172	131.2	○	△	112	214.96	△		76	303.3	△		168	506.2	△		172
58.13	△	○	188	135.22	○	○	69	214.103	△		63	306.1	○	○	139	507.9	○	○	109
59.1	△	○	93	135.26	○		50	214.109	△		139	306.3	○		134	509.6	○		179
59.4	△	○	93	136.2	○	○	69	214.115	○		131	306.14	△		96	509.20	○		125
59.7	△	○	52	136.21	○	○	72	217.3	○		81	306.15	△	○	68	511.12	△		74
59.11	△		53	136.27	○	○	99	217.4	△		103	306.24	△	○	97	512.4	○		60
59.26	△	○	45	136.46	○	○	148	217.8	○		87	306.25	△	△	137	512.25	○		64
60.4	△	△	68	136.47	△	△	143	217.23	○		144	310.3	○	△	73	514.19	○		67
61.6	△	△	98	139.18	○		73	217.27	△		100	311.4	○	○	134	529.1	△	△	76
67.10	△		78	141.5	△	△	159	217.33	○		69	312.2	△	△	124	535.5	○		128
67.40	○		177	145.26	△	△	57	220.17	△	△	148	312.19	○	○	155	537.2	△		89
72.13	△	○	29	145.39	△	○	86	224.21	△		76	317.17	○	△	130	554.2	○		136
73.17	△		132	146.15	○		51	231.4	△		123	317.19	○	△	155	558.4	○	△	115
74.11	○	○	94	146.74	○		47	231.32	△		174	317.20	○	○	160	560.1	△	△	219
74.15	△		116	146.81	○		29	231.103	△		146	322.3	○		54	561.21	△	△	46
75.1	○	△	102	148.6	○		106	231.117	△		85	332.6	△	○	97	562.19	△		149
75.7	○		94	148.8	○		98	232.10	○		74	332.17	○	○	185	562.20	△	△	175
76.20	△	△	57	148.24	○		65	232.11	△	△	56	334.7	○	△	60	564.27	△		111
76.24	△	△	39	156.27	○		53	232.23	△	△	87	334.8	△	△	72	565.1	○		66
77.58	△	○	86	156.34	○	△	55	232.24	○	△	46	334.13	△	△	102	565.8	○		70
77.60	△	○	66	158.16	○		121	236.11	○		37	334.14	○	○	113	577.7	○	△	65
82.8	○		108	161.6	△		186	236.3	△	△	58	334.29	○	○	114	580.2	○		154
82.11	△	△	99	168.1	△	△	64	237.49	△		68	334.31	○	○	106				
82.27	△	○	75	168.4	○		82	238.5	△	△	96	334.34	△	○	90				
82.30	○	○	75	168.11	○	△	110	239.4	△	○	27	334.40	○	○	94				

このことは、斜め加工に加え焦がし加工を施された簡が、便所において消費される籌木であった事実を示す証左といえるであろう。なお、T５出土簡には完形を保った簡も多い。これは、完形簡も籌木として用いられたと考えるよりは、T５自体が便所としてのみ用いられたわけではないことを考慮すべきであろう。ここから逆に、馬圏湾遺跡T５と同様に、完形簡の他に斜め加工・焦がし加工を施された簡牘が多く発見された甲渠候官A８遺跡のT50～59も、ゴミ捨て場の他に、便所としての用途があったと推測することは許されるだろう。ただし、表２―２に一応入れておいたが、EPT68番台の焦げた簡牘については、加工の結果ではなく、冊書が何らかの原因で火にかかってしまった結果、焦げたものと考えられる。表に入れなかったEPT68・98や99をみると、簡の中部が焼失し、斜めに焦げた部分が残っている。A８遺跡のT68区画は建造物内部であるから、この点で、簡牘が斜めに焦げているのみで籌木と即断することはできず、出土地点の状況とも併せて判断する必要がある。

それから、表に掲げたものの中には、四〇㎜を下回る小さな事例が散見される。これらは、籌木を有効利用するため使用済みの籌木を折り取って廃棄したものかも知れない。簡牘はそれほど貴重

表 2-2　1930 年代居延漢簡中の斜め切断加工・焦がし簡牘

簡番号	加工	焦げ	長さ	簡番号	加工	焦げ	長さ	簡番号	加工	焦げ	長さ	簡番号	加工	焦げ	長さ	簡番号	加工	焦げ	長さ
3.12	○	○	143	84.16	○	○	77	168.12	○	△	185	244.14	○		68	334.41	○	○	96
4.6	○	△	207	84.17	○	△	81	173.5	○	○	129	244.15	△	△	53	334.46	○	○	95
5.2	△	○	184	87.8	○	○	110	173.16	△	○	108	246.54	○		34	334.47	△	△	83
5.6	○	○	109	87.15	○	○	123	174.8	○		86	250.24	○		42	335.48	○	○	45
5.20	○		110	90.5	△		65	176.35	○		82	253.3	△		84	336.11	△		70
7.34	△	△	84	90.16	○		54	177.21	△	△		255.29	△		66	340.16	○	○	74
19.43	△		109	101.35	○		87	178.26	○		96	258.4	△	○	129	340.18	△		81
20.5	○		145	103.12	○		55	180.1	○	△	104	258.17	△	○	150	340.41	○	○	73
26.6	△	○	160	103.41	○	△	51	180.25	○		88	261.5	△	△	94	340.52	△		74
26.19	△		171	104.2	△	△	54	180.27	△		116	261.42	○	○	148	346.4	○		70
27.8	△		122	104.13	△	△	44	182.22	○	△	72	262.18	△	△	72	349.1	△	○	55
30.7	△	○	105	104.16	△	△	58	182.35	△	△	45	262.25	○	○	96	350.3	△		40
31.12	△		45	104.19	○		63	183.14	△	△	141	262.26	○	○	105	350.43	○		81
32.6	○	○	131	104.40	○	○	45	185.29	△		101	262.35	△	△	154	350.45	△		34
33.20	△	○	9	104.44	○		119	187.7	△		49	263.4	○		40	350.54	○		32
35.19	○	○	189	112.14	△	○	43	187.2	○	○	120	264.2	○	○	88	350.58	○	△	43
37.21	○	△	114	112.21	○	○	109	188.2	△		70	265.3	△		100	387.13	△	○	94
37.23	○	○	114	112.26	△	○	82	190.6	△		125	265.20	○	○	73	395.14	○	○	168
37.36	△	△	165	113.19	△	○	77	190.12		○	103	266.2	○	△	106	403.2	○	△	99
38.28	○		84	113.29	△		110	190.22	○	○	88	271.5	△	○	190	403.7	△		113
38.32	○	○	114	116.15	○	△	68	190.32	○		88	271.22	△	○	96	403.8	△	△	122
38.34	○		76	116.44	△	○	51	190.35	○	○	148	273.1	○		182	403.1	○	△	72
38.35	△		75	116.54	○		75	191.10	○		83	274.13	○		130	403.22	△		82
39.9	○	○	141	117.17	△	△	64	192.34	○	○	46	274.28	○		61	433.11	△	△	38
39.10	△	△	227	118.4	△	△	58	192.47	△	△	84	274.36	○		218	433.3	△	○	42
39.29	○	△	54	118.5	△	△	61	193.2	○		55	276.13	○		137	433.3	○		65
40.18	△		84	118.10	△	△	76	193.8	○	○	82	276.14	○	△	142	433.37	○		48
42.21	△		144	119.54	○		73	193.14	○		49	279.12	○	△	117	433.42	△	○	32
42.24	○		93	123.4	△	○	40	199.17	△		44	279.13	△	△	74	433.43	○	△	48
43.7	△		153	123.25	○	○	80	204.1	○	△	89	279.17	○	○	144	455.11	△	△	75
43.18	○	○	185	123.26	△	○	95	210.14	△	△	37	280.9	○		112	457.1	△	○	76
43.24	○	○	94	123.32	△	○	90	213.31	○	○	72	280.15	○		136	464.4	△	△	75
45.11	○	△	118	123.50	△	○	102	213.40	○		88	283.9	○	○	102	479.13	△	△	124
46.23	○	○	162	123.58	○	○	140	213.47	△		66	283.21	△		70	482.34	△		94
46.28	△	△	86	123.61	△	○	80	213.50	○	○	50	284.7	○		131	491.7	△		121
46.31	△	△	145	124.1	△	△	51	213.59	○	○		284.18	△	△	107	491.8	△		171
52.8	△	○	68	126.14	○	○	82	214.62	△		91	284.26	△		86	502.7	△		160
53.15	△	△	182	126.17	○	○	79	214.75	○		89	287.9	○		88	504.4	○		87
56.20	○	△	50	126.31	△	△	72	214.76	△	△	91	287.16	○		107	504.7	△	○	102

表 2-3　敦煌馬圏湾漢簡中の斜め切断加工・焦がし簡牘

簡番号	加工	焦げ	長さ	簡番号	加工	焦げ	長さ	簡番号	加工	焦げ	長さ
8/79DMT2.6	○	○	113	365/79DMT5.327	△	○	71	732/79DMT8.79	△		76
9/79DMT2.7	○		91	366/79DMT5.328	○	○	83	748/79DMT8.95	△		72
13/79DMT3.1	○	△	112	367/79DMT5.329	○	○	136	766/79DMT8.113	△		102
29/79DMT4.8	○	○	79	405/79DMT5.367	○	△	63	785/79DMT9.17	○		219
37/79DMT4.16	△	○	159	408/79DMT5.370	△		121	802/79DMT9.34	△		188
47/79DMT5.8	○	○	206	410/79DMT5.372	△	○	81	805/79DMT9.37	○		123
53/79DMT5.14	○	○	128	414/79DMT5.376	○		53	820/79DMT9.52	△		118
54/79DMT5.15	△	○	108	416/79DMT5.378	△		79	856/79DMT9.88	△		154
57/79DMT5.18	△	○	127	421/79DMT5.383	△		42	862/79DMT9.94	△		139
61/79DMT5.22	○	○	225	470/79DMT5.433	△	△	40	866/79DMT9.98	○		104
93/79DMT5.54	○	○	97	484/79DMT6.4	△		75	867/79DMT9.99	○		71
95/79DMT5.56	△	△	243	496/79DMT6.16	○		137	868/79DMT9.100	○		48
100/79DMT5.61	○	○	155	498/79DMT6.18	○		197	893/79DMT9.125	△		138
107/79DMT5.68	△	○	117	508/79DMT6.28	○		54	894/79DMT9.126	○	△	113
109/79DMT5.70	△	△	127	509/79DMT6.29	○		226	899/79DMT9.131	○	○	98
114/79DMT5.75	△	○	238	511/79DMT6.31	○		181	907/79DMT9.139	○		82
131/79DMT5.92	○	○	128	523/79DMT6.43	○	○	241	930/79DMT9.162	△	△	43
136/79DMT5.97	○	○	239	524/79DMT6.44	○		192	931/79DMT9.163	△	△	155
144/79DMT5.105	○	○	154	533/79DMT6.53	△		116	936/79DMT10.5	○		94
153/79DMT5.114	○	○	136	536/79DMT6.56	△		158	961/79DMT12.4	○		104
154/79DMT5.115	○	○	173	539/79DMT6.59	△	○	159	967/79DMT12.10	○		49
157/79DMT5.118	○	○	96	541/79DMT6.61	○	○	95	978/79DMT12.21	○		132
159/79DMT5.120	○	○	169	544/79DMT6.64	△		205	1000/79DMT12.43	△		98
167/79DMT5.128	△	○	214	596/79DMT6.116	○	○	113	1004/79DMT12.47	△		118
175/79DMT5.136	○	○	119	602/79DMT6.122	△		169	1108/79DMT12.51	△	△	246
196/79DMT5.157	○	○	214	612/79DMT6.132	△		94	1081/79DMT12.124	△		210
211/79DMT5.172	○	○	168	625/79DMT7.12	△		124	1086/79DMT12.129	○		220
255/79DMT5.216	○	○	79	650/79DMT7.37	○		64	1110/79DMT13.3	○		60
257/79DMT5.218	○	○	113	651/79DMT7.38	△	△	142	1113/79DMT13.6	○	○	53
270/79DMT5.231	△	○	194	669/79DMT8.14	△	○	82	1123/79DMT13.16	○		51
281/79DMT5.242	△		130	672/79DMT8.17	○		129	1137/79DMT14.4	△		133
287/79DMT5.248	○	○	131	674/79DMT8.19	○		89	1144/79DMT14.11	△	△	263
288/79DMT5.249	○	○	105	678/79DMT8.23	○	○	110	1163/79DMT18.3	○		100
315/79DMT5.277	△	○	95	699/79DMT8.46	○		227	1166/79DMT18.6	○		58
340/79DMT5.302	○	○	209	702/79DMT8.49	○		200	1177/79DMT18.17	△		109
344/79DMT5.306	△	○	158	713/79DMT8.60	○		137	1200/79DMT18.40	△		133
351/79DMT5.313	△		155	719/79DMT8.66	△	○	74	1208/79DMT18.43	△	△	83
360/79DMT5.322	△	○	160	721/79DMT8.68	○	△	78				

※ 簡の長さはテキスト写真の計測に基づくため、実際の長さとの誤差が生じている。

表2-4　簡の長さ

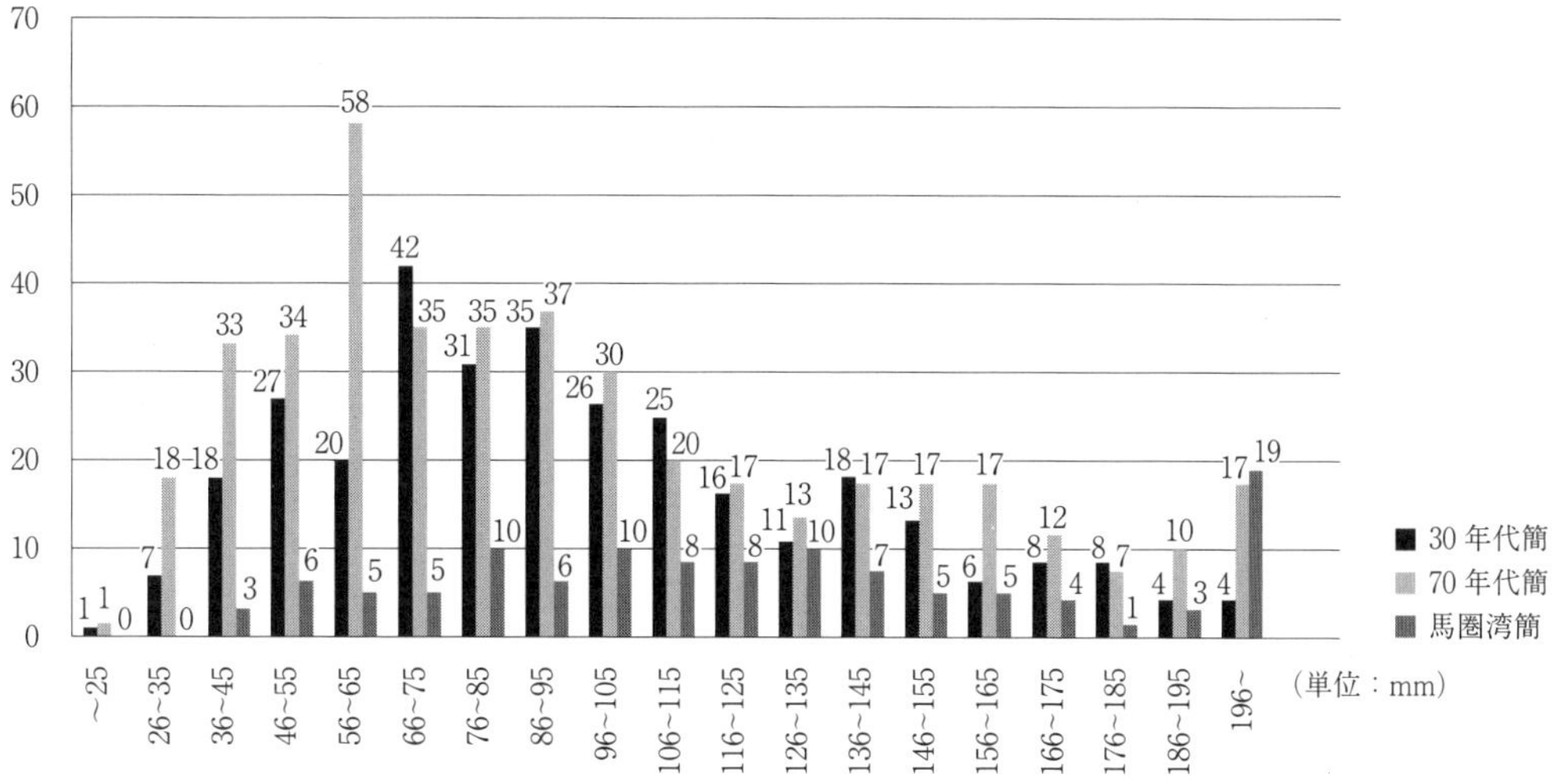

なものとは思えないが、そうした使用法もありえたと想定しておく必要はあるだろう。参考までに、表2―4として、居延漢簡（三〇年代・七〇年代出土）と馬圏湾漢簡について、表2―1～3までに掲げた事例の長さをグラフにして示した。[24] 長さとしては、四〇～一三〇㎜のものが多いようで、おおむね約二三〇㎜（漢の一尺）の標準的な簡を二～四等分するか、あるいは三分の二、三分の一といった長さにした数値と近似する。漢簡には様々な形状・大きさのものがあるが、籌木として使いやすい大きさ・長さということになると、自ずと限定されてくるのであろう。ただ、馬圏湾漢簡では二〇〇㎜以上、すなわち一尺の簡牘をそのまま斜め加工・焦がしたものが多い。これら長大なものも基本的には籌木と考えられるものの、疑問も残る。

この籌木の問題については、便所の遺構が明確な敦煌懸泉置遺跡の遺構・漢簡の公表を待って、改めて再検討したい。ただし、簡牘の再利用において籌木が占めた比重が決して軽いものではないことは確実であり、墓葬出土以外の簡牘についてはその可能性を考慮してみる必要性がある旨、付言しておきたい。

(2)木製品としての再利用

つぎに、使用済みの簡牘を木製品として再利用した事例をみておきたい。この事例で比較的多いのが、食器、それも匙の類であろう。図5は匙に加工された簡牘の事例である。この場合は、甲渠候官あての検が材料として用いられたことが、残された文字から判明する。ある程度幅があり、加工しやすいためであろう。こうした匙の事例は他にも居延漢簡にみられる（表3）。食事の度にということではないだろうが、匙が必要となると手近な廃棄簡牘から適当なものを選び出し、

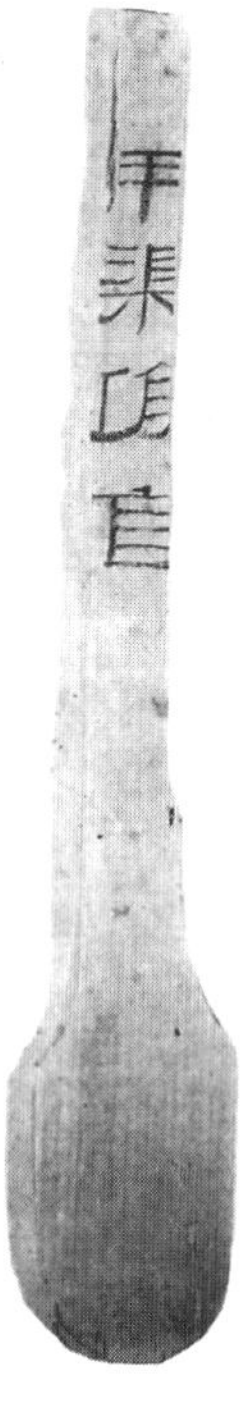

図5（24.12）

表3　再加工さじ一覧

簡番号	出土
20.3	A33
24.12	A8
551.2	A29
EPT5.76	A8
EPT26.29	A8
EPT49.13	A8
EPT51.447	A8
EPT58.23	A8

図6　馬圏湾出土「黄羊夾」

簡単に細工して用いていたものと推察される。同様の匙は敦煌馬圏湾漢簡などにもみられ、馬圏湾漢簡では廃棄簡牘を用いた匙に「木匙Ⅳ型」の分類を与えている。㉕

また、動物を捕らえるわなの部品に、先を尖らせた木片を用いたことが知られているが、その中に再利用簡牘が含まれていることが指摘されている。㉖図6はその実例である。先に指摘した斜め切断加工を施した簡牘で、鋭角に加工されているものは、こうしたわな用であったとも考えられる。その他、用途は皆目見当もつかないが、比較的丁寧に人工的加工を施された簡牘の事例が散見され、こうしたものも、何らかの木製品の部材を構成した可能性があるだろう。

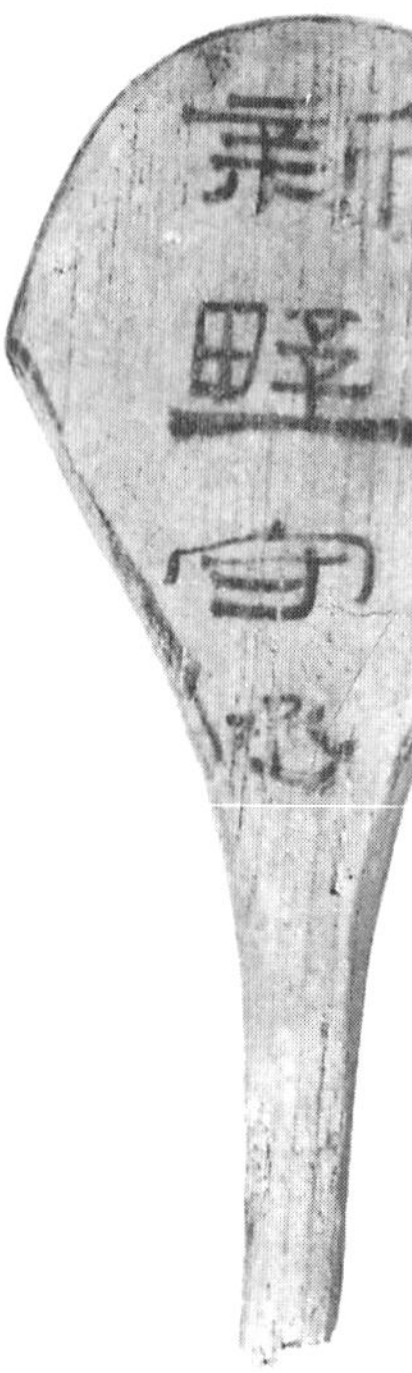

図7（477.5）

ただし、木製品としての再利用の事例は、上記の食器・わな等の木製品の部材などに限定され、さほどヴァリエーションはない。それは、簡牘を純粋に木材としてみた場合、元来は書写材料として加工されたものであるため、大きさ・厚みなどに一定の制限が加わり、木製品の材料として考えた場合は、小さすぎたり薄すぎたりで、加工の幅も自ずと限定されることによるものであろう。

従って、簡牘を木製品として加工する形式での再利用は、形状に大きく手が加えられるために出土簡牘群の中では非常に目立つが、実際にはそれほど多くはないといえる。

⑶破損木製品への書写

これまで、簡牘の再利用についてみてきた。その際、従来は簡牘を木製品に再加工したものとして漠然と認識されていたものの中に、その逆、つまり木製品やその破損品に適宜文字を書きつけたとしか考えられない事例が、実見の結果としていくつか見出せた。

図7は、調理した穀物類を調理具から食器に盛り付けるへら・しゃ

図 8-1　251. 3

図 8-2　393. 1

図 8-3　532. 1

もじの類の木製品であることは一見して了解されるであろうが、そこに書き付けてある「新野守丞」の文字から、漢代の南陽郡新野県の守丞に宛てた封検の書き損じか何かを木製品に再利用したものと推測されるであろう。特に報告書の写真版では、白黒写真であって細かな部分までは精査し難く、また先に述べた簡牘のさじへの再利用事例もあって、そうした推測になりやすく、筆者もそのような前提の下で当該簡牘の実見を行なった。しかしながら、実見してみると、へら部分は調理した穀物を取りやすいように末端部分が∠状の平滑加工を施されているが、その平滑加工を施された部分から柄の部分に至るまで、墨で縁取りするように線が書いてあり、「新」字の筆画の一部が平滑加工部分にかかっているほか、最後の柄の部分に近い所に記された「丞」字が、明らかに狭くなる形に合わせるように小さく記されている、といった複数の特徴からみて、当初調理器具として使用された木製品を、柄が破損した後に、新野守丞宛の検の習字簡として再利用したと考えられる。

　このほか、文字が記してあるために「簡牘の再利用」事例として調査した複数例についても、実見の結果として、発火具として用いられた木材や、何かのフック、また農機具（スコップの類か）が破損したものと考えられる木材があり、木製品の破損物や、用途とは直結しない文字を記しても、特に問題を生じない木製品に文字を記すことが一般的に行なわれていたと考えざるを得ないことが明らかになった。もっとも、いずれの事例でも習字あるいは思いつくままに書き付けたと疑われるものがある。以下に、実見の他、写真などから選別した類例の釈文を示す。簡番号のアミカケは実見したものである（図8―1～3）。

☐月戊午朔乙亥居延都尉☐

☒□祁連厩置馹集上乗所☒　（37.17.A32/木製品の一部、簡牘の再利用）

元年
年
壬寅
男　（157.23.A8/木製品の一部、習字簡再利用の可能性も）

十一年四月十二日王文子孟
年月十二日日中時分（A）
五（B）　（251.3AB.A27/クワ・スコップなど農具の一部か）

☒候長博告隧長張□
☒九日宿呑遠置
☒□自辨如故事（A）
☒召故千長
☒初元□
☒□（B）　（393.1AB.A2/フックか）

急□□　（532.1.A21/火起こし）

☒長張嘉補令史
☒□□□□□　（EPT11.12.A8/檄の再利用とも考えられるが不明）

……立当死在……　（EPT51.448.A8/さじか）

従って、木製品を再利用して書写材料にしたというよりは、破損したものや差し支えないものに適宜字を記したと考えるべきものである。それは、簡牘の木製品への再利用の際に、簡牘として適当な形状である故に再利用のヴァリエーションが限られることと同様で、当初はそれぞれの木製品として最適な形状に加工され、簡牘に再加工しにくい形状・材質のものはそのまま文字などが書き付けられたのだろう。一方、簡牘に加工できる木製品は実際に簡牘にされるために残らない、という理由によることはいうまでもない。

このように、従来文字が記されているために「簡牘」とされてきた遺物の中には、木製品やその破損物が含まれており、文字をその木製品の元来の用途とは無関係に記したものがあることが明らかとなった。こうした類のものについて、日本木簡の場合、木簡の中に入れて分類し、木製品が用途明瞭の場合は「061型式」、不明瞭の場合は「065型式」の型式を与えている。[27]中国簡牘についても、日本木簡の分類に倣い、破損木製品などに書き付けたものについては、記されている内容とは別個に、何らかの新たな分類を設けて分類するか、広義の習字簡に分類するのが妥当であろう。またその際に、日本の墨書土器への習書と紙文書・木簡への清書が併存していた「書写の場」のあり方に対する視点も、木製品・木簡への習書と木簡への清書という関係に置き換えて検討する価値があるだろう。[28]

四、簡牘の製作・廃棄・再利用

以上の実見に基づく検討結果により、現状で把握し得る範囲で、居延漢簡を事例にした官府における簡牘の製作・廃棄・再利用の過程について述べることとしたい。

まず、官府などで「木工」の一環として原材料から加工された簡牘は、書写材料として利用・消費される。その後、(a)書写面削除処理——それは恐らく漢簡に記される「削工」と呼ばれる作業であったろう——されて再度簡牘として利用されるものと、(b)書写材料以外の用途に用いられるもの、そして(c)単に不用品として完全廃棄されるものとに大別される。(a)については、複数回の書写面削除処理を受けるものや一回のみであるものなど、材質や形状によって様々なパターンがあったと思われるが、いずれも最終的には(b)もしくは(c)として完全に廃棄される。(b)については、一部が食器や捕獲用の罠、その他の部材として使われる以外、多くが籌木として裁断・焦がし加工を施されて使用され、(c)とともに完全に廃棄されたと考えられる。燃料としての再利用については、仮に存在したとしても焼却されて物証が残りにくく、一度利用すれば最終的廃棄と同義になるため、再利用されない簡牘の流れを準用して考えればよいであろう。流れを図示してみると表4のようになる。

　簡牘全体としては概ね表4に示した認識で問題ないと思われるが、残された問題もまた多い。表4の過程がほぼ問題なく合致するのは、札や両行など、一般的な書写材料としての簡牘だと思われる。しかし、眼を他の簡牘に転ずれば、この流れが合致するものばかりとは限らない。たとえば、券についていえば、居延漢簡の中にも実例が多くみられるように、使用後は悪用を防ぐために折って廃棄される[29]。となれば、券が再利用される事例はかなり少ないか、折られた後の再利用というやや特殊な形態に偏ると推測される。また検、特に封泥匣のあるものは、その複雑な形状から工作に手間がかかると推察されるが、そうしたものは複数回の再利用が常態とならないのであろうか。仮に再利用されないのだとすれば、その理由も、当時の文書行政の実態を背景としつつ考えていかねばなるまい。このように、記載内容のほか、形状に意味のある、いわゆる単独使用簡の類については、表4の一般的な過程が合致しない事例が多いだろうと思われる。従って、ここで示し

表4　簡牘の製作・廃棄・再利用

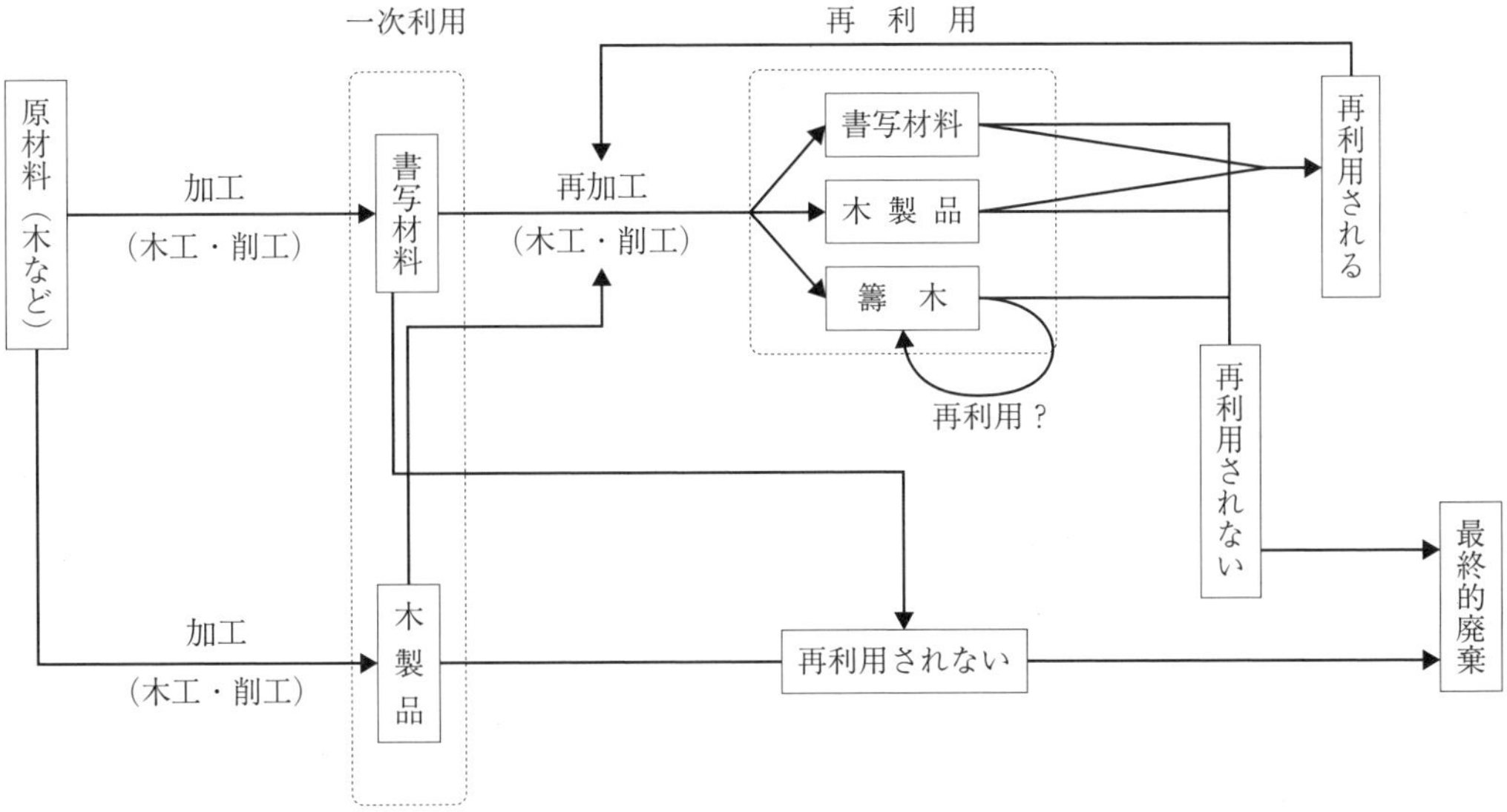

た製作・廃棄・再利用の過程は、多様な簡牘が形成する複雑な世界の一部分のみを切り取ったに過ぎないことは認めなければならない。

おわりに

以上、居延漢簡を例にして、簡牘の再利用と廃棄について基礎的な考察を行なった。残された疑問点や問題点については、継続的に簡牘の実見を行なうことで順次解決への道筋を探りたい。今回の検討によって、札や両行などについては、その「一生」とも呼べる過程をある程度解明したと考えるが、それにとどまらず、次には検・券・檄など、単独使用簡それぞれの特徴を踏まえた上でそれぞれの「一生」の過程を復元することが必要となる。その作業によって、多種多様な中国古代簡牘が形成した世界と、それを作り上げた中国古代の行政制度や社会の特徴や実態の一端が明らかになるだろう。

また、以上のような検討は、時期的には前漢後半期の木簡を中心としたものであり、未だ紙が書写材料として用いられていない時期である。簡牘・紙の併用期における簡牘の世界はどうであったのか、逆に戦国末秦代ではどうであったのか、時期的な差異に対する考察が求められるであろう。また居延漢簡には周知の如く竹簡が非常に少ない。地域的な特性によるものだが、竹簡が多用されていた地域での再利用のあり方についても、注意せねばならない。日本木簡・韓国木簡の状況なども視野に入れつつ、今後ともこの作業を続けることとしたい。

注

(1) この調査は平成一九年度三菱財団人文科学助成金（代表研究者：籾山明、共同研究者：佐藤信・髙村武幸、研究協力者・参加者：石岡浩、片野竜太郎、鈴木直美、中村威也、廣瀬薫雄）の一部によるものである。二〇〇七年・二〇〇八年の二度にわたる調査にあたっては、中央研究院歴史語言研究所の邢義田・劉増貴・丁瑞茂・林玉雲の各氏に一方ならぬご配慮を戴いた。感謝申し上げる次第である。

(2) 李均明・劉軍『簡牘文書学』（広西教育出版社、一九九九年）の第一章「簡牘質材与加工書写」参照。

(3) このEPT65・120の解釈については、仲山茂「漢代における属吏と長吏のあいだ―文書制度の観点から―」（『日本秦漢史学会会報』三、二〇〇二年）参照。

(4) 作簿に関しては永田英正「居延漢簡の古文書学的研究」（同氏『居延漢簡の研究』第Ⅰ部、同朋舎、一九八九年）、また李天虹『居延漢簡簿籍分類研究』（科学出版社、二〇〇三年）の第五章第二節参照。

(5) エノ＝ギーレ（紀安諾）「漢代辺塞備用書写材料及其社会史意義」（『簡帛』第二輯、二〇〇七年）参照。

(6) 秦漢時代に地方に所在した都官は、塩官・鉄官のように中央政府から派出された出先機関を指し、多くが県とほぼ同格の官府であった。拙稿「秦漢時代の都官」（拙著『漢代の地方官吏と地域社会』第三部第一章、汲古書院、二〇〇八年［初出二〇〇五］）参照。

(7) 睡虎地秦簡秦律十八種・司空律の各条文には、刑徒労働に関する記述が多い。秦漢代の労役刑については、冨谷至「統一秦の刑罰」「漢代刑罰制度考証」（同氏『秦漢刑罰制度の研究』第Ⅰ編・第Ⅱ編、同朋舎、一九九八年）を参照。刑徒労働の内容を述べたものに劉海年「秦律刑罰考析」（同氏『戦国秦代法制管窺』法律出版社、二〇〇六年［初出一九八一年］）などがあるが、簡潔である。秦代刑徒労働の実態について、最近の詳細なものとして石岡浩「秦の城旦舂刑の特殊性―前漢文帝刑法改革のもう一つの発端―」（『東洋学報』八八―二、二〇〇六年）がある。

（8）前掲（5）に同じ。

（9）新品と再生品の違いを示したのではと疑われる事例に次のようなものがある。

取司馬監関調書●取善札三四十繩可為丞相史約者　（10.14, A33）

出　善両行廿 善札百　（433.39, A33）

このように「善」と記してある札や両行が、新品を指している可能性はあるだろう。無論、新品か再生品かを問わず単に材質の高低を示しているとも考えられる。

（10）汪濤・胡平生・呉芳思主編『英国国家図書館藏斯坦因所獲未刊漢文簡牘』（上海辞書出版社、二〇〇八年）。

（11）籾山明「削衣・觚・史書」（同氏『中国古代法制の形成過程』平成一六～一七年度科学研究費補助金研究成果報告書、二〇〇六年）参照。再利用の観点からいえば、習字用の觚とは書写材料として複数回利用を前提とした簡牘ということもできるだろう。

（12）西嶋定生『中国古代帝国の形成と構造―二十等爵制の研究―』（東京大学出版会、一九六一年）の第二章第二節「民爵賜与の方法」。同書口絵写真の（n）が図1に掲げたものと同一の簡牘である。

（13）中央研究院における実見事例中、次の事例を挙げておく。

印曰張掖肩水司馬印

肩水候

三月丁丑騂北卒樂成以來　（14.3, A33）

この封泥匣のない検の文字の中で、あみかけ部分の「張掖」と「肩水司馬」はそれぞれ一度削られてから書き直した痕跡が明確、特に「張掖」の上の部分の削痕はテキストの写真でも判別可能である。これは訂正のための削り落としと考えられ、訂正対象の文字のみを削っていたようである。このことから、複数文字・行を一度に削り落とした削衣である場合、訂正のためではなく書写面を全て削除するための処理で生まれたものと考えてよいのではないか。

（14）エチナ漢簡講読会「エチナ漢簡選釈」（『中国出土資料研究』一〇、二〇〇六年）。この他、このような現象については藤田高夫『敦煌・居延漢簡による漢代文書行政の基礎的研究』（平成一〇年度～平成一一年度科学研究費補助金研究成果報告書、二〇〇〇年）、宮宅潔「辺境出土簡研究の前提―敦煌の穀物関連簡より―（発表摘要）」（『中国出土資料研究』六、二〇〇二年）などが指摘する。

（15）焼却廃棄として『史記』に載る戦国期の孟嘗君と馮驩の事例がある。

酒酣、乃持券書如前合之、能与息者、与為期。貧不能与息者、取其券而焼之。　『史記』孟嘗君列伝

（酒宴がたけなわになると、［馮驩は］券を持ち出して前のようにそれを合わせ、利息が払える者には一緒に［返済］期日を定めた。貧しくて利息が払えない者には、その券をとって焼いてしまった）

この事例は廣瀬薫雄氏からご教示いただいた。

（16）中国簡牘の籌木に関する研究としては、胡平生「馬圏湾木簡与厠簡」（『胡平生簡牘文物論集』蘭台出版社、二〇〇〇年）がある。籌木についての研究は、日本木簡の方が先行しており、最近では井上和人「出土木簡籌木論」（『木簡研究』二八、二〇〇六年）などの専論がある。

(17) 舘野和己・武内紹人「中央アジア出土のチベット語木簡―その特徴と再利用―」(『木簡研究』二六、二〇〇四年)。

(18) 前掲注(16)胡平生論考によれば、馬圏湾漢簡の中に糞便が付着したものがあったことが、呉礽驤氏から紹介されたという。

(19) 斜め加工のみのものについていえば、再利用の際に斜めにされたものだけではなく、用途によっては一次利用の際に斜め加工されたと考えられる事例もある。例えば居延漢簡 273.1(A10)の実見結果では、下端は斜めに切断され滑らかに整形されているが、記されている文章は、

蓬火治所　昕寇燧縄十丈札五十檄二
以亭次伝行毋留

(蓬火治所。昕寇燧縄十丈札五十檄二、亭の順によって順次伝送して輸送し、留めてはならない)

とあり、文意は問題なく通る上、文字の一部が斜め加工により欠損しているといった特徴もみられず、当初から斜めに加工されて用いられたことは明白である。おそらく「縄十丈・札五十・檄二」といった荷物を梱包した紐にでも差し込むためにこのような加工が施されたと考えられる。そのため、表2―1～3についても、斜め加工のみのものについては、文字の欠損が重大(文字の途中で切断されているなど)でなく、斜め加工が丁寧でかつ釈文の文意が通るものについては、273.1 のような元来斜め加工を施された簡である可能性がある点には留意せねばならない。

(20) 李均明「漢代甲渠候官規模考」(同氏『初学録』蘭台出版社、一九九九年[初出一九九二])。

(21) 甲渠候官遺跡の状況については、甘粛居延考古隊「居延漢代遺址的発掘和新出土的簡冊文物」(『文物』一九七八年第一期)参照。

(22) 敦煌馬圏湾遺跡の概況については、『敦煌漢簡』(中華書局、一九九一年)の「敦煌馬圏湾漢代烽燧遺址発掘報告」を参照した。T5が便所であった可能性については「伍　簡牘」部分を参照。なお、「便所」といっても、そこで用を足したのか、あるいは別の所で何らかの容器に用を足しておいて、排泄物を捨てに来たのかは不明である。

(23) 前掲注(16)胡平生論考参照。

(24) 七〇年代出土居延漢簡と馬圏湾漢簡は写真版の写真の長さであるため、実物の長さとはある程度のずれが生じていると思われる。三〇年代居延漢簡については、基本的に台湾中央研究院歴史語言研究所ホームページで公開されている「漢代簡牘数位典蔵」(http://140.109.18.243/woodslip_public/System/Main.htm)のデータに拠った。

(25) 前掲注(22)「敦煌馬圏湾漢代烽燧遺址発掘報告」の「参　出土器物」の五九頁。

(26) 前掲注(22)「敦煌馬圏湾漢代烽燧遺址発掘報告」の「参　出土器物」の六三頁にみえる「黄羊夾」を参照。文字がみえる簡は 79DMT13.24～26 の三本である。

(27) 日本木簡の分類については、木簡学会発行の『木簡研究』各号巻頭に掲載の分類表を参考とした。

(28) 佐藤信「文字資料と書写の場」(同氏『出土史料の古代史』I―二、東京大学出版会、二〇〇二年[初出一九九九年])参照。

(29) 契約券の類を折って廃棄したことは、『史記』にみえる。

常従王媼・武負貰酒、酔臥、武負・王媼見其上常有龍、怪之。高祖毎酤留飲、酒讎数倍。及見怪、歳竟、此両家常折券棄責。

(高祖は常に王媼・武負の所で酒をつけ買いして、酔って寝ていたが、武負・王媼は高祖の上にいつも龍がいるのをみて、不思議に思った。高祖が酒を買いにきて留まって飲むと、酒は数倍の売れ行きであった。

不思議なものをみてから、年末になると、両人はいつも券を折ってつけをなしにしてやっていた）　　　　　　『史記』高祖本紀

また、籾山明氏のご教示により、居延漢簡等の契約券の類が多く折られていることを知った。これは、『史記』の記載を実物史料によって裏付けたことになろう。

なお、前掲注（15）の事例と併せて考えると、簡牘の焼却処分の持つ意味がある程度推測できる。通常の場合、高祖本紀にみえるように、符券類を失効させるには折るだけで充分であり、刻歯までの完全な偽造は困難であるため、記載内容が読まれたとしても問題がない。刻歯がない簡牘の場合は、例えば封印された文書の場合は、予定された受信者により封泥を外され読まれた時点で、内容に基づいた受信者の行動が始まり、文書自体の効力は失効する。他の者がその文字情報を読み取って何らかの行動を実施したとしても、本来の受信者による行動と重複し、混乱はきたすであろうが最終的には露見する。従って、機密事項でもない限りは記載された文字情報を第三者に読まれたとしてもさしたる害はない。仮に廃棄された文書簡牘を悪用し内容の一部を書き換えて文書偽造を行なったとしても、発信者の封泥の入手が困難であり、偽造をせねばならず、そこまでするのなら全てを一から作成する方が合理的で、廃棄簡牘を流用するまでもない。このように、廃棄簡牘を用いた文書偽造行為は、手間の割にはさしたる効果がなく、焼却処分や破壊などは必要とされない。完形のままの簡牘がゴミ捨て場から出土するのも、このように考えれば説明がつく。

しかし、注（15）の場合は、本来の債権者である孟嘗君の許可なく、使いの馮驩が独断で債権を放棄しているため、孟嘗君の対応次第では再度券を作成し直して貸借関係を復活させる恐れがあるので、折るだけではなく記載された文字情報を消失させる必要があり、焼却されたのではないだろうか。すなわち、焼却処分は簡牘に付与された何らかの効力の有無にかかわらず、記載された文字情報自体を消失させる必要がある時に選択される廃棄方法だったということになり、一般的な廃棄方法とは考え難いことになる。ただし、これもまた現状で得られている情報からの議論であり、さらなる新情報による不断の再検討が必要となろう。

【付記Ⅰ】図6は、大阪府立近つ飛鳥博物館図録『シルクロードのまもり－その埋もれた記録』（一九九四年）六四頁掲載の図五二を転載したものである。その他の白黒写真は、労榦『居延漢簡　図版之部』（中央研究院歴史語言研究所専刊之二十一、一九五七年）を転載したものである。

【付記Ⅱ】本稿は、平成一九年度三菱財団人文科学助成金による成果の一部である。

※本稿使用の出土史料テキストは以下の通り。

居延漢簡

労榦『居延漢簡　図版之部』（中央研究院歴史語言研究所専刊之二十一、一九五七年）

謝桂華・李均明・朱国炤『居延漢簡釈文合校』（文物出版社、一九八七年）

甘粛省文物考古研究所・甘粛省博物館・文化部古文献研究室・中国社会科学院歴史研究所編『居延新簡　甲渠候官与第四隧』（中華書局、一九九四年）

睡虎地秦簡

睡虎地秦墓竹簡整理小組『睡虎地秦墓竹簡』（文物出版社、一九九〇年）

敦煌漢簡

甘粛省文物考古研究所編『敦煌漢簡』（中華書局、一九九一年）

エチナ漢簡

魏堅主編『額済納漢簡』（広西師範大学出版社、二〇〇五年）

馬王堆三号墓出土簡にみる遺策作成過程と目的

鈴木直美

はじめに

遺策とは、一九五三年出土の長沙仰天湖楚簡以来の名称で、『儀礼』既夕礼にみえる「書遺於策」（死者への贈品を策に記す）に由来する。[1]これについて、鄭玄は「遺猶送也。謂所当蔵物茵以下」（遣とはおくるという意味である。茵以下の物品で副葬すべきものをいう）と注しており、この理解にしたがえば、遺策は副葬品リストとなる。

しかし、この二〇余年におよぶ研究によって、この認識は改められてきた[2]。最近では遺策の記載事項には、副葬品と並んで祭奠（供物）や、賻（布帛・金銭）・賵（車馬）・襚（衣服）・贈（死者に贈る品）といった贈品が記録されることが明らかになっている。また、遺策記載品目の全てが副葬されるわけでなく、一方で遺策記載のない物品が墓内から発見されることも指摘されている。

しかし、こうした先学の成果をみても、筆者にはきわめて素朴な疑問が残る。それは、遺策とは、予め葬礼準備段階で必要な副葬品や祭奠をリスト化したものか、あるいは副葬品・祭奠、および贈品を埋葬前までに記録したものか、ということである。言い換えれば、遺策の作成目的や手順に先行研究はほとんど触れておらず、遺策のもつ葬礼での現実的役割がみえない。こうした状況を生んだ一因を考えると、これまでは礼制復元を目的として、既出の遺策から贈品など特定の既述のみを抜き出してきたため、ひとつの墓葬の遺策と出土品とを丁寧に照合したり、文書学的検討を加えたりしてこなかったことに気付く。遺策に贈品記録が残され、さらには、遺策と副葬品に異同が目に付くのであれば、他にも操作や修正の痕跡が遺策上に残ってはいないだろうか。もし、遺策上に何らかの痕跡が残るのであれば、葬礼に遺策がはたした役割がみえてくる。本論では副葬品の豊富な馬王堆三号墓遺策を利用して、遺策の作成から埋納にいたるまでの軌跡をたどり、その性格や目的を明らかにしてみたい。

一、伝世文献にみる遣策作成の経緯

冒頭で述べたように、遣策への贈品・副葬品記載をしめす史料として、しばしば次の『儀礼』既夕礼（以下、「既夕礼」と称する）が引用される。

主人之史請読賵、執算。従柩東当前東西面。不命毋哭、哭者相止也、唯主人主婦哭。燭在右南面。読書、釈算則坐。卒、命哭、滅燭。書与算執之、以逆出。公史自西方東面、命毋哭、主人主婦皆不哭。読遣卒、命哭、滅燭出。（『儀礼』既夕礼）

（喪主の史が読賵を請い、算木を手にする。柩の東側から東を前にして西を向く。哭泣しないようにとは命じないが、哭泣する者は互いにやめ、喪主・主婦のみ哭泣する。灯りは右側に置いて南に向ける。賵書を読み、数える際には座る。終わったなら、哭泣を命じ、灯りを消す。賵書と算木を手にして逆順に退出する。公の史が西側から東面し、哭泣しないよう命じたら、喪主・主婦ともに哭泣をやめる。遣を読み終えたら哭泣を命じ、灯りを消して退出する）

これによれば、喪家では出棺前に「読賵」「読遣」の儀式が行われる。楊華氏が的確に整理するように、前者は喪家の史が贈品リストを読み上げながら贈品を確認する儀式で、後者は公から派遣された史が贈品を含む副葬品全体のリストを読み上げる儀式である。(3) 無論、賵書は贈品を受領して初めて作成可能だが、少なくとも出棺前には賵書・遣策が完成していなくてはならない。

この賵書・遣策作成のタイミングについて劉国勝氏は、『曽侯乙墓楚簡』や『包山楚簡』遣策の題記には埋葬日が記されており、埋葬日には遣策の記入と編綴が終わっていたことを指摘する。(4) 確かにこれは、右掲「既夕礼」の記述と一致する。さらに氏は、遣策が物品の種類別に配列されていることより、あらかじめ葬礼に必要な物品と数量が計画され、準備が整った段階で遣策にまとめて登記、整理されたとする。この見解は筆者にとっても示唆的であるが、劉氏は見解の根拠を十分に説明していない。

遣策の作成タイミングと目的を考えるとき、思い当たるのは遊侠原渉の逸話である。彼は貧しい喪主のために、必要な品々を書き出して諸客に買い物に行かせ、それを点検した後に喪主に渡している。

渉乃側席而坐、削牘為疏、具記衣被棺木、下至飯含之物、分付諸客。諸客奔走市買、至日昳皆会。渉親閲視已、謂主人「願受賜矣」。（『漢書』原渉伝）

（原渉は席をよけて座り、牘を削って疏を作り、衣類、棺木、下は飯含の品物までつぶさに書き出し、諸客に渡した。諸客は市場に馳せて品物を買い、日の傾く頃に集まった。渉は自分で点検し終わると「どうぞお受け取り下さい」と喪主に言った）

この原渉の逸話は必ずしも特殊事例とは思えない。何故なら、「既夕礼」のような式次第が必要なのは、葬礼の準備は何かと物入りで煩瑣な作業であったからと想像できる。それならば、葬礼に先立ち、必要な品々をリスト化し、それにしたがって物品を調達することもしたであろう。

リスト化といえば、葬礼ではないが『儀礼』聘礼（以下、「聘礼」）での贈品準備過程も参考になる。

宰書幣、命宰夫官具。及期夕幣、使者朝服、帥衆介夕。管人布幕于寝門外、官陳幣（中略）。宰入告具于君。君朝服出門左、南郷。

史読書展幣。宰執書告備具于君。授使者。使者受書授上介。公揖入。官載其幣舎于朝。上介視載者、所受書以行。（『儀礼』聘礼）

（宰が贈品を書き出し、宰夫に命じて官ごとに準備させる。期限になったら、夕べに贈品を展観し、使者は朝服を着け、衆介を率いて夕礼をする。管人は寝門の外に敷物を敷き、官は贈品を並べる（中略）。宰は路門を入って準備されたことを君に告げる。君は朝服を着け、門から出て左に向かい、南面する。史が目録を読んで贈品を点検する。宰は目録を持ち、君に準備が整ったことを報告し、使者に目録を渡す。使者は目録を受け取り、上介に渡す。公は一礼して路寝に入る。官は贈品を車に積み、朝に置いておく。上介は積み込みを確認したのち、渡された目録を持って行く）

これによれば、他国への遣使とその使者が決まると、宰によって贈品がリスト化される。下僚の宰夫はそれを準備し、準備が完了すると公と使者の前でリストの読み上げと贈品の展観が行われ、リストはそのまま使者に引き渡される。この事例もリストが計画として先行する点で「原渉伝」とよく似ている。

また、遣策を出土した墓葬例としては鳳凰山一六八号墓、同十号墓も有名であるが、これらの墓葬からは遣策とともに告地策が同葬されていた。告地策とは、官府間の送達文書の書式・文言を踏襲した冥府宛の葬送用文書であり、馬王堆三号墓からも発見されている。この鳳凰山一六八号墓・十号墓出土簡を検討した佐原康夫氏は四点の興味深い現象を指摘する。[5]第一に、一六八号墓遣策の下部には「,」マークが付されており、遣策と副葬品の照合を行った形跡がある。第二に遣策記載の奴隷数と告地策記載の奴隷数、および出土した木俑の数は一致しないだけでなく、告地策記載数の方がより木俑の数に近く、遣策よりも告地策の方があとで作成されている。第三に、十号墓では、遣策と告地策が一枚の木牘にまとめられており、遣策は正面三段全てと背面第一行を占め、告地策は背面二行目以降に書かれている。この遣策部分のうち、正面一・二段目と比べて、三段目以降は明らかに別筆であり、あとから物品を追加したことが知れる。第四に、一六八号墓・十号墓の遣策・告地策は墓葬の側箱、もしくは頭箱の底部からみつかった。これは遣策と副葬品の照合後に、遣策と告地策が他の副葬品より先に副葬されたことをしめす。以上の指摘より、遣策と副葬品の照合は行われるが厳密な作業ではなく、また副葬品の品目や数に合わせてその内容は改訂され、改訂を経てもなお、その品目や数が変更されることがわかる。

上述の劉・佐原両氏の指摘や史料を踏まえるならば、遣策とは葬礼の準備リストとして書き起こされ、途中で改訂が加えられたのちに、点検に使用されることが推測できる。ただ、聘礼の品を自家で用意するのとは違い、葬礼には贈品がもたらされるから、遣策の作成過程はより複雑になったはずである。幸い、馬王堆三号墓遣策には贈品記録や物品数の訂正などが含まれており、遣策の作成過程を考察する良い材料となるはずで、節を改めて検討を加えたい。

二、馬王堆三号墓と遣策概要

『馬王堆二、三号漢墓』（以下、『報告』）によれば[6]、馬王堆三号墓は現在の長沙市芙蓉区に位置し、一九七三年一一月から翌年一月にかけて発掘調査された。墓葬構造は斜坡墓道のついた二槨二棺墓で、中央に棺室、その東西南北に計四ヶ所の槨箱が設えられている（図1）。

前述したように、同墓からも告地策が発見されており（図2—1）、そこに記入された日付が文帝一二年（前一六八）二月であったため、埋葬はこれと同時期とされている。

十二年二月乙巳朔戊辰、家承（丞）奮移主贓郎中、移贓物一編、書到先選具、奏主贓君。[7]（簡一）

（十二年二月乙巳朔戊辰、家丞の奮が主贓郎中に贓物一編を送ります。この文書が到着したらまず整え、主贓君に奏上して下さい）

埋葬年が文帝一二年であること、三号墓が初代軑侯利蒼の墓である二号墓より築造が遅いこと、第二代軑侯利狶は文帝一五年没（『漢書』高恵高后功臣表）であることから、墓主は利狶の兄弟と推定されている。[8]

次に出土簡牘であるが、告地策は東槨箱上層（『報告』は槨箱内を上層と下層に分ける）から発見された（図1下、右）。簡長は二七・五cm（漢尺でほぼ一尺二寸）と一般的な漢簡の長さ二三cm（漢尺で一尺）より長い。この文書は送達文書の書式に則っており、発信者は軑侯家の家丞奮、宛先は「主贓郎中」であり、「移贓物一編」というのは遣策の送付を表している。遣策（簡二～四一〇）は西槨箱下層から発見されており（図1下、左）、出土位置は大きく異なるが、告地策作成者は告地策と遣策を一体の文書とみなしていたことになる。また、遣策が下層から発見されたことにより、遣策が先に埋納され、副葬品埋納の最終段階で告地策が入れられたことがわかる。

遣策は木牘六枚と竹簡四〇二枚から成り立っており、[9]出土時にはすでに編綴紐が切れ、簡牘はばらばらになっていた（図3）。簡長は告地策同様二七・五cm前後であるが、[10]簡四〇七のみ約二三cm（図2—2）であった。

編綴痕は、簡の上下からそれぞれ三分の一ほどのところに確認できる（図2—3）。さらに、簡二七一などには、文字の上を編綴紐が横切った痕跡があるから（図2—4）、遣策は書写後に編綴されたことがわかる。

遣策のうち、木牘六枚・竹簡六枚は副葬品のまとまりごとの小計や収納場所を記した小計簡である（収納場所の表示は小計とはいえないが、以下、便宜的に小計簡と呼ぶ）。小計簡の特徴は、木牘・竹簡ともに簡上部を黒く塗りつぶすか（図2—5・6）、一部の竹簡では行頭に「●」を付すことで（図2—7）、個々の品目・点数を記す簡との区別がつけられている。ただし、前述の簡長の短い簡四〇七の上部は黒く塗られていない（前掲図2—2）。『報告』によれば、遣策の配列順は男女明童・車馬・食品・漆器・土器・その他雑器・絹織物とのことだが、詳しい出土時の位置や復元根拠はしめしていない。そのため、後述のように小計簡の位置をはじめとして配列に疑問な点が散見する。

なお、馬王堆三号墓は、いわゆる『馬王堆帛書』や竹簡に書かれた『医書』で名高い。これらの帛書や竹簡は東箱内の漆奩（出土号、東五七。以下、方位・番号の連記は『報告』の出土号をしめす）内にまとめて収納されており、告地策・遣策とは副葬位置や収納のされ方が全く異なる。本論は遣策の検討を通じて葬礼準備の過程を探ることを目的とするので、これ以降、帛書と医簡については触れない。

本節では遣策を通覧しながら、その内容と小計簡、副葬品を対照し、遣策と副葬品の照合の有無や小計簡の作成タイミングを検証してゆく。小計簡作成のタイミングに注目するのは、小計について、物品の実数を確認しないで遣策上で機械的に計算したのか、物品の実数を数え直しているのか、確かめるためである。以下、表1に遣策と副葬品の対応をまとめたので適宜参照されたい。[11]なお、両者の対応については

『報告』を参照した部分と、筆者が判断した部分がある。簡二三六にまとめられた食品類や絹織物については第三節で詳論するので表1からは外した（簡二三六・二七八・二七九・三二五〜三三〇・三八五）。釈字は可能な限り通行字体に改めたが、読み替える文字については表に入れておらず、本文中では必要に応じて（　）内に表記することにする。

（一）男子明童（簡二〜四一・小計簡四二）

簡二から簡四一には、墓主の家にかかわる家丞や兵卒などの男性人員と、武器・楽器などの装備が列記されており、小計簡四二には男性人員の総計と、人員を吏・宦者・「偶人」・打楽器演奏者・卒・奴に分類した小計が付されている。⑿

■右方男子明童　九人宦者　百九十六人従
凡六百七十六人　二人偶（偶）人　三百人卒
其十五人吏　四人撃鼓鐃鐸　百五十人奴　（簡四二）

この小計簡によれば「男子明童」は計六七〇人、「其十五人吏」とは家丞（表記は「家承」）一・家吏一〇・謁者四人（簡二〜四）の合計数である。「九人宦者」は簡五「宦者九人」と、「二人偶（偶）人」は簡七「偶（偶）二人」と対応し、「四人撃鼓鐃鐸」は簡一〇「鼓者二人」と簡一一「鐃、鐸一、撃者二人」を足した数である。「百九十六人従」とは、簡二〇から二四の武器を持った者たちの合計数、「三百人卒」は簡二五から簡二七にみえる卒の合計数、「百五十人奴」とは簡四〇「大奴百」と簡四一「馬豎五十」の合計数である。よって、小計簡と各遣策の人員や役割、合計数は一致している。ただし、楽器や武器など物品の小計はない。

次に遣策と木俑の対応であるが、『報告』は簡四「謁者四人」が皂衣俑四点と対応するとみている。簡七の「偶（偶）二人、其一人操遷蓋、一人操矛」は斜坡墓道に置かれた二体の木偶に比定される（図1上）。また、男俑六九点が発見されたが、これらの男俑は厚みが三cm程度と薄く、体の凹凸が少ない簡素な形状であるため、身分が高いようにはみえない。後述の帛画中に「大奴」（簡四〇）・「馬豎」（簡四一）にあたる人物がみえないので、表1ではここに男俑を入れてみたが、数は合わない。

では、男性人員はどこにいるのか、それは棺室西壁に懸けられた帛画に描かれているのである。すでに指摘があるように、⒀同帛画には墓主を先頭とした行列と、それを取り囲んで見守る官吏や騎馬・車馬、楽人たちが描き込まれており、これが遣策中の人員や装備を表している（図4）。この帛画の画面の左半分に相当するのが、簡二から簡四一の記載内容である。まず、画面左上方に傘をさしかけられた人物がおり、これが墓主とみられる。墓主の後ろには傘をさしかける人物を含め約十六名が描かれており、墓主と彼らだけ顔が白く塗られている。謁者が木俑と重複するが、数からみて小計簡の「吏」であろう。その手前（画面中段）には、盾をもった人物約三十人が並んでおり、簡二二「執革盾八人、皆衣青、冠履」、簡二三「執盾六十人、皆冠画」に相当するとみられるが、数は一致しない。画面左側下方には、建鼓・鐃・鐸の楽器が各一、建鼓演奏者二名と鐃・鐸演奏者各一名がみえ、簡九から簡一一の既述と一致している。簡一四は建鼓の下に置かれる太鼓であろうが、鐘・鏺（『報告』は鈴の一種とする）（簡一三）、「屯于（錞）」（簡一二）はみえない。建鼓の左側には矛を持った人物が一八人、右側にも同様の人物約八人が立っており、矛の細かい形状までは判別できないが、簡二〇・二一に相当すると思われる。さらに建鼓の上方に三六人、下方に二四人の長衣の人物群がいるが、比定できる遣策が不明である。また、簡二五から簡二七の卒に相当する人物群は帛画にはみえない。以上、遣策と帛画を対照してみると、「吏」や楽器と演奏者については帛画と遣策が一致するが、「執盾」など数の一致しない項目も多く、「卒」のように全く帛画に描かれていない人員もいる。

武器については簡二八「象刀一、有鞞」に比定できる刀は見当たらず、「樟」（簡一七）は何をさすのか不明である。副葬された竹弓・木弓各二点は遣策にみえず、遣策と副葬品の間には出入が見受けられる。ちなみに簡二九・三〇の「割刀」「削」は簡三一五以下の六博具中に入っていたから、ここに編号されることは不適当である。

（二）女子明童（簡四二～五八・小計簡五九）

簡四二から簡五八には女性人員と楽器が列記されており、小計簡は以下のとおりである。

■右方女子明童　　廿人才人
　凡百八十人　　　八十人婢
　其八十人美人　　　　　（簡五九）

これによれば女性は計一八〇人、「其八十人美人」とは「美人四人、其二人鞸、二搴」（簡四三）、「美人四人、其二人楚服、二人漢服」（簡四四）および「女子七十二人、皆衣綺」（簡五七）の合計数とみられる。「廿人才人」とは、簡四五から簡五二の舞人・楽人たちを合計すると二〇人となる。「八十人婢」は簡五八と対応する。以上より、男性人員同様、遣策記載の人員と小計簡は一致するが彼女らの使用する楽器についての小計はない。

次に遣策記載内容と木俑との対応をみると、舞人俑八点・楽人俑一二点は一致するが、やや手の込んだ形状の女侍俑四点と女俑四点は数が少なすぎ、遣策の内容と比定することはできない。

また舞人・楽人を記した、簡四五（図2―8）・四六・四七・四八・五一・五二には「﹅」マークがみえており、簡四四を除き、比定できる俑が明白であるから、少なくとも舞楽俑と遣策との照合は行われたといえよう。

（三）車両・馬牛とその扱い者（簡六〇～七二・小計簡七三）

簡六〇から簡七二は車両や馬牛とその扱い者が記され、小計簡は以下のとおりである。

■右方車六乗　　騎九十八匹　　牛十一
　馬五十匹　　輜車一両　　竪（豎）十一人
　附馬二匹　　牛車十両　　　（簡七三）

先述の男女人員とは異なり、「凡」ではじまる総計はない。「右方車六乗」とは安車・大車各一台、温車・輬車各二台（簡六一～六四）の合計数である。「馬五十匹」とは安車・大車各一台に馬六匹ずつ（簡六一・六二。計一二匹）、温車・輬車計四台に馬六匹ずつ（簡六三・六四。計二四匹）、簡六四・簡六五に馬四匹ずつ（計八匹）、軺車二台に三匹ずつ（簡六六。計六匹）の総計である。「附馬二匹」とは簡六七に対応し、この簡六七はまた簡六八「胡人一人、操弓矢、贖観（韇丸）、牽附馬一匹」、簡六九「胡騎馬二匹、匹一人、其一人操附馬」に対応する。「騎九十八匹」「輜車一両」「牛車十両」は簡七〇から簡七二に当たる。「牛十一」「竪（豎）十一人」は簡七一・七二の牛、竪人の合計となる。以上のように、簡七三も男女人員と同様、遣策記載内容と小計簡が一致する。

次に、前述の帛画をみると、画面右側上方に四頭立ての馬車約七〇両、下方には騎兵約百人が整列しており、数は合わないが車両と騎兵に相当することがわかる。騎馬の左側には幢を持つ人物五名、彼らの後ろに馬約八頭がみえるが、比定すべき遣策は不明である。画面には牛車や牛の扱い者はみえず、帛画中の車両や騎馬がどこまで厳密に描き分けられ、その数を反映しているか確かめるのは難しい。

（四）鼎・瓦器（簡七四〜一〇三・四一〇・二九六〜二九八・小計簡一〇四）

簡七四から簡一〇三には鼎に盛った羹三〇点が記されており、『報告』は左掲小計簡一〇四（図2―5）を直後に配列する。

■右方羹凡卅物、物一鼎　●瓦貴六
瓦雍、鐯各一　不足十六買瓦鼎錫垛
蜀鼎六　（簡一〇四）

この配列だと羹三〇点が「右方羹凡卅物、物一鼎」と合うようにみえるが、残簡四一〇にはっきりと「鼎」字の下半分が残る。[14] 他簡や馬王堆一号墓遣策（以下、一号墓遣策）をみても、鼎は羹以外に使用されていないため、羹の記載簡は本来三一本だったとすべきである。

「瓦雍、鐯各一」であるが、『報告』は「雍」を「維」と釈すが、字形からみて「雍」、すなわち甕とするのが適当である。「鐯」とは、簡二九六「瓦箸、甗各一」（土器の甑、甗各一）にみえる「瓦箸」ではないか。『報告』は簡二九六「箸」を「晉」に読み替え、甑としている。[15] 加えて簡二九七「瓦雍、甗一具」（土器の甕と甗一セット）とあるので、この二簡の内容が「瓦雍、鐯各一」に集約されているのだろう。

次に「蜀鼎」であるが、これは漆鼎ではないか。何故なら、簡二三七には「漆画木鼎六、皆有蓋」とあり、実際に漆鼎六点が出土している。加えて『報告』は副葬された漆器が、鳳凰山八号墓出土漆器に作風が似ており、同墓出土漆器には成都製をしめす銘があったことを指摘する。実際、馬王堆一号墓からも成都製の銘がある漆器が出土している。[16] 以上を勘案すると、「蜀鼎六」は漆鼎六点をさしていると考えられる。

「瓦貴六」とは、簡二九八「瓦器三、貴」（土器三点、縁紋様あり）とみえている。小計簡記載数が遣策記載数を上まわるが、両者とも同じ器物をさしていると思われる。

最後に、「不足十六買瓦鼎錫垛」（不足した十六点は土器の錫を塗った鼎を買った）とは買い足した記録である。[17] 十六点の瓦鼎を買い足したのであるから、一四点分は先にそろっていたことになる。一四点という数は「瓦雍、鐯各一。蜀鼎六。瓦貴六」を足した数と合うから、鼎単位に計算されていた羹は、実際には瓦器・漆鼎・瓦鼎に分けて盛られたのだろう。副葬品との対応をみると、前述の漆鼎六点のほかは、鼎などの土器類は全く見つかっていないから、羹と鼎の大部分は祭奠で、副葬されなかったに違いない。また、わずかに一簡のみではあるが、簡九九に「豕逢羹一鼎」の下に「,」マークがあり、遣策と羹の照合を行った痕跡をうかがえる。

これらの簡が前述の明童・明器を記した遣策と異なるのは、鼎・土器類を記した個々の品目や数と小計簡の数が一致しない点、および途中の変更が小計簡に反映されていることである。少なくとも小計簡一〇四については、遣策を見ながら小計を機械的に計算しているのではなく、実物を数えながら小計簡を作成している。つまり、小計簡の作成は物品がそろった段階であることがいえる。

（五）䩶（簡一〇五〜一〇九）

簡一〇五から簡一〇九は䩶を単位に数える食品を記載している。䩶とは食品をはさむ箸の子のことである。䩶を用いた食品は、遣策に五二点記載されているが、小計簡はなく、副葬品にも相当する食品はみえない。

（六）卑虒（簡二〇六〜二三五）

簡二〇六から簡二三六には「器」を単位とする料理が列記されているが、小計簡はない。一号墓遣策では「器」ごとの食品の小計は卑虒数で表記されており、「器」とは卑虒の単位で、卑虒とは漆器の浅盆をさすことがわかっている。[18] 三号墓遣策中の卑虒は、「髹画卑虒桱（径）八寸、卌」（簡二五二）とみえており、遣策上の点数は四〇点である。

そこで、卑虒（器）数に注意して簡二〇六から簡二三六を見直すと、簡二一七には「牛濯脾ㇾ含ㇾ心ㇾ脯●各一器」（牛の脾、顎、心、脯の水煮、各一器）とあり、簡二一八には「牛唇ㇾ床ㇾ虒濡●各一器」（牛の唇、顎、虒のスープ煮、各一器）とあるので、それぞれ四器・三器を使用していることになり、簡二〇六から簡二三五の卑虒数は合計三六点となる。副葬品としては卑虒（浅盆）三八点が確認できる。『報告』は漆器内の食品については言及していないが、一号墓では副葬された浅盆二〇点のうち、六点に食品が盛られていた。これを踏まえると、簡二〇六から簡二三五における卑虒の合計数（三六点）と、副葬品の卑虒数（三八点）が近いのは、簡二〇六から簡二三五の食品が卑虒に盛られて副葬されたからだと推測できる。もし、この推測が正しいのであれば、あらかじめ、料理メニューと、それに必要な卑虒数の見積もりが、遣策に書きつけられていたのではないかと思われる。

（七）漆器（簡二三七〜二八〇）

簡二三七から簡二八〇には漆器が書き出されているが、小計簡はない。品目と点数が副葬品と一致するものは四三品目中二四品目で、全品目の約半分でしかない（遣策で数の不明なものや比定できないものは除外）。さらに五簡ほど実物と対応しない簡があり、匜二点・箕一点は対応する遣策がない。細かい点数をみても、簡二五三「髹画華圩（盂）廿枚」が実際には一〇枚しかないなど、遣策と副葬品の間にはかなりの出入がある。

ここで遣策記載数量の多い簡に注目すると、簡二四七「髹汧（消）幸食杯百」など、記載点数が二桁以上の漆器はいずれもきりの良い数字であることに気付く（簡二四七・二四八・二五〇・二五一・二五三・二五九・二六〇・二六六）。しかもこれらは必ずしもその数を副葬品が満たしていない。例えば、前掲簡二五一の卑虒数は四〇点だったが、副葬品は三八点しかなかった。この数字からみて、数の多い漆器は計画段階での概算であり、それが副葬品数と隔たる結果を招いたのではなかろうか。

（八）素焼き製品（簡二八二〜二九四・三〇一・三〇三・三〇四）

簡二八二から簡二九四には素焼きの鳥獣一三種が並んでおり、小計簡二九五に「■右方十三物土」（前掲図2―6）とまとめられている。ただ、簡三〇一・三〇三・三〇四にも素焼き製品みえるが小計簡がない。また、副葬品中には素焼き製品は全くみえない。

（九）調度・身の回り品（簡三〇〇・三〇五～三一三・小計簡三一四）

これらの簡は薫盧や席などの調度品である。遣策の品目・数と副葬品には多少の出入りが見受けられる。また、簡三一三「疏比一双」には「.」マークが付され、梳・篦の実物も副葬されている。ただし、梳・篦は二種、各三組が発見されているから、どの梳・篦の照合結果であるかはわからない。

『報告』は簡三一四「■右方臧首」（右、北槨箱に収蔵）をここに置くが、扇は南北両方の槨箱から一点ずつ出土しており、簡三一四の該当範囲をどこまでと考えているのか不明である。

（一〇）絹織物・衣類（簡三三一～四〇六・四〇七）

簡三三一から簡四〇六は絹織物と衣類が並ぶが、副葬された絹織物・衣類はひどく損傷しており、遣策との比定は困難である。『報告』は簡三八九から簡三九二の物品が、簡三九三「■右方四牒以関在棺中」にまとめられるとみる。しかし、簡三八九には「槨中繡帳一、褚繢掾、素掾、袤二丈二尺、広五尺、青綺禽、素裏一」（傍点筆者）と書かれており、これが北槨箱に張られた帳であるなら、これは棺内のものではない。また、「絲履二両」（簡三九一）、「接䋣一両」（簡三九二）についても、履の実物が確認できるのは北槨箱から出土した絹面麻底履一足のみで、棺内の履は識別できない。棺内にある履が識別できないのであれば、簡三九三の小計に簡三九一・三九二を連ねる根拠とはならない。前述の簡三一四とともに、場所を表す小計簡には再考の余地があろう。

以前から高大倫氏らが注目するように⑲、簡三三二「楮（緒）巾二、今四」、簡三七七「素紑二、今二」（素でできた大判手拭い二、今三）には、「今四」「今三」の記載が残っており、遣策記載数を訂正した痕跡とみられている。なお、簡四〇七にまとめられた衣類については第四節で詳論したい。

以上、遣策と副葬品を対応させ、品目や数の違いを述べてきたが、ここでその特徴をまとめておきたい。まず、（一）から（三）で検討した男女人員と車両について以下の三点の特徴がある。第一に各簡の人員の合計と小計簡の内訳・人員数は計算が合っており、遣策をみながら小計を出したことがわかる。第二に、各簡記載の人員は木俑・帛画とは一致しない部分が多い。第三に、一部ではあるが遣策と木俑の照合を行ったチェックマークが残る。ただ、チェックマークのついた簡は限られるから、全ての人員について木俑と帛画を照合したとは言い切れない。この三点を考慮すると、木俑と帛画を実際に見比べながら遣策の記入や計算を行うというのは考えにくく、遣策は机上でのプランであり、遣策と実数の照合も部分的のように思われる。

次に（四）から（一〇）までの物品については、以下四点の特徴を見出せる。第一に、（四）の鼎・瓦器は遣策記載数と小計が一致しておらず、物品が準備されてから小計簡を作成したものと考えられる。第二に、料理・食品全てが副葬されるわけではないが、副葬品のなかに漆鼎・卑虒の器物を見出すことができる。これは、最終的に器物に料理・食品が盛られることを前提に、料理・食品と器物が遣策に別々に書き出されたことをしめしている。第三に数の多い漆器については遣策上ではきりの良い数字が当てられる傾向があるが、必ずしもその数字に合う物品が副葬されるわけではない。第四に、遣策と副葬品を照合したとみられるチェックマークや、数の訂正がみられる簡があり、遣策をもとに副葬品を照合した痕跡と考えられる。以上の四点より、個々の品目を書いた遣策は葬礼の計画段階での準備リストで、小計簡は物品の準備が整った段階で作成するのではなかろうか。

（一）から（一〇）を総合してみても、遣策を葬礼準備のためのリストとみなして大過ない。ただ、チェックマークや数の訂正は部分的であるから、前掲「聘礼」のような物品の大々的な展観や、「既夕礼」のような「読賵」「読遣」の儀式が行われたとまではいえない。無論、計画外の物品が追加された際に、あらたに遣策を書き起こす可能性は十分にあるが、その識別は困難である。

三、竹笥と楬からみた贈品と喪家での準備

（一）贈品と簡二三六

本節では、先に保留した左掲簡二三六記載品について検討することとする（前掲図2—9）。本簡は、竹笥・帛嚢（縑嚢）・布嚢・坶・資・垥に入った食品や絹織物の小計と提供元の内訳を記載した小計簡である。これまでも本簡は贈品記録として注目されてきたが、ここに再論するのは「簡二三六」に編号されたことで、小計に含まれるべき簡が見落とされ、贈品と喪家で用意した物品との区別がついていないためである。なお、本簡記載品目とその数量、および遣策記載数については表2にまとめたので適宜参照されたい。

■右方凡両笥六十七合　其八受中
其十三合受中　十四臨湘家給
五十四合臨湘家給　坶資廿一
帛嚢八　其七受中
其六受中　十四臨湘家給
二臨湘家給　垥七
布嚢廿二　其三受中
四臨湘家給　（簡二三六）

第一段一行目から三行目は竹笥の合計数と、その提供元が記されている。提供元は「中」と「臨湘家」である。『報告』は「中」を禁中、「臨湘家」を喪家とみるが、「中」は人名の可能性も捨てきれない。

まず「両笥」であるが、これについては意味をはかりかねる。通常、「両」は車両や履などの単位であり、また、他簡では個数を表すときは「二」と表記される。二・三行目、「中」「臨湘家」からの竹笥の合計は六七点で、一行目の「六十七合」と合うため、「両」は単位や数ではない。

「帛嚢」とは、縑嚢のことである。簡一九〇など八本の遣策に「縑嚢」がみえ、また、一号墓遣策では縑嚢の小計が「帛嚢」と表されるからである。また、一号墓遣策と副葬品の対象結果によれば、「坶」は壺、「資」は罐を表しているが、「垥」については具体的な物品が不明である。

次に、簡二三六記載品・数と遣策との対応状況を表3にまとめてみた。まず、竹笥であるが、『報告』は簡二三六を食品（簡一一〇〜一九二）の小計簡とみなすため、遣策記載数と小計が合わないという。しかし、表3にしめしたように、食品だけでなく、簡二七八・二七九の璧や犀角・象牙の明器、および簡三二五から簡三三〇の絹織物類や、簡三八五「聶敝二笥」など竹笥に収納された品全てを簡二三六の小計範囲と考えれば計六七点となる。つまり、簡二三六の小計には食品以外の竹笥を入れて考えるべきで、このうち一三笥が「中」から、五四

笥が「臨湘家」から提供されたとみるべきなのである。

次に帛嚢（縑嚢）であるが、これも『報告』は小計数が合わないとする。そこで、「縑嚢」表記がある簡を見直すと簡一四八・一八七～一九二の他に、簡三〇四にも「縑嚢」記載があることに気付く。簡二三六によれば、その提供元と数は「中」が六枚、「臨湘家」が二枚で、これら計八枚は簡二三六記載数と一致する。縑嚢記載簡のうち、簡一八七から簡一九二まで六枚の簡に「有縑嚢」と記されており、例えば「棘一笥有縑嚢」（簡一九二）は、縑嚢に入れた「棘」（ナツメ）が竹笥に入っていたことをしめしている。一方、同じ縑嚢入りの食品でも簡一四八「黄巻一石、縑嚢一、合笥」（黄巻（黒豆もやし）一石、縑嚢一は同じ竹笥に入る）という表記がなされ、食品ではなく、竹笥を使用しない冥銭は、簡三〇四「土珠璣一、縑嚢」とのみ記される。また、竹笥を用いず、そのまま布嚢に入れられた穀物（簡一九三～二〇四、詳細後述）には、ただ「布嚢」としか記されていない。この文言の違いは、簡一八七から簡一九二が贈品であり、喪家が竹笥を開けて食品が縑嚢に包まれているのを確認したのち、「有縑嚢」と記録したからではないか。よって、「有縑嚢」とある遣策が六本あるのは「中」からの贈品だったことをしめしていよう。逆に、簡一四八・三〇四は喪家で用意した縑嚢二枚を用いたのである。

次に布嚢であるが、布嚢は簡一九三から簡二〇四にみえている。『報告』は布嚢も小計が合わないとしているが、簡一九八では麦五石について布嚢二枚を使っていることに気付く。そこで、同じく穀物五石を入れる簡一九三から簡一九七にも適用してみると布嚢は計一〇枚となり、簡一九三から二〇四の布嚢合計は二二枚、簡二三六の数字と一致する。

資と坶は、簡二三六では計二二点だが、遣策上ではそれぞれ一四点と五点しか確認できず、両者の計は一九点である。垥七点は遣策上では六点である。ただ、これら三品については、遣策から「中」「臨湘家」の内訳を見出すことができず、また遣策の合計数より簡二三六記載数の方が若干上まわる数字となっている。

簡二三六と遣策の照合結果をまとめておくと、簡二三六の物品ごとの記載数は竹笥・縑嚢・布嚢については一致し、坶・資・垥については簡二三六の記載数がやや多い。ただし、坶・資・垥の数字の差についてはその理由が定かではない。少くとも竹笥・縑嚢をみる限り、「中」から受領した竹笥は、喪家で中身を確認した後に記録したこと、および六品目（竹笥・縑嚢・布嚢・坶・資・垥）の記載数がおおむね遣策と一致することから、「臨湘家」「中」の双方の品がほぼ出そろった段階で簡二三六を作成していることが考えられる。

（二）遣策と竹笥・楬

前項でみた遣策の竹笥が、副葬された竹笥や楬（『報告』は簽牌と呼ぶ）とどのように対応するかみることで、遣策作成と物品準備の先後関係を確認してみたい。

まず竹笥と楬の出土状況であるが、竹笥は東槨箱二一点、西槨箱一七点、南槨箱一四点、計五二点がみつかっている。これらの竹笥のうち、三点（西一九笥・西二一笥・南一二四笥[20]。東西南北のついた数字は槨箱ごとの出土号、楬も同様）を除き、竹笥に楬がついていたか、出土位置や内容物をもとに竹笥と結びつく楬が発見された。また、一号墓では「軑侯家丞」などの封泥が検とともに竹笥についていたが、三号墓からも「軑侯家丞」封泥（図5）一二点、「利□」一点の封泥と検がみつかった。このうち「利□」封泥（図6）は「唐（糖）笥」楬のある竹笥（東九四）についていたが、「軑侯家丞」封泥の帰属先はわからない。「利□」は墓主と同姓であり、「臨湘家」の関係者かとも想像できるが、それ以上は不明である。ちなみに、楬のない上記三点の竹笥、および東一一二笥には衣類が入っており、これについては次節で詳論する。

表2は、楬・竹笥と遣策との対応表である。表中第三列は『報告』の付した楬番号で、出土場所を明らかにするため第四列に楬・竹笥の出土号を入れた。第五列は楬の数を数えやすいようにつけた便宜的な通し番号である。楬と竹笥に別々の出土号がついている場合は、竹笥の出土号を備考欄に記した。

表2に明らかなように、竹笥を記載した遣策は計六六枚、竹笥数六七点（簡三八五は二点で計算）であるが、このうち一八点には楬も竹笥もない。先述の「中」から受領した縑嚢入食品六点（簡一八七～一九二）も、「棘笥」（西四五）をのぞき、五点が楬にない。したがって、これら竹笥は副葬されなかったとみられる。

また、東九五笥には楬三「鰿羊笥」・四「鰿兎笥」二枚がつけられている。この楬二枚はそれぞれ簡一四一・一四二に対応する。加えて、楬四四「枇梨笥」は、簡一八一「柴一笥」・一八二「梨一笥」をまとめたものである。つまり楬三・四、楬四四は本来一品目ごとに竹笥に納めるべき食品を、二品目まとめて一笥に入れたことをしめしている。加えて、楬五「熬炙姑笥」に対応する遣策はなく、簡二〇九「熬炙姑一器」がこれに当たると思われる。「器」は卑虒の量詞であるから、器物が卑虒から竹笥に変更されたか、もしくは卑虒以外に竹笥にも熬炙姑を入れたことがわかる。これは、計画を遣策に書き付けていたものの、あとから器物の変更を行ったことに他ならない。

ただ、ひとつ付言しなければならないのは、楬のついた竹笥の数と、本来存在していたはずの竹笥の数を合わせると六六点にしかならない。この点数は、簡二三六の竹笥小計数六七点と合わず、むしろ遣策の合計数（簡二〇九を除く）に合ってしまう。これは、遣策がプランであり、竹笥がそろってから小計簡を作成したと考える私見と矛盾する。ただ、ひとつの竹笥にまとめた食品を一笥ずつに分けて遣策に記載するというのは考えにくく、実際に竹笥を数えなければ、簡二三六の提供者別の内訳は作成できないということを重く見たい。

最後に、『報告』は「■右方臧左方」を簡一八三に配し、「左方」を西、すなわち西槨箱の意味として、簡一六九から一八二の小計簡とした。しかし、表3を一瞥してわかるように、簡一七〇「豕炙一笥」に対応するのは楬二六[21]、すなわち南一八四の楬であるから、この簡一八三の位置もまた再考を要するはずである。

前項での知見をあわせて手順を確認すると、喪家で用意するべき食品がリスト化され、このリストにしたがって食品が用意されたのち、竹笥へ収納、楬と封印（一三点）が付された。これとは別に贈品は内容を確認した後にリストに加えられた。喪家で準備した食品・贈られた食品ともにそろったところで小計簡二三六が作成され、その後、埋葬直前までの間に副葬するか否かの最終的な判断が下されたものと類推できる。

四、祱衣の記録―乙笥・丙笥の再検討―

祱衣とは、『説文』八上に「贈終者衣被曰祱」とあるように、死者に贈られる衣類のことである。裞衣の語は、楬三七にも「裞衣丙笥」(図7)とみえており、裞衣を収納した竹笥があったことが知れる。また、楬七には「衣薈乙笥」(図8)ともあり、「乙笥」については簡四〇七にその明細が記録されている。筆者は、乙笥・丙笥の中身が衣類であることから、「乙」「丙」とは衣類の入った竹笥のナンバリングであると考えているが、従来この意味が正しく理解されてこなかった。また、簡一六八「■右方十三牒稍笥(笥)」も裞衣の小計簡とみることができると思う。そこで本節では乙笥・丙笥・稍笥にかかわる簡を再検討し、馬王堆三号墓中の裞衣について明らかにしてみたい。

(一)乙笥と簡四〇七—裞衣とその明細—

最初に乙笥の明細をまとめた簡四〇七について検討するが、既述のように本簡の簡長は二三cmしかなく、他簡に比べて明らかに短い(図2—2)。また、簡四〇七両側にははっきりとした契口が二カ所ずつ切られているが、『報告』掲載写真でみる限り、他簡に契口はみえず、契口がないか、あってもかなり小さいと思われる。[22]また、他の小計簡は簡頂を黒く塗ったり、冒頭に「●」を付したりするが、簡四〇七にはない。

次に釈文をみながら、その内容をみてゆこう(斜体は別筆をしめす)。簡四〇七に属する簡については表4にまとめたので適宜参照されたい(表の並び順は簡四〇七の記載順)。

斉繐禅衣一　　早複衣一、早掾
毋尊禅衣一　　帛小傅襦一
鮮支禅衣一、斂掾　　紫縦一、素裏
鮮支長襦一、素掾　　綈禅縦一
緒繐禅衣一　　緹禅便常一　　●白膺末
緒胡衣一　　緒袴一、素裏
帛傅質一、沙掾　　蕡十四嚢
繿斂長襦一、桃華掾　　●乙笥凡十五物不発

右のように本簡には、一四種の衣類と「蕡」が列記される。「蕡」とは香料のことで、香嚢一四点が各衣類につけられていたらしい。これら衣類と香嚢は簡三五五・三九四〜四〇六、および簡二〇五(香嚢)に相当する。

本簡の別筆は二段目最終行と三段目の中央部にみえる。二段目「●乙笥凡十五物不発」であるが、「乙笥」とは前述の楬七「衣薈乙笥」に対応する。この楬七は東一一七竹笥近くから出土したため、同笥がその帰属先とみられる。ところが、この楬七・東一一七竹笥と関連する楬がもうひとつ出土している。それは、楬八「乙笥」(図9)である。この楬八は簡頂の成形や黒塗りはされておらず、穴も開けられていない。楬七のサイズが長さ八・五、幅六・五cmと他の楬とほぼ同じであるのに対し、楬八は長さ六・二、幅三・四cmと明らかに小さい。この楬八が単なる木札のような形状であることからみて、楬七と同じように竹笥の紐にぶら下げられていたとは思えず、両者の役割は異なっていた可能性がある。楬八を「楬」と呼ぶのは適当でない気もするが、便宜的に『報告』のつけた楬八の呼称にしたがい、その役割については後に考察する。

次に「不発」であるが、従来この「不発」は副葬されなかった意味に取られてきた。[23]しかし、「発」はしばしば「開封」の意味に使用されること、[24]何より比定できる竹笥が発見されたことを考慮すると、これは竹笥を「開封しない」と解する方がよい。わざわざ「開封しな

い」と断るのは、この乙笥が衣類収納後に封印されたからだろう。

最後に「●白昜末」であるが、筆跡は衣服のリストとは異なっており、「●乙笥凡十五物不発」と同筆にみえる。『報告』は三文字目を「馬」と釈すが、写真をみると「昜」と釈すのが適当である。「白昜末」は人名かと思われるが、確定はしにくい。

では、この簡四〇七と楬七・八はどう関係するか。まず、簡四〇七の簡長が他簡と異なり一般的な一尺簡であるということは、簡四〇七が他簡とは異なるタイミングで作成されたことをしめしていよう。また、竹笥に入れられた衣類や香嚢は、封印されたならその中身を確認することはできない。だとすれば、簡四〇七は竹笥に衣類と香嚢を収納した際に、手近にある一尺簡を利用して作成された覚え書きではないだろうか。おそらくこの竹笥が衣類を入れた二番目の竹笥であったから、「乙笥」と名付けられ、楬八がメモ書きとして挟み込まれたのである。その後、楬七が改めて取り付けられた。覚え書きの明細と別筆は明らかに筆跡が異なるから、覚え書きが正確であると承認した者が、開封しない旨を書き添えたのだろう。他簡と契口が違う理由や、「●白昜末」の意味が明らかにできないのが残念だが、この簡四〇七については、当初は竹笥内の覚え書きだったものが、そのまま遣策の小計簡に転用されたと考えたい。

(二) 丙笥と祝衣

次に楬三七「祝衣丙笥」についてであるが(図7)、この楬は西一九および西二一竹笥の近くから出土した。この二点の竹笥が重ねて置かれていたことから、『報告』などは「丙笥」を「両笥」に読み替えてきたが、そもそも簡一五四に編号する根拠そのものが明らかでない。私見によれば、「丙笥」というのは、小計簡一五四に「●右方二十一牒丙笥」(図2—7)とみえていることから、簡四〇七に含まれない衣類のうち遣策二一本分が丙笥に収納されたとみてよい。言い換えれば、これらの衣類は祝衣だったのである。先に乙笥が準備されていたため、「丙笥」と名付けられたのである。

(三) 稍笥

最後に簡一六八「●右方十三牒稍笥(笥)」である。『報告』は本簡を簡一五五から簡一六七の小計簡としているが、もし、前項の理解が正しいのであれば、この簡一六八も衣類を記した遣策の小計簡という見方も成り立つ。

では、「稍笥」とは何か。ここで想起されるのが、『張家山漢簡』遣策の「▨一甬有匕、史光笥一」である。『張家山漢墓竹簡〔二四七号墓〕』注釈は、この「史光」を人名と解している[25]。わざわざ竹笥に名前を付すのであるから、この竹笥は「史光」が贈ったものであろう。この例を参考にするなら、「稍笥」は、「稍の贈った竹笥」の意味と解すことができる。

ここで再度、馬王堆三号墓竹笥を振り返ってみると、楬三七「祝衣丙笥」は西一九竹笥と西二一竹笥の近くから出土した。もし楬三七のさす竹笥がひとつであるなら、西一九か西二一のどちらかは楬がなかったことになる。また、南一二四竹笥も中身は衣類だか、楬がつけられていなかった。したがって、上記三点の竹笥のうちどれかが「稍笥」に相当すると思われる。逆に言えば、三点の竹笥には衣類が収納されていたから、「■右方十三牒」は簡四〇七に含まれない衣類を記した遣策のどこかの小計簡とみなすことができる。つまり、祝衣を収納した竹笥は丙笥と稍笥の二点存在したのである。そして、乙笥・丙笥・稍笥で竹笥の数は三点であるから、残り一点の竹笥が遣策に記されない「甲笥」であったとすれば、楬のない竹笥への疑問が解けるのである。

おわりに

最後にこれまでの検討結果をまとめておきたい。まず、馬王堆三号墓において遣策は、喪家で作成した葬礼に必要な副葬品や祭奠の準備リストがその骨格をなしている。遣策簡の多くが準備リストと判断できるのは、第一に、遣策記載の品目・数と小計がしばしば合わないからである。第二に料理・食品の鼎・卑虒数が部分的に漆器の鼎・卑虒数と一致しており、料理・食品・漆器が別々にリスト化された後、漆器に盛られたと判断できる。第三に食品入りの竹笥に付された楬からみて、別々の竹笥に入るはずだった食品が一笥に統合されていたり、卑虒から竹笥に器が変更された、もしくは竹笥に入れて追加された食品が確認できたりするからである。第四にごく一部ではあるが、遣策と物品の照合をしめすチェックマークや、記載数の訂正の入った簡がみえたからである。加えて、「不発」と記す簡四〇七の存在も、本来は遣策と実物の照合が行われるはずだったことをしめしていよう。こうした準備リストに、中身を確認された贈品が書き加えられていった。中身を確認したとわかるのは、竹笥内の食品とそれを包む縑嚢、あるいは衣類の紋様などが詳しく遣策に記されているからである。

もし、遣策の骨格が準備リストであるならば、第一節で引用した「聘礼」の贈品準備の様子と共通する部分が多いといえる。聘礼で贈品のリストを作成するのは宰で、実際に贈品をそろえるのは下僚であり、贈品展観ののち、リストはそのまま宰相から使者に渡された。儀礼とはいえ、きわめて合理的な手順である。一方、馬王堆三号墓遣策によれば、軑侯家の吏は家丞以下一五人、奴・婢は二百余人を数えた。とりわけ家丞は竹笥に封印し、告地策の発信者でもあった。これらを考え合わせると、軑侯家丞は下僚を率い葬礼準備の要となる、「聘礼」でいう宰の役割を果たしていたとわかる。そして、準備リスト兼贈品リストとしての遣策は、そこに告地策が加えられることで冥府宛の文書へと、その性質を転換したのである。

ただ、遣策に入れられたチェックマークや記載数の訂正はあくまで部分的なものにすぎず、儀礼としての展観や、賵諸や遣策の読み上げが行われたとするには心許ない。また、全ての品目に小計簡が付されるわけではなく、小計簡で修正数をしめしてあっても、遣策本文にはほとんど訂正を加えていない。また、副葬されていても遣策記載のない副葬品も散見する。副葬品の記載については、記載すべき物品とそうでないものが区別されているようにも思えるが、第一節で挙げた漆器の匜などは明らかに書き漏らしたようにみえる。いってみれば、遣策は最終的な清書や編集をみないまま編綴され、簿籍としては未完のまま副葬されたことになる。こうした現象は一号墓遣策や鳳凰山一六八号墓遣策にもみられるが、簿籍として未完であることに何か理由があるのか、今は語るに十分な材料がない。また、家丞以下、複数の人員が葬礼準備を担ったのであれば、遣策や楬に筆跡の違いとして現れるはずで、実際、遣策や楬には複数の筆跡がみえている。ただ今回、写真から筆跡を全て確定することは困難だったため、この問題には触れなかった。本文中の保留事項も含め、これらは今後の課題として筆を置きたい。

注

（1）史樹青『長沙仰天湖出土楚簡研究』（群衆出版社、一九五五年）。

（2）高大倫「〝遣策〟与〝賵方〟」（『江漢考古』一九八八年二期）、彭浩「戦国時期的遣策」（李学勤主編『簡帛研究』第二輯、法律出版社、一九九六年）、陳偉『包山楚簡初探』（武漢大学出版社、一九九六年）第七章第二節、劉洪石「遣冊初探」（連雲港市博物館・中国文物研究所編『尹湾漢墓簡牘綜論』科学出版社、一九九九年）、洪石「東周至晋代墓所出物疏簡牘及其相関問題研究」、鄭曙斌「遣策的考古発現与文献詮釈」（『南方文物』二〇〇五年第二期）、劉国勝「楚遣策制度述略」（楚文化研究会編『楚文化研究論集』第六集、湖北教育出版社、二〇〇五年）、陳松長「馬王堆三号漢墓木牘散論」（『簡帛研究文稿』線装書局、二〇〇八年。以下、陳松長論文①と称する）、同「馬王堆三号漢墓紀年木牘性質的再認識」（前掲書所収。以下、陳松長論文②）「楊華「襚・賵・遣—簡牘所見楚地助葬礼制研究」（『新出簡帛与礼制研究』台湾古籍出版有限公司、二〇〇七年）。

（3）前掲楊華論文。

（4）前掲劉国勝論文。

（5）佐原康夫「江陵鳳凰山漢簡再考」（『東洋史研究』第六一巻第三号、二〇〇四年）。

（6）湖南省博物館・湖南省文物考古研究所『馬王堆二、三号漢墓』第一巻田野考古発掘報告（文物出版社、二〇〇四年）。図の出典も全て本書による。

（7）この「選」字について、陳松長論文②は「質」と釈し、遣策と物品の照合の意味にとっているが、この文字を「質」と釈すことには疑問が残る。「選」と釈すことにも不安があるが、さしあたり『報告』によることとした。

（8）三号墓墓主を利豨本人とする説との論争があったが、本論は『報告』等にしたがった。

（9）大庭脩氏などが指摘するように、簡と牘の使い分けについて、左掲『儀礼』聘礼では、「百名以上書於策、不及百名書於方」と述べ、贈品が百品目以上の場合は簡（「策」）を、百品目未満の場合は牘（「方」）を使用するという。大庭脩『木簡』（学生社、一九七九年）、七—3。馬王堆三号墓は記載品が三百品目を超えるため、簡が使用されるのは自然であるが、周知のように遣策に牘が使用されることもままある。例えば、鳳凰山十号墓では記載品は二二品目しかなく、簡と牘の使い分けが品目数に左右されるのがよくわかる。本研究会で報告を行った際、牘を使用した遣策は後世まで「衣物疏」として継続する一方、簡を使用した遣策は前漢中期以降みえなくなるのはどうしてか、という指摘を得た。前掲鄭曙斌論文によれば前漢中期以降の「衣物疏」では記載品は衣服中心で、その他の副葬品は記されておらず、遣策（「衣物疏」）に記載すべき品は時代が下るにつれ変化した可能性がある。また、前掲洪石論文では、前漢中期を境に遣策（「衣物疏」）の副葬場所は槨内側箱から棺内に変わるといい、遣策と「衣物疏」に込められた意味や役割が違うことが予想される。遣策・「衣物疏」の意味・役割の違いと記載品目の多寡・種類には関連があり、それが簡と牘の使い分けにつながったとも考えられ、今後も注目すべき問題であろう。

（10）胡平生氏は、遣策の簡長の違いは墓主の身分差を反映すると述べる。胡平生「簡牘制度新探」（『文物』二〇〇〇年三期）。

（11）　釈文については『報告』を参考にしたが、下掲論文、および筆者の判断で改めた部分がある。劉釗「馬王堆漢墓文字考釈」（『出土簡帛文字叢考』台湾古籍出版有限公司、二〇〇七年）、何有祖「馬王堆二、三号漢墓遣策簡釈文与注釈商補」（『簡帛研究』http://www.jianbo.org/admin3/html/heyouzhu06.htm、二〇〇四年一二月）、尹強「馬王堆三号漢墓遣策文字考釈」（『出土文献与古文字研究』第一輯、復旦大学出版社、二〇〇六年）。

（12）　簡四〇九にも「☑二人　十　□□□」とあり、人員を記録する簡かもしれないが、上部が欠けており、下半分も釈読できない。簡二から簡四一には人数表記の下に大きく空白を開けて文字を記入する例がないため、小計簡四二の範囲に入れなかった。

（13）　金維諾「談馬王堆三号漢墓帛画」（湖南省博物館『馬王堆漢墓研究』湖南人民出版社、一九八一年）、劉暁路「論帛画俑—馬王堆3号墓東西壁帛画的性質和主題」『考古』一九九五年十期。陳松長「馬王堆三号漢墓〝車馬儀杖図〟帛画試説」（前掲『簡帛研究文稿』）。ただし、この帛画の場面について、金氏は誓社・耕祠儀礼の様子を描いたとし、劉氏は墓主の生前の勇姿を描く「車馬儀仗図」、陳氏は葬儀の様子を描く「軍陣送葬図」と解釈する点で大きく異なる。

（14）　例えば簡四〇・四一・四二、および小計簡四六など。湖南省博物館・中国科学院考古研究所『長沙馬王堆一号漢墓』（文物出版社、一九七三年）。以下、一号墓については本書による。

（15）　一号墓遣策簡二二二の「瞽」が甑であることは、朱徳熙「馬王堆一号墓遣策考釈補正」（『朱徳熙古文字論集』中華書局、一九九五年）を参照されたい。

（16）　兪偉超・李家浩「馬王堆一号漢墓出土漆器制地諸問題—従成都市府作坊到蜀郡工官作坊的歴史変化」（前掲『馬王堆漢墓研究』所収）

（17）　前掲、陳松長論文②。『報告』は「垛」を「涂」と釈すが、陳松長論文②は「垛」とする。『報告』写真ではみにくいが、一号墓遣策には「右方七牒瓦器錫垛」（簡二二四）とはっきりとみえるため、「垛」とした。

（18）　『報告』では「卑虒」は「卑遞」と釈されるが、前掲朱徳熙論文は一号墓遣策簡四六の同字を「卑虒」とすべきとしており、これにしたがった。

（19）　前掲高大倫論文、陳松長論文①②、楊華論文。なお、『報告』は「絉」を「紼」と釈すが、前掲尹論文は「絉」と釈し、「帉」に通じるとしており、したがった。

（20）　『報告』表三「三号漢墓竹笥登記表」（二〇〇〜二〇二頁）は「南一二四」を「地一二四」と表記している。しかし、『報告』本文は「南一二四」と記している（一九九頁）ため、本文にしたがった。

（21）　『報告』は「豢」を「家」としており、その理由を特に説明していない。これは一号墓遣策も同様である。前掲何有祖論文は、「豵」に釈し、「家」とは別字、「彘」の異体字と解する。しかし、何氏自身が述べるように、「彘」は帛書『五十二病方』にもみえており、また、『雑療法』には「家」が使用される。「彘」にせよ、「家」にせよ、「豢」と書き分ける意味をはかりかねたため、「豢」のままとした。

（22）　簡四〇七の上下の契口の幅は約八㎝、編綴痕のみえる簡四〇二は編綴痕幅が約九㎝であるから（『報告』写真から計測。縮尺は六九％で計算）、簡四〇七と他簡は一緒に編綴されていたとも、そうでなかったとも言い切れない。

（23）　前掲、陳松長論文②・楊華論文・鄭曙斌論文・劉国勝論文。このような見解がとられたのは、『報告』刊行以前、発掘簡報では竹笥の報告がなかったためである。湖南省博物館・中国科学院考古研究所「長沙馬王堆二、三号墓発掘簡報」（『文物』一九七四年七期）。

(24) 「発」が伝世文献や出土資料上で開封の意味に使用されることについては、高村武幸「「発《ひら》く」と「発《おく》る」―簡牘の文書送付に関わる語句の理解と関連して―」（『古代文化』第六〇巻四号、二〇〇九年）、冨谷至『文書行政の漢帝国―木簡・竹簡の時代』（名古屋大学出版会、二〇一〇年）、第Ⅱ編第三章二、「書評：冨谷至著『文書行政の漢帝国―木簡・竹簡の時代―』」（『木簡研究』第三二号、二〇一〇年）参照。なお、藤田勝久氏は「発」を発信と解するが、少なくとも簡四〇七は竹笥の開封以外の意味にはとれない。藤田勝久『中国古代国家と社会システム―長江流域出土資料の研究』（汲古書院、二〇〇九年）、第五章二。

(25) 張家山二四七号漢墓竹簡整理小組『張家山漢墓竹簡〔二四七号墓〕』（文物出版社、二〇〇一年）

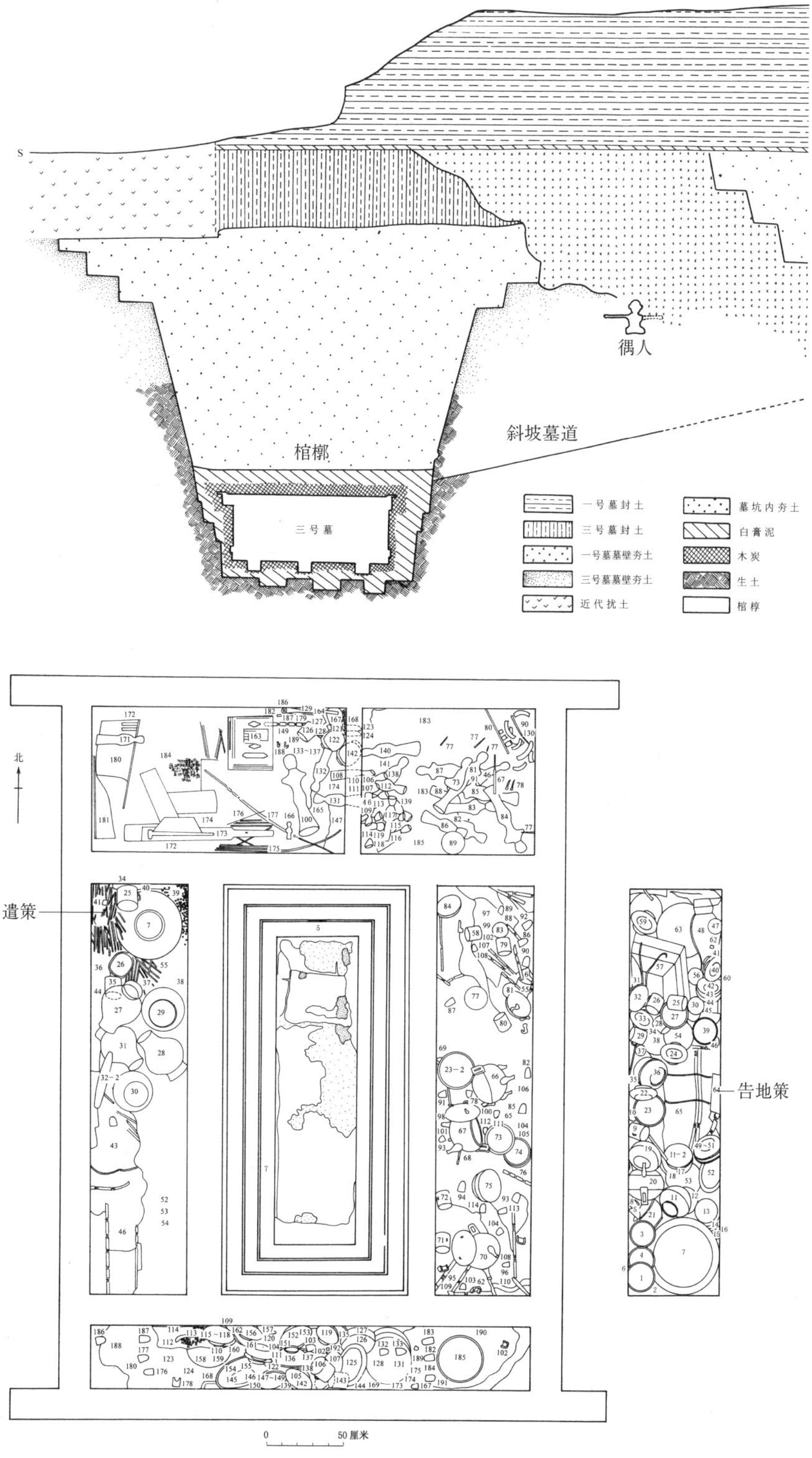

図１　上：馬王堆三号墓立面図　下：同墓椁室下層断面図　右は東箱上層断面図

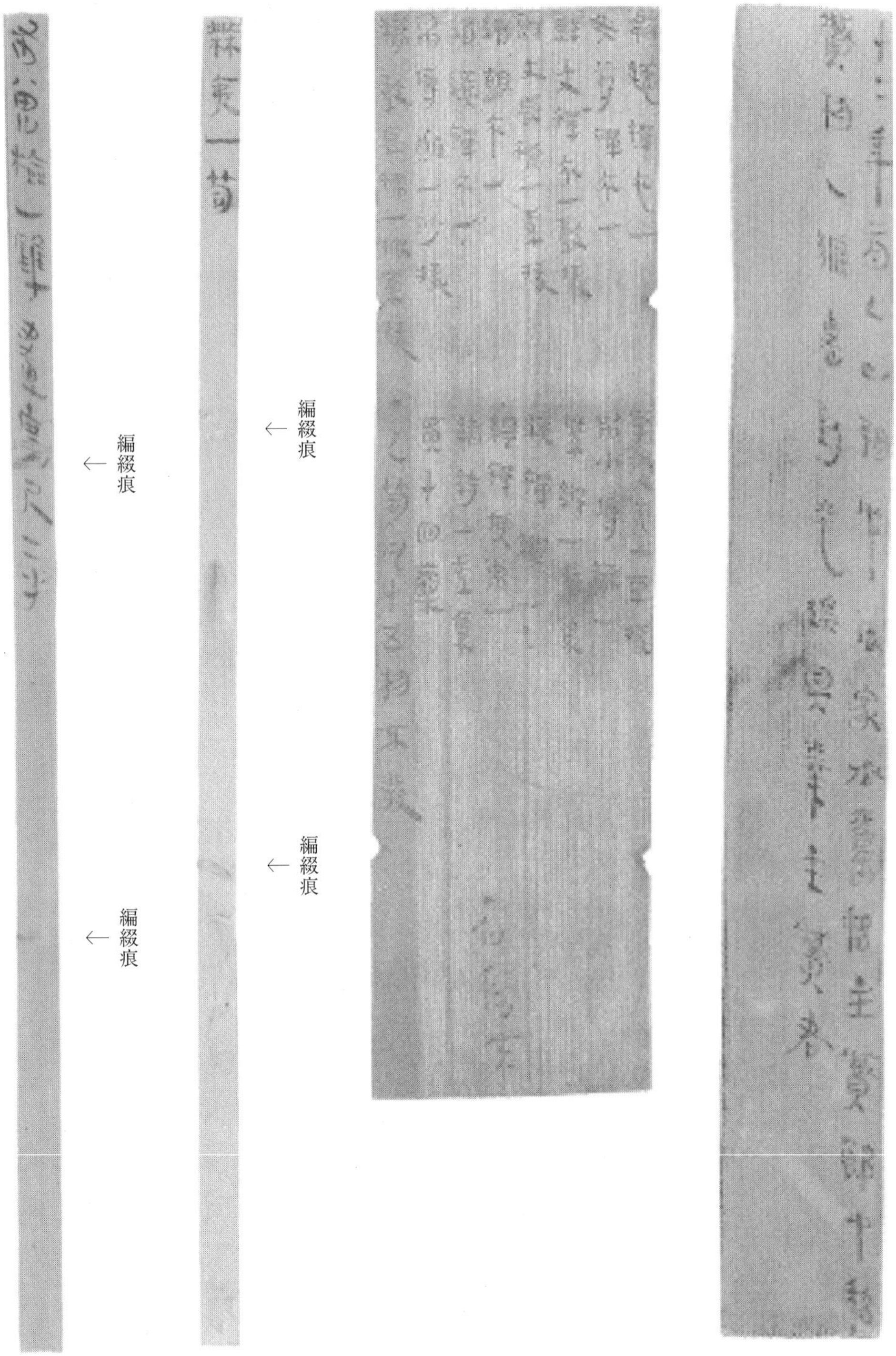

1. 簡一「告地策」

2. 簡四〇七

3. 簡一八四

4. 簡二七一

図 2（1）

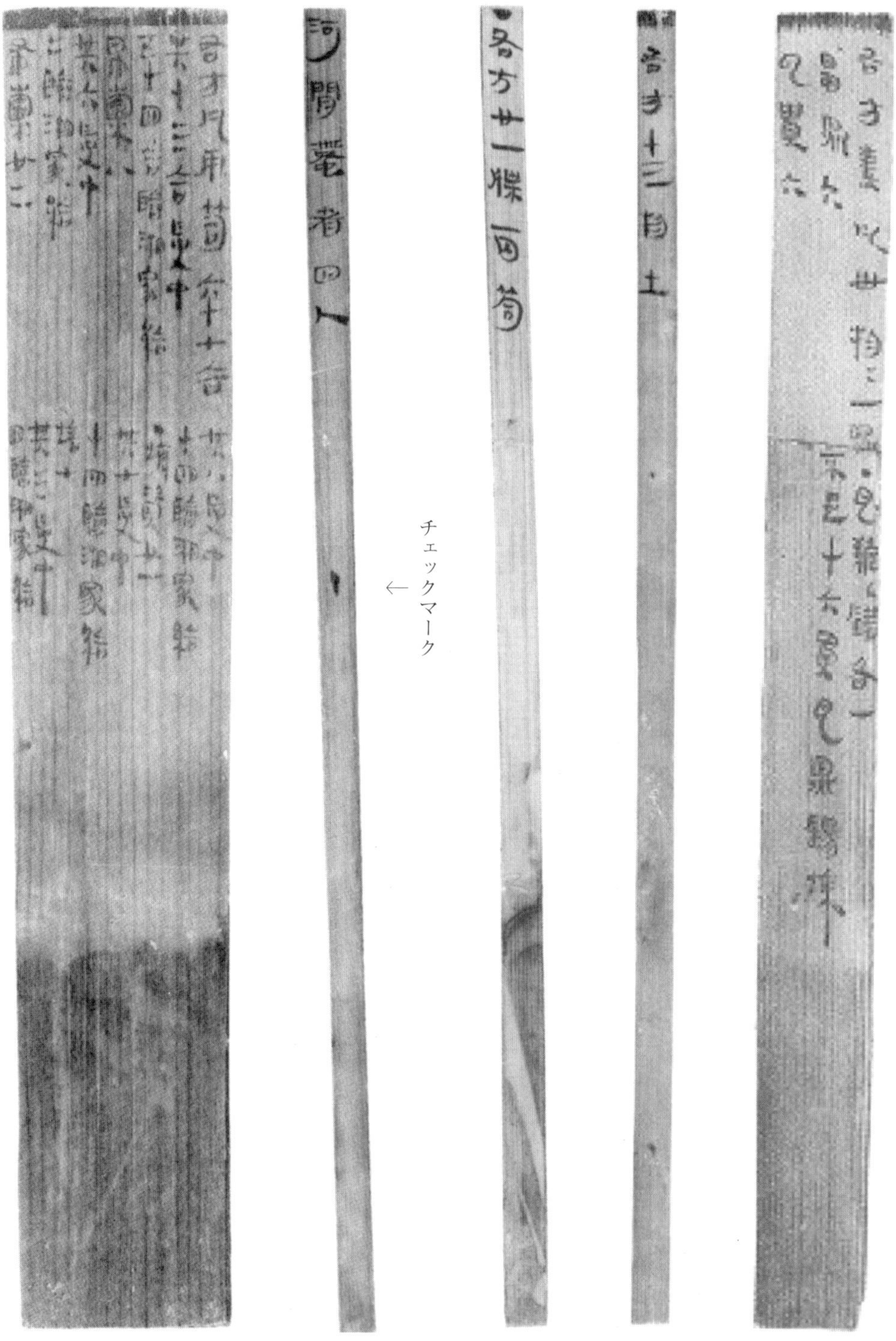

9. 簡二三六　8. 簡四五　7. 簡一五四　6. 簡二九五　5. 簡一〇四

図 2 (2)

図 3　出土時の遣策

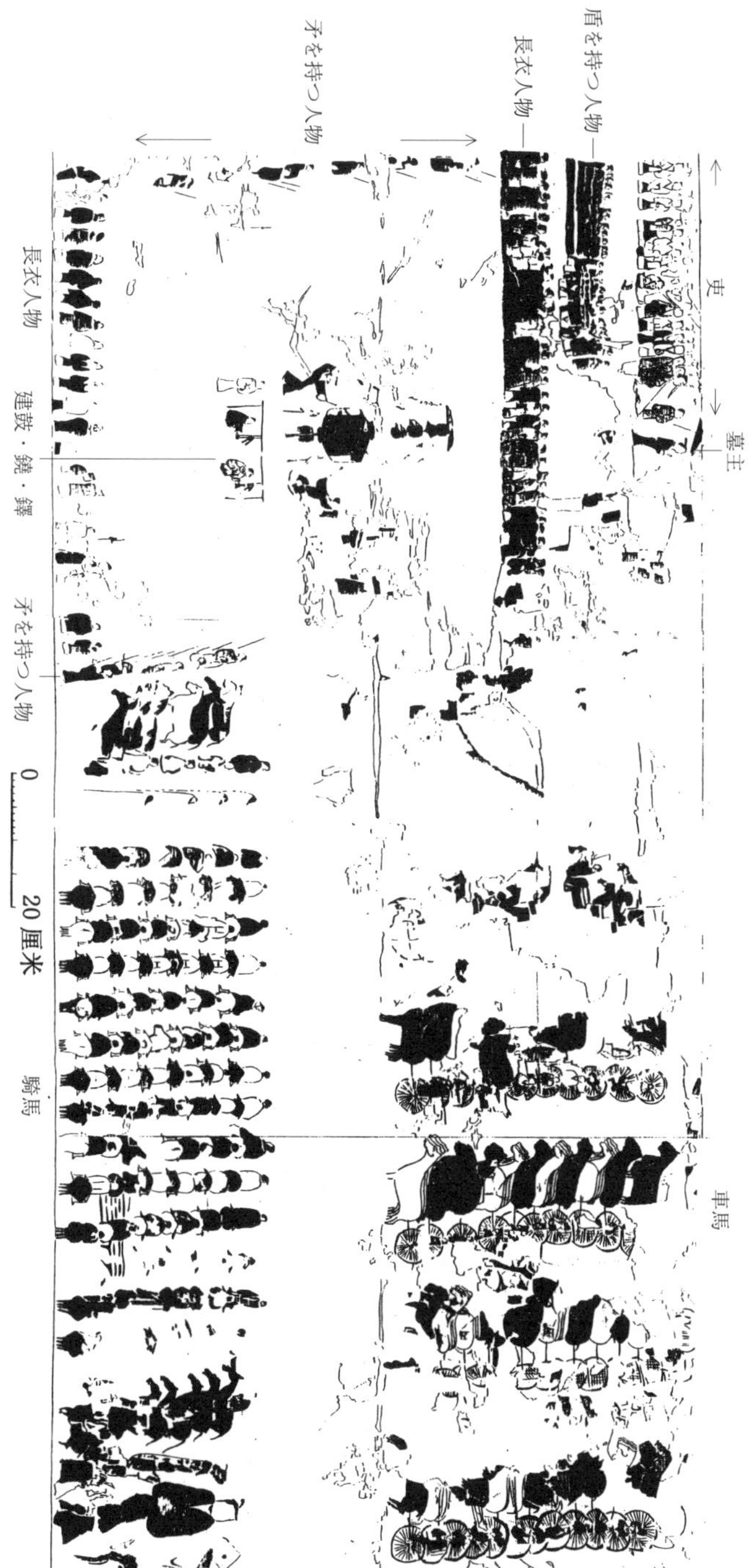

図 4　棺室西壁帛画

図 5 「軑梮侯家丞」封泥

図 6 「利□」封泥

図 7 梮三七「袘衣丙笥」

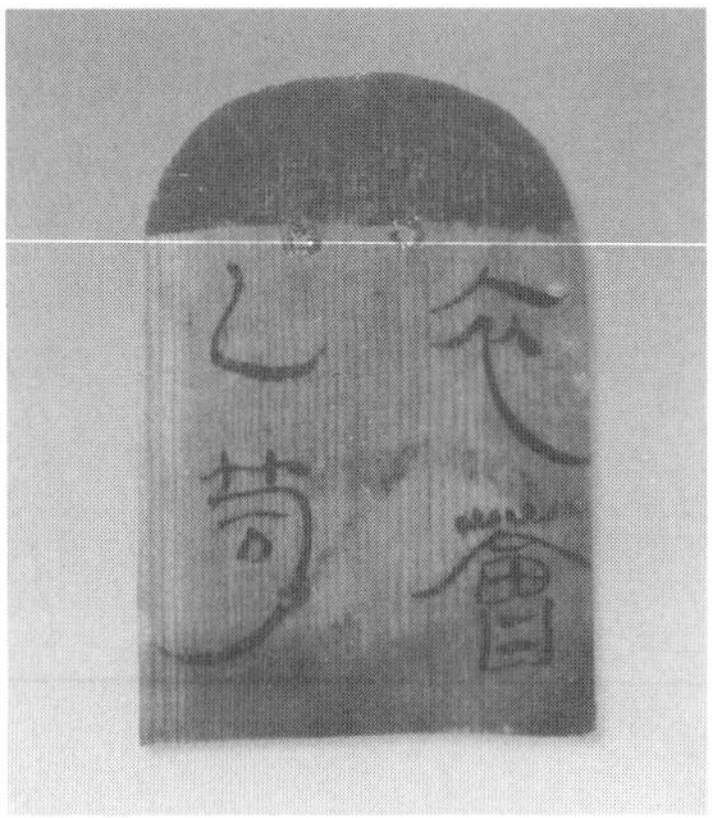

図 8 梮七「衣薈乙笥」

図 9 梮八「乙笥」

表1　遣策と副葬品・帛画内容の比定

<table>
<tr><th>簡番号</th><th>遣策記載</th><th>副葬品・帛画内容</th></tr>
<tr><td>2</td><td>家承一人</td><td rowspan="3">棺室西壁帛画上段人物 15 人・皂衣俑 4</td></tr>
<tr><td>3</td><td>家吏十人</td></tr>
<tr><td>4</td><td>謁者四人</td></tr>
<tr><td>5</td><td>宦者九人、其四人服牛車</td><td rowspan="2">?</td></tr>
<tr><td>6</td><td>牛車、宦者四人服</td></tr>
<tr><td>7</td><td>偶人二人、其一人操遷蓋、一人操矛</td><td rowspan="2">木偶 2（斜坡墓道内、東側木偶は手に武器、西側木偶は手に物体を握る）</td></tr>
<tr><td>8</td><td>遷蓋一</td></tr>
<tr><td>9</td><td>建鼓一、羽拴飭卑二、鼓者二人操搶</td><td rowspan="2">棺室西壁帛画左中段：建鼓 1、演奏者 1</td></tr>
<tr><td>10</td><td>鼓者二人</td></tr>
<tr><td>11</td><td>鐃、鐸一、擊者二人</td><td rowspan="2">棺室西壁帛画左中段：
鐃、鐸各 1、演奏者各 1。屯于（錞）不明</td></tr>
<tr><td>12</td><td>擊屯于、鐃、鐸各一人</td></tr>
<tr><td>13</td><td>鐘、鐃各一楮</td><td>?</td></tr>
<tr><td>14</td><td>大鼓一、卑二</td><td>棺室西壁帛画左中段：太鼓 1</td></tr>
<tr><td>15</td><td>屯于、鐃、鐸各一</td><td>棺室西壁帛画左中段：鐃、鐸各 1、演奏者各 1（簡 12）</td></tr>
<tr><td>16</td><td>遛犬二</td><td>?</td></tr>
<tr><td>17</td><td>弪一</td><td>?</td></tr>
<tr><td>18</td><td>筆、筆室各二</td><td>筆 1</td></tr>
<tr><td>19</td><td>蹇、�醟各一</td><td>?</td></tr>
<tr><td>20</td><td>執長棝矛八人、皆衣紺冠</td><td rowspan="2">棺室西壁帛画左中～下段：矛を持つ人物
左列 18、右列 10 余</td></tr>
<tr><td>21</td><td>執短鍛六十人、皆冠画</td></tr>
<tr><td>22</td><td>執革盾八人皆衣青冠履</td><td rowspan="2">棺室西壁帛画左中段：盾を持つ人物約 30</td></tr>
<tr><td>23</td><td>執盾六十人、皆冠画</td></tr>
<tr><td>24</td><td>執短戟六十人、皆冠画</td><td>?</td></tr>
<tr><td>25</td><td>卒冑操長戟応盾者百人</td><td rowspan="3">-</td></tr>
<tr><td>26</td><td>卒不冑操長鍛応鍛者応盾百人</td></tr>
<tr><td>27</td><td>卒不冑操弩負矢百▨</td></tr>
<tr><td>28</td><td>象刀一、有鞞</td><td>?</td></tr>
<tr><td>29</td><td>象割刀一</td><td>象割刀 1（六博具中）</td></tr>
<tr><td>30</td><td>象削一</td><td>象削刀 1（六博具中）</td></tr>
<tr><td>31</td><td>剣枝一</td><td>兵器架 1</td></tr>
<tr><td>32</td><td>剣一、象金首鐔一</td><td rowspan="2">長剣 1・銅剣首 1・銅剣格 1</td></tr>
<tr><td>33</td><td>象剣毒肙具一</td></tr>
<tr><td>34</td><td>角弩一具、象幾一、旃豹盾緹裏繢掾</td><td rowspan="2">木弩 2・箙 1・矢 12（箙内）・矢 12</td></tr>
<tr><td>35</td><td>弩矢十二、象族</td></tr>
</table>

<table>
<tr><th>簡番号</th><th>遣策記載</th><th>副葬品・帛画内容</th></tr>
<tr><td>36</td><td>柧弩一具、象幾一、越抒盾緹裏孝繻掾</td><td rowspan="2">（他に竹弓 2・木弓 2 あり）</td></tr>
<tr><td>37</td><td>弓矢十二象族</td></tr>
<tr><td>38</td><td>象戈一</td><td>戈 1</td></tr>
<tr><td>39</td><td>象矛一</td><td>矛 1</td></tr>
<tr><td>40</td><td>大奴百人、衣布</td><td rowspan="2">男俑 69 ？</td></tr>
<tr><td>41</td><td>馬豎五十人、衣布，</td></tr>
<tr><td>42</td><td>■右方男子明童　九人宦者　　百九十六人従
　凡六百七十六人　二人偶人　三百人卒
　其十五人吏　四人撃鼓鐃鐸　百五十人奴</td><td>小計簡：簡 1～42</td></tr>
<tr><td>43</td><td>美人四人、其二人鼲、二蹇</td><td rowspan="2">女侍俑 4</td></tr>
<tr><td>44</td><td>美人四人、其二人楚服、二人漢服</td></tr>
<tr><td>45</td><td>河間舞者四人，</td><td rowspan="2">舞人俑 8</td></tr>
<tr><td>46</td><td>鄭舞者四人，</td></tr>
<tr><td>47</td><td>楚歌者四人，</td><td rowspan="6">楽人俑 12・小竽 2・木瑟 3
編鐘 1・編磬 1・筑 1
＊楽器は明器</td></tr>
<tr><td>48</td><td>河間琴一、鼓者一人，</td></tr>
<tr><td>49</td><td>鄭竽瑟各一、炊鼓者二人</td></tr>
<tr><td>50</td><td>楚竽瑟各一、炊鼓者〼</td></tr>
<tr><td>51</td><td>鐘鏗各一、有柜、撃者二人，</td></tr>
<tr><td>52</td><td>筑一、撃者一人，</td></tr>
<tr><td>53</td><td>琴一、青綺綉、素裏菜繢縁</td><td>琴 1</td></tr>
<tr><td>54</td><td>鬗笥二</td><td></td></tr>
<tr><td>55</td><td>瑟一、繡綉、素裏繢縁</td><td>瑟 1</td></tr>
<tr><td>56</td><td>竽一、錦綉、素裏繢縁</td><td>竽 1</td></tr>
<tr><td>57</td><td>女子七十二人、皆衣綺</td><td rowspan="2">女俑 4 ？</td></tr>
<tr><td>58</td><td>婢八十人、衣布，</td></tr>
<tr><td>59</td><td>■右方女子明童　廿人才人
凡百八十人　　　八十人婢
其八十人美人</td><td>小計簡：簡 43～58</td></tr>
<tr><td>60</td><td>安車一乗、駕六馬</td><td rowspan="7">槨室西壁帛画右上段：車両約 70</td></tr>
<tr><td>61</td><td>大車一乗、駕六馬</td></tr>
<tr><td>62</td><td>温車二乗、乗駕六馬</td></tr>
<tr><td>63</td><td>輬車二乗、乗駕六馬</td></tr>
<tr><td>64</td><td>大車一乗、駕四馬</td></tr>
<tr><td>65</td><td>〼駕四馬</td></tr>
<tr><td>66</td><td>軺車二乗、乗駕三匹</td></tr>
<tr><td>67</td><td>附馬二匹</td><td></td></tr>
</table>

簡番号	遣策記載	副葬品・帛画内容
68	胡人一人、操弓矢、贖観、牽附馬一匹	
69	胡騎馬二匹、匹一人、其一人操附馬	棺室西壁帛画右下段：騎馬約 100
70	騎九十六匹、匹一人	
71	輜車一乗、牛一人、豎一人	?
72	牛、牛車各十、豎十人	?
73	■右方車六乗　騎九十八匹　牛十一 馬五十匹　輜車一両　豎十一人 附馬二匹　牛車十両	小計簡：簡 60～72
74	鹿肉、芋白羹一鼎	–
75	鹿肉、鮑魚、生笋白羹一鼎	–
76	小叔、鹿脇白羹一鼎	–
77	牛白羹一鼎	–
78	鶏白羹一鼎	–
79	鯉鮍肉、原白羹一鼎	–
80	鮮鱶肉、禺、鮑白羹一鼎	–
81	鰿白羹一鼎	–
82	雁巾羹一鼎	–
83	狗巾羹一鼎	–
84	鰿、禺、肉巾羹一鼎	–
85	鷮巾羹一鼎	–
86	牛首笋酫羹一鼎	–
87	羊酫羹一鼎	–
88	豕酫羹一鼎	–
89	豚酫羹一鼎	–
90	狗酫羹一鼎	–
91	鶏酫羹一鼎	–
92	雉酫羹一鼎	–
93	鳨酫羹一鼎	–
94	鮮鯉襍葵酫羹一鼎	–
95	牛苦羹一鼎	–
96	狗苦羹一鼎	–
97	牛封羹一鼎	–
98	牛逢羹一鼎	–
99	豕逢羹一鼎	–
100	兔逢羹一鼎	–
101	鹿臇一鼎	–

簡番号	遣策記載	副葬品・帛画内容
102	強鮮鰿一鼎	－
103	鮮魦、榆菜、洛羹一鼎	－
104	■右方羹凡卅物、物一鼎 蜀鼎六 瓦貴六 ●瓦雍、鐩各一 不足十六買瓦鼎錫垛	小計簡：簡 74～103・237・296～298
105	鰿離鐫一秥	－
106	鯉離鐫一秥	－
107	筍廿秥	－
108	白魚廿秥	－
109	楳十秥	－
206	牛乗炙一器	
207	牛脅炙一器	
208	犬幕脅炙一器	
209	熬炙姑一器	
210	犬載一器	
211	羊肩載一器	
212	牛肩載一器	
213	犬肩一器	
214	豕肩一器	
215	牛濯胃一器	
216	濯禺一器	
217	牛濯脾、含、心、脯●各一器	
218	牛唇、胎、虒濡●各一器	漆浅盆 38 髹画卑虒桱八寸、卌（簡 251）
219	牛膾一器	
220	羊膾一器	
221	鹿膾一器	
222	鸁膾一器	
223	魚膾一器	
224	鰿鮌孰一器	
225	烝秋一器	
226	烝鱤一器	
227	脛勺一器	
228	取窬一器	
229	卵糈一器	
230	糗一器	
231	戻無一器	

簡番号	遣策記載	副葬品・帛画内容
232	合無一器	
233	疆、芥各一器	
234	▨一器	
235	炮芋一器	
237	髤画木鼎六、皆有蓋	鼎 6
238	髤画橦二、皆有蓋	鐘 2
239	髤画壺六、皆有蓋	壺 6
240	髤画枋三、皆有蓋	鈁 3
241	髤画鈚六	ヒ 6
242	髤画勺三	勺 3
243	髤画七升卮五、皆有蓋	卮 5
244	髤画二升卮廿	二升卮 20
245	髤画斗卮二、有蓋	斗卮 2
246	髤画布小卮二、容二升、有蓋	七升卮 2
247	髤汧幸食杯百	黒無地耳杯 98
248	髤画龔中幸酒杯廿	耳杯 15
249	髤画具杯▨	耳杯セット 2
250	髤画小具杯廿枚	小耳杯 20
251	髤画卑虒桱八寸、卌	小食盤 38
252	卑餘一	?
253	髤画華圩廿枚	盂 10
254	髤画木圩一、容五斗	?
255	髤画大般、俓三尺一寸、一枚	大盤 1
256	髤画平般、俓二尺五寸、三枚	平盤 3
257	髤画平般、俓二尺三枚	平盤 3
258	髤画平般、俓尺六寸、三枚	平盤 3
259	□食平般、俓一尺二寸、廿	食盤 20
260	髤画大移、容四升、十	匜 10（他に匜 2 点あり）
261	髤画検、俓尺、高塩盛五斗、二合	食奩 3（簡 273 と合同？）
262	粉付篓二	?
263	小付篓三、盛脂、其一盛節	楕円小奩 3
264	員付篓二、盛闌膏	円小奩 1・馬蹄小奩 1
265	布付篓一、長勺一寸	長方形小奩 1
266	髤画盛、十合	盒 10
267	髤汧膌検一合	楕円奩 1 ？

簡番号	遣策記載	副葬品・帛画内容
268	冠小大各一、布冠。笥、五采画一合	長方形奩 1、紗冠 1、他
269	……	?
270	布繪検一	双層長方形奩 1（奩中に、帛書・医簡）
271	布曽検一、錐画、広尺二寸	狩猪紋奩 1
272	▨錐画広尺三寸	双層六子奩 1
273	▨汨食検一合	食奩 3（簡 261 と合同？）
274	木五菜画幷風、長五尺高三尺一	屏風 1
275	髹画其束、広二尺、長三尺三寸、二枚	大案 1
276	髹画其束、広一尺七寸、長二尺六寸、二枚	大案 2
277	髹画木変机一	机 1
280	髹履一両	-
281	髪	-
282	土牛百	-
283	土豕百	-
284	土馬五十	-
285	土犅五十	-
286	土鶏五十	-
287	土雁十	-
288	土鳧十	-
289	土鶮十	-
290	土圏鶮十	-
291	土利鶮五	-
292	土白鶮五	-
293	土羊鶮五	-
294	土犬▨	-
295	■右方十三物土	小計簡：簡 282～294『報告』 他に 301・303・304 に「土」物品あり
296	瓦箸、甗各一	-
297	瓦雍甗、一具	-
298	瓦器三、貴	-
299	薫盧二	陶薫盧 1・竹薫盧 1
300	大燭庸二	木灯 1・陶灯 1
301	土銭百萬	-
302	菜金如大菽、五百斤	-
303	土金千斤	-
304	土珠璣一、縑嚢	-

簡番号	遣策記載	副葬品・帛画内容
305	赤緶博席、長五尺、広四尺、白裏蔡周掾	竹席 4・草席 1
306	滑辟席一、広四尺、長丈、生繒掾	
307	滑辟席一、錦掾	
308	滑度席一、繢掾	
309	莞席二、其一繢掾、一錦掾	
310	坐莞席二、錦掾	
311	大扇一	扇 2
312	小扇二	
313	薫大篝一、赤掾下	薫罩 1 ?
314	薫大篝一、繢掾下	
315	博一具	簡 29・30・316～319
316	博局一	六博盤 1
317	象其十二	長籌 12
318	象直食棋二十	小棋子 18
319	象算卅枚	短籌 12
320	象□	?
321	象鏡一	角鏡・銅鏡 1
322	石鏡一	
323	疏比一双，	梳 3・篦 3・角梳 3・角篦 3 ?
324	■右方臧首	?
331	早巾一	–
332	楮巾二、今四	–
333	沈巾一	–
334	盤杌巾一、素裏繢掾、素楝	–
335	雲越錦沈一、繢掾当	–
336	紫沈巾一、素裏掾	–
337	紫三采游豹沈一	–
338	白革帯、鬃革帯、各二双	–
339	黒革帯二	–
340	剣帯二双	–
341	素剣帯二双	–
342	緑束要一	–
343	単一繡平害皃百	–
344	覩一	–
345	素緖二、其一故	–
346	帛禅衣一	–

簡番号	遣策記載	副葬品・帛画内容
347	白緒禪衣一	−
348	霜緒禪衣繢掾	−
349	青緒禪衣一	−
350	青綺禪合衣一、素掾	−
351	闌禪衣一	−
352	緒禪衣二	−
353	紺緒禪衣一	−
354	盭錫禪衣一	−
355	緒緫禪衣一	−
356	白錫禪衣一	−
357	生綺禪合衣一、素掾	−
358	連絑合衣、蔵一	−
359	春草復衣一、繢掾	−
360	春草複衣一、繢掾	−
361	青綺複衣一、青綺掾	−
362	生綺復楽衣一、生綺掾	−
363	帛長襦一	−
364	素禪帯襦一、素掾	−
365	素禪帯襦一、赤掾	−
366	盭綺複帯襦一	−
367	紫綺複帯襦一	−
368	赤繡検裁一	−
369	游豹検裁一、素裏桃華掾	−
370	素信期繡検蔵一、赤襦掾	−
371	錦因一、繢掾	−
372	繡因一、繢掾	−
373	繡干因一、蔡繢掾	−
374	素常二	−
375	緒絑三	−
376	素綺二	−
377	素絑、今三	−
378	麻絑一	−
379	沙縛複衣襲一	−
380	沙縛復前襲一	−
381	青綺琴嚢一、素裏蔡繢掾	−
382	赤綺信期繡嚢一、素掾	−

簡番号	遣策記載	副葬品・帛画内容
383	青綺薫嚢一、桃華掾	−
384	赤繡薫嚢一、素掾	−
386	贙二有繡付蔡繢掾下	−
387	☐繡	−
388	白敷衺二、素裏、其一故	−
389	梛中繡帳一、褚繢掾、素掾、衺二丈二尺、広五尺、青綺肏、素裏一	北梛箱内帳
390	非衣一、長丈二尺	T 字帛画
391	絲履二両	絹面麻底履 1（北梛箱）
392	接䶑一両	
393	■右方四牒以関在棺中	?
394	斉繐禅衣一	−
395	毋尊禅衣一	−
396	鮮支禅衣一、敷掾	−
397	鮮支長襦一、素掾緣	−
398	緒胡衣一	−
399	帛傅質一、沙掾	−
400	盭敷長襦一、桃華掾	−
401	早複衣一、早掾	−
402	帛小傅襦一	−
403	紫縦一、素裏	−
404	綈禅縦一	−
405	緹禅便常一	−
406	緒絝一、素裏	−
407	斉繐禅衣一 毋尊禅衣一 鮮支禅衣一、敷掾 鮮支長襦一、素掾 緒胡衣一 緒繐禅衣一 帛傅質一、沙掾 盭敷長襦一、桃華掾 草複衣一、早掾 帛小傅襦一 紫縦一、素裏 綈禅縦一 緹禅便常一 緒絝一、素裏 蕢十四嚢 ●乙笥凡十五物不発 ●白帬末	簡 205・355・394～406 の明細
408	☐二人　十□□□	?
409	☐柗二合	?
410	☐鼎	?

■：簡頂を塗りつぶしている　●：黒点　−：比定できる副葬品がない　？：物品不明
複数の遣策にまたがって比定副葬品を表示しているものは、詳細な比定ができないもの
竹笥（簡 133 ～ 192・325 ～ 330・385）は表 2 参照

表 2　簡 236 記載数（付内訳）と遣策記載数

	簡 236 記載数			遣策記載数
	総数	中	臨湘家	
竹笥	67	13	54	67
帛嚢（縑嚢）	8	6	2	8
布嚢	22	8	14	22
�・資	21	7	14	19
垳	7	3	4	6

表 3　遣策・楬対応表

簡番号	遣策記載	楬番号	楬出土号	楬品名	通し番号	備考（楬付着竹笥出土号、他）
133	熬豚一笥	45	西 47	熬豚笥	1	
134	熬鶏一笥	6	東 105	熬鶏笥	2	東 65
135	熬雉一笥	1	東 92	熬雉笥	3	東 88
136	熬鶅一笥	21	東 103	熬鶅笥	4	東 109
137	熬鵠一笥	18	東 114	熬鵠笥	5	
138	熬勳一笥	15	東 104	熬皀笥	6	
139	熬陰鶉一笥	3	東 90	熬陰鶉笥	7	東 99
140	熬爵一笥	4	東 86	熬爵笥	8	東 102
141	羊昔一笥	19	東 95	䱡羊笥	9	
142	昔兔一笥	20		䱡兔笥		
143	牛載一笥	42	西 18	牛載笥	10	
144	炙鶏一笥	13	東 91	炙鶏笥	11	東 98
145	魚鮇一笥	×			12	
146	牛賸一笥	22	東 108	牛賸笥	13	東 96
147	鹿賸一笥	10	東 82	鹿賸笥	14	東 106
148	黄巻一石縑嚢合笥	2	東 89	黄巻笥	15	東 97
149	無夷牛賸一笥	23	東 110	蕪夷牛賸	16	
150	無夷牛脯一笥	12	東 87	蕪夷牛脯	17	
151	唐抶于頪一笥	14	東 93	唐抶粁笥	18	東 101
152	糖一笥	17	東 94	唐笥	19	「利□」封泥付き
153	居女一笥	16	東 113	粔女笥	20	
155	鹿炙一笥	×			21	
156	鹿脯一笥	9	東 85	鹿脯笥	22	

簡番号	遣策記載	楬番号	楬出土号	楬品名	通し番号	備考（楬付着竹笥出土号、他）
157	肵脯一笥	×			23	
158	豢載一笥	38	西 33	豢載笥	24	
159	翟豚一笥	×			25	
160	翟鶏一笥	28	南 133	濯鶏笥	26	南 189
161	炙鮑蒸鮠一笥	×			27	
162	肉魼一笥	×			28	
163	煎魚一笥	11	東 100	煎鰿笥	29	
164	稻黍一笥	×			30	
165	密糗一笥	×			31	
166	棈一笥	25	南 183	棈笥	32	南 190
167	栗一笥	×			33	
169	牛炙一笥	39	西 36	□炙笥	34	
170	豢炙一笥	26	南 184	豢炙笥	35	南 191
171	牛脯一笥	49	西 55	牛脯笥	36	西 51
172	胘脯一笥	50	西 46	弦肵脯笥	37	
173	熬兔一笥	43	西 43	熬兔笥	38	
174	熬雁一笥	52	西 53	熬雁笥	39	
175	白糗笥	48	西 54	白糗笥	40	
176	熟叔一笥	46	西 48	熟叔笥	41	
177	僕足一笥	41	西 24	僕足笥	42	西 39
178	糈一笥	51	西 50	糈笥	43	西 52
179	卵一笥九百枚	40	西 38	卵笥	44	
180	橘一笥	24	南 33	簪笥	45	
181	柋一笥	44	西 49	枇梨笥	46	西 42
182	梨一笥					
184	無夷一笥	×			47	
185	蕙一鈞一笥	31	南 192	蕙笥	48	南 169
186	蕡一笥	×			49	
187	稻密糗一笥有縑囊	×			50	
188	稻糗一笥有縑囊	×			51	
189	麦糗一笥有縑囊	×			52	
190	棘糗一笥有縑囊	×			53	
191	棘一笥有縑囊	47	西 45	棘笥	54	
192	芰巻一笥有縑囊	×			55	

簡番号	遣策記載	楬番号	楬出土号	楬品名	通し番号	備考（楬付着竹笥出土号、他）
278	木文犀角象歯一笥	×			56	
279	木白辟生璧一笥	×			57	
325	生一笥	32	南 167	紺繒笥	58	南 173
326	素一笥	27	南 182	素繒笥	59	南 175
327	帛一笥	36	南 186	帛繒笥	60	南 188
328	錦一笥	29	南 187	錦繒笥	61	南 104
329	綺一笥	34	南 177	綺繒笥	62	南 123
330	繡一笥	35	南 176	繡繒笥	63	南 180
385	聶敝二笥	30	南 103	聶敝千匹	64	南 102
		33	南 174	聶敝千匹	65	
209	（熬炙姑一器）	5	東 107	熬炙姑笥	66	
304	土珠璣一、縑嚢					
193	稲白鮮米五石、布嚢					五石で布嚢二
194	稲白秫五石、布嚢					五石で布嚢二
195	黍米五石、布嚢					五石で布嚢二
196	白粢五石、布嚢					五石で布嚢二
197	黄粢五石、布嚢					五石で布嚢二
198	麦五石、布嚢二					五石で布嚢二
199	麴二石、布嚢一					
200	麻穜一石、布嚢					
201	葵穜五斗、布嚢					
202	頼穜五斗、布嚢					
203	莧穜五斗、布嚢					
204	五穜五嚢、嚢各盛三石、其三石黍					
110	然一坸					
111	肉魷一坸					
112	魚魷一坸					
113	鰸一坸					
114	魴一坸					
115	枝一坸					
116	醢一坸					
117	塩一坸					
118	醬一坸					
119	肉醬一坸					

簡番号	遣策記載	楬番号	楬出土号	楬品名	通し番号	備考（楬付着竹笥出土号、他）
120	温酒二坶					
121	肋酒二坶					
122	魚脂一資					
123	彊脂一資					
124	瓜醤一資					
125	瓜苴一資					
126	筍苴一資					
127	頼苴一垥					
128	元梅一垥					
129	山莵苴一垥					
130	無夷一垥					
131	婺兪一垥					
132	要襍一垥					
236	■右方凡両笥六十七合　其八受中 其十三合受中　十四臨湘家給 五十四合臨湘家給　坶資廿一 帛囊八　其七受中 其六受中　十四臨湘家給 二臨湘家給　垥七 布囊廿二　其三受中 四臨湘家給					

「×」は遣策に対応する楬のないもの

表 4　乙笥明細と衣類小計簡

<table>
<tr><td></td><td>簡番号</td><td>遣策記載</td><td colspan="4" rowspan="16">乙笥（東 112 笥）へ収納</td></tr>
<tr><td>1</td><td>394</td><td>斉總禅衣一</td></tr>
<tr><td>2</td><td>395</td><td>毋尊禅衣一</td></tr>
<tr><td>3</td><td>396</td><td>鮮支禅衣一、敦掾</td></tr>
<tr><td>4</td><td>397</td><td>鮮支長襦一、素掾</td></tr>
<tr><td>5</td><td>398</td><td>緒胡衣一</td></tr>
<tr><td>6</td><td>355</td><td>緒總禅衣一</td></tr>
<tr><td>7</td><td>399</td><td>帛傅質一、沙掾</td></tr>
<tr><td>8</td><td>400</td><td>盭敦長襦一、桃華掾</td></tr>
<tr><td>9</td><td>401</td><td>早複衣一、早掾</td></tr>
<tr><td>10</td><td>402</td><td>帛小傅襦一</td></tr>
<tr><td>11</td><td>403</td><td>紫縦一、素裏</td></tr>
<tr><td>12</td><td>404</td><td>綈禅縦一</td></tr>
<tr><td>13</td><td>405</td><td>緹禅便常一</td></tr>
<tr><td>14</td><td>406</td><td>緒綺一、素裏</td></tr>
<tr><td>15</td><td>205</td><td>蕢十四嚢</td></tr>
<tr><td></td><td>407</td><td>斉總禅衣一
毋尊禅衣一
鮮支禅衣一、敦掾
鮮支長襦一、素掾
緒胡衣一
緒總禅衣一
帛傅質一、沙掾
盭敦長襦一、桃華掾
草複衣一、早掾
帛小傅襦一
紫縦一、素裏
綈禅縦一
緹禅便常一
緒綺一、素裏
蕢十四嚢
●乙笥凡十五物不発
●白昜末</td><td>7
8</td><td>東 78
東 111</td><td>衣薈乙笥
乙笥</td><td>東 112 笥（衣類）</td></tr>
<tr><td></td><td>154</td><td>■右方二十一牒丙笥</td><td>37</td><td>西 37</td><td>挩衣丙笥</td><td>西 19or21 笥（衣類）</td></tr>
<tr><td></td><td>168</td><td>■右方十三牒稍笥</td><td>×</td><td></td><td></td><td>西 19or21or 南 124 笥</td></tr>
</table>

遣策は簡 407 記載順に配列し、通し番号をつけた。

日本古代文書木簡の機能と廃棄

佐藤　信

はじめに

日本古代の木簡は、平城宮跡（七一〇〜七八四年）出土の平城宮木簡を中心に、平城京跡の貴族邸宅から出土した八世紀初の長屋王家木簡、八世紀前半の二条大路木簡などを中心に、地方官衙遺跡などからの出土もふくめて、これまでに約三五万点余の木簡が出土している。日本木簡は、大体短冊型（長方形）を中心とした長さ三〇cm・幅三cm・厚さ〇・五cm程度の一点ものの板材（檜・杉材がほとんど）に楷書で墨書されたものが多く、竹簡は無く、冊書もない。日本木簡は、堅牢で加工可能であり表面が削れるという木の特性を活用して利用される場合が多く、正式には印の押捺が必要な紙の文書とは使い分けがなされて、毎日の物品請求・支給や報告などの文書や、貢進物の荷札として使用されることが多かった。日本木簡は、その内容から文書、貢進物荷札木簡、習書・落書などに分類される(1)。本稿では、そのうち文書木簡に注目し、その機能と廃棄のあり方について考察してみたい。考察の前提として、木簡は出土文字資料であり、出土状況・形態・書式・書風・内容・廃棄にわたる木簡の総合的理解が必要であるという点に留意しつつ、木簡がその作成から廃棄に至るまでに果たした機能に注目したい。

一、文書木簡

日本木簡の内容分類・形態分類は、平城宮木簡による分類が、奈良国立文化財研究所『平城宮木簡一』の報告書において示され、今日でもほぼそれが用いられている(2)。木簡の内容分類としては、

文書木簡（文書、帳簿・伝票など記録簡）
荷札・付札木簡（貢進物荷札荷札、物品付札）
習書・落書その他

に分けられている。

かつては、紙が貴重なので時に木簡で補ったという考えもあったが、今日では、紙の文書と文書木簡とはそれぞれの便宜に応じて使い分け

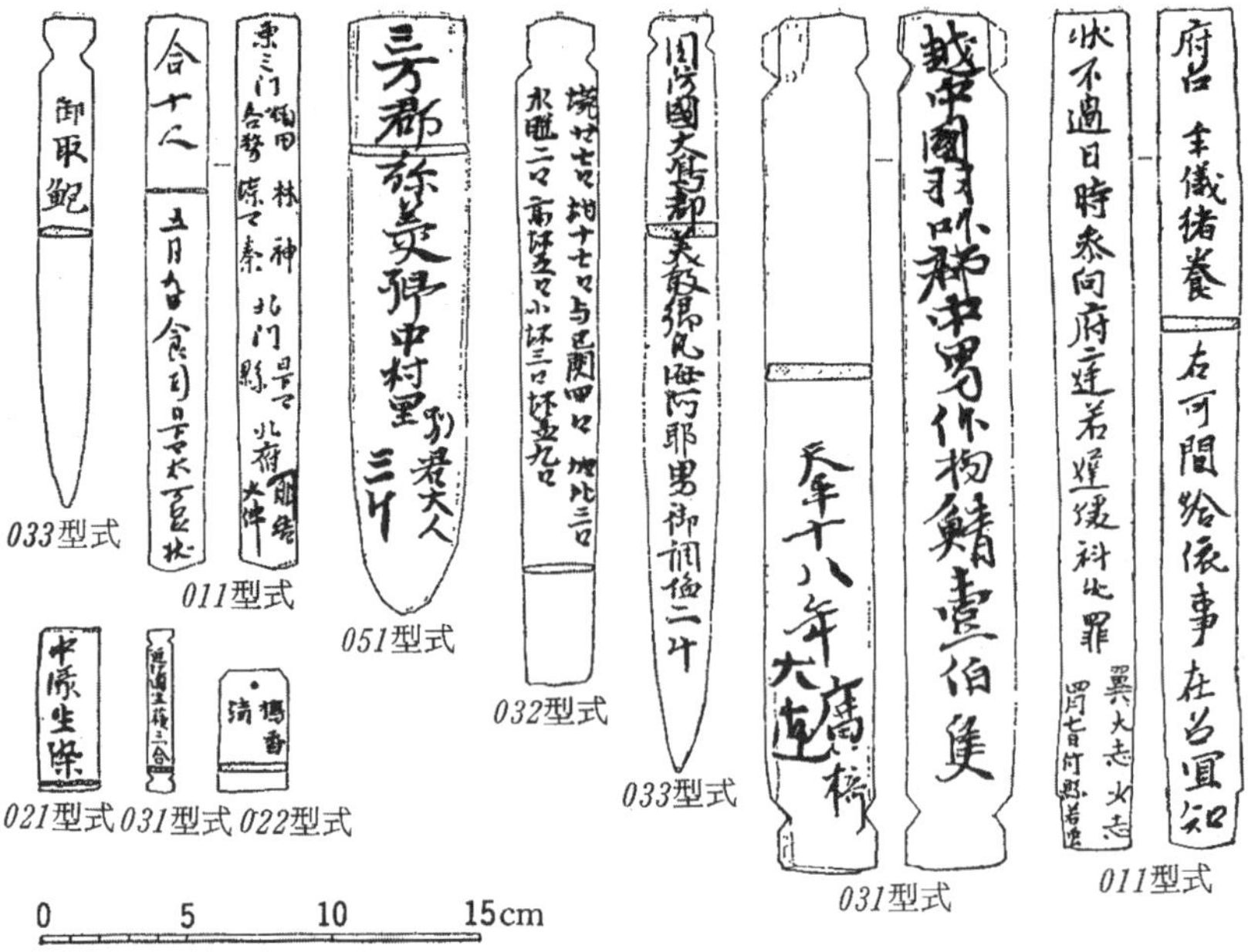

図1　日本木簡の形態（『平城宮木簡一解説』）

られていた、と考えられている。紙に比べて、木簡の場合、材料が得やすい、堅牢である、加工（成形する・孔をうがつ）が可能、表面を刀子で削って再利用できる、といった様々な木の特質を活かした利用法を特徴としている。貢進物荷札木簡の場合は、紙にはない堅牢さで荷札としての機能を果たせるのは、木簡の特質といえる。

文書木簡の機能についてさぐる際には、文書の差出と宛所との関係に注目する必要があろう。日本律令の公式令による公文書には、官司・官人の間で、上級官司（所管）から下級官司（被官）宛ての下達文書「符」、下級官司から上級官司宛ての上申文書「解」、平行関係の官司間の「移」、上下関係にない官司間の「牒」といった種類の書式が規定されている。[3] 文書は、こうした差出と宛所との間で情報伝達を図る多様な機能を果たしたのである。

文書木簡について考える時には、同じ文書であっても紙の文書と文書木簡との別はどこにあるのか、紙と木の使い分けに注目するとともに、差出と宛所の関係が如何なるものであり、文書はどのような機能を果たし、どこで廃棄されたのか、という点に留意する必要がある。こうした機能は、木簡の形態、記載や廃棄のあり方などと深く結びついてくることが推測されるのである。

二、文書木簡の機能と廃棄

（一）移木簡

日本律令の公式令に規定された公文書の木簡の例として、まず平行文書である「移」の文書木簡についてみてみたい。

◎長屋王家木簡

◇（表）雅楽寮移長屋王家家令所　平群朝臣廣足
　　右人請因倭儛
（裏）故移　十二月廿四日　少属白鳥史豊麻呂
　　少充船連豊

長屋王家木簡（一五六号）　縦二二〇㎜×横三七㎜×厚三㎜
〇一一型式

平城京左京三条二坊の一・二・七・八坪を占める八世紀初期の長屋王邸宅跡の、塵芥廃棄のための溝の中の木屑層から一括して出土した三万五千点の長屋王家木簡の一つ。[4] 平城宮内の雅楽寮から、長屋王家の家政機関（家令所）宛てに送られた公文書。内容は、長屋王家に属する平群広足という「倭舞」の舞人の借用を雅楽寮が求めるものであろう。日本律令の公式令の平行文書「移」の書式に従って、官庁が発行した文書木簡である。紙の文書でなく木簡を用いたのは、緊急に依頼事項を伝える必要があったためか。長屋王家に運ばれ、機能を失ってから木簡の一括廃棄の際に溝に廃棄されている。

（二）国符木簡・郡符木簡

大宝令によって確立した日本律令国家の地方行政機構は、国…郡…里（郷）という構成であった。地方官として中央から地方の国に派遣された国司は、「クニノミコトモチ」という訓が示すように、天皇の言葉を地方に伝える存在であり、地方官衙の国府（国衙）を統治拠点とし、地方の豪族や民衆の領域的支配に当たった。一方国の下に位置づけられた郡は、伝統的に在地社会を支配してきたもと国造であった地方豪族（郡司氏族）が任じられた郡司によって統治され、その拠点となる地方官衙は郡家（郡衙）であった。国司は任期四年であったのに対して郡司が終身官であるなど、郡司の地方名望家的性格が指摘されるが、律令制のもとでは、国司も郡司も地域支配にあたっては行政的・制度的そして文書主義にもとづく統治を行うのであり、恣意的・人格的な支配は排除されたのであった。

国司が国内の諸郡宛てに命令を伝える際に、下達文書「符」を、紙の文書とは別に文書木簡で発行することがあった。また郡司も、郡内宛ての下達文書「符」を郡符木簡という形で多く発行している。

1　国符木簡

◎屋代遺跡群出土木簡

◇（表）符　更級郡司等　可□〔致カ〕□□

（裏）　（略）

（三一三）×（三四）×四　〇一九型式

日本公式令（13符式条）に定められた下達文書「符」の書式にならって信濃国司から国内の郡司たちに充てられた「国符」の木簡が、屋代遺跡群（長野県千曲市）から出土している。[5] 屋代遺跡群は、信濃国埴科郡家に近い千曲川沿いの交通の要衝に位置する湧水の祭祀場で、地方官衙関係の木簡が出土した。その中に「更級郡司等」に充てられたこの国符木簡があった。更級郡から埴科郡へそしてさらに次の郡へと送付・逓送される性格の文書木簡であったろう。埴科郡からも別途逓送は行われたかと思われるが、この木簡は宛先の一つである埴科郡司のいる埴科郡家において保管され、最終的に廃棄されたものであろう。

2　郡符木簡

国の下の郡においても、郡司が郡内の里長（郷長）・郡雑任や配下の人々に対して命令を伝える際に、下達文書「符」の文書木簡が用いられることがあった。「郡符」と書きはじめるこの木簡を、郡符木簡と呼ぶ。しばしば、六〇㎝程すなわち二尺の長さの大規模な材に、雄渾な文字で記される事例がみられる。郡司には伝統的な地方豪族が任じられたのであり、かつては口頭の命令でその人格的支配が行われたと思われるが、律令国家の下では、律令制の文書主義に従って郡内に命令を発する際には、文書木簡が使用されたのである。ここでは、辺要国越後国における八世紀はじめの郡符木簡の事例を紹介したい。

◎八幡林官衙遺跡出土木簡

　八幡林官衙遺跡（新潟県長岡市）は、越後国古志郡内に位置する八世紀前葉～九世紀前葉の地方官衙遺跡である。遺跡の性格については、郡家説・郡司館説・国府出先機関説・関説・駅家説・城柵説などがあるが、こうした多機能の官衙施設が群として集合した様相を示す地方官衙遺跡であるといえよう。この遺跡からは、次のような八世紀前葉の郡符木簡のほか、多数の封緘木簡などが出土している。⑥

◇八幡林官衙遺跡出土木簡1号

（表）郡司符　青海郷事少丁高志君大虫　右人其正身率□□

（裏）虫大郡向参朔告司□〔身カ〕率申賜　符到奉行　火急使高志君五百嶋

九月廿八日主帳丈部□□

五八四×三四×五　〇一一

　日本公式令（13符式条）に定められた下達文書「符」の書式にならって「郡司符」と書きはじめるこのような文書木簡を郡符木簡と呼ぶ。この木簡は、伴出した木簡から養老年間（七一七～七二四年）頃の年代と推定される。郡符木簡は、郡司が郡内の郷長（里長）たちに対して召喚などの命令を下達するときに記された公文書の木簡であり、伝統的な地方豪族の支配下にあった郡の世界においても、律令制の文書主義にもとづく行政的な統治が行われたことを示す。越後国蒲原郡司（発行責任者は郡司四等官の主帳である丈部某）が、管下青海郷の少丁である高志君大虫に対して国府の告朔司への出頭と言上を命じた召文（召喚状）の下達文書であり、蒲原郡家から「火急使」である高志君五百嶋がこの木簡を伝達した。高志君大虫はおそらくこの木簡を持って蒲原郡家から頸城郡（新潟県上越市あたり）にある越後国府まで行き、国庁で行われた十月一日の朔告（こうさく）の儀礼（前月の行政報告を行う政務儀式）に参加して上申の役割を果たし、その帰途に最終的に隣郡古志郡の八幡林官衙遺跡の地で不要となり、この木簡を廃棄したものと推測される。すなわち、この郡符木簡は、召喚状であると同時に過所（通行証）としての機能を果たしたと考えられる（佐藤信「郡符木簡にみる在地支配の様相」『古代の遺跡と文字資料』名著刊行会、一九九九年、もと一九九六年）。すなわち、蒲原郡家…青海郷…越後国府…古志郡八幡林官衙遺跡の順に、人（はじめ高志君五百嶋、伝達後は高志君大虫）とともに移動して、最終的に機能の必要性がなくなった八幡林官衙遺跡において廃棄されたものと考えられる。この郡符木簡は、文章の区切りの箇所二箇所で鋭利な刃物で斜めに切断されて三片に分けて廃棄されており、公文書の機能を確実に殺してから廃棄する際の廃棄方法がうかがえるものとされている。⑦

　こうした郡符木簡は、すでに各地の地方官衙・郡家遺跡から多く出土している。その出土例は、八世紀初めから九世紀半ばにわたって、荒田目条里遺跡（福島県いわき市）・屋代遺跡群（長野県千曲市）・伊場遺跡（静岡県浜松市）・杉崎廃寺（岐阜県吉城郡古川町）・西河原遺跡（滋賀県野洲郡中主町）・長岡京跡（京都府向日市）・山垣遺跡（兵庫県丹波市）などの諸地方に及んでいる。このことは、全国的に、八世紀初頭の頃から、郡司が郡内に命令を伝達する際に文書木簡を広く用いていたことを示している。⑧しばしば二尺（約六〇cm）程の大きさをもつ大型木簡であることが指摘されている。このことは、郡司からの下達文書の威厳を示す機能と結びつくのであろう。

郡司にはもと国造などの伝統的な地方豪族が任じられたから、彼らの伝統的支配権によって郡内への命令は使者（木簡も使者が運んだ）による口頭伝達でも充分用を為すはずであるが、律令制の文書主義に従って郡符木簡が利用されたところに、地方行政の新しい段階が認められる。郡司クラスの地方豪族による在地支配は、律令制の確立とともに、かつての口頭による人格的支配から文書による行政的・制度的支配へと変質していったといえよう(9)。

（三）召文（召喚状）木簡

官司などが、所属する官人を召喚するために発行する下達文書が「召文」の木簡である。至急の際には紙の文書をわざわざ発行する手続きを避けたためか、召文木簡は平城宮や地方官衙などでも多く用いられ、出土している。召文木簡は官司の使者が持って渡しに行くことから、口頭でも趣旨の伝達は可能なはずであるが、文書主義に従って召文木簡が発行されるところが特徴である。公的な招集として、使者や召喚者に対して、路次の通行の保証や「食馬」支給を保証する文言が付くのが召文の特徴でもあり、そのためにも文書である必要性があったと思われる。

◎平城宮木簡（『平城宮発掘調査出土木簡概報　六』五頁上段）(10)

◇（表）　津島連生石　　　春日椋人生村宇太郡
　　召急山部宿禰東人平群郡　　三宅連足島山辺郡
　　　忍海宮立忍海郡　　　大豆造今志広背郡

（裏）　刑部造見人　　　　和銅六年五月十日使葦屋
　　小長谷連赤麻呂　　右九　　椋人大田　充食馬
　　　小長谷連荒当志貴上郡

平城遷都早々の和銅六年（七一三）に、平城宮内の官司から、大和国内に居住する下級官人たち九人を至急に召喚する内容をもつ召文（召喚状）木簡。使者の葦屋椋人大田がこの木簡を持って大和国内の諸郡を廻ったか。公的な招集として、使者や召喚者に対して路次の「食馬」を保証する文言が付く。平城宮跡において出土したことから、この召文木簡は、使者である葦屋椋人大田がずっと持って召喚してまわり、宮内の官司にもどって機能を終え、廃棄されたものであろう。

◎平城宮木簡五四号(11)（図1）

◇（表）　府召　牟儀猪養　右可問給依事在召宜知
（裏）　　　　　　　　　　翼　大志　少志
　　状不過日時参向府庭若遅緩科必罪
　　　　　　　　　　四月七日付県若虫
　　　　　　　　　二八二×二八×五　〇一一

兵衛府の次官（翼）・主典（大志・少志）から発せられた、兵衛の牟儀猪養への召喚状。至急の召喚に用いられた召文木簡と考えられ、使者の県若虫に託されて牟儀猪養に伝えられたのち、出頭後に平城宮内で廃棄されたのであろう。

（四）書状木簡

西河原森ノ内遺跡（滋賀県野洲市）から出土した、七世紀第４四半期の書状の文書木簡を取り上げたい。西河原森ノ内遺跡は、琵琶湖畔に位置する、稲の収穫・保管・管理にかかわる遺跡と考えられる。

◎西河原森ノ内遺跡出土木簡

◇・椋□□之我□□〔持往〕稲者□□〔馬不〕得故我者反来之故是汝卜マ

・自舟人率而可行也　其稲在処者衣知評平留五十戸旦波博士家

七世紀第４四半期の木簡であり、その時代の近江において、稲の運搬に関する指示のやりとりを、このような和化漢文によって文書木簡を用いて行っていたことがわかる。[12]「椋（直）某という人が、持って行った稲は、馬がなくて運べなかったので帰ってしまった。そこであなたト部某は、船人を引率して運びに行きなさい。稲を置いてある場所は、衣知評（のち衣知郡）の平留里（五十戸）の旦波博士という人の家である」という内容である。西河原森ノ内遺跡は、評家（大宝令以降の郡家）との関係は未詳。内容から、評司（郡司）ではない稲の運搬実務にかかわるクラスの人々が、文書木簡で情報伝達をしていたことが知られた点に、歴史的な意味が認められよう。近江国は渡来系の人々が多く居住しており、漢字文化に慣れた人々が多く存在したことが背景として指摘できる。出土した西河原森ノ内遺跡は、稲が置いてあるという衣知郡平留郷からは離れており、この書状木簡を受け取った宛先であるト部の在所または運搬先にあたるものか。

（五）物品請求木簡

平城宮木簡の第一号として報告されている木簡は次のようなものである。[13]

（表）　寺請　小豆一斗　醤一十五升大床所　酢　末醤等

（裏）　右四種物竹波命婦御所　三月六日

二五九×（一九）×四　〇一一

平城宮跡の中央区（第一次）大極殿の北方に位置する官衙地区のゴミ捨て穴（ＳＫ２１９。底の灰色砂質土中）から一括で出土した遺物のなかの木簡で、一九六一年に、初めて「木簡」としての認識をもって発見された木簡四〇点のなかの一つである。左側を欠損しており、表の文字は右側、裏の文字は左側の部分のみが残っているが、墨痕は鮮やかに残っていて、一二五〇年前の文字でも、肉眼で読みとれた。表裏の文章は、釈文のように解読できた。

文書を記載した文書木簡であり、文書木簡がよく採用する短冊型の形態（〇一一型式）をしている。紙の公文書ならば、役所間や役所と役人間の文書には差出・宛所を記載し、律令の公式令の書式（符・解・移・牒など）を用いて印を捺印するはずであるが、日常のやりとりに用いられる木簡の場合、この文書木簡のように色々と省略して必要事項のみを記載しているものが多い。ただし、差出・宛所の間では、この記載だけで充分理解しあえたのである。

この木簡は、八世紀後期の孝謙太上天皇（女性）の側近であった竹波命婦が、食膳担当の女官として、「寺」すなわち法華寺から、平城宮内にあった米以外の食料管轄官庁である大膳職宛てに、小豆などの食料を請求した文書木簡であった。竹波命婦は、常陸国筑波郡（茨城県つくば市）の地方豪族の子女出身で、采女として孝謙天皇に仕えて貴族にまで出世した女官であった。この木簡が出土したゴミ捨て穴のあった官衙地区は、他の木簡の内容の検討からも、大膳職と推定されている。品物はおそらくすぐに法華寺に送り届けられ、用済みとなった木簡は、大膳職の側で廃棄されてゴミ捨て穴の底に埋められたのであった。平城宮には木造建築群が多数建てられていたから、宮内でゴミを処分する時には、火災を避けて、焼却せずに穴を掘ってゴミを埋めることが一般に行われていた。

（六）進上状木簡

長屋王家木簡の中には、薗（園）・御田・氷室など所領の出先機関から食料などを進上する際の進上状の文書木簡がみられる。長屋王家の家政機関に宛てて送られた進上状であり、長屋王家の食料調達のあり方、経済基盤の仕組みが知られるのである。[14]いずれも平城京左京三条二坊の邸宅内で廃棄されている。

◎長屋王家木簡

◇・山背薗司　進上　大根四束　交菜二斗　遣諸月
・　和銅七年十二月四日　大人
　　長屋王家木簡　二五五×三〇×四　〇一一

◇　加須津毛瓜　加須津韓奈須比
　　　　　　　　　　　四
進物　醤津毛瓜　右種物　九月十九日
　　醤津名我
　　長屋王家木簡　二五三×三三×四　〇一一

◇・進上氷一駄丁　阿倍色麻呂
・九月十六日火三田次
　　長屋王家木簡　三一四×二七×五　〇一一

（七）請飯文書木簡

日本古代官僚制においては、官僚制の維持のため官人たちに対して毎日朝夕の給食が行われていた。とくに下級官人を直接生産から切り離して官司業務に専念させるためには、「諸司常食」（百官常食・朝夕料）と呼ばれる給食制度の役割が必要であった。[15]毎日の給食で官人たちが行う共食は、官僚意識を再生産する儀礼としての意味ももったといえよう。実際、平城宮跡からは規格化された食器（杯・椀・皿）の須恵器・土師器の破片が膨大な量出土しており、給食において食器が大量に消耗されたことを示している。

この給食にかかわる飯や食料を食料供給官司からそれぞれの官司が配給してもらう際に、食料の請求・支給にかかわるやりとりの文書や帳簿が必要であった。正倉院文書の「大粮」支給関係文書にみられるように、衛士・仕丁らへの食料米を民部省から各官司が配給を受ける際には、月単位の請求を、あらかじめ前月のうちに捺印を済ませた紙の文書で請求することが行われている。これに対して、平城宮木簡にみられるように、各官司内における毎日の官人たちへの給食の際には、官司の食料担当官に宛てた日別の食料請求には、文書木簡が用いられている。毎日の文書のやりとりには、紙の文書を用いるよりも木簡の方が簡便で相応しかったと考えられる。毎日の食料請求＝支給には文書木簡を使用し、その木簡群に孔をあけて紐で綴っておき、一月分まとまったところで紙の文書に一ヶ月分の支給帳簿を清書するような使い分けが行われたといえよう。

1　請飯文書木簡

日別の食料請求に用いられた食料請求木簡として、平城宮木簡などには請飯文書木簡の例が多くみられる。「百官常食」の米を収納保管する官司は宮内省の大炊寮であり、ここから各官司宛てに常食料は配布された。藤原宮木簡には、大炊寮から諸司常食用の米が出給されたことを示す文書木簡が見える。[16]平城宮の西宮を守衛する兵衛たちへの食料支給に関する文書木簡からは、衛府出先の「食司」の官人が、各部署の兵衛たちの名をチェックして食料を請求した様子がうかがえる。[17]また、長岡京木簡の中には、太政官の書記官への毎日の飯（書手飯）

の支給に関する太政官厨家の帳簿木簡が多数出土している。(18)

◇五日常食□〔料カ〕　□〔升カ〕　大炊寮□〔助カ〕□　［
藤原宮木簡二九号
（二〇三）×（一二）×四　〇八一

◇・　額田　林　神　日下部　、服□〔結カ〕
東三門　北門　北府
各務　漆部　秦　縣　大伴
・合十人　五月九日食司日下部太万呂状
平城宮木簡一〇〇号
一八七×二二×二　〇一一

◇　請書手飯四升　十月三日　軽間嶋枌
長岡京木簡一四号
一七九×二五×二　檜・板目　〇一一

2　食料の請求・支給

各官司と食料担当官司との間でやりとりされる食料の請求・支給木簡は、大体日別の食料請求・支給に関する場合に用いられている。一方、月単位で前月のうちに翌月分の食料を請求する場合などには、紙の文書が用いられている。毎日の食料請求の木簡は、食料担当官司宛てに出され、そこにおいて支給した記録として保存されることが多い。また、食料支給木簡には、食料担当官司の側で帳簿・伝票（記録簡）として記載される場合もある。これらの食料請求・支給木簡は、しばしば穿孔され束ねられて保管されており、それらは、毎日の木簡による請求・支給の記録を集成して紙文書による毎月単位の帳簿文書を作成することが推定できるのである。そうした事例は、長屋王家木簡として出土した家政機関（政所）による食料支給の木簡などにみることができよう。(19)

◇・移　司所　米无故急々進上又滑海
・藻一駄進上急々　附辛男　十五日　家令　家扶
長屋王家木簡

◇・内親王御所進米一升
・受小長谷吉備　十月十四日　書吏
長屋王家木簡

◇・牛乳持参人米七合五夕　受丙万呂　九月十五日
・大嶋書吏
長屋王家木簡

◇・米五斗　大豆一斗　小豆二斗　薪廿束
糯米五斗　大角豆二斗　炭二石　胡麻子一斗
・胡麻油一斗　新小麦一石　扞櫝二合
天平八年十一月九日内申
糖一斗　小櫝二合　合十三種
二条大路木簡　三〇一×二八×四　〇三二

（八）過所木簡

日本律令（養老令）の公式令22過所式条に、日本古代の通行証である過所についての書式が定められている。養老令では紙の文書としての過所を前提としているが、『令集解』公式令40天子神璽条の古記（大宝令の注釈）をみると、大宝令の注には「過所符者、随便用竹木」という記載があり、大宝令（七〇一年）では竹木を用いた過所木簡も正式に機能する文書として扱われていたことがわかる。『続日本紀』霊亀元年（七一五）五月朔条の「始令、諸国百姓、往来過所、用当国印焉。」という記事からは、過所に国印を捺印しなくてはならなくな

ったこの時からは、正式には紙の過所文書が使用されることとなり、過所木簡は消滅していったものと考えられる。(20)

『令義解』公式令22過所式条（養老令）

◇過所式

其事云云。度其関往其国

其官位姓。〔三位以上、称卿。〕資人。位姓名。〔年若干。若庶人称本属。〕従人。其国其郡其里人姓名年。〔奴名年。婢名年。〕其物若干。其毛牡牝馬牛若干疋頭。

年 月 日　　主 典 位 姓 名

次 官 位 姓 名

右過所式。並令依式具録二通、申送所司。々々勘同、即依式署。

一通留為案、一通 判給。

『令集解』公式令40天子神璽条古記

◇古記云、注、「過所符者、随便用竹木」。謂和銅八年（七一五）五月一日格云、「自今以 後、諸国過所、宜用国印也」。

『続日本紀』霊亀元年（七一五）五月朔条

◇始今、諸国百姓、往来過所、用当国印焉。

大宝令の注には、「過所符者、随便用竹木」という文があり、正式に竹・木の過所（過所木簡）の使用が認められていたが、七一五年（霊亀元）に諸国百姓の過所には国印の捺印が定められ、紙の過所（文書）に限定されることになったのである。

実際に機能した過所木簡の実例が、次の木簡である。(21)

平城宮木簡一九二六号

◇

（表）関々司前解近江国蒲生郡阿伎里人大初上阿□〔伎カ〕勝足石許田作人

（裏）　大宅女右二人左京小治町大初上笠阿曽弥安戸人右二

同伊刀古麻呂

送行乎我都　鹿毛牡馬歳七　里長尾治都留伎

六五六×三六×一〇　〇一一

平城宮（七一〇～七八四年）の下層の下ツ道から出土していて、平城宮以前の木簡であり、過所の文書木簡である。近江国蒲生郡阿伎里から藤原京（六九四～七一〇年）の左京小治町に行く二人と馬が関々を通過するために、近江国蒲生郡阿伎里の里長が一筆で記載した過所木簡である。近江国から山背国を経て藤原京の属する大和国に入った地点で不用となり、廃棄されたと考えられる。「国―郡―里」の記載から、大宝令（七〇一年）以降であり、平城宮の下層出土であることから、七〇一～七一〇年の年代の過所木簡で、実際に機能した「過所符者、随便用竹木」の実例といえる。

140.1A　　140.1B

図2　居延出土「過所」竹簡

なお、日本では木簡のみで竹簡はみられないのに、「過所符者、随便用竹木」とあるのは、竹簡が存在する中国における前例に影響されたものか。台湾の中央研究院（台北市）が所蔵する居延漢簡の中には、漢代の過所関係の簡牘が多数みられ、封泥の筐付きの形態（封泥の捺印が可能）のものもみられるが、二〇〇七年の調査（籾山明埼玉大学教授を代表とする調査。私も参加）により、西域までもたらされた竹簡の過所の実例を発見した。これは、旧居延漢簡の140.1号（労幹編『居延漢簡　図版之部』中央研究院歴史語言研究所、一九五七年の四一二・四一三頁）で、竹材で縦二三五㎜、横二三㎜、厚三㎜、重四・五九gを計る。河南省の陽翟から居延まで李立と李臨の兄弟が移動した際の過所竹簡と考えられる（本書所収李均明論文参照）。この調査成果により、中国の漢代に実際に竹簡の過所が存在したことが判明し、大宝令の注「過所符者、随便用竹木」の根拠の一端が知られたといえよう。[22]

（九）宿直札

官庁の宿（夜）・直（昼）にあたる官人の名を、それぞれの官庁は人事担当の式部省に宛てて毎日報告しなくてはならなかった。毎日の報告には、紙の文書ではなく一定の書式の文書木簡が利用された。平城宮東南部の式部省の発掘調査では、各官庁からの短冊形（〇一一型式）の宿直札が多数出土した。書式は、官司名と解文の書き出しにつづけて、双行で宿直官人名と日付を記載するもので、一面のみに記載するものである。宛先の式部省で機能を終えて廃棄された。

◇

大学寮解　申宿直官人事　少允従六位上紀朝臣直人
　　　　　　　　　　　　神護景雲四年八月卅日

平城宮木簡三七五一号[23]

三〇〇×四〇×一　檜・板目　〇一一

（一〇）考課・選叙木簡

平城宮の式部省からは、官人の勤務評定・人事にかかわる考課・選叙関係の木簡が大量に出土した。毎年の勤務評定の考課や、一定年限の考課を積んで位階が昇進する機会である選叙の事務の際に、官人一人一枚の考選木簡が利用された。下級官人は、一年の上日（勤務日数）を満たした場合に官司の長官から上・中・下の評価を得、中の評価が毎年続けば六年目に位階が一階上がるシステムであった。考選木簡は、短冊型で材の側面から小孔を穿った〇一五型式の木簡が使われており、紐に通してカード的に用いられ、官庁別・位階別などに並べ替えたのであろう。翌年にも表面を削って評定などを追記して使われたから、表面は刀子で何度も削り込まれており、同時に削屑が一万点以上大量に出土している。式部省の人事業務用の独特の形態をもつ木簡であり、機能を終えて式部省において廃棄された。[24]

◇

平城宮木簡

〔去上〕位子従八位下伯祢広地　年卅二
　　　　河内国安宿郡

『平城宮発掘調査出土木簡概報　四』

三九二×三二×四　〇一五

下級官人伯祢広地の毎年の勤務評定「考課」に用いられた考課木簡であり、材の側面から小孔を穿った形態（〇一五型式）をとる。年齢・本籍地のほか、去年の評定が上であったとの記載が残っている。

◇・　　　　　　　年五十
　少初位下高屋連家麻呂　　六考日并千九十九六年中
・陰陽寮　　　右京

『平城宮発掘調査出土木簡概報　六』

二八九×三〇×九　〇一五

下級官人高屋連家麻呂が六年間の勤務評定「中」の考課を積んで、位階が一階昇進して少初位上となる機会を得たことを示す選叙木簡であり、これも〇一五型式をとっている。裏面に所属する「陰陽寮」の官司名記されており、役所別にも配列されることがあったのであろう。

◇　依遣高麗使廻来天平宝字二年十月廿八日進二階叙

平城宮木簡三七六七号㉕

二四八×二〇×四　檜・柾目　〇一五

『続日本紀』天平宝字二年（七五八）十月丁卯（廿八日）条に「授遣渤海使大使従五位下小野朝臣田守従五位上、副使正六位下高橋朝臣老麻呂従五位下。其余六十六人、各有差。」とあるように、この日遣渤海（高麗）使への叙位が行われており、その人事事務に関する同時代史料となる木簡である。使者たち一人一簡の木簡群のはじめのタイトルにあたる木簡であろう。

（一一）告知札・牓示札

1　平城京付近の告知札

平城京左京一条三坊東三坊大路の東側溝から四点の大型の告知札木簡が出土している㉖。

◇告知　往還諸人　走失黒鹿毛牡馬一匹在験片目白 額少白
件馬以今月六日申時山階寺南花薗池辺而走失也　九月八日
若有見捉者可告来山階寺中室自南端第三房之

九九三×七三×九　〇五一型式

◇告知捉立鹿毛牡馬一匹□□験額髪□（毛カ）□□　右馬以今月一日辰時依作物食損捉立也而至今日未来其主　件馬□可来□□□□　天長五年四月四日

一一三四×五一×七・五　〇五一形式

天長五年（八二八）頃の一括資料であり、形態としては、①長大なこと、②方頭で下端を尖らせる形態（〇五一型式）をとること、③下方には文字を記さない、④表面のみに記載する、⑤下端部を除き木簡表面が風化している、という特徴が共通する。おそらく、地中に打ち込んで往来の人々に掲示したのであろう。記載形式としては、a「告知」の記載からはじめ、b告知の対象、c失ったまたは拾得した物の種類、dその特徴、e物を失ったまたは拾得した日時、fその場所、g告知の主体と居所、h告知の年月日を記載する。

禁制を内容とする平安時代初期の太政官符の文中には、「仍於所在条坊及要路、明加牓示」（『類聚三代格』延暦十一年（七九二）七月二十七日太政官符）とか、「仍牓示要路、分明告知」（『類聚三代格』弘仁四年（八一三）六月一日太政官符）などと見える。厩牧令24闌遺物条では「闌遺物」（遺失物）は五日以内に所司に申告することが定められており、捕亡令4亡失家人条では、亡失した物を官司に届けて「案記」することが求められている。この「案記」を『令義解』は、a亡失の処、b失物の由、c状、d色目としており、その失物が見つかったらこの「案記」にしたがって主に返還するとしている。

捕亡令15得闌遺物条によれば、取得された闌遺物は、①随近の官司―京職や国司、②市の場合は市司、③衛府の京内巡行で得た場合は各衛府の本府に送られ、それぞれの官司の門の外に展示され（「皆懸於門外」）、本主がそれを見つけたら、記録を調べ保証を取って返還するのであった。そして三十日たって本主が現れない時は、物品を納めて替わりに「物色」の記録を門に牓示した。

平城京左京一条三坊東三坊大路の告知札出土地は、山城国と大和国を結んで平城山を越えるウワナベ路が奈良盆地に入った地点であり、往来の激しい場であった。奈良時代であれば、平城京内で拾得された闌遺物やその記録を掲げたのは、京内の京職・市司の役所の門前か、平城宮の外郭宮城門の門前であったと考えられる。宮都内では、こうした「門外」が「要路」であったと思われる。これらの告知札は、表面が風化するまでの牓示期間の終了後に、牓示された交通の要地近くの溝に廃棄されたものといえよう。

2　地方民衆支配のための牓示札

牓示札は、法令などを民衆に周知するために要路に掲示された木簡である。何かに打ち付けた釘穴のような痕跡があったり、長期間空中にさらされたため表面が風化していることがある。

◎加茂遺跡（石川県津幡町）出土木簡

加賀国加賀郡牓示札
◇符　深見村□□郷駅長幷諸刀禰等
応奉行壱拾条之事
一　田夫朝以寅時下田夕以戌時還私状
一　禁制田夫任意喫魚酒状
一　禁断不労作溝堰百姓状
一　以五月卅日前可申田殖竟状
一　可捜捉村邑内竄宕為諸人被疑人状
一　可禁制無桑原養蚕百姓状
一　可禁制里邑内故喫酔酒及戯逸百姓状
一　可塡勤農業状　□村里長人申百姓名
案内被国去□月廿八日符併勧催農業
□法條而百姓等恣事逸遊不耕作喫
魚殴乱為宗播殖過時還称不熟只非
弊耳復致飢饉之苦此郡司等不治
之□而豈可○然哉郡宜承知並口示
事早令勤作若不遵符旨称倦懈
由加勘決者謹依符旨仰下田領等宜
毎村屢廻愉有懈怠者移身進郡符
国道之裔縻羈進之牓示路頭厳加禁
領刀祢有怨憎隠容以其人為罪背不
有符到奉行
大領錦村主　　主政八戸史
擬大領錦部連真手麿　擬主帳甲臣
少領道公　夏□□　副擬主帳宇治
擬少領勘了
　嘉祥□年□月□□日
　□月十五日請田領丈部浪麿

嘉祥年間（八四八〜八五一年）に、加賀郡司から村・郷・駅長・刀禰たちに宛てた郡符の横板状の牓示札である。[27] 出土した加茂遺跡は、官道の北陸道が加賀国から越中国・能登国へと向かう分岐点に位置しており、交通の要衝にあたる施設に、こうした「郷駅長幷諸刀禰等」にあてた牓示が行われたのである。この牓示札は長期間風雨にさらされていたらしく、文字の黒い墨は残っていないが、墨によってコーティングされた文字痕跡だけが風化せずに高く浮き上がっており、文字が読めるようになっていた。百姓に対して農耕に励むことを細かく指示した内容で、勧農の加賀国符を請けて加賀郡司が郷長・田領・刀禰たちに符として命令している。横板の形状・大きさと刻線による界線の様子が、紙の文書をそのまま横板の木簡に転記したような形態となっている。国符の文面には郡に対して「口示」せよとの記載があり、漢文文書の牓示札を口頭で説明することもあったかもしれない。風化を受けた後最終的に、牓示地点近くの溝に廃棄された。

（一二）封緘木簡

封緘木簡は、長方形の材の下端を羽子板の柄状に整形し、上部の左右に一、二個所の切欠きをもつ形態をとり、宛先や「封」字を表に記載した木簡である。整形したやや厚手の材を二枚に裂き割るか裂け目を入れるかし、その間に紙の文書をはさんで封じ、かかげる機能をもったものである。(28) 二枚に裂き割った表簡と裏簡は、外面は平滑に調整されて表簡には宛先や「封」字が墨書されるが、両簡が接する内面は「割りのまま」にされており、ささくれた凹凸面の接合によって両簡が一体であることが証されるようになっているものと思われる。古代に辺要国とされた越後国の古志郡の地方官衙遺跡である八幡林官衙遺跡（新潟県長岡市）からは、この封緘木簡が多く出土している。(29)

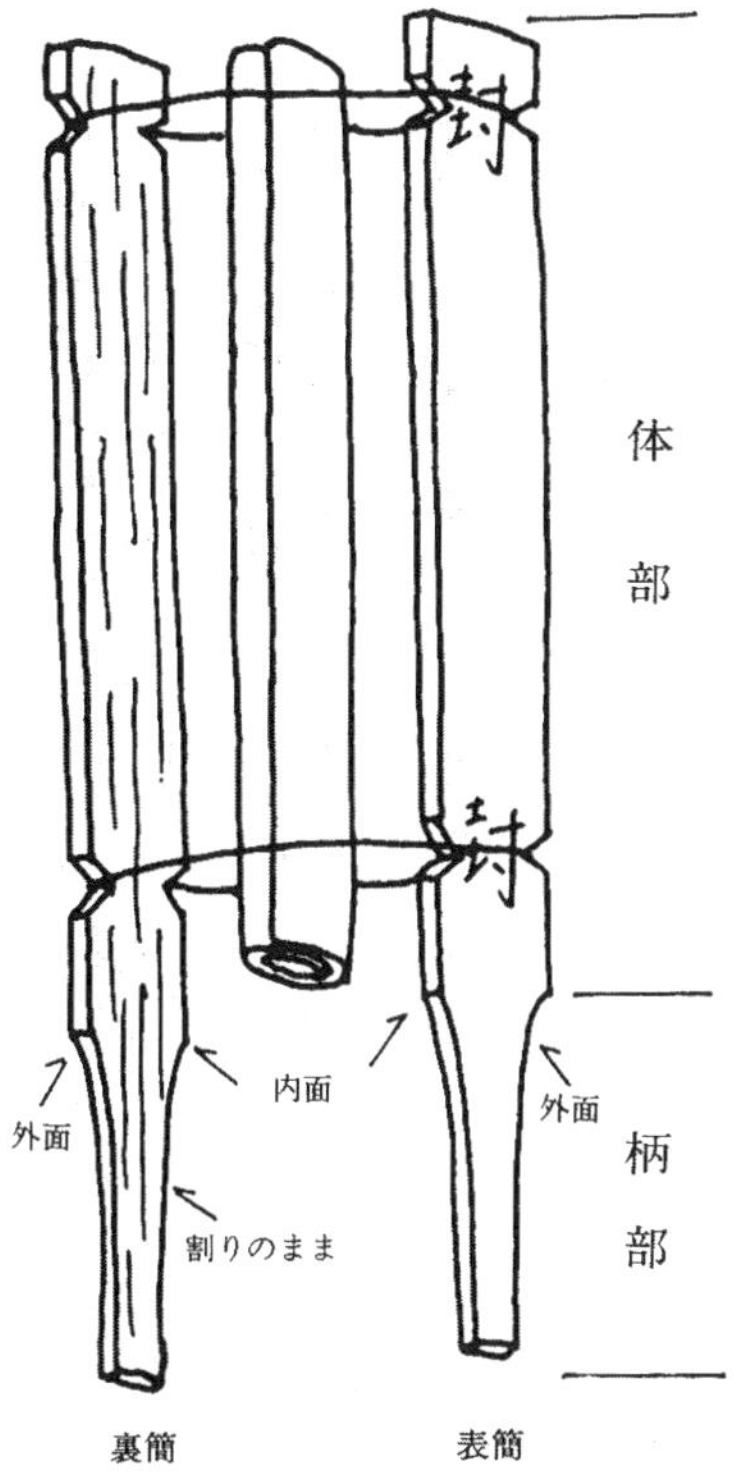

図3　封緘木簡

◇八幡林官衙遺跡出土木簡32号
上大領殿門　　三八五×三六×六　〇四三

◇八幡林官衙遺跡出土木簡34号
上郡殿門　　（二八二）×（二二）×三　〇四三

他にも、これまでに平城京の長屋王家木簡・二条大路木簡のほか、大宰府跡・山垣遺跡・郡山遺跡（宮城県仙台市）など各地の地方官衙遺跡から出土し、広範に利用されたことが分かった。八幡林官衙遺跡出土木簡のように、郡司・大領宛ての封緘木簡が多数存在することは、郡司より下位のクラスの人々が郡司に向けて紙の文書を送付していたことを示し、注目される。八世紀前半の越後国古志郡において、封緘に関する書札礼をわきまえ紙の上申書状を書いた郡司より下の階層の人々が存在していたのであり、漢字文化が地方においても郡家を中心に早くから浸透していた様相が指摘できる。この封緘木簡は、宛先の古志郡大領の郡司館などにおいて開封され、その後近くに廃棄されたものと思われる。

三、文書木簡の差出と宛所

日本古代の文書木簡が果たした機能について考えてきたが、その際、文書の移動と廃棄という視点が大変重要であることが見えてきたように思う。木簡は、一定の目的をもって個別の形態・書式・割付・書風を備えて作成され、人・物とともに移動してその機能を果たし、最終的に廃棄されるというサイクルを経た考古学的遺物でもある出土文字資料である。文書木簡の場合、木簡が書かれてから移動し保管され機能を終えて廃棄されるまでを考える時に、その形態や使用痕跡、そして出土遺構・出土地点・出土状況に注目する必要がある。

文書（木簡）には差出と宛所があり、その両者の間で文書木簡が移動して情報伝達の機能を果たすわけだが、時に互いに自明である場合に省略記載されることのある差出と宛所をどのように推定するかをふくめて、常に差出と宛所の関係、そして最終的に文書木簡が役割を終えてどこで廃棄されるか、という点を明らかにしなくてはならない。文書木簡では、機能を終えて廃棄される場所は、宛所である場合も、再び差出に戻ってから廃棄される場合もあり、また交通路上の関所など第三の地点で廃棄される場合もある。たとえば、全く同じ文面の木簡であっても、出土地が差出か宛所かによっては、木簡が果たした機能が正反対に異なってしまうことすらあるといえよう。出土地点が差出か宛所かその他の関係地かは、それぞれの木簡の機能・内容から判断する必要があり、その際木簡の廃棄＝出土状況も重要な手がかりとなるのである。

木簡の形態についても、切り欠きや穿孔などどのような形態を用いるのか、木簡の一面のみに記載するのか両面に記載するのか、どのような割付で記載するのか、といったことや、使用痕跡や表面の風化状況をふくめて、木簡の機能を推定する際に大変有力な情報を提供してくれる。郡符木簡がしばしば二尺（約六〇㎝）の長さをもつ大型の木簡であるということも、木簡の視覚的な権威誇示機能や、差出と宛所との社会的関係についての示唆をふくんでいることが指摘できよう。

木簡の廃棄の仕方については、公文書としての機能を完全に破壊するために文面のしかるべき区切りの箇所に刃を入れて丁寧に木簡を解体する例も指摘される。六九四～七一〇年の藤原宮木簡では比較的縦に細長く割られた廃棄例が多く、七一〇～七八四年の平城宮木簡になると完形の木簡の例が増えるという指摘もある。

また、縦に細長く割られて、端を削り整形したり焼け焦がしたりした形で出土する木簡について、籌木（ちゅうぎ、糞ベラ）に二次的に転用されて最後に廃棄されたという「出土木簡籌木説」も提起されている。[30]籌木への転用は、鴻臚館跡（福岡市）のトイレ出土の事例など確かにあるが、木簡が完形で出土する場合もあり、すべての木簡が籌木に転用されたということまではまだ言えないだろう。食べかす・寄生虫などの出土との関係をはじめ、トイレ遺構を厳密に判断していくことによって、これから木簡の籌木への転用の実像も見えてくると思われる。

いずれにせよ、木簡廃棄の仕方と出土状況の検討によって、さらに木簡の機能が明らかになっていくことが期待されるのである。

おわりに

日本古代の文書木簡の機能と廃棄についてみてきたが、木簡の形態と出土地点・出土状況の情報が、木簡の機能そして内容を理解する上で、決定的に重要であることが指摘できると思う。このことは、木簡が考古学的な遺物としての性格をもつ出土文字資料であることを改めて銘記する必要を示している。木簡に記載された文面のみでなく、出土状況や形態をふくめた出土文字資料としての木簡の総合的な検討と研究によって、木簡が果たした機能がさらに明らかになることを期待したい。

（本稿は二〇一〇年三月二一日・二二日に東京大学山上会館で開かれた国際シンポジウムにおける報告「日本古代文書木簡の機能と廃棄」を文章化したものである。当日有益なご質問・ご指摘をいただいた参加者の方々に御礼申し上げる。）

注

（1）奈良国立文化財研究所『平城宮木簡一　解説』一九六九年。木簡学会『木簡研究』創刊号、一九七九年。木簡学会編『日本古代木簡選』岩波書店、一九九〇年。佐藤信「文字資料としての木簡」（佐藤信『日本古代の宮都と木簡』吉川弘文館、一九九七年、もと沖森卓也・佐藤信『上代木簡資料集成』おうふう、一九九四年）。木簡学会編『日本古代木簡集成』東京大学出版会、二〇〇三年。

（2）奈良国立文化財研究所『平城宮木簡一　解説』一九六九年。

（3）公式令13符式条、11解式条、12移式条、14牒式条（『律令』日本思想大系、岩波書店、一九七六年。『令義解』新訂増補国史大系、吉川弘文館、一九七二年）。

（4）奈良国立文化財研究所『平城京長屋王邸宅と木簡』吉川弘文館、一九九一年。奈良国立文化財研究所『平城京長屋王邸跡』吉川弘文館、一九九六年。

（5）長野県埋蔵文化財センター『長野県屋代遺跡群出土木簡』一九九六年。

（6）和島村教育委員会『八幡林遺跡』和島村埋蔵文化財調査報告書第一集・第二集・第三集、一九九二・一九九三・一九九四年。佐藤信「越後の古代地方官衙の実像―八幡林官衙遺跡群」『出土史料の古代史』東京大学出版会、二〇〇二年、もと二〇〇〇年。佐藤信『古代の地方官衙と社会』山川出版社、二〇〇七年。

（7）平川南『古代地方木簡の研究』吉川弘文館、二〇〇三年。

（8）佐藤信「郡符木簡にみる在地支配の諸相」『古代の遺跡と文字資料』名著刊行会、一九九九年、もと一九九六年。平川南『古代地方木簡の研究』吉川弘文館、二〇〇三年。

（9）佐藤信「古代における漢字受容」『出土史料の古代史』東京大学出版会、二〇〇二年、もと二〇〇一年。佐藤信「日本における漢字文化の受容と展開」『法政史学』七二号、二〇〇九年。

（10）奈良国立文化財研究所『平城宮発掘調査出土木簡概報』六。

（11）奈良国立文化財研究所『平城宮木簡一』一九六九年、五四号木簡。奈良国立文化財研究所『平城宮木簡一　解説』一九六九年。

（12）稲岡耕二「国語の表記史と森ノ内遺跡木簡」『木簡研究』九号、一九八七年。

（13）奈良国立文化財研究所『平城宮木簡一』一九六九年。

（14）前掲注（4）。

（15）佐藤信「米の輸貢制にみる律令財政の特質」『日本古代の宮都と木簡』吉川弘文館、一九九七年、もと一九八三年。

（16）奈良国立文化財研究所『藤原宮木簡一』一九八八年、二九号木簡。

（17）奈良国立文化財研究所『平城宮木簡一』一九六九年、一〇〇号木簡。奈良国立文化財研究所『平城宮木簡一　解説』一九六九年。

（18）向日市教育委員会『長岡京木簡一』一九八四年、向日市教育委員会『長岡京木簡一　解説』一九八四年。

（19）前掲注（4）。

(20) 佐藤信「過所木簡考」『日本古代の宮都と木簡』吉川弘文館、一九九七年、もと一九七七年。瀧川政次郎「過所考」『日本歴史』一一八・一一九・一二〇号、一九五八年。
(21) 奈良国立文化財研究所『平城宮木簡一』一九六九年。
(22) 佐藤信「日本古代の交通と出土木簡」藤田勝久・松原弘宣編『東アジア出土資料と情報伝達』汲古書院、二〇一一年。
(23) 奈良国立文化財研究所『平城宮木簡四』一九八六年。
(24) 奈良国立文化財研究所『平城宮木簡四　解説』一九八六年。
(25) 奈良国立文化財研究所『平城宮木簡四』一九八六年。
(26) 奈良国立文化財研究所『平城宮発掘調査報告Ⅵ』一九七五年。佐藤信「告知札と闌遺物」『日本古代の宮都と木簡』吉川弘文館、一九九七年、もと一九八二年。
(27) 平川南監修・石川県埋蔵文化財センター編『発見！古代のお触れ書き』大修館書店、二〇〇一年
(28) 佐藤信「封緘木簡考」『日本古代の宮都と木簡』吉川弘文館、一九九七年、もと一九九五年。
(29) 前掲注（6）。
(30) 井上和人「木簡はお尻ぬぐいに使われた」木簡学会編『木簡から古代がみえる』岩波書店、二〇一〇年。

簡牘・縑帛・紙
——中国古代における書写材料の変遷——

籾山　明

はじめに

「簡牘のライフサイクル」の解明とともに、「中国出土簡牘史料の生態的研究」のもう一本の柱となるのは、「簡牘の生態遷移」の追跡であろう。その主要な問題関心は、簡牘から紙への移行、すなわち簡牘を中心として有機的に結びついた書写材料の体系が紙を中心とした体系へどのように変遷していったかを、出土資料をもとに跡付けることにある。本稿は、そのための基礎作業として、中国古代における簡牘と縑帛（帛書）と紙の関係について、現時点での論点を整理しておくものである。すでに多くの先学によって論じ尽くされたテーマではあるが、縑帛に正当な位置を与えることで、「簡牘から紙へ」といった——総体としては正しいものの——単純に過ぎる認識を改めることが可能となろう。なお、考察を進めるにあたっては、書写材料がもつ文字情報の媒体としての面を中心に置き、絵画や地図は原則として除外する。

議論の混乱を避けるため、「紙とは何か」を最初に定義しておく。最も簡潔な定義は、「植物繊維を水中に懸濁させた後、水を漉して、薄く平らかに絡み合わせたもの」[1]となるだろう。製造工程にそって言い換えるなら、「水中に浮遊させたセルロース繊維をスクリーン上に沈殿させ、余分の水を捨てて乾燥させれば、繊維のマットすなわち紙が得られる」[2]ということになる。植物繊維（セルロース繊維）が「絡み合う」のは、水素結合 hydrogen bonding の原理にもとづく[3]。したがって、ある製品を紙と呼ぶための必要条件は、「植物繊維が水素結合することで形成されているマット」であって、本稿では以下、この条件を満たしていれば、用途にかかわりなく紙と呼ぶ。反対に、植物繊維で作られた書写材料であっても、水素結合の原理によらないパピルスや樹皮紙は、紙と呼べないことになる。パピルスの結合が水棲細菌の作用で生じる粘性によることは、大沢忍の研究に詳しい[4]。また樹皮布・樹皮紙は、樹皮をくり返し叩いて打ち延ばすことで薄く均質なシートに加工したものである[5]。ちなみに言えば、獣毛製品であるフェルトの起源は紙に先行し、造紙法との関連を説く論者もあるが[6]、その製造原理は、繊維の表面にある鱗状突起（スケール）を加圧や湿気の作用によって物理的に絡み合わせるものであり、紙と大きく異なっている[7]。

一、紙の出現

紙の出現を議論するには、まず蔡倫の功績について検討しておく必要がある。范曄『後漢書』の宦者列伝に、いわゆる「紙の発明」を伝える文章が見えている。

蔡倫、あざなは敬仲、桂陽の人である。……古来、文字には竹簡を編んで用いることが多く、縑帛を用いた場合はこれを「紙」といった。縑は高価で簡は重く、どちらも使用者に不便であった。そこで蔡倫が発案し、樹皮や麻くず、ボロや魚網を用いて紙を作り、元興元年（後一〇五）これを皇帝に奉った。皇帝は蔡倫の才能を褒め、以後これを用いない者はなく、世の人々はみな「蔡侯紙」と呼んだ。

蔡倫字敬仲、桂陽人也。……自古書契多編以竹簡、其用縑帛者謂之為紙。縑貴而簡重、並不便於人。倫乃造意、用樹膚麻頭及敝布魚網以為紙、元興元年奏上之。帝善其能、自是莫不従用焉、故天下咸称蔡侯紙。

范曄によれば、「紙」とは本来、「書契」すなわち文字を書きつける客体のうち、「縑帛を用いたもの（其用縑帛者）」の呼称であった[8]。「其用縑帛者」という表現は、上文の「書契」を承け、下文の「縑帛は高価で簡は重く」に続くのであるから、「縑帛そのものを書写材料として用いた場合は」と解釈するのが自然であろう。したがって、上記引用文を要約すれば、「紙 paper は当初、絹の安価な代用品と見なされて、紙 *chih* とよばれたが、その語は長いあいだ絹の巻物 a silk scroll の意味で用いられてきたものであった」ということになる[9]。『後漢書』の文脈に従うかぎり、この解釈は確定的といってよい。

史書を繙くと、縑帛を意味するとおぼしき「紙」字の用例が、わずかではあるが確認できる。たとえば『後漢書』皇后紀上に、鄧皇后が即位した際、以後は方国の貢献を「毎年決まった時期に紙・墨を供するだけ（歳時但供紙墨而已）」に定めたとあるのは、蔡侯紙出現前夜の永元一四年（後一〇二）の出来事であるし、同・賈逵伝に、『左氏春秋』を教授するため章帝が賈逵に「簡・紙の経伝各一通を与えた（与簡紙経伝各一通）」とあるのは、元和元年（後八五）か、それより程遠からぬ時期のことである。いずれの「紙」も墨や簡と連称されているところから、書写材料であることは疑いないし、とりわけ後者は皇帝からの賜物であるから、清水茂が指摘するように、「高価な縑帛」であったに相違ない[10]。蔡倫以前の「紙」字が示す実体は「絮紙」であろうとの意見もあるが[11]、絹の繊維を用いた紙の実在性は疑わしい。上村六郎の証するとおり、「実験に依るに、古法に依つて造つた絹綿の紙は、何か粘着剤が入いらないと、乾燥した後はまた元のふはふはの真綿にかへつて、紙の様に緊つたままではゐないのである」[12]。

縑帛と紙とはまったく異なる原理によって作られる。蔡倫の献上品を「紙」と呼んだのは、その形状と書写材料としての優良性とが縑帛を連想させるためであり、製造工程までもが一致しているわけではない。おそらく紙の発見は、織物としての縑帛と異なるところからヒントを得たのであろう。この点で注目すべき見解が、段玉裁の『説文解字注』に見えている。『説文解字』十三篇上・糸部「紙」字の「絮の一箈なり。糸に従う、氏の声」という説解について、段玉裁は次のように注する。

箈を各テキストでは笘と誤っているが、ここで正した。箈字の説解に「絮を潎（う）つための簀（すのこ）である」とあり、潎字の説解に「水の中で絮を撃つことである」とある。『後漢書』に、「蔡倫が発案し、樹皮や麻くず、ボロや魚網を用いて紙を作り、元興元年これを皇帝に奉った。以後これを用いない者はなく、世の人々はみな蔡侯紙と呼んだ」とある。思うに、造紙は漂絮から始まったのであり、最初は真綿を用い、箈で集めて作ったのであろう。今日、竹の肉質や木の皮で紙を作る際、やはり目の細かな竹のすのこで集めているのが、これに相当する。『通俗文』に「四角い絮を紙という」といい、『釈名』に「紙は砥である。砥石のように平らで滑らかなもの」という。

箈各本譌笘、今正。箈下曰、潎絮簀也。潎下曰、於水中擊絮也。後漢書曰、蔡倫造意、用樹膚麻頭及敝布魚网以為紙、元興元年奏上之。自是莫不従用焉、天下咸称蔡侯紙。按造紙昉於漂絮、其初絲絮為之、以箈荐而成之。今用竹質木皮為紙、亦有緻密竹簾荐之是也。通俗文曰、方絮曰紙。釈名曰、紙砥也。平滑如砥。

図A　挑繭（繭の選り分け）
（清・呉嘉猷『蚕桑絡絲織綢図説』より）

図B　ネパールの紙漉き

段玉裁の注のうち、紙が最初、「絮」を素材として作られたという解釈は、既述のような理由から、おそらく成り立たないだろう。『通俗文』にいう「四角い絮（方絮）」とは四角いマット状に成形された製品、日本で言う「角真綿」のことであろうが、それは纖維がゆるく物理的に絡み合っているだけで、力を加えれば簡単に分解し、書写材料として文字を書くには適さない。

その一方で、「造紙は漂絮から始まった（造紙昉於漂絮）」という解釈は一考に値する。水中で纖維をほぐし水を切るという作業工程は、漂絮と造紙とに共通している（図A・Bおよび補注参照）。つとに労榦や陳槃が注目し、近年では潘吉星や銭存訓らが支持するように⑬、両者の技術面での親近性は疑いを容れない。漂絮の際に簀の中に纖維の膜が形成されることは、経験的な知識として人々に共有されていたと思われる。新たな技術が往々にして、先行する技術を下敷きに出現するものであるならば、造紙の前提条件となったのは、真綿作りの工程であったに違いない。しかしながら、では漂絮から造紙がどのように発生したのかと問うならば、明快な説明はほとんどなされぬままである。絹の繊維が紙のように結合することはないから、両者の間には何らかの媒介項が必要であろう。この点について寿岳文章は、「動物繊維の古真綿の代りに、植物繊維の麻のぼろぎれを、細かく砕いて使ったらどうなるか、と最初に思いついた無名の工人の上にこそ、紙の発明者の名誉は輝くのだが、歴史の神はその者を抹殺してしまった」という示唆的な見解を述べている。[14]「紙の発明者」の栄誉を「無名の工人」に帰すことは、「労働群衆」による集団的発明を説く潘吉星の姿勢とも共通し、正しい方向にあると評価できるが、「麻のぼろぎれ」を使う着想を得る段に、なお若干の飛躍があるように思われる。

二、蔡倫以前・以後

広く知られているように、蔡倫に先立つ時代に紙が存在していたことは、少なからぬ出土遺物から立証されている（漢代古紙出土一覧）。化学鑑定の結果によれば、そのいくつかは麻の繊維を叩解して作られた麻紙である。[15]出土地域が今日の中国西北地区に偏っているのは、乾燥した環境が紙の保存に適しているためであり、この一帯が紙の故郷というわけではない。おそらくは、蔡倫をさかのぼる時代、複数の土地で複数の人々の手によって、紙は発見されていたのであろう。そしてその発見は、他の様々な発見と同様に、生活の中で偶然なされたのではあるまいか。

先学が造紙法との関連を指摘する漂絮は、韓信と漂母の逸話に明らかなように、遅くとも秦代までには民間に普及していた技術であった。[16]漢代に絮が防寒素材として広く製造・使用されていたことは、老人・鰥寡孤独への下賜品や匈奴に対する貢物として用いられていた事実から疑いない。馬王堆一号漢墓からは、橄欖形に成形された真綿の実物も出土している。[17]そのような中で注目されるのは、真綿と同じ形状でありながら、より安価な麻を用いた製品が——おそらくは同じ用途をもって——存在していたことである。湖北省江陵鳳凰山一六八号漢墓から出土した麻の繊維塊がそれであり（図C）、報告者はこの遺物を「麻絮」の名で呼んでいる。[18]大きさのデータは提供されていないが、墓主の頭部付近の堆積物中から検出されていることから推して、棺の隙間の詰め物であったと思われる。[19]『史記』張釈之馮唐列伝によれば、漢の文帝は自らの墓所が荒らされることのないように願い、次のような言葉をもらしたという。

ああ、北山の石で椁を作り、紵絮を切って詰め、漆で隙間を塗り固めたならば、動かすことができようか。

嗟乎、以北山石為椁、用紵絮斮陳、蕠漆其間、豈可動哉。

ここで文帝のいう「紵絮」なるものが、鳳凰山漢墓出土の「麻絮」にあたるに違いない。「紵絮（苧麻の真綿）」という名称は、絮の代用品であった事実の反映であろう。鳳凰山漢墓出土の「麻絮」に関して報告文は「黄白色で真綿に類し、こし（拉力）が強い」と述べており、図版写真では麻の繊維が結合しているかに見える。もしそうならば棺内に浸透した地下水が原因であろうが、「麻絮」が偶然に水を受け水素結合を生じる機会は、日常生活の中でも十分想定できる。この発見を漂絮の際に繊維膜が形成される知識と結びつけ、水中に置いた簀の中で「麻絮」を細かくほぐし、水を漉してマットを作ったならば、麻紙が誕生する理屈になろう。真綿と麻紙との媒介を「麻絮」が果たしたわけである。参考までに、鳳凰山漢墓の「麻絮」と並べて、ほぼ同時代に位置づけられる遺物、甘粛省天水放馬灘五号漢墓出土の紙（図D）を掲げておこう。[20]両者の違いは団塊か平面状のシートかに過ぎず、文字どおり紙一重であるといってよい。このように考えるならば、紙の発見が複数の場所でなされたとしても不思議ではない。「（天は）五穀や麻・絹を作らせて、民の衣食のもととなされた（従事乎五穀麻絲、以為民衣食之財）」（『墨子』天志中）というように、麻と絹とは庶民の身近な衣料であった。その一方で紙の発見は、ユーラシア東部世界を離れてはあり得なかったともいえる。セレスSeresという語を引くまでもなく、そこは絹文化の発祥地であった。真綿という衣料と漂絮という製造工程が造紙法の前提にあったとするならば、紙もまた広い意味では古代絹文化の産物であったことになる。

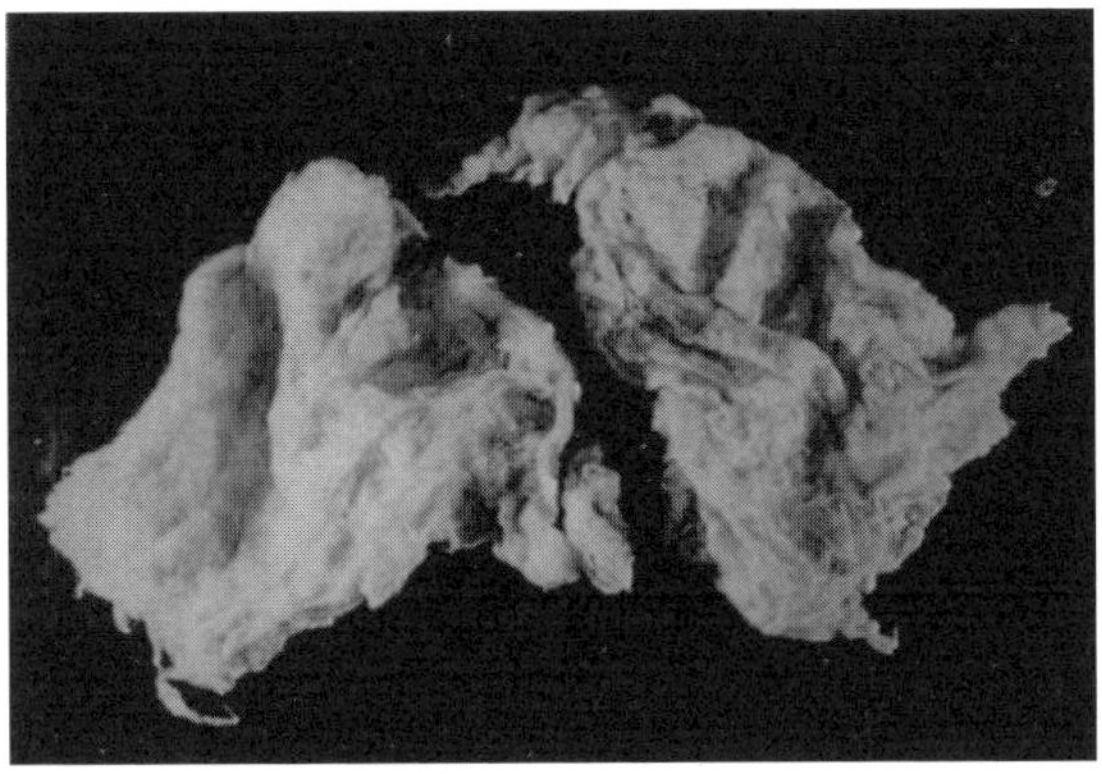

図C　鳳凰山168号漢墓出土の「麻絮」

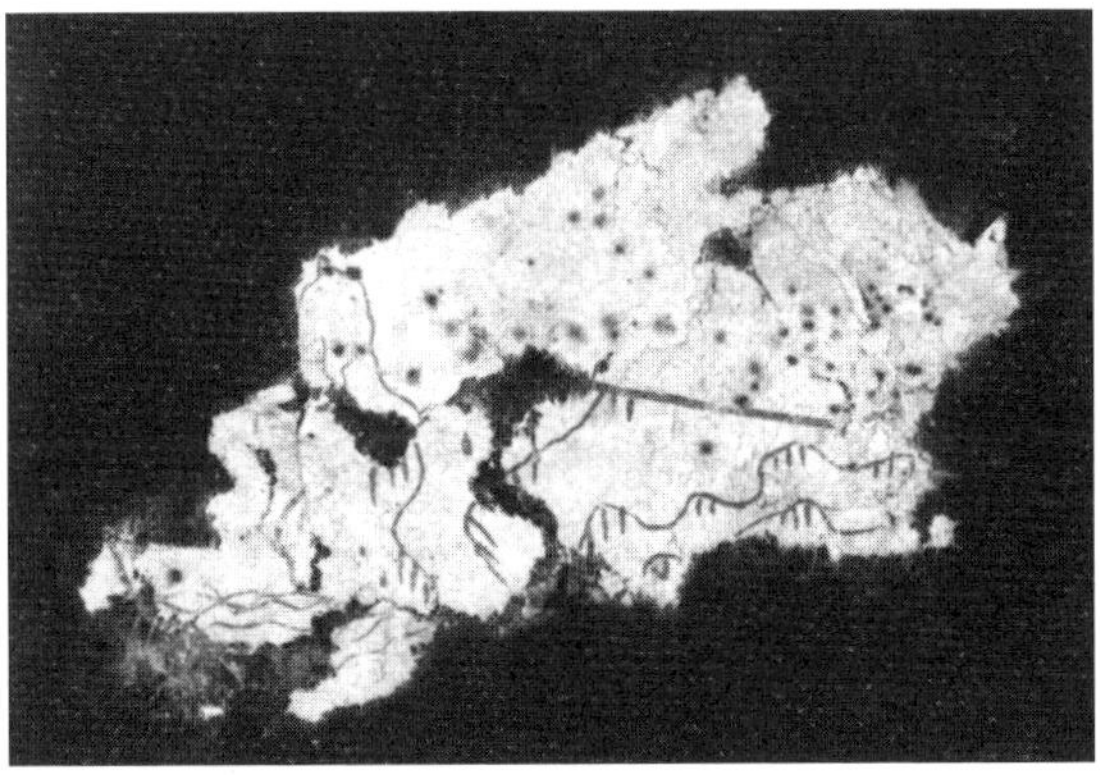

図D　放馬灘5号漢墓出土の麻紙
（56 mm×26 mm）

　蔡倫の「造意」すなわち発案[21]の核心は、手近で安価な材料を用いて紙を造ったことにある。『後漢書』の記事がことさらに素材を列挙しているのは、この点を強調するために違いない。そしてその製品が縑帛に匹敵する品質を有していたことは、「蔡侯の紙」という命名からうかがえる。蔡倫以前に紙が存在していたにもかかわらず、広範に使用された形跡が史料に残っていないのは、製造工程と品質になお問題があったためではなかろうか。それに比べて蔡侯紙が優れる点は、安価な再生品であるうえに、縑帛にも擬される高品質をもつところにあった。それゆえに蔡倫の紙は、「これを用いない者はない」ほどに普及し、「紙」という呼称を縑帛から奪う結果となったのである。

　ちなみに言えば、「紙」字が縑帛を意味していた時代、蔡侯紙以前の紙を指した語が「赫蹏」なのではあるまいか。『漢書』外戚伝下・孝成趙皇后条に見える赫蹏は、短い文面を書き付けて、薬包と一緒に小箱の中に収められており、メモ用紙のようなものはないかと思われる。応劭の注に「薄く小さな紙である（薄小紙也）」とある解釈が正解に近いのであろう。応劭は後漢最末期の人であるから、かれの脳裏にあった「紙」は縑帛ではなく蔡侯紙であったに違いない[22]。

蔡倫の発案した製法による新たな紙がいかに急速に広まったかは、その影響で引き起こされた学術の変化とともに、清水茂の論考に詳しい[23]。いま清水論文に引かれた中から二つを示せば、『藝文類聚』巻三一人部一五贈答に、

後漢の馬融が竇伯向に宛てた手紙に言う。「孟陵から下男が来て、お手紙を拝受しました。手ずから書かれた墨跡を見て、喜びは量り知れず、ほとんどお目にかかったかのようです。お手紙は二枚の紙で、一枚に八行、行ごとに七字、七八五十六字、百一十二言だけではありますが。」

後漢馬融与竇伯向書曰、孟陵奴来、賜書。見手迹、歓喜何量、次於面也。書雖両紙、紙八行、行七字、七八五十六字、百一十二言耳。

とあるのは、書信が紙に書かれていた例[24]、また、

後漢の崔瑗が葛元甫に宛てた手紙に言う。「ここにお手紙を届けさせ、金千銭を礼物とし、あわせて『許子』十巻をお送りします。貧乏で白絹が買えず、紙に写しただけですが。」

後漢崔瑗与葛元甫書曰、今遣奉書、銭千為贄、并送許子十巻。貧不及素、但以紙耳。

とあるのは、書籍を紙に筆写した例である。「白絹（素）」と対比されている後者の「紙」が蔡侯紙であることは疑いない。前者についても「両紙、紙八行、行七字」という表現からみて、蔡侯紙を指すと思われる。縑帛であればもっと細字で書くであろうし、二枚にわたる場合は一枚に縫って綴じるのが通例であった。馬融・崔瑗ともに「蔡倫より少し晩れる同時代人」であり、蔡侯紙の普及の速さがうかがえる。

このような事実をふまえて、蔡倫の役割をひとことで表現すれば、技術面では「完成者」[25]、社会面では「推広者（広く行き渡らせた者）[26]」と呼ぶのがふさわしい。

三、簡牘から紙へ

現在のところ、文字のある紙の遺物が簡牘と共伴する遺跡は、全容が未発表の甘粛省懸泉置を除けば、新疆ウィグル自治区の楼蘭が唯一の例である。懸泉置の簡牘と紙が蔡倫以前の時期を含むのに対して、楼蘭のそれは蔡倫以後の三世紀後半に属する。また、そのほとんどはスタインがLAと名付けた遺跡のF地点、日干し煉瓦で構成された部屋の堆積物中から検出された。

楼蘭出土の簡牘と紙との関係については、封検を中心に私見を述べたことがあるので[27]、ここで再論することは控えたい。ただ、本稿との関連でひとつだけ確認しておくべきは、簡牘（すべて木簡であるが）と紙とに明確な使い分けが見られることである。すなわち、簡牘が公文書・簿籍・割符に使用されているのに対し、紙は——ごく少数の簿籍を除けば——書信と書籍に限定される。楼蘭の紙は複数の植物繊維から成り、「完璧な紙」と呼ぶべき性質をすでに備えているが[28]、簡牘との間ではなお〝棲み分け〟が守られているといってよい。そしてその〝棲み分け〟は、蔡侯紙普及直後の状況をそのまま引き継いでいる。

漢代に蔡侯紙がまず使用されたのも、上述のとおり書信と書籍であった。

蔡侯紙の普及がなぜ書信と書籍から始まったかは、名実ともに紙が縑帛の代用品であることを思えば、容易に説明できるであろう。蔡侯紙出現以前の時代において、書写材料としての縑帛の用途が書信と書籍（絵画・地図を含む）に限られたことは、敦煌出土の縑帛に書かれた私信や、馬王堆三号漢墓出土の帛書などから裏付けられる。書信との間に機能的な違いがないにもかかわらず[29]、漢代の公文書に縑帛が用いられなかった最大の理由は、大量使用という点に求められよう。蔡倫伝に言うとおり「縑帛は高価」な上に、文面を削除して同じ用途に再利用することも不可能であり、大量に使用される公文書や簿籍には適さない。「簡は重い」ことを承知で、身近で調達できる安価な素材を使い続けたに違いない[30]。

このことは裏を返すと、安価で軽い書写材料が得られれば、公文書や簿籍も早晩それに移行していく可能性を示唆する。安価でしかも高品質の蔡侯紙の出現が、縑帛からその座を奪ったのみならず、やがて簡牘の地位を脅かすに至ったとしても不思議ではない。その先駆的な例として、楼蘭LAから出土した紙の簿籍の断片が注目される（図E）。先に「ごく少数の簿籍を除けば」と留保を付した、類例の少ない資料であるが、片面に書かれているのは兵士への食糧支給記録で、漢代であれば簡牘を編綴した冊書に記されたはずの内容である[31]。文献からさらに一、二を引くならば、『三国志』呉書・陸凱伝の裴注に引く『江表伝』に、

それがし紙の詔を拝受し、ひとわたり拝読いたしましたが、覚えず胸がふさがり、涙は雨のごとくに流れました。

臣拝紙詔、伏読一周、不覚気結於胸、而涕泣雨集也。

とあるのは、孫晧の詔書が紙に書かれた例であり、『初学記』巻二一・紙に、

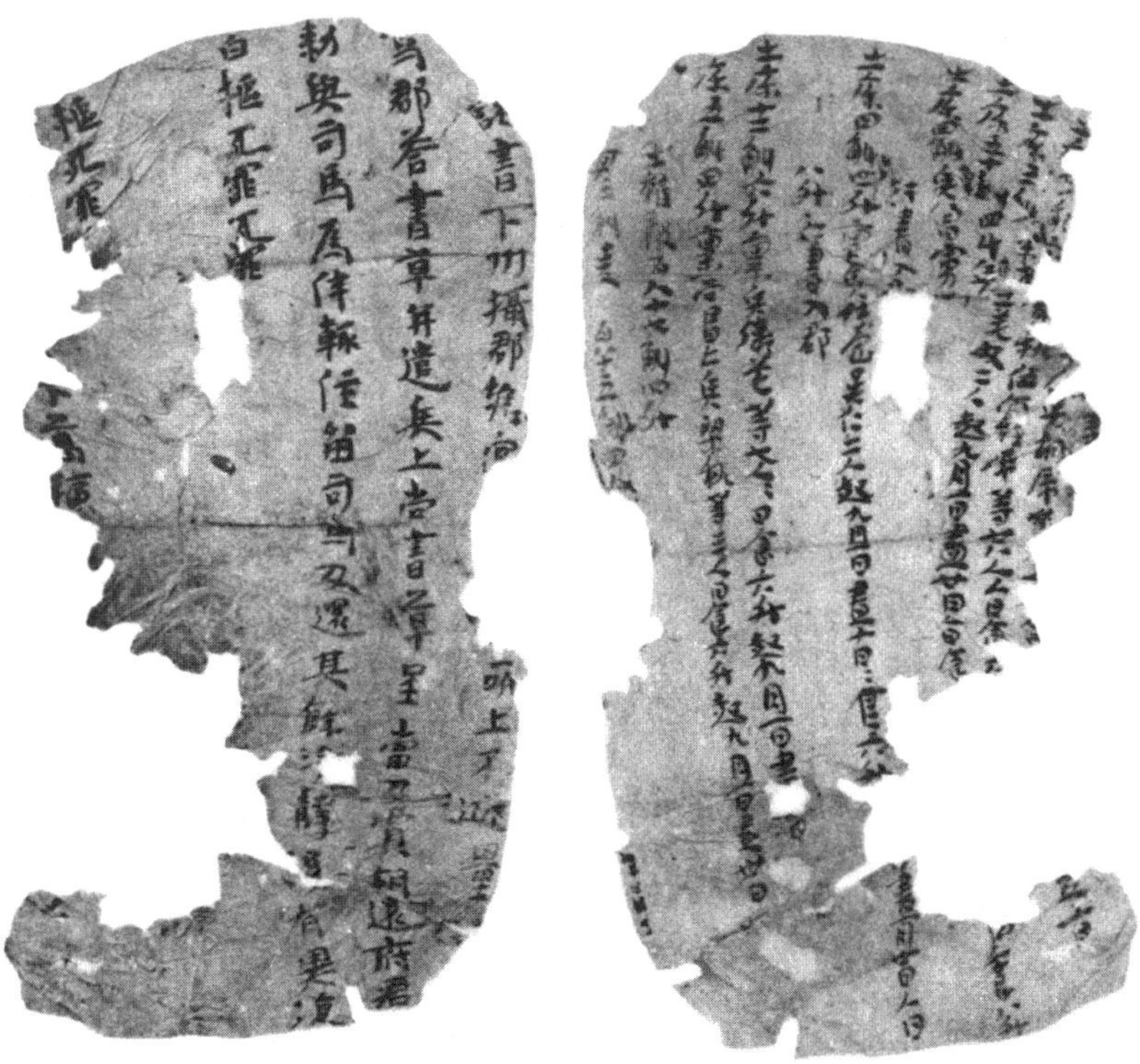

図E　楼蘭出土残紙（225 mm×110 mm）

魏の武帝が命じて言った、「以後、諸々の掾属・侍中・別駕は、月の朔日をもって各々政務の得失を上申し、紙の文書で函に封緘すること。責任者が参朝したら、紙と函各一を支給すること。」

魏武令曰、自今諸掾属侍中別駕、常以月朔各進得失、紙書函封。主者朝、常給紙函各一。

とあるのは、曹操が紙による政務報告を求めた例である。ここにいう「紙書函封」は、紙の文書を折りたたみ木製の小箱に入れて封をすることであろうから、とするならば魏晋時代における私信の送達方法と完全に一致する。[32] 簡牘から紙への転換は、公文書の送達形態にも変化をもたらした。それと同時に、廃棄や再利用の様相も当然のことながら変容したと推測されるが、具体的な研究は別途、専論の形で行なうことにする。

おわりに

本論の考察結果は、次の三点に要約できる。

①紙は漂絮の技術と麻絮（紵絮）という素材とから生まれた。
②蔡倫が改良を加えた紙はまず書信と書籍とに使用された。
③縑帛には見られなかった公文書や簿籍が紙には見出せる。

また、本稿では論及できなかったが、出土資料にもとづいて、次の二点を付け加えることができよう。

④簡牘を用いた書信と書籍とは紙の普及に伴って消滅する。
⑤簡牘を用いた公文書と簿籍とは紙の普及後も消滅しない。

④は現在の資料状況による暫定的な結論であるが、楼蘭の出土遺物を見る限り、簡牘の書信と書籍は、その地位を早々と紙に譲ったようである。一方で、湖南省長沙走馬楼出土の三国呉簡に見られるように、公文書と簿籍には紙の普及後も簡牘が使用され続けた。したがって、中国古代の書写材料の変遷は、「簡牘から紙へ」というよりも、「〝簡牘と縑帛〟から〝簡牘と紙〟へ」と表現するのが実態に近い。このような生態遷移を促したのは、疑いもなく蔡侯紙の出現という衝撃であり、その衝撃の最初の現れは、縑帛の占めていたニッチを紙が奪ったことである。この変遷を「蔡侯紙」という呼称の由来を軸に叙述した范曄『後漢書』の認識は、本質を突いていたことになる。[33] 絹の存在を視野に入れることなしに、紙の出現・普及を論じることはできない。これが本稿を結ぶにあたり最も強調したい点である。

関連して最後にもうひとつ、

⑥書写材料としての縑帛は紙の普及後も消滅しない。

という事実も指摘しておくべきであろう。たとえば魏の甘露五年（二六〇）、高貴郷公曹髦が死去した際の皇太后の令に、かつて髦は西宮に押し入って私を亡き者にしようとはかり、侍中や散騎常侍、尚書らを呼んで「懐中から黄色く染めた絹の詔書を取り出して示し、今日こそ速やかに決行すべきだと言った（出懐中黄素詔示之、言今日便当施行）」と見えている（『三国志』魏書・三少帝紀）。また、時代の下る史料であるが、新疆ウイグル自治区アスターナ三八三号墓出土の北涼承平一六年（四五八）の「武宣王沮渠蒙遜夫人彭氏随葬衣物疏」は、幅一一・四〜一二cm、残長五八cmの絹に記されている。[34] 余嘉錫は、『三国志』魏書・文帝紀の裴注に引く胡沖『呉暦』に、帝は白絹に著した典論と詩賦を孫権に贈り、もう一通を紙に写して張昭に与えた。

帝以素書所著典論及詩賦餉孫権、又以紙写一通与張昭。

とある記載をもとに、紙の盛行後もなお「絹を貴んで紙を賤しむ（貴素而賤紙）」慣習であったと指摘している。(35) 「貧乏で絹が買えず、紙に写した」という崔瑗の言葉をあわせて想起するならば、縑帛が〝高級な紙〟の地位を占め、紙と共存していく状況を想定することは難しくない。

注

（1）紙のはなし編集委員会編『紙のはなし』I、技報堂出版、一九八五年、一三六頁。

（2）Jonathan M. Bloom, *Paper Before Print: The History and Impact of Paper in the Islamic World*, New Haven: Yale University Press, 2001, p. 2.

（3）町田誠之は紙の生成過程を次のように説明している。「水で膨張し、しなやかになった繊維を簀（フィルター）の上で絡ませると、水が濾過されるにつれて、……水の表面張力によって繊維は緊密に接近し、更に水を絞り、乾燥させると、水和していたセルロースから水が除かれて、繊維はもとの硬さに返り、同時に繊維表面の高分子間に多くの水素結合が生じて、繊維相互があちこちの部分で接着し、弾性をもった紙の組織ができる」（町田誠之『和紙の道しるべ—その歴史と化学—』淡交社、二〇〇〇年、二五三〜二五四頁）。

（4）大沢忍『パピルスの秘密—復元の研究—』みすず書房、一九七八年。

（5）樹皮布・樹皮紙の製法については、Victor W. von Hagen, *The Aztec and Maya Papermakers*, New York: Dover Publications, 1999（orig. publ. in 1944）に中央アメリカの、Dard Hunter, *Papermaking: The History and Technique of an Ancient Craft*, New York: Dover Publications, 1974（2nd ed., orig. publ. in 1947）および菊岡保江・小網律子『南太平洋の樹皮布 タパ・クロースの世界』源流社、一九七八年に南太平洋の例が、それぞれ紹介されている。考古学者の鄧聡は、樹皮布作りに用いられる石製叩打具（石拍）の出土例をもとに、樹皮布の技術が珠江河口の大湾文化（前六〇〇〇年頃）からインドシナ半島や太平洋諸島、さらには中央アメリカへ拡散していったと推定している（「東亜出土樹皮布石拍的考古学考察」臧振華主編『史前与古典文明』〈第三届国際漢学会議論文集 歴史組〉中央研究院歴史語言研究所、二〇〇三年）。

（6）たとえばダード・ハンターは、「フェルト作りは織物に先行する技術であるが、その知識をとおして中国人が、繊維を敷き詰め絡み合わせて紙のシートにする発想を得た可能性はあるだろう」との推測を述べている（Hunter, *ibid.* p. 48.）。

（7）楊海英「モンゴルのフェルト作り—「母」から「娘」へ—」鈴木清史・山本誠編『装いの人類学』人文書院、一九九九年。Stephanie Bunn, *Nomadic Felts*, The British Museum Press, 2010. これらの研究を一瞥すれば、繊維が絡み合う原理のみならず、技術体系の面においても、紙とフェルトとがいかに大きく隔たっているか了解されよう。

（8）ここにいう「書契」は「文字」の雅称と解すべきであろう。林澐「説〝書契〟」『林澐学術文集』（二）、科学出版社、二〇〇八年（原載『吉林師範大学学報』人文社会科学版、二〇〇三年第一期）参照。

（9）David Diringer, *The Book Before Printing: Ancient, Medieval and Oriental*, New York: Dover Publications, 1982, p. 399.

(10) 清水茂「紙の発明と後漢の学風」『中国目録学』筑摩書房、一九九一年（原載『東方学』第七九輯、一九九〇年）。

(11) たとえば、凌純声『樹皮布印文陶与造紙印刷術発明』中央研究院民族学研究所、一九六三年。陳槃「由古代漂絮因論造紙―兼弁蔡倫以前之紙即縑帛説―」『旧学旧史説叢』国立編訳館、一九九三年（原載『国立中央研究院院刊』第一輯、一九五四年）。

(12) 上村六郎「古代支那の製紙原料―附「かぢ」と「かうぞ」について―」『和紙研究』第一四号、一九五一年、一六頁。潘吉星も上村の発言を引き、絮紙の実在性に疑問を呈している。『中国造紙技術史稿』文物出版社、一九七九年、五〜六頁（佐藤武敏訳『中国製紙技術史』平凡社、一九八〇年、九頁）。

(13) 労榦「論中国造紙術的原始」『労榦学術論文集』甲編、芸文印書館、一九七六年（原載『中央研究院歴史語言研究所集刊』第一九本、一九四八年）。陳槃注（11）前掲論文。潘吉星注（12）前掲書。同「関於造紙術的起源―中国古代造紙技術史専題研究之一―」『文物』一九七三年第九期。銭存訓『中国古代書籍紙墨及印刷術』北京図書館出版社、二〇〇二年。

(14) 寿岳文章『和紙落葉抄』湯川書房、一九七六年、九四頁。ただし寿岳は段玉裁に従って、「漂絮とは、つまり古真綿の更生法で」あり、そのようにして再製された古真綿を漢人は「紙」と呼んだと考えている。段注の問題点については補注参照。

(15) 潘吉星注（12）前掲書。甘粛省文物考古研究所編『天水放馬灘秦簡』中華書局、二〇〇九年。

(16) 『荘子』逍遥遊に、代々「洴澼絖」で生計を立てている宋人の話が見えている。『経典釈文』に引く晋・李頤の『集解』によれば、「絖を洴澼する」とは「川のほとりで漂絮すること（漂絮於水上）」であり、「絖とは絮である」という。とするならば、漂絮の実例は戦国中晩期にまでさかのぼる。

(17) 湖南省博物館・中国科学院考古研究所編『長沙馬王堆一号漢墓』文物出版社、一九七三年、図版一〇二。

(18) 同墓からは文帝一三年（前一六七）の紀年をもった告地策が出土しており、下葬年代を特定することができる（湖北省文物考古研究所「江陵鳳凰山一六八号漢墓」『考古学報』一九九三年第四期）。

(19) 一六八号墓から検出された麻絮は二片あり、死者の耳穴をふさぐ「瑱」であった可能性も否定しきれない。『儀礼』士喪礼に「瑱には白絋を用いる」とあり、鄭玄が「絋は新綿である」と注するように、「瑱」には真綿が用いられた。ただし、図版写真による限り、耳穴に入る大きさではないように見えるし、何よりも葬礼に代用品を用いることは想定しにくい。

(20) 放馬灘五号漢墓の年代観は前漢文帝・景帝期（前一八九〜一四一年）。化学鑑定の結果によれば、紙の素材は麻に類した植物繊維であるという（甘粛省文物考古研究所編『天水放馬灘秦簡』中華書局、二〇〇〇年、一五八頁）。

(21) 「造意」は法制用語としても用いられ、『晋書』刑法志に引く張裴律注には「最初に言い出すことを造意という（唱首先言謂之造意）」と定義されている。「アイディアを出す、発案する」といった訳語が適切であろう。

(22) 凌純声は、赫蹏が苗語で「布」を意味する *ndei* に由来し、さらに南島語の *tapa* ないし *kapa* にさかのぼるとの判断にもとづき、その実体は樹皮布であると説いている（注（11）前掲書）。赫蹏の語が「夷語漢訳」

である可能性を完全に否定することはできないが、一方で凌説が言語学的に成り立ちうるのか、多分に不安と言わざるを得ない。

(23) 清水注(10)前掲論文。

(24)『後漢書』竇融列伝の李賢注に『馬融集』からの引用としてほぼ同文を引くが、「七八五十六字」以下の字句はなく、また「次於面也」を「見於面也(喜びが顔にあらわれる)」に作る。

(25) 寿岳注(14)前掲書、九六頁。

(26) 潘吉星注(12)前掲書、三二頁(佐藤訳五六頁)。

(27) 籾山明「魏晋楼蘭簡の形態―封検を中心として―」冨谷至編『流沙出土の文字資料―楼蘭・尼雅文書を中心に―』京都大学学術出版会、二〇〇一年。

(28) アンナ=グレーテ・リシェル「楼蘭古紙の科学的分析」冨谷編上掲書、二四二頁。

(29) 書信の機能が私的領域にとどまらず、公的領域に及ぶ場合のあることは、高村武幸「漢代文書行政における書信の位置付け」『東洋学報』第九一巻第一号、二〇〇九年、に詳しい。公文書と私的書信とが共に「書」と表記されるのは、漢人の意識の中で両者の区別がなかったことの表れなのではあるまいか。

(30) その反対に、書信や書籍に簡牘を用いることは差し支えない。木板の書信や竹簡の書籍の存在は、あらためて指摘するまでもないだろう。

(31) もう一面に記されている文章を、冨谷至は、用済みになった食糧支給簿の背面を用いた手紙ないし公文書の草稿であろうと推定するが、一方で慎重に「その逆の可能性を完全に消去することはできない」とも述べている(冨谷至「三世紀から四世紀にかけての書写材料の変遷―楼蘭出土文字資料を中心に―」冨谷編前掲書、四九六頁、ならびに五二五頁注(21))。確かに冨谷の指摘するとおり、図Eの支給簿が「何らかの事情で個人的に作られた手控え」である可能性は排除できない。もし正式な帳簿であるとするならば、共伴する木簡の簿籍との関係が説明されなければならない。

(32) 籾山注(27)前掲論文、一四七頁。

(33) 桑原隲蔵は『東観漢記』輯本に蔡倫造意の一段が見えることから、『後漢書』の信憑性について次のように述べている。「范曄の『後漢書』の記事は、大体『東観漢記』のそれを踏襲したものと見える。『東観漢記』載する所の蔡倫の伝は、桓帝の元嘉年間(西暦一五一―一五三)即ち紙の発明時代を去る僅に四〇余年の後に編纂されたものであるから、その記事は信憑して差支えない」(桑原「紙の歴史」『桑原隲蔵全集』第二巻、岩波書店、一九六八年、七一頁。原載『芸文』第二年第九・一〇号、一九一一年)。ただし、もとは縑帛を紙と呼んだという一節は、『東観漢記』ほか「衆家後漢書」の佚文としては残されていないようである。

(34) 柳洪亮『新出吐魯番文書及其研究』新疆人民出版社、一九九七年、一九～一二二頁。本資料の存在は関尾史郎氏の御教示による。

(35) 余嘉錫『余嘉錫論学雑著』中華書局、一九六三年、五四四頁。

(**補注**)『説文解字』十三篇上・糸部「絮」字の説解に「絮は敝緜である(絮、敝緜也)」とあり、段玉裁は、

敝とは破れた衣服のことであり、そこから「疲弊した」の意味になる。敝緜は疲弊した緜のことで、それを絮といった。絮は必ず絹で作られている。昔は今の木綿がなかったからだ。絮を袷衣(あわせ)に詰めて袍(綿入れ)としたものを「褚」といい、また「装」ともいう。「褚」は「著」とも作る。麻縕(屑麻)を袍としたもの

も「褚」という。

敝者、敗衣也。因以為孰之偁。敝緜、孰緜也、是之謂絮。凡絮必絲為之、古無今之木緜也。以絮納袷衣間為袍曰褚、亦曰装。褚亦作著。以麻緼為袍亦曰褚。

と注する。段注にいう「孰（熟）」は「労熟」の意味であろうから、「絮」とは「古真綿」の謂となる。この解釈は『急就篇』の「絳緹絓紬絲絮綿」という句に付けられた顔師古注に、

漬繭擘之、精者為綿、麤者為絮。今則謂新者為綿、故者為絮。

繭を水に入れて剝き、精ならば綿、粗ならば絮とする。今では新しいものを綿、古いものを絮といっている。

とある説のうち、「今」の語釈に一致する。しかし本文で言及するとおり、「絮」は老人・鰥寡孤独への下賜品や匈奴に対する貢物としても用いられているから、古真綿に限定するのは無理がある。はたして王筠『説文釈例』巻二〇には、次のような段注批判が見えている。

段氏が敝を「疲弊した」の意味で解釈するのは正しくない。不良繭糸で織物にできないものを褚衣（綿入れ）に用いただけのこと。今でも綿入れを「絮」と呼んでいる。

段氏以孰釈敝、非也。敝敗之緜、不可織者、乃用以褚衣耳。今猶呼褚為絮也。

王筠の批判は正鵠を射たものと思われる。「敝」とは「敝敗」すなわち「材質に欠陥がある」の謂であり、そのような糸を繰れない繭糸——かりに不良繭糸と呼ぶ——を素材とするところから、絮は「敝緜」つまり「不良繭糸から作った綿」と説明されたのであろう。その製造工程のうち、繭を水中で洗う作業が「漂絮」であり、それを「洴澼」（注（16）参照）とも「潎」ともいった。『説文解字』十一篇上・水部「潎」字の説解に「水中で絮を撃つことである（於水中撃絮也）」とあるのは、図Aの手前に描かれたような、水中に浸した箕に開いた繭を入れ、竹竿で打って繊維をほぐす作業を指すに違いない。参考までに図Aに添えられた説明文を、文末の細字部分を除いて訳出しておこう。

二匹の蚕が一つの繭を作った「同功繭」と称するもの、俗に「大頭繭」とも呼ばれるものや、繭殻が薄く柔らかいものなどは、みな蔟（まぶし）から取り外す時に選り分けておくのがよい。糸繰りの作業が終わるのを待って、選り分けておいた繭を一緒に煮て、数日のあいだ水に浸してから、剝いて洗い、煮繭の時に剝離した外皮や糸繰りの際に余った繭とあわせ、よく搗いて日にさらし、手のあいている時に、糸を引き出し手で撚りをかける。浙江では［この作業を］「打綿線」といい、綿綢（つむぎ）を織ることができるし、帛を作ることもある。もしいろいろな繭を一緒にして糸を繰ったなら、決して均一に細くはならず、売れば必ず値を下げる。楚の人が繭を選り分けず、前もって繭を剝くこともしないのは、みな欠陥である。

両蚕共作一繭、名同功繭、俗呼大頭繭、又繭之薄而軟者、下山時均宜挑去。待繅糸事畢、将挑下之繭一併煮熟、水浸数日、剝開漂洗、与煮繭時剝下之外衣及繅剰繭衣一同、搗爛晒乾、待暇日、抽糸手撚之。浙中謂之打綿線、可織綿綢、或用以作帛。若将各繭一併繅糸、必不匀細、售必貶価。楚人不挑繭、不先剝繭衣、皆病也。

ここでは不良繭糸から紬糸を引く工程が述べられている。原文に「下山」とあるのは「上山」すなわち上蔟の対語で、日本でいう「繭掻き」、すなわち営繭した蚕を蔟から取り外す作業のこと。その際に選り分けておいた不良の繭を、煮繭したのち「数日のあいだ水に浸してから、剝いて洗う（水浸数日、剝開漂洗）」とある過程がすなわち「漂絮」にあた

る。清・汪日楨の『湖蚕述』巻四・澼絮では、その工程を「細い竹竿を用いて河中でこれを撃ち、繊維がほぐれ、玉のように白くきれいになったら、はじめて取り出して日にさらす（用細竹竿就河中撃之、至絲緒颺開、潔白如玉、方取出曝燥）」と説いている。盧文弨『経典釈文考証』によれば、「漂絮」をまた「洴澼」ともいうのは、絮を撃つ音を写したのだという。

図版出典一覧

図A　潘吉星「関於造紙術的起源―中国古代造紙技術史専題研究之一―」『文物』一九七三年第九期。

図B　Silvie Turner, *The Book of Fine Paper: A Worldwide Guide to Contemporary Papers for Art, Design and Decoration*. London: Thames & Hudson, 1998.

図C　湖北省文物考古研究所「江陵鳳凰山一六八号漢墓」『考古学報』一九九三年第四期。

図D　甘粛省文物考古研究所編『天水放馬灘秦簡』中華書局、二〇〇九年。

図E　Eduard Chavannes, *Les documents chinois découverts par Aurel Stein dans les sables du Turkestan oriental*. Oxford: Oxford University Press, 1913.

漢代古紙出土一覧

①1930年，新疆ロプノール湖畔「古烽燧亭」出土
4×10 cm，文字なし，黄龍元年（前49）の木簡伴出。
黄文弼『羅布淖爾攷古記』北京大学出版部，1948年
②1942年，エチナ河畔ツァヒオルタイ Tsakhorteiの烽燧址（A27）出土
大小不明，文字あり，同所から永元5～7年（後93～95）の冊書出土。

労榦「論中国造紙術之原始」『中央研究院歴史語言研究所集刊』第19本，1948年
③1957年，陝西省西安市東郊灞（壩）橋前漢墓出土
10 cm以下の残片，銅鏡の下敷，文字なし，前漢武帝期（前140～87）を下らない。
田野「陝西省壩橋発現西漢的紙」『文物参考資料』1957-7
潘吉星「世界上最早的植物纖維紙」『文物』1964-11
同 「関於造紙術的起源」『文物』1973-9
④1973～74年，エチナ河畔の肩水金関遺跡（A32）出土
2枚のうち大きいほうは21×19 cm，文字なし，出土層位から平帝以前と推定。

甘粛居延考古隊「居延漢代遺址的発掘和新出土的簡冊文物」『文物』1978-1
⑤ 1974年，甘粛省武威県旱灘坡後漢墓出土
木製牛車明器の車箱両側に三層に貼付，最大残片5×5 cm，「青貝」等の文字，後漢晩期の墓。
党寿山「甘粛省武威県旱灘坡東漢墓発現古紙」（『文物』1977-1）
潘吉星「談旱灘坡東漢墓出土的麻紙」（同上）
⑥1978年，陝西省扶風県中顔村の前漢時代の窖蔵出土
最大6.8×7.2 cm，青銅鋪首や五銖銭等を収めた陶罐の詰め物，文字なし，
宣帝・成帝の際（前1世紀半）と推定。
羅西章「陝西扶風中顔村発現西漢窖蔵銅器和古紙」『文物』1979-9
潘吉星「喜看中顔村西漢窖蔵出土的麻紙」（同上）
＊以上につき，潘吉星『中国造紙技術史稿』文物出版社，1979年，参照。
⑦1979年，敦煌市馬圏湾漢代烽燧址（D21）出土
5件3類，すべて文字なし。
【第1類】標本T12: 047＝32.0×20.0 cm，伴出の紀年簡は宣帝元康～甘露（前65～50）のもの。
【第2類】標本T10: 06＝9.2×3.2 cm，標本9: 025＝12.0×11.0 cm，伴出の紀年簡は元帝・平帝期のもの多し。
【第3類】標本T2: 08＝14.9×10.0 cmと16.0×9.8 cmの2件。出土状況からみて王莽期。
甘粛省博物館・敦煌県文化館「敦煌馬圏湾漢代烽燧遺址発掘簡報」『文物』1981-10
甘粛省文物考古研究所編『敦煌漢簡』中華書局，1991年
⑧1986年，甘粛省天水市放馬灘前漢墓（M5）出土
2.6×5.6 cm，地図の断片，文帝・景帝期（前2世紀前半）と推定。
甘粛省文物考古研究所ほか「甘粛天水放馬灘戦国秦漢墓群的発掘」『文物』1989-2
甘粛省文物考古研究所編『天水放馬灘秦簡』中華書局，2009年
⑨1990～92年，甘粛省敦煌市五墩郷懸泉置遺跡出土
文字を記した断片計10点，うち漢代の紙9点，晋代1点。

伴出簡牘と層位から，漢代の紙は3期に区分。

【前漢武帝・昭帝時期】3点。T0212の第4層出土。白色で紙面は粗く平滑でない。弾力性あり。記された文字は「付子」（T0212④：1，18×12 cm），「薫力」（T0212④：2，12×7 cm），「細辛」（T0212④：3，3×4 cm）で，すべて薬名。薬の包装紙であろう。

【前漢宣帝～成帝時期】4点。標本T0114③：609は第3層の出土，7×3.5 cm。不規則な形状の断片で，黄色に白を交え，紙質は緻密で薄く，弾力性あり。表面は平滑で光沢をもつ。文面は草書で2行「□持書来□／□致啇□」，書信の断片か。

【後漢後期】2点。標本T0111①：469は不規則な長方形，30×32 cm。黄色に灰色を交え，厚手で重い。紙質は粗く，表面に漉き滓を留める。隷書2行「巨陽大利／上繕皁五匹」。

甘粛省文物考古研究所「甘粛敦煌漢代懸泉置遺址発掘簡報」『文物』2000-5

下層の歴史と歴史の下層
——台湾における「中国社会史」研究の回顧——

劉　増　貴
鈴木直美訳

一、前　言

台湾における歴史学の発展を、かつて王晴佳は三つの段階に分けた[1]。第一段階は、一九五〇年代から六〇年代中期にかけての時期である。この段階は、おもに中央研究院歴史語言研究所（以下、「史語所」と称する）と台湾大学歴史系とを中心とした、傅斯年の指導する「史料学派」の影響を受け、一九四九年以前の中国における「科学的歴史学」の伝統を継承している。第二段階は、「科学的歴史学」の転換期であり、一九六〇年から八七年におよぶ。この段階は、多くの西洋社会科学の理論と方法が紹介・導入されたことにより、研究の重点が政治・軍事史から社会史へと転換した時期である。第三段階は、一九八七年に戒厳令が解除された後で、「台湾史」が興隆・発展したほか、もうひとつの顕著な変化がみられた。それはすなわち、一九九〇年に始まった生活文化史の盛行であり、これにより歴史学の視点も政治・軍事史の束縛を逃れ、周辺・女性・弱者・下層へと移行した。これら三つの段階を通して、社会史の拡大と変化は、まさに歴史学発展の主軸の一つとなっている。二〇〇五年に出版された『台湾学者中国史研究論叢』は、過去五〇年間の台湾における中国史研究の論文を集録するが、一三冊のうち八冊が社会史の分野に属し、テーマも社会変動、経済活動、都市と農村、家族、女性、生活と文化、礼俗（儀礼・習俗）と宗教、生命と医療などにわたる。また、他の論文にも社会史研究の傾向を有するものが多く、これにより台湾の中国史研究おける社会史の発展を概観することができる[2]。本稿では、社会史にかかわる研究すべてを網羅的に検討することはできないが、その概略を述べ、私個人の観察と考え方を示してみたい。

二、「社会史」から「生活礼俗史」へ

（一）第一段階（一九四九〜一九六〇年）——政治史・経済史のもとでの社会史

王晴佳のいう三つの段階は、社会史研究のなかにも反映される。第

一段階では、社会史研究者はきわめて少なく、当時、大陸から台湾に渡ってきた歴史学者のほとんどは、政治史や史実の考証を主としていた。そのため、歴史学の主要刊行物である『中央研究院歴史語言研究所集刊』や『大陸雑誌』誌上に社会史についての論文を見つけることは難しい。杜正勝が指摘するように、五〇年代の社会史研究は寂しい限りで、教育の上では李宗侗の流れが細々と続いているのみであった。③しかし、関連研究を考慮に入れれば、さらに何人かの研究者を数えることができる。例をあげれば、全漢昇は自らの経済史研究を継続して明清の工業化にまで及び、労榦は漢代の雇用や服飾を研究し、李済は古代の蹲踞と箕座の習俗について研究し、芮逸夫は古代の親族関係を研究し、楊希牧は古代の姓氏を研究している。④学生たちの研究について台湾大学歴史研究所を例とすれば、一九五七年から六〇年の間の卒業論文には、何今的「西漢重農抑商的経済政策」（一九五七年）、桑秀雲「中国史籍中辺疆民族原始習俗制度的研究」（一九五七年、李宗侗指導）、金発根「永嘉乱後北方的豪族」（一九五九年、労榦指導）、孫同勛「拓抜氏的漢化」（一九五九年、労榦指導）、呉章銓「唐代農民的研究」（一九六一年）などがある。これらの論文は政治とも関係があるが、また社会史的な研究志向をもすでに有している。その一部は一九六二年から六四年にかけて次々に出版されて、その後の社会史研究に影響を与えることにもなった。

中国社会史研究の発展を検討してみると、初期の社会史研究が経済史研究と不可分であったことに気付く。「中国社会史論戦」の中で議論されたのは、つねに「アジア的生産様式」といった類の問題であった。これらの議論の背後には、生産様式が社会形態を決定するというマルクス主義理論が横たわっていた。⑤一九三四年には『食貨』半月刊が創刊され、史料をもって空疎な理論に替えることが主張されたが、経済決定論の色彩は依然として存在していた。その学会規約にも「中国の経済社会史を研究するために、食貨学会を結成する」と記されている。⑥そして、『食貨』掲載の論文の多くは、経済と社会史とをひとつのものとして扱っている。台湾の「社会史」研究の第一段階においては、政治情勢の影響でマルクス主義理論がタブー視されたため、社会史研究は理論的な論争に関心をはらわず、史料に現れた社会現象の実証を主として行っていた。この点で一九四九年以前の大陸における社会史研究と異なっていたが、それでもなお経済史研究は重視されていた。このほかに一九四九年以前にも、社会階層、家族、婚姻、民俗史などの研究テーマに、少しずつ注意が向けられており、そのため一九五〇年代の台湾の社会史研究は、細々とした流れではあったが、こうした研究の範疇と研究志向がなお継続し、「史料学派」による史料重視の伝統と次第に合流していったのである。

（二）第二段階（一九六〇～一九八七年）——社会科学と社会史

第二段階において、社会史研究は大きな進展をとげた。一九六〇年代、欧米の歴史学会との交流が頻繁になり、海外留学した研究者が激増したことで、当時の欧米の各種社会科学理論と方法が歴史学研究に大量に導入・利用された。これにより、第一段階の社会史研究に欠けていた理論の不足が補われ、社会史の研究は大幅に拡張された。こうした変化は、欧米歴史学界の発展と歩調を同じくしているといってよい。

一九六〇年代から七〇年代中期にかけて、社会史研究を推進した最も重要な学術刊行物は、『思与言』隔月刊と『食貨月刊』であった。

『思与言』は一九六三年に創刊、社会科学研究者を主要な構成員とし、社会科学理論の導入に主眼を置いていたため、歴史学の論文数は非常に少ない。しかし、一部に歴史学の方法と理論について考察した論文がみられ、歴史学と社会科学との連動がすでに看取できる。[7] 一九七一年には台湾で『食貨』が復刊されて月刊となり、「中国歴史社会科学雑誌」として位置づけられた。同誌は、一九八八年の休刊にいたるまで、当時の台湾における最も重要な社会史の刊行物であったといってよい。『食貨月刊』とその出版社は、一九四九年以前の社会史の著作を多く復刊したため、陶希聖・薩孟武ら第一世代の研究者による政治社会史と法制史研究の志向が、当時の学風にも影響を与えることとなった。そして、さらに重要なことは、『食貨』が多くの欧米の新手法と理論を導入したことである。黄俊傑の統計によれば、一九七一年から八一年の間、『食貨月刊』には歴史学研究法に関する論文が四一本あり、その圧倒的多数は社会科学と歴史学との結びつきをテーマとしている。黄俊傑は社会科学理論の中で最も注目されたものを三点あげている。第一は、数量化の方法の紹介と応用、すなわち「計量史学」の提唱であり、官僚の昇進や出身などの分析に頻繁に用いられた。第二は、「歴史心理学」の紹介で、人物や集団の心理分析に利用された。そして第三は、社会学の理論と概念を借りて歴史を研究することである。[8] 一九八〇年以降になると、さらに多くの社会科学理論が歴史学研究に導入された。例えば人類学の文化接触と社会構造・機能論から、「近代化」（Modernization）理論などが広く注目されて、歴史学研究にも影響を与えた。

　この時期の社会史研究の模範例としては、何炳棣、許倬雲、余英時、および陶晋生の論著があげられる。何炳棣の『明清社会史論』*The Ladder of Success in Imperial China: Aspect of Social Mobility, 1368-1911*（1962）は、三万余名の進士・挙人・貢世の三世代にわたる経歴と史料から明清の「社会的流動」現象を論じ、数量化などの方法により中国社会史研究に模範を示した。[9] しかし、何は国外に在住していたため、国内における真の提唱者としては許倬雲に指を屈するべきだろう。許倬雲は一九六二年に台湾へ帰国したのち、社会科学によって社会史を研究することを提唱し、当時の学風に多大な影響を与えた。とりわけかれの博士論文である『先秦社会史論』*Ancient China in Transition*（1965）は、数量化の方法によって春秋戦国期の人物の階級・出身背景と時代による分布を統計し、下層階級の上昇と社会的流動性とを説いた。こうした計量的方法、および出身背景と社会的流動性といったテーマは、のちの社会史・政治史に広く用いられた。例えば、毛漢光の中国中古士族史についての一連の研究は、[10] この路線を取り入れて、その後の中古家族史を研究する人々に大きな影響を与えた。

　余英時は主に思想史を専門とし、「人」の主体性を強調することで、当時の各種「行動科学」理論の導入と立場を異にした。かれは歴史学の方法において、当時の他の社会史研究者と異なっているが、やはり社会史研究に対して重要な試みをおこなっている。その名著『中国知識階層史論―古代篇』[11]は、知識人を社会階層の中に置くという角度から観察したもので、後漢政権樹立と士族大姓の関係についての研究も、政権の社会的基盤という点から論じられている。彼は数量化を強調してはいないが、階層の特性や家柄の背景、家族倫理などに重点を置くことで、士人階層における思想的ブレイクスルー、個人性と集団性などを強調している。このような思想と社会とが一体化した研究に、かつての陳寅恪による中古士族研究の伝統を見ることができる。当時流行した「知識人」階層の研究は、この陳寅恪の学風が発展したものといえる。

陶晋生は『食貨』復刊後の実質的な責任者であり[12]、社会史研究と新たな方法論の利用とを努めて提唱してきた。彼は宋遼金史の研究において文化接触による「文化変容」(acculturation)理論を用いて[13]、従来の一方的な「漢化」の角度からではなく、二種類の文化が接触した際に双方ともに変化が生じることを強調した。この解釈と理論は文化人類学から借用したもので、中国史上の民族間の接触・融合がもたらした政治・社会の変動について、あらたな観察のための視角を提供した。

上述の研究テーマを除けば、この段階の社会史研究は、依然として経済史との密接な関係を保っていた。計量歴史学は本来、経済史研究の重要な手法であり、経済史研究のなかでもかなりの成功をおさめている。早い時期の例としては、全漢昇やその学生である王業鍵による物価研究、七〇年代中期以降では、費景漢と劉翠溶による地方志を利用した地域経済研究などがその例である。そのうち人口史もまた社会史と経済史の結節点のひとつであり、劉翠溶による明清における家族人口と社会変動の研究はその一例である[14]。このほか、当時の中央研究院近代史研究所の共同研究「中国近代化の地域的研究プロジェクト〔中国現代化之区域研究計画〕」も同様に、社会史と経済史を結びつけるとともに、数量化を重要な方法論としていた[15]。

上記の研究者の大部分は、大陸から台湾に渡ってきた研究者が育てた第二世代であり、一九七〇年から九〇年の間に多くの第三世代の研究者が陸続と社会史研究に参入し、あらたなテーマも開拓された。例えば杜正勝の『周代城邦』(一九七〇)と『編戸斉民』(一九九〇)は、ともに古代国家と社会構造を論じており、その重点は社会的基盤としての「国人」「斉民」に置かれている。邢義田の「東漢孝廉的身分背景」(一九八三)、「漢代的父老・僤与聚族里居—「漢侍廷里父老僤買田約石県」読記」(一九八三)、劉増貴「漢代婚姻制度」(一九八〇)、「漢代豪族研究—豪族的官僚化与士族化」(一九八五)なども、漢代の社会構造に論及し、また簡単な数量化の方法を使用している。梁庚尭『南宋的農村経済』、劉石吉『明清時代江南地区的専業市鎮』、劉淑芬『六朝時代的建康』は、都市と農村および地域社会を論じて、社会史と経済史にまたがる研究となっており、社会・経済史が一体となった研究の伝統をさらに押し広げた。

この段階の社会史研究の成果について杜正勝は、台湾の中国社会史研究者は基本的に「単兵作戦」であり、大規模な計画と突出した研究成果に欠けてはいるが、個人の業績としては決して劣るものではない、と指摘している[16]。当時の社会史研究者にも少数ではあるが共同研究があり、例えば上述の「近代化」研究がそれにあたる。この他、『食貨月刊』は一九七九年に、一部の研究者による「食貨討論会」を設立した。このメンバーの大部分は第三世代の研究者であり、かつ『食貨』の編者と執筆者でもあったため社会史研究の交流に大きな影響を与えた。八〇年代初頭、許倬雲はかれの学生世代にあたる研究者を集め、三度にわたり「中国社会経済史研究会」を主催して[17]、社会史研究の進展にも多大な影響を与えた。しかし、全体としてみると、集団による共同研究はなお少ないと言わざるをえない。

社会科学の方法の運用については、若干の試みがあったものの、史料と理論とが完全にかみ合ってはいなかった。杜正勝は、『食貨』掲載論文の中に、いわゆる数量化や心理分析の方法を真に適切な形で歴史学研究に適用できているものは「めったにない(絶無譁有)」と指摘する。[18] また、彭明輝が当時の歴史学雑誌から統計をとったところ、意外なことに一九七一年から九〇年の間、歴史学の定期刊行物に掲載された論文のうち、最も数が多いのは思想史であって社会史ではなく（思想史、政治軍事史、社会史の順）、なおかつ伝統的な政治経済史が依然として主要な部分を占めていることが明らかになった。一九九〇年以降、社会史の掲載数が増加し、思想史が減少したことで（社会史、政治軍事史、思想史の順）、ようやく社会史は真の主流となったのである。[19] いずれにせよ、この段階に社会史が唱導・奨励されたことで、歴史学の理論と方法がしだいに拡大・開拓されて、研究の方向を変えていったことは疑いがない。

（三）第三段階（一九八七～二〇一一年）――生活礼俗史

一九八七年以降、社会史研究には再び大きな変化が訪れた。それはすなわち、経済史からの脱却と、「生活礼俗史」への転向である。この転向は、八〇年代後半において、たとえばアナール学派のようなヨーロッパの歴史学研究が紹介されて、「心性史」や「日常生活史」、やや後れては「新文化史」などが強調されたことと関連するが、しかしまた当時の外的環境の変化と社会史研究者たちの反省にも由来している。

一九八七年に戒厳令が解除されてのち、社会は徐々に多元化の方向に向かった。この一年前（八六年）には陶希聖が逝去し、八八年には『食貨月刊』が休刊、社会史研究はその貴重な発表の場を失った。一九九〇年、複数の歴史学研究者（大部分はかつての「食貨討論会」のメンバーで、史語所に勤務する者が最も多かった）が共同で雑誌『新史学』を発刊し、歴史学上に新たな突破口を開くことを目指した。このような新たな突破口の追求は、社会科学的方法による社会史研究の行き詰まりをよく示している。

八〇年代末には、多くの社会史研究者が、歴史学研究に対する社会科学的理論や方法の効果には限界があることを意識し、以前にくらべ、社会科学的理論と方法の適用に慎重になっていた。研究テーマについても、ただ社会の構造と階層の研究をしているだけでは不十分であることに気付いていた。杜正勝は、このような歴史は、骨ばかりで血肉を欠いており、形ばかりで精神がないと評し、血肉と精神を与えるためには、「生活史」「風俗史」「心性史」から着手すべきだと述べた。[20] こうした考え方をもっていたのは杜正勝のみではなかったが、「生活・礼俗・信仰・心性」の「新社会史」を主張し、「生活礼俗史」という大旗を掲げたのは、杜正勝とその所属する中央研究院歴史語言研究所「人類学班」と関係がある。「人類学班」はこの分野について最も有力な提唱者であり、この潮流の代表者とみなすことができる。

史語所「人類学班」は本来、人類学者をメンバーの主体としていたが、初期の凌純声・芮逸夫ら著名な人類学者は、人類学の視点に立った歴史研究もおこなっていた。台湾に移ってのちは、管東貴・桑秀雲らの第二世代が、歴史学出身の研究者として民族史を研究した。一九八〇年から八七年の間、杜正勝・王道還・康楽・蒲慕州・王明珂・劉増貴・林富士・荘申慶らが相次いで史語所に入所した。これらの新メンバーは王道還を除いてすべて歴史学研究者であり、これによって人類学班の研究路線は歴史学へと転換された。しかしながら、彼らの専門分野はすべて社会史であり、歴史学班の研究傾向とはもとより違いがあった。一方で「人類学班」の看板もまた、彼らに新たな研究課題と方法を創出するよう促した結果、「生活礼俗史」という新路線が模索されるに至った[21]。その具体的な研究範囲は、生活礼俗・宗教信仰・民族史・疾病医療史の四分野を包括しており、一九八七から一九九三年にかけて、杜正勝が主任であった期間、人類学班は別名「生活礼俗史班」とも呼ばれていた。

一九九二年三月、「生活礼俗史班」は「中国生活礼俗史研修合宿（中国生活礼俗史研習営）」の実施を計画し、史語所ならびに台湾大学と清華大学の歴史研究所から教員・学生計八一人が参加した。杜正勝はただちにその講義概要「新しい社会史とは何か（什麼是新社会史）」を『新史学』に掲載し、新社会史の範囲と重点がおおむね『生活礼俗』の四文字に集約できる」こと、全体性と関連性という方法によって人々の物質・社会・精神礼俗を研究し、もって中国社会の特質を探ること、などを明確に指摘した[22]。こののち生活礼俗史研究の機運は急速に高まり、関連する研究も日増しに増加した。

生活礼俗史研究の気運の高まりは、広く研究グループが設立されたこととも関連する。第二段階の個人研究と異なって、第三段階では共同研究が盛んとなった。一九九二年には史語所人類学班が「疾病・医療と文化討論会」を組織した。一九九五年には討論会と人類学班の礼俗・宗教を研究する他のメンバーとで「生活礼俗史研究室」が組織され[23]、一九九七年には「生活礼俗史研究室」が「礼俗宗教研究室」と「生命医療史研究室」のふたつに分かれた。それぞれの研究室ごとに討論会が開かれ、メンバーは史語所の内外と各大学の教員・学生から成り、彼らは必ず研究グループを組織して、共同研究を進めた。例えば、「礼俗生活研究室」の蒲慕州らによる「幽霊妖怪研究」計画、「生命医療研究室」の林富士らによる「中国史上の医療と社会」計画などがこれに当たる。人類学班の同人の多くが、国内の各大学で授業を持っていたため、大学の授業と研究グループ、討論会を通じて、新しいテーマと方法がすみやかに広がっていき、しだいに研究の機運を醸成していった。

共同研究という点においては、人類学班だけが特例だったのではない。一九九五年以後、史語所には他の研究室が次々と設立されたが、その中にも社会史の研究傾向が多く見られた。例えば、二〇〇一年以降「文化思想史研究室」では、代表者の王汎森・李孝悌らが国内外の関連する研究者を集め、前後して「明清の社会と生活（明清的社会与生活）」「明清の都市文化と生活（明清的城市文化与生活）」研究プロジェクトを推進したが、両者は生活文化史の範疇に入る。黄寛重・柳立言による「宋代の家族と社会（宋代的家族与社会）」研究プロジェクト（一九九三〜九五年）もまた、若手研究者の新しい研究を後押しした。中央研究院近代史研究所の「女性とジェンダー研究グループ（婦女与性別研究群）」（一九九二年設立）、「都市史研究グループ（城市史研究群）」もこの列に連なる。これらの研究グループは、いずれも研究院や大学の枠を超えたメンバーで組織され、多大な影響をもたらした。

特筆すべきは、一九九二年三月に史語所人類学班による第一回「中国生活礼俗史研修合宿」が開催されたのち、一九九三年に「歴史学研修合宿（歴史研習営）」と改名し、毎年一回、人類学班と歴史班とが輪番で他大学と共催する形をとって、今日まで二〇回以上が開催されていることである。二〇回のテーマは以下の通りである。「中国生活礼俗史」（一九九二）、「中国の家族と社会（中国家族与社会）」（一九九三）、「中国の宗教と社会（中国宗教与社会）」（一九九四）、「中国の思想と社会（中国思想与社会）」（一九九五）、「物質文明と歴史の発展

〔物質文明与歴史発展〕」（一九九六）、「政治・宗教と生活〔政治、宗教与生活〕」（一九九七）、「身分と境界〔身份与界域〕」（一九九八）、「世界史と比較研究〔世界史与比較研究〕」（一九九九）、「秩序と生命〔秩序与生命〕」（二〇〇〇）、「人物と生活〔人物与生活〕」（二〇〇一）、「幽霊妖怪と文化〔鬼怪与文化〕」（二〇〇二）、「日常生活の経験〔日常生活的経験〕」（二〇〇三）、「宗教と医療〔宗教与医療〕」（二〇〇四）、「規範と秩序〔規範与秩序〕」（二〇〇五）、「見ることと歴史〔観看与歴史〕」（二〇〇六）、「歴史の変遷のなかの土着と外来〔歴史変遷中的本土与外来〕」（二〇〇七）、「時代の変遷のなかでの歴史学〔世変中的歴史学〕」（二〇〇八）、「歴史家の伝統的手法〔史学家的伝統技芸〕」（二〇〇九）、「歴史学の周辺と周辺の歴史学〔史学的辺縁与辺縁的史学〕」（二〇一〇）、「歴史のなかの時間と空間〔歴史中的時間与空間〕」（二〇一一）[24]。上記のテーマを見れば、二〇〇六年以前は大部分を社会史の分野が占め、なかでも生活礼俗史や社会文化史との関連が最も多いが、二〇〇七年以降になると歴史学の方法と範囲についての再考へと、やや幅を広げてきていることがわかる。この研修合宿には毎年、国内の大学院生七〇人余りが参加しており、そのために生活礼俗史の学風も広まることになったのである。

『新史学』にも、社会史研究発展の趨勢を見出すことができる。『新史学』の特集号は多くないが、歴史学研究の焦点が集中的に現れている。例えば、「中国の女性特集号〔中国婦女子専号〕」（二―四）、「史学特集号〔史学専号〕」（三―二）、「宗教と社会特集号〔宗教与社会専号〕」（五―四）、「疾病、医療と文化特集号〔疾病、医療与文化専号〕」（六―一）、「女性・ジェンダー史特集号〔女／性史専号〕」（七―四）、「身体の歴史特集号〔身体的歴史専号〕」（一〇―四）、「歴史学と理論特集号〔史学与理論専号〕」（一三―三）、「西洋史特集号〔西洋史専号〕」（一四―三）、「医学史特集号〔医学史専号〕」（一四―四）、「芸術史特集号〔芸術史専号〕」（一五―二）、「王権特集号〔王権専号〕」（一六―四）、「物質文化特集号〔物質文化専号〕」（一七―四）、「台湾史特集号〔台湾史専号〕」（一八―二）、「史学史特集号〔史学史専号〕」（一九―二）、「思想史特集号〔思想史専号〕」（一九―四）、「地域社会特集号〔地域社会専号〕」（二〇―二）、「道・術・信仰特集号〔道・術・信仰専号〕」（二〇―四）、「学際的歴史学特集号〔跨学科的歴史学専号〕」（二一―三）などがある。これら特集号一八冊のうち約半数を、ジェンダー史・医療史・身体史・宗教史・道術信仰・物質文化・地域社会など生活礼俗史関連の研究が占め、なかでも医療史・ジェンダー史・宗教信仰の特集号が多い。これは史語所の人類学班（現在では「人類学門」と呼んでいる）が礼俗宗教や疾病医療を重視してきた事情と合致する。

この段階の具体的な研究成果は少なくないが、ここで詳述することはできないので、いくつかの突出した分野をあげて説明するにとどめたい。まず、疾病医療史は当初、周辺的な研究に属していたが、この段階で「生命医療史研究室」の主導のもとに生活礼俗史のなかで最も発展の目覚ましい分野となり[25]、成果もまた最も豊富である。例えば、杜正勝の古代生命観の議論、李建民の周秦漢における脈学・数術・身体観についての研究は、医療からみた中国史への解釈をしめした。林富士は中古時代の宗教と医療、李貞徳は女性から見た健康管理について論じ、梁其姿は女性医療およびハンセン病について研究した[26]。この他に、祝平一・邱仲麟・李尚仁・張哲嘉・金仕起・陳元明・蒋竹山・雷祥麟・張家鳳らにもそれぞれの業績がある[27]。関連テーマである医学知識の形成や、医療と社会、医療と宗教、カルテ、身体観などを扱う研究者も少なくない。

宗教信仰社会史も第三段階の特色であり、林富士が指摘するように、この段階では宗教社会史研究のあらゆる分野に研究者がいた。テーマについても、例えば組織・儀式（方術）・信仰（教義）・経典（神話・伝説）などすべてが研究されていた。研究の角度としては、礼制風俗、日常生活と物質文化、信徒などがあり、研究のアプローチには、プロソポグラフィ・歴史人類学・比較研究・テクスト分析などが用いられた[28]。こうした分野の著作としては、蒲慕州による死後の世界と幽霊妖怪文化、林富士による巫者・悪霊と道教・医療、劉淑芬による仏教生活と葬俗の研究、康豹による王爺信仰、康楽による菜食と仏教、柯嘉豪による念珠・椅子・浴室・茶など仏教の物質文化の研究などがあり[29]、すべてに宗教研究の社会文化史的傾向がよく現れている。さらに、蒲慕州は日常生活の中の信仰について、劉増貴は禁忌について論じたが、この両者にも日常生活における信仰という視点の影響力が見てとれる[30]。

生活礼俗史の分野について、蒲慕州は欧米における生活史研究を「百科全書的日常生活史」（全面的な叙述によって「全体」を表す）、「テーマ式日常生活史〔主題式的日常生活史〕」（鍵となるテーマの有機的結合によって、一時代の生活状況を表す）、「特定テーマ式生活史〔専題式的生活史〕」（ある時代のある地域のある種の生活内容を知ることで、特定の文化や歴史の特質を考察する）の三種に分け、この時期の研究の多くが「特定テーマ式生活史」に属していると分析した[31]。以下、いくつかの面からその研究成果について検討してみたい。

まず、物質と礼俗の面であるが、研究者が少ないながらも衣・食・住・旅行について進展がみられた。例えば飲食の分野では、林素娟が古代の葬礼に供される飲食の象徴的意義について論じることで、食物の内包する豊かな儀式性を解き明かした。荘申は「八珍」を取りあげ、さまざまな時代における文化交流と生態環境の変化に論及し、蒲慕州は中国古代の酒について、宗教と社会儀礼における意義を論じた。これらの研究は、食品と調理法のみに重点をおいた従来の飲食史研究の方法を乗り越えている[32]。さらに二〇〇五年の『中国飲食文化』の創刊も、飲食史についての論文を発表する場を提供した。服飾文化の分野では、巫仁恕・林麗月が明代における平民のファッションと、それに対する士大夫の反応を論じ、文化の心性面に着目した[33]。居住・建築の分野では、劉増貴が門戸の象徴的意義について論じ、門戸によって区切られる空間が公私・尊卑・親疎・内外・華夷などの集団の境界を反映するとして、空間と倫理関係との対応や、その政治的・社会的意義にまで言及した。この他にまた、『日書』土忌篇から建築上のタブーについても論じた。また、杜正勝は「内外と八方」を論じ、空間と倫理とを対応させたほか、さらに『日書』と後世の『宅経』のような文献を利用することで、古代の住宅の風水観を明らかにした[34]。旅行の分野では、劉増貴が漢から隋にいたる時代の車駕制度を研究し、車駕の象徴する意義や、中古の車駕制度における馬車から牛車への転換に反映される社会変動にも注目した。また、『日書』にみえる旅行礼俗と信仰について研究し、この類の数術原理を解き明かすことで、古代社会における旅行者の心性理解に大きく貢献した。近年では旅行についての研究が次第に増えており、梁庚尭による南宋商人の旅行や、巫仁恕による明清の観光旅行についての一連の研究がその代表といえる[35]。

社会礼俗の分野では、生命についての礼俗を含む出産・婚姻・葬送や、社会活動のなかでの祭礼などに、いずれも研究者がいる。李建民による埋胞習俗、李貞徳による医学書にみえる出産方法、劉静貞による宋代の出産・育児、熊秉真による子育て[36]、陳弱水による女性と実家の関係、劉増貴による漢代の女性名、蒲慕州・康韻梅による葬送儀礼、陳熙遠による祭礼研究などが、この方面の論著である[37]。上記の研究が第二段階と大きく異なるのは、婚姻を例にとるならば、従来の研究ではつねに女性の地位や家族の文脈での議論をしていたが、この段階では研究の大半がジェンダー史の視点から検討を加え、礼俗の背後にある心性にまで及んでいる点である（例えば、陳弱水による議論は女性の宗教信仰に言及している）[38]。

家族史研究は、社会史の伝統的な研究テーマであり、この段階でもなお多くの論著が刊行されたが、その内容はこれまでの研究と異なっている。従来の家族史研究は、つねに中央における家族の政治的地位の上下動を強調してきたが、この時期の研究はさらに精密化している。例えば鄭雅如・廖宜方による中古の母子関係についての議論は、家族倫理の研究に属している。黄寛重の研究は四明地区の家族を対象とした、地域および家族のケース・スタディである。柳立言は法律からみた家族の問題を論じ、陶晋生は宋代の家族の婚姻と生活について議論した。この他に、家譜・族譜・家訓などもまた研究対象となっている[39]。

最後の分野が個人の生活史であるが、その関心は主に情欲と礼教との対立や、私情と公義との関係などを中心として、個人の欲望の文化的意義にまで及んでいる。この分野の研究も、中央研究院近代史研究所の「礼教と情欲研究グループ（礼教与情欲研究群）」（一九九七年設立）の主導のもとで、ひとつの研究の焦点となった[40]。

以上から読み取れるように、生活礼俗史もしくは社会文化史は、この段階で長足の発展を遂げた。私が一〇年前に述べたとおり、これらの研究にはまだ少なからぬ問題点があるものの、「知らず知らずのうちに歴史学研究の視野を広げ、歴史学研究の版図を塗り替えた」のである[41]。そして、一〇年が経過してもなお、この潮流は衰えていない。そこで次には、私個人の経験にもとづき、若干の考察を試みたい。

三、下層の歴史から歴史の下層へ

上記三段階の発展において、社会史の内容はそれぞれ異なっていたが、共通点もまたあった。それはすなわち「下層」あるいは「基層」の歴史を強調することである。第一段階について言うならば、社会史と経済史とが不可分な状態において、経済史研究が広汎な下層の民衆のはたらきを強調したことは、社会史研究の対象が下層階級であるという考え方を暗黙裡に含んでいた。一部の社会史研究者にとっては、下層「農民」の研究がまさしく社会史の主題であった。第二段階の社会史は欧米の社会史研究の影響を受けているが、欧米における社会史の盛行は、過去の研究者が漠然と「人民」について触れていたのとは異なり、まさに「一般民衆の日常生活を仔細に再現すること」を求めていた[42]。張朋園は歴史学へ社会科学を導入する必要性を説いた際、過去の歴史研究が注目してきたのは一人の皇帝や著名人であるが、今日では「一般大衆」を研究するのであるから、社会科学の理論と方法なくしては問題を見出すことはできないと強調している[43]。社会史が一般大衆の歴史であるとみることは、当時の社会史研究者の共通認識であったといえる。杜正勝の『編戸斉民』は、より直接的に下層の「人民大衆」を研究対象とし、編戸の斉民が伝統的社会構造の基礎であるとみなした。しかしながら、「編戸の斉民」とは依然として政治社会史の概念であり、「斉民」は「制度」を経由した表現でしかない。第三段階の生活儀礼習俗史・生活文化史に至って、ようやく真に「視線が下へ向かい(44)」、斉民自身の生活が研究されるようになり、歴史家の目もまた徐々に正史から雑史・私史や民間の暦書・日用類書へと向けられていき、視点から資料にいたるすべてが「下層の歴史」研究を貫くようになったのである。したがって、三段階におよぶ社会史研究の発展は、「下層の歴史」研究が徹底されていく過程とみなすことができる。では、生活礼俗史研究の意義はどこにあるのか、「下層の歴史」を叙述もしくは再構築することで事足りるのか。この問題についてはさらなる考察が必要なので、以下にまず私個人の研究の歴程から説き起こしてみたい。

社会史研究の大きなうねりのなかで、私もまた一人の小さな漂流者であった。一九七八年、修士論文『漢代婚姻制度』（一九八〇年刊）を執筆した際、一面では初期の婚姻史研究、例えば楊樹達・陳顧遠・董家遵などの影響を受けたが、また一面では当時の社会史研究が強調する「社会構造」の影響も受けていた。当時、婚姻史を研究する者はきわめて少なく、私は婚姻や家族を社会の「基層構造」もしくは「下層構造」とする概念のもとで、研究を構想していた。当初の題名は「漢代婚姻構造（漢代婚姻結構）」であったが、傅秀実先生は「構造」を「制度」と改めた。これは、当時の社会史が「下層」の歴史を暗々裏に強調していたにもかかわらず、実際に向き合っていたのは上層階級の資料ばかりであったためである。つまり、資料と解釈とが、まだ完全に一致してはいなかった。当時の「社会的流動性」といった類の研究も、上層者の観点から見た、縦方向の流動を主軸にすえており、横方向の流動や横方向の関係についての研究は、全くというほどみられなかった。これは社会史研究が史料的制約を受けていたことによる。

厳密にいえば、第二段階の社会史研究は政治史と最も密接な関係にあり、政治史の伝統から脱却しきれていなかった。当時の多くの研究はみな「政治と社会の間」に集中しており、その様子は基本的に許倬雲の名著「前漢政権と社会勢力の相互作用（西漢政権与社会勢力的交互作用）」の篇名によって表すことができる。政権と社会勢力の相互作用が、まさに当時の研究の力点であり、そこには「社会構造」「社会階層」といった概念が内包されていた。許倬雲の弟子である毛漢光はいうまでもなく、異なる学統の余英時らもまた、この力点を離れることはなかった。一九九七年、私は博士課程に進学後、『食貨月刊』の編集業務と「食貨討論会」に参加したことで、こうした研究動向からの影響を深く受けることになった。一九八五年の学位論文『漢代豪族研究―豪族的官僚化与士族化』は、こうした動向のもとで書き上げられたものである。

一九八七年、私は史語所に入所すると、研究の方向性を再考し、徐々に生活礼俗史へと転向していった。けれども最初の二、三年間の研究は、後漢の家柄、益州の士族、六朝の妾や漢魏士人の同郷関係などであり、生活礼俗と関連してはいるものの、なお多くは「社会構造」と「社会階層」という古い手法に沿っていた。一九九〇年ごろ、中央研究院民族所の黄応貴が組織した研究会に参加し、「漢隋之間的車駕制度」（のち一九九三年に公表）を書き上げた。この論文で物質文化と社会との関係を検討したことで、ようやく真に生活礼俗史へ転向することができたのである。この後の研究、例えば女性の名前、泰山信仰、沐浴・礼浴、飲食生活、門戸と古代社会、出行礼俗と信仰、禁忌信仰などについての文章においては、『日書』や画像資料、数術史料など従来あまり利用されなかった史料を用いることで、当時の社会的心性を描き出そうと試みた。私が礼俗史研究を通じて掘り起こそうとしたものは、単なる「下層の歴史」（つまり民衆の歴史）でなく、「歴史の下層」（政治・経済・軍事などと明白に異なる歴史の層位）であった。多くの礼俗は階層を限定することなく、階層の上下を貫くものである（例えば、択日の風俗や禁忌信仰など）。よって礼俗史研究は下層の歴史にとどまるべきではなく、「歴史の下層」を再構成すべきなのであり、こうした従来おろそかにされてきた層位が歴史に与える影響を探究するのだ、と私は考える。

振り返れば、私の社会史研究の道程は、「下層の歴史」から「歴史の下層」に向かうものだったといえる。私だけでなく他の研究者の事情もまた似通っているに違いない。二〇〇五年一〇月二九日、中央研究院史語所は座談会「下層社会の歴史を発掘する〔発掘下層社会的歴史〕」を開き、私は「下層の歴史と歴史の下層〔下層的歴史与歴史的下層〕」と題して、このことについて自分の考え方を述べた。「下層の歴史」は清末以来、中国の伝統的歴史学の不足を反省するなかで強調されてきた。例えば梁啓超は、中国の過去の歴史書はみな朝廷・帝王・君臣の記録であり、「目的が政治に偏り、政治もまた中枢に偏っている」、「かつて一書として国民のために書かれた歴史書はない」と指摘した(45)。梁啓超のいう「国民」とは、国家主義の立場からの語であり、階層のなかの「下層」とは異なるが、上位者に対して用いられている。一九二八年に『民俗』週刊が創刊された際、創刊の辞において顧頡剛は、「聖賢中心の歴史を打破し、全民衆の歴史を打ち立てる」ことを提唱した。聖賢の歴史と全民衆の歴史との対比は、文化的対比の意味が若干あるとはいえ、主に上層と下層との違いを強調するものであった。ここでいう「全民衆の歴史」とは、「民俗」や「民間文化」に表われた歴史を指している。

生活礼俗史の研究範囲は、顧頡剛の強調する「民俗」に比べてはるかに広い。「礼俗」の語は儀礼と習俗の双方を含むが、礼俗は階層の上下を貫き、「下層の歴史」だけにとどまらない。例をあげれば、中国の年中行事は「民間」の習俗にとどまらず、国家の典礼にも組み込まれている。上層・下層社会のあいだで豪奢・簡素の違いはあるものの、礼俗そのものに大差はない。歴代の猟日の日取りは、宋代以前は王朝が属する金木水火土の五行属性によって決められたが、それを「民間」下層の視点だけから十分に説明することはできない。同様に、関公・媽祖などの信仰は、下層の「民間」信仰にとどまらず、儒教・仏教・道教によって聖人・神・仏に列せられ、国家の典礼にも組み込まれたことで、民間神・宗教神・国家神の性格を具有している。また、建築で風水を論じることも、民間でそうするだけでなく、宮廷・都市・村落・官衙の建設の際にもいっそう重んじられる。風水観念もまた上下を貫き、階級を超越するものである。

「下層の歴史」は階層によって区分される下層の人々に着目するが、「歴史の下層」とは歴史の様々な位相の中の隠れて表面化しない層位をいう。歴史を一本の河に例えるならば、上・中層を流れているのが政治・制度・軍事・経済や、さらには狭い意味での「社会」（家族などのような集団構造）であり、下層の底流となっているのが日常生活と礼俗・信仰なのである。こうした隠れて顕在化しない「歴史の下層」は、些細なことのようにもみえるが、当時の人々が考え、信じ、行なったことにかかわり、具体的で偽りのない歴史を反映することで、「マクロヒストリー」に対しても重要な影響を与える。例をあげると、古代の日取りへの信仰・禁忌は、戦争の勝敗にも影響することがある。後漢政権樹立にあたり、河東の戦いの重要場面で、戦いの新局面を切り開く決定的要因となったのは、「六甲窮日」の出行を避ける古代のタブーであった[46]。「歴史の下層」の研究は、より全体的・具体的に歴史を描写することで、歴史学の発展にあらたな解釈の手がかりを提供してくれる。これがすなわち杜正勝の説く、歴史に精神と血肉を与えるということである。

台湾での近年の生活礼俗史研究は、下層民衆の歴史を掘り起こすほかに、「歴史の下層」の重要性にも注意を向けてきた。旧来の多くの研究が見逃してきた視点、例えば衣服・飲食・居住・旅行、医療・疾病、出産・老化・結婚・葬送、愛情や男女関係、娯楽や遊戯、祭礼・儀礼、日常の禁忌、生活と信仰、などの分野が研究者によって重視され、歴史学に多くの新しい課題を投げかけてきた。しかし、こうした研究にも問題は少なからず存在する。二〇〇〇年、私は中国礼俗史研究について省察するなかで、三点の問題を指摘した。第一に、礼俗史研究の気運が次第に形成されつつあるが、歴史学研究者による礼俗史研究への関与が不足しているのは明らかであり、「礼俗」研究は依然として中国文学の項目であって、歴史学の伝統的な項目ではない。第二に、上述の研究のなかに、明らかに手薄な項目が見られる。例えば、自然環境・生態に関わる礼俗史研究はきわめて少ない。経済史研究から脱却したとはいえ、経済の礼俗にかかわる生産・消費習慣と禁忌の研究は重視されるべきで、この方面の研究は明らかに不足している。このほかに、上記の研究では「習俗を重んじ、礼儀を軽んじる（重俗軽礼）」の傾向があるが、日常生活での礼、例えば称謂の尊卑、姓氏や名号、諱のタブー、交際の礼儀などの研究は十分に重視されていない。民間の一部で広く利用されている日用礼書は、礼でもあり、俗でもあるから、注意する必要がある。第三に、著述の品質がそろっておらず、方法もばらばらであるため、よくいえば多元的な発展であるが、悪くいえば有機的全体性を欠いている。一部の研究では、新しい理論を導入していながら、史料の性格をまったく無視して勝手に展開されているため、歴史学研究の基準に「無規範」化をもたらした。しかもテーマが分散し、あらたな課題も内的な連携を欠き、互いの関係を失っている。八〇年代末に骨格と血肉に例えられた第二・第三段階の社会史研究は、こうした角度から見れば寄せ集めの血肉であり、骨格を支えることができるのか、疑わないわけにはいかない。礼俗史研究は本来「全体史」を強調してきたが、こうした研究は「全体史」にはほど遠い。

私の省察以来一〇年が過ぎたが、なおいくつかの問題がある。例えば手薄な研究項目はもとのままである。ある種の社会科学理論の適用には、以前より慎重になっているものの、いまだに史料と嚙み合っていない部分がある。生活礼俗史の研究はすでに社会史研究の主流になったと言えるけれども、「礼俗史」はまだ歴史学系の中で重要科目とはみなされていない[47]。一方で以前とは異なる問題もある。グループ研究の推進により、一定の研究テーマに研究者が集まることで、過去の個別分散化した研究状況が改められて、研究者間の連携が強まった。そのなかには、長期にわたる研究蓄積によって、次々と論著を刊行し、系統的理解を形成してきた研究もある。しかしながら、こうした状況は発展の不均衡という、あらたな問題を生み出した。例えば、疾病医療史は礼俗史の重要な切り口として、最も多くの研究者が集結した。しかし、そもそも病気というのは日常生活の常態ではない。一般的な日常生活史に多くの研究が費やされたはじめて完全に過去を再構成することができるはずだが、むしろこうした方面の研究は非常に少なく、依然として全体性に欠けるという問題がある。次に、この段階では史料の利用が多元化、かつ活発化して、伝統文献のみならず、出土文物・文献、古文字、官府の檔案、日記、地方誌、儀礼文書、図像資料などにおよんでいる。新資料はあらたな研究をもたらした一方で、一部の研究においては新資料のみを重視し、伝統文献に対する基礎的訓練の不足をまねいている。とりわけ電子文献データベースが大量に出現した結果、検索が容易になり、伝統文献の全編を丁寧に閲読する者が次第に少なくなったことは、研究の質に影を落としている。第三に、近年の生活礼俗史研究は拡大するにつれ、広い意味での「文化史」に接近しているが、範囲が広がりすぎたことで、研究の焦点を見失っているのではないかという懸念がある。歴史の隅々に至るまですべて掘り起こしたとしても、そうした「歴史の下層」が「マクロヒストリー」にいかなる影響を与えるかという作業はなお十分ではなく、今後の一層の努力が期待される。

四、結語

上述のように、台湾における中国社会史研究の発展は、第一段階は政治史・制度史・軍事史、および歴史的事件を研究することで新たな道を切り開き、第二段階では社会史研究に各種社会科学理論を応用し、第三段階にいたって生活礼俗史もしくは社会文化史に転じたとみることができる。つまり、大勢として「下層の歴史」から「歴史の下層へ」向かっているといえよう。この発展過程において、社会史の研究者はさまざまな試みをなしつつ、時代環境の変化（例えば戒厳令解除や台湾史研究の興隆など）の影響も受けてきた。現在の社会史研究には依然として少なからず問題が存在するが、すでに一定の成果をあげていることは首肯されよう。注意すべきは、台湾における中国社会史研究が、他の歴史学と同様、狭い専門研究は多いけれども、一貫性をもつ著作を欠いていることである。これまで「中国礼俗史」というような著作がひとつとして見られないことも、一層の努力が必要な部分であろう。

今日の台湾歴史学界は、研究の方向が多元化したとはいえ、社会史研究に従事する研究者が最も多い。社会史研究の範囲が拡大しすぎたことで、一面では研究が分散化し、一貫した著述を出しにくくなり[48]、また一面では歴史学の根幹である政治史・制度史・軍事史、および歴史的事件の考証などが大幅に圧迫されて、血肉を重んじて骨格をゆるがせにするといった問題も生まれている。こうした研究の不均衡がもたらす危機については、すでに研究者が注意を喚起している。先述の「歴史学研修合宿」を例にすれば、二〇〇六年以前の合宿ではほとんどが生活礼俗史と関連していたが、二〇〇七年以降では大半が歴史学の方法を議論するものとなっており、なかでも「歴史家の伝統的技法」（二〇〇九年）においては、史実の考証と政治史・制度史・経済史・思想史、および狭義の社会史を強調することで、歴史学研究者の伝統的研究がもつ重要性を改めて提起しようとした。同年六月、黄寛重は政治史の苦境、すなわち台湾の各大学の歴史学部では、正式な政治史の授業がなくなってしまったことを指摘している[49]。同年八月、中央研究院史語所が「新政治史研究の展望討論会」を挙行したのも、こうした危機感の反映である。

いずれにせよ、この二〇年間における社会史研究の発展は、史料・

視野・方法・解釈を問わず、台湾の歴史学に大きな変化をもたらした。今後の社会史研究はどこに向かうのか。これは私たちがこれからも考え続けねばならない問題である。

注

（1）王晴佳『台湾史学50年（1950-2000）―伝承、方法、趨向―』（麦田出版、城邦文化発行、二〇〇二年）〈前言〉、xv-xvi頁。

（2）邢義田・黄寛重・鄧小南総主編『台湾学者中国史研究論叢』（中国大百科出版社、二〇〇五年）。

（3）杜正勝「中国社会史研究的探索」（同『古代社会与国家』允辰文化、一九九二年、所収）九八五～九八六頁。

（4）関連研究は『中央研究院歴史語言研究所集刊』第二一本至三〇本の目録を、詳細は http://www.ihp.sinica.edu.tw/~bihp/21-30menu.htm を参照した。

（5）逯耀東『中共史学的発展与演変』（時報文化、一九七九年十一月）。

（6）『食貨半月刊』創刊号（一九三四年一二月）「食貨学会会約」。

（7）前掲王晴佳著書、四六～五三頁。

（8）黄俊傑「近十年来国内史学方法論的研究及其新動向（上）」（『漢学研究通訊』二巻二号、一八八三年四月）六九～七六頁。

（9）徐泓の指摘によれば、許倬雲の『先秦社会史論』は何炳棣『明清社会史論』の影響を受けている。徐泓「何炳棣在明清科舉与社会流動研究史上的地位―何炳棣『明清社会史論』訳者序」（『東呉歴史学報』二一、二〇〇九年六月）一九一～二〇七頁。

（10）例えば『魏晋南北朝士族政治之研究』（中国学術著作奨助委員会、一九六六年）ならびにその後まとめられた『中国中古社会史論』（聯経出版事業公司、一九八八年）など。

（11）余英時『中国知識階層史論―古代篇』、（聯経出版事業公司、一九八〇年）。本書にはこれ以前の論文がまとめられている。

（12）『食貨』は名目上、陶希聖の主導であったが、実質的には陶晋生が責任者であり、彼の出国後は『食貨』編集は黄寛重が事実上の責任者となり、休刊にいたった。この前後に相次いで編集に協力したのは陳華・劉増貴・沈松橋・張栄芳・李達運らである。

（13）陶晋生『辺疆史研究集―宋金時期』（商務院書館、一九七一年）。

（14）その後、『明清時期家族人口与社会経済変遷』（中央研究院経済研究所、一九九二年）にまとめられている。

（15）前掲王晴佳著書、七三頁。

（16）前掲杜正勝著書、九九〇頁。

（17）前掲杜正勝著書、九八九頁は計二回としているが、私は三回であったと記憶している。第三回のテーマは「地域社会」で、私も参加、益州士族の初歩的な研究を報告している。他にも、金発根が六朝の地域間を報告し、許倬雲先生が蜀地を例にした社会経済圏をテーマに講演を行った。

（18）前掲杜正勝著書、九八九頁。

（19）彭明輝「従歴史学期刊論文分析台湾史学研究動向（1945-2000）」（『国立政治大学歴史学報』九、二〇〇二年）三五二～三五四頁。ただし、この統計結果は雑誌の抽出方法とも関わりがあるかもしれない。雑誌の影響力や重要性の大小を考慮したなら、違った結果が出る可能性もある。

（20）前掲杜正勝著書、九九三頁。

（21）中央研究院史語所人類学班の研究傾向の転換については、林富士「従除魅到牽亡―中央研究院歴史語言研究所人類学組的学術歴程」（中央研究院歴史語言研究所編『中央研究院歴史語言研究所七十五周年紀念文集』中央研究院歴史語言研究所、二〇〇四年）を参照。この他に同「「歴史人類学」―旧伝統与新潮流」（『学術史与方法学的省思―中央研究院歴史語言研究所七十周年研討会論文集』（中央研究院歴史語言研究所、二〇〇〇年）三六五～三九九頁も参照のこと。

(22) 杜正勝「什麼是新社会史」（『新史学』三巻四期、一九九二年四月）。

(23) 「生活礼俗史研究室」には「生活礼俗史討論会」があり、私が代表者をつとめていた（一九九五～一九九七年）。

(24) 「歴史研習合宿」の資料については http://www.ihp.sinica.edu.tw/~ihpcamp/activity/activity.htm を参照。

(25) ある大学の歴史系の主任であった友人の言うところによれば、近年何度か新任教員を募集したが、最終的に応募者の五分の一が疾病医療文化の研究者だったそうである。

(26) 杜正勝『従眉寿到長生―医療文化与中国古代生命観』（三民書局、二〇〇五年）。李建民『死生之域―周秦漢脈学之源流』（中央研究院歴史語言研究所、二〇〇〇年）。『生命史学―従医療看中国歴史』（三民書局、二〇〇五年）。林富士『中国中古時期的宗教与医療』（聯経出版事業公司、二〇〇八年）。李貞徳『女人的中国医療史―漢唐之間的健康照顧与性別』（三民書局、二〇〇八年）。

(27) 生命医療史の研究者とその著作については、「生命医療史研究室」ホームページの「人物志」を参照。http://www.ihp.sinica.edu.tw/~medicine/people/people.html。他に杜正勝「作為社会史的医療―並介紹「疾病、医療与文化」研討小組的成果」（『新史学』六期一号、一九九五年）、一一三～一五三頁を参照。

(28) 林富士主編『礼俗与宗教』（邢義田・黄寛重・鄧小南総主編『台湾学者中国史研究論叢』第十一冊（中国大百科出版社、二〇〇五年所収）「導言」参照。

(29) 以上については下記を参照。蒲慕州「墓葬与生死―中国古代宗教之省思」（允辰文化実業公司、一九九五年）、「中国古代鬼論述的形成」（蒲慕州編『鬼魅神魔―中国通俗文化側写』麦田出版社、二〇〇五年）所収、一九～四〇頁、林富士『漢代的巫者』（稲香出版社、一九九九年）、同『孤魂与鬼雄世界―北台湾的厲鬼信仰』（台北県立文化中心、一九九五年）、前掲、『中国中古時期的宗教与医療』。劉淑芬『中古的仏教与社会』（上海古籍出版社、二〇〇八年）。康豹『台湾的王爺信仰』（商鼎文化出版社、一九九七年）。康楽「素食与中国仏教」（周質平、Willard J. Peterson 編『国史浮海開新録―余英時教授栄退論文集』聯経出版事業公司、二〇〇二年）所収、John H. Kieschnick（柯嘉豪）, *The Impact of Buddhism on Chinese Material Culture* (Princeton: Princeton University Press, 2003)。

(30) 蒲慕州『追尋一己之福』（允晨文化実業公司、一九九五年）。劉増貴「禁忌―漢代信仰的一個側面」『新史学』一八期四号（二〇〇七年十二月）、一～七〇頁。

(31) 蒲慕州主編『生活与文化』（邢義田・黄寛重・鄧小南総主編『台湾学者中国史研究論叢』第一〇冊、中国大百科出版社、二〇〇五年）「導言」。

(32) 林素娟「喪礼飲食的象徴、通過意涵及教化功能―以礼書及漢代論述為核心」（『漢学研究』二七巻四期、二〇〇九年一二月）一～三四頁。荘申〈従「八珍」的演変看中国飲食文化的演変〉（『中央研究院歴史語言研究所集刊』第六一本二分、一九九〇年）四三三～四七九頁。Mu-chou Poo（蒲慕州）, "The Use and Abuse of Wine in Ancient China," *Journal of the Economic and Social History of the Orient*, 42.1 (1999), pp. 1~29.

(33) 巫仁恕「明代平民服飾的流行風尚与士大夫反応」（『新史学』一〇巻三

期、一九九九年）、五五～一〇七頁、林麗月「衣裳与風教―晩明的服飾風尚与「服妖」議論」（『新史学』一〇巻三期、一九九九年）一一一～一五六頁を参照。

（34）劉増貴「門戸与中国古代社会」（『中央研究院歴史語言研究所集刊』六八本四分、一九九七年）八一七～八九七頁、「睡虎地秦簡《日書》「土忌」考釈」（『中央研究院歴史語言研究所集刊』七八本四分、二〇〇七年）、六七一～七〇四頁、杜正勝「内外与八方―中国伝統居室空間的倫理観和宇宙観」（黄応貴主編『空間、力与社会』中央研究院民族学研究所、一九九五年）二一三～二六八頁。

（35）劉増貴「漢隋間的車駕制度」（『中央研究院歴史語言研究所集刊』六三本二分、一九九三年）三七一～四五三頁、「睡虎地秦簡《日書》中的出行礼俗与信仰」（『中央研究院歴史語言研究所集刊』七二本三分、二〇〇一年）五〇三～五四一頁。梁庚尭「南宋商人的旅行風険」（『燕京学報』新二二期、二〇〇七年）、九九～一三一頁。巫仁恕「近代早期西方人対中国旅游設施的評価」（『上海師範大学学報』二〇〇七年三期）九二～九九頁。巫仁恕「清代士大夫的旅遊活動与論述―以江南為討論中心」（『中央研究院近代史研究所集刊』第五〇期、二〇〇五年一二月）二三五～二八五頁。「晩明的旅遊風気与士大夫心態―以江南為討論中心」（『明清以来江南社会与文化論集』二〇〇四年）、「晩明的旅遊活動与消費文化―以江南為討論中心」（『中央研究院近代史研究所集刊』第四一期、二〇〇三年九月）八七～一四四頁。

（36）李建民「馬王堆漢墓帛書「禹蔵埋胞図」箋証」（『中央研究院歴史語言研究所集刊』六五本四分、一九九四年）七二五～八三二頁。李貞徳「漢唐之間医書中的生産之道」（『中央研究院歴史語言研究所集刊』六七本三分、一九九六年）五三三～六五四頁。劉静貞『不舉子―宋人的生育問題』（稲香出版社、一九九八年）。熊秉真『幼幼―伝統中国的襁褓之道』（聯経出版事業公司、一九九四年）。

（37）陳弱水『唐代的婦女文化与家庭生活』（允晨文化実業公司、二〇〇七年）。劉増貴「漢代婦女的名字」（『新史学』七巻四期、一九九六年）三三～九四頁。前掲蒲慕州『墓葬与生死』。康韻梅『中国古代死亡観之探究』（台湾大学出版委員会、一九九四年）。陳熙遠「中国夜未眠―明清時期的元宵、夜禁与狂歓」（『中央研究院歴史語言所集刊』七五本二分、二〇〇四年）二八三～三二九頁、「競渡中的社会与国家―明清節慶文化中的地域認同、民間動員与官方調控」（『中央研究院歴史語言研究所集刊』七九本三分、二〇〇八年九月）四一七～四九六頁。

（38）女性史研究については以下を参照。李貞徳「超越父系家族的藩籬―台湾地区「中国婦女史研究」」（『新史学』七巻二期、一九九六年）一三九～一七九頁、「導言―婦女、性別与歴史研究」同編『中国史新論・性別史分冊』（中央研究院・聯経出版公司、二〇〇九年）一～一七頁。

（39）家族史全般については、以下を参照。黄寛重・劉増貴編『家族与社会』（邢義田・黄寛重・鄧小南総主編『台湾学者中国史研究論叢』第八冊、中国大百科出版社、二〇〇五年、所収）「導言」。本文中の著作は以下のとおり。鄭雅如『情感与制度―魏晋時代的母子関係』（台湾大学文史叢刊一一四、二〇〇一年）、のちに改訂後『古代歴史与文化研究輯刊』（花木蘭文化出版社、二〇〇九年）所収。廖宜方『唐代的母子関係』（台北、稲郷出版社、二〇〇九年）。黄寛重『宋代的家族与社会』（東大図書公司、二〇〇六年）。柳立言『宋代的家庭和法律』（上海古籍出版社、二〇〇八年）。陶晋生『北宋士族―家族。婚姻。生活』（中央研究院歴史語言研究所、二〇〇一年）。

（40）近代史研究所の張寿安・熊秉真・黄克武・呂妙芬らのほか、その他の研究所の民族研究所の余安邦、文哲研究所の李明輝、政治大学の高桂恵らのメンバーが含まれている。張寿安・呂妙芬「明清情欲論述与礼秩重省」『漢学研究通訊』二〇巻二期、二〇〇一年）六七六～六七七頁参照。関連する研究成果については左記がある熊秉真・呂妙芬編『礼教与情欲―前近代中国文化中的後／現代性』（中央研究院近代史研究所、一九九九年）、熊秉真編『睹物思人』（麦田出版社、二〇〇三年）、熊秉真・盧建栄編『欲掩弥彰―中国歴史文化中的私与情』「私情篇」、および同「公義篇」（漢学研究中心、二〇〇三年）、熊秉真編「情欲明清」「達情篇」、および同「遂欲篇」（麦田出版社、二〇〇四年）。

(41) 劉増貴「中国礼俗史研究的一些問題」（同編『法制与礼俗』中央研究院歴史語言研究所、二〇〇二年）一五七～二〇四頁。

(42) 王晴佳前掲書、四九頁。

(43) 王晴佳前掲書、五九頁。

(44) 王晴佳前掲書、二一〇頁。

(45) 梁啓超『中国歴史研究法』（東方出版社、一九九六年、一九四七年商務印書館本による再校）四頁、『新史学』（『飲冰室文集』幼獅書店、一九六二年所収）、三二六頁。

(46) 秦漢時代の民間における術数にいう「六甲窮日」とは、六十干支の最後の干支（癸亥）が、一切が尽きることを象徴するとして、癸亥の日の出行を禁じることである。後漢建武元年（後二五年）、光武帝の大将軍鄧禹と更始将軍王匡らが河東の安邑付近で対戦、日暮時となり、鄧禹の側に不利であったため、部下は夜陰に乗じて逃げることを勧めたが、鄧禹は撤退を拒んだ。一夜明けた翌日はちょうど癸亥で、上述の六甲窮日にあたっており、更始陣営は凶日を理由として出兵をやめたため、鄧禹に軍隊を整える機会を与えることになった。翌日に対戦し、鄧禹は一度の戦いで勝利し、河東を平定した。河東を手中にして勢いに乗った光武帝は、同月に鄗で即位し、鄧禹を大司徒に任じて、漢王朝を再興した。范曄『後漢書』巻一「鄧禹伝」、六〇一～六〇二頁、に見える。「六甲窮日」は、『後漢書』では「癸亥」のみとされているが、前漢の初めにおいては、六十干子の最後のふたつの干支（壬戌、癸亥）が「窮日」と称され、出行できない日となっている。馬王堆三号墓出土帛書『出行占』に、「六旬窮。壬戌と癸亥は六旬の窮日であり、出行・入官はできない〔六旬窮。壬戌・癸亥、六旬窮日也、不可行・入官〕」と記されている。劉楽賢〈《出行占》摘釈〉（『簡帛数術文献探論』湖北教育出版社、二〇〇三年）一一七頁、参照。

(47) 現在、台湾の大学の歴史学部のなかで、台湾大学歴史研究所、および台北大学歴史研究所で「中国古代礼俗史専題研究」を私が開講している他は、「礼俗史」や「風俗史」と名乗る授業はみられない。

(48) 史語所は開所八〇周年を記念して、『中国史新論』シリーズ（二〇〇九年以降、順次刊行）の出版を企画した際、計画には『生活礼俗史』分冊があった。しかし、私が関係者を召集し、討論した結果、範囲が広すぎて文化史全般とほぼ重なってしまう恐れがあったため、最終的には取りやめた。

(49) 黄寛重「従「活的制度史」到「新政治史」―宋代政治史研究的新発展」（二〇〇六年六月五日「宋代史料研究会」レジュメ）。

書写材料とモノの挟間
――日本木簡学との比較を通じてみた中国簡牘学のジレンマ――

陶安あんど

書写材料は、紛れもなくモノとして我々の物質文化に深く根を下ろしている。筆者はこの点を忘れがちながら、自分の子供が本と接している姿にしばしばそれを思い出される。三男はまだ二歳にもならないうちから、よく五歳若しくは七歳も上のお兄さんたちの真似をして、夜寝る前に枕に本を置いて、消灯時間までそれに顔を突っ込んでいた。本は逆さまでも構わず、絵のあるものとないもの、それもどちらでも差し支えない。ゆっくり頁をめくりながら、本にしがみつくこと自体が何よりもの楽しみであったようである。お兄さんたちの本との出合いも、書かれている内容とほとんど関係がないようである。長男は、まだ言葉も発しないうち、台所の鍋等と同じように、本棚から本を出して、横に並べてみたり、積み木のように重ねてみたりして遊んでいた。「よくできたね。戻すこともできる?」と褒めてやると、同じぐらいの気合を入れて本をまた棚の上に並べてくれる。何日か練習すると、お父さんが手伝わなくても一人で出し入れできるようになって、手間が省けたが、それよりも、遠慮して書斎入り口の最初の本棚だけを遊び場にしたことに心から感謝している。

子供と比べては、筆者の本に対する愛着は、薄いかもしれない。本そのものよりも内容に目が走る。それも抽象的なほど楽しみが増す。また卑近な例になるが、昨年（二〇一〇年）の一〇月から岳麓秦簡の整理小組に加わり、奏讞文書関係の簡牘の解読と釈文の起草を任されることになった。最初の現地滞在は、一〇月中旬から一一月中旬にかけての一ヶ月余りであった。一ヶ月だけで二百数十枚の竹簡と木簡をどうやって解読していけるのかという焦りも手伝って、筆者は毎日朝から晩まで必死に簡文を臨写しつつ、人名や地名の固有名詞および罪状に関する特徴的な記述を手がかりに、簡牘を幾つかのグループ、希望的には「事案」ごとに整理することに夢中になっていた。そこに、ドイツからMichael Friedrich（傅敏怡）という馬王堆帛書の研究で知られている漢学者が現れ、筆者の努力に対して礼儀作法上求められる敬意を表しつつも、執拗に筆者に答える用意のできていなかった簡牘形態上の質問をした。一時間程度の対談の締めくくりに、文字よりも墨点の打ち方に注意を払った方がよいかもしれないと言われたのは、如何にも皮肉のように聞こえてしまった。

文字に飛びつく筆者のような研究手法は、中国では主流といえよう。近年の建築ブームにも支えられて、「地、宝を愛《お》しまず」と謳われるほど各地で陸続と考古学的発見が相次いでおり、出土文物には大量の簡牘が含まれている。この簡牘の洪水に中国簡牘学が圧倒されているのが現状といえよう。しかも、筆者が強い関心を持つ文書やその他の法制史料のほかに、戦国時代の「古書」が数多く将来され、いわば諸子百家の知的世界が我々の眼前に蘇ってきた観を呈するようになった。これらの古書は、伝世文献と照合できる内容が多く、簡牘の文献学的研究を強く刺激している。出土文字資料に基づいて、伝承過程における誤写や歪曲を排して、新たな「より真正な」文献学を構築しようとする願望が中国の多くの研究者に共有されている。出土文字資料研究の精鋭を集めて二〇〇五年に復旦大学に新たに設立された研究所が「出土文献と古文字研究中心」と名づけられたのがこの潮流をよく反映しているように思われる。

こうした潮流においては、モノへの関心は当然手薄にならざるを得ない。マニュスクリプト研究に熱心な欧米の漢学者からの影響か、近年出土文字資料の研究にも「写本」、「文本」（テキスト）への関心が高まり、その中で、例えば馮勝君「出土材料所見先秦古書的載體以及構成和傳佈方式」[1]のように、「先秦古書」の体裁や構成が脚光を浴びることもある。或いは北京大学所蔵簡牘の背面に、大学院生の孫沛陽氏が斜めの刻線を発見してから、無文字の場合でも簡牘の背面に気を配るようになった[2]。しかし、そうした努力も実は「古書」の姿をできるだけ忠実に復元するためにほかならず、それは畢竟するところ古文献学の支流に過ぎず、簡牘がモノとして古代社会に果たしていた役割という歴史学的問題関心はあまり感じられない。

モノへの関心は、何よりも先にその形態への関心から始まるが、中国の簡牘学とは対蹠的に、これには日本の木簡学が細心の注意を払っている。奈良文化財研究所の分類を基にした木簡の形態分類表が日本木簡学界の機関誌の『木簡研究』の各号に掲載されており、その形態分類表には、時には微修正が加えられつつも、木簡の基本的な形態は網羅されている。研究者の間には、その表に記載された分類番号が共有されており、「羽子板状」・「一端の左右に切り欠きがある」・「先端が尖っている」とかいった煩瑣な形容を使わずに、「〇四一形式」・「〇三二形式」というように、分類番号によって形態情報を簡潔且つ正確に表現することが可能になっている。

こうした分類記号は、形態上の情報を客観的に記述する道具と理解することができるが、これは、例えば簡牘の形態と機能を区別して論ずる鋭利な分析道具になり得る。「検」・「楬」・「檄」といった場合に、それが封泥匣の有無・上端円形加工や網掛けの有無・正背の平面的書写材料と多面的書写材料の別、という形態上の特徴を現すのか、それとも封をする道具もしくは文書の整理を助ける目印という機能面を念頭においているかは、従来の中国簡牘学では、必ずしも明確に意識されることがなかったようである。本研究会の前身である「中国出土簡牘の生態的研究」においては、中国簡牘についてもより形態に即した研究手法を模索してきたが、その最初の頃は適切な用語がなく、適宜「平検《ひらけん》」・「下駄検《げたけん》」といった表現を用いるようになった。それも依然として形態と機能を混同する言い方である。例えば、「平検」の「平」は、封泥匣等がなく、平らな長方形となっている形態上の特徴を表すのに対して、「検」とは、「封検」等とも称して、文書や簿籍、物品などに封をするという機能に着目したカテゴリーとなっている。このように、形態と機能を明確に区別しなければ、例えば「封検」に如何なる形態の簡牘が用いられるか、如何なる機能の簡牘に封泥匣が用いられるかといった基礎的な質問にさえ正確に答えることができず、簡牘の使用方法という歴史学上の重要な問題についても、明確な意識を持ち難い情況が続かざるを得ない。その意味では、研究会のメンバーである高村武幸氏が日本木簡学にならい、中国の簡牘についても形態分類の体系を構築しようとする最近の試みは、中国簡牘学に大きな方法論的インパクトを与えることが期待される。(3)

もちろん、モノへの関心は、形態にとどまらない。前述の機能の問題もそうであるが、人々が社会の中でそのモノをどのように使用していたかという「ヒト」の視点がそこから生まれ、その背景には、社会や国家体制といった抽象的な「コト」の世界が広がる。例えば、衣類袋に付けられた「検」からは、力役義務として徴発された戍卒が衣類の多くを出身地の官から支給されたこと、またその衣類が郡の役所に集められ、個人単位で封をして一括して就役地に送られたことなどが分かる。(4)或いは、戍卒のパトロール内容を記し側面に多くの刻みを持つ割符からは、隣接する烽燧の戍卒が巡察に際して境界地点で落ち合い、互いに所持する割符に一つずつ切れ込みを入れて証拠としたことが明らかになっている。(5)

こうしたヒトの動き方は、様々な制度に支えられている。辺境における巡邏は、兵卒の勤務の一環であり、それについては、「日迹簿」といった勤務記録が作られる。個々の勤務記録は、さらに、「労」・「功」と称せられる官吏の勤務評価と連動し、勤務評価に基づいて昇進や貶黜も行われる。小さくは見えるが、兵卒の日々の巡邏は、中華帝国の官僚機構を支える数多くの歯車の一つにほかならない。秦の始皇帝や漢の武帝が行った遠征の方が目立つにせよ、周辺地域に対して帝国の支配を確実に及ぼす上では、辺境の隅々にまで行き渡る文書行政の方が、重要な役割を果たしていたかもしれない。

それはともあれ、近年日本の中国簡牘学には木簡を中心に据えて秦漢代史を再構築しようとする興味深い試みが冨谷至氏によって進められ、最近『文書行政の漢帝国―木簡・竹簡の時代』(6)という大著に結実している。副題には確かに「竹簡」も上げられてはいるが、主要な理論的支柱となっている「視覚的簡牘」という鍵概念は、形態上の加工に適している木簡を念頭に置いて始めて理解できる。というのは、封泥匣や穿孔の有無・切り欠きによる加工・書写面の増強といった直感的に視覚に訴える諸要素は、木簡に無数に見られるのに対して、竹簡にはむしろ例外的にしか確認できない。竹簡にも強いて視覚的特長を求めるならば、それは、「一尺一寸」・「三尺」といった長さの規格であろうが、現代我々が書写材料として用いている紙にも大きさの規格はあり、形態上の加工が目立つ木簡と比べては、そうした規格の「視覚性」は今一つ直感的に理解しがたい面がある。

木簡を中心とした「視覚的簡牘」という発想の背景には、「単独簡」と「編綴簡」の区別がある。これは、『木簡・竹簡の語る中国古代―書記の文化史』(7)において展開される冨谷氏の簡牘学の主要な分類であるが、「編綴簡」とは、複数の簡を紐で繋ぎ合わせて使用するものである。これは、簿籍のほか、中国簡牘学の注目を集めている書籍、つまり「文献」に多く使われている。「編綴簡」は、複数の簡を並べることによって大きな書写面を確保することに最大の特徴があり、「単独簡」と比べれば、この特徴も我々現代用いている紙という書写材料に極めて近い性格を持つ。ある意味では、「編綴簡」に書かれた文献のみに目を奪われる簡牘学は、真の簡牘学ではない。紙では到底できない立体的加工等が可能な木材の簡牘を理解して始めて、簡牘が用いられていた時代を正確に解読することができる。検・檄・楬・謁・伝・符の木簡と木牘から中国古代の文書行政ひいては漢代の帝国を読み解こうとするところに、冨谷至氏の中国簡牘学の最大の特徴があり、これはまたその最大の貢献でもあるといって過言ではなかろう。

木簡を簡牘学の中心に据える点では、冨谷氏の文書行政論は、前述した高村氏の簡牘分類論と、期せずして一致するが、日本の中国簡牘学にこうした傾向が現れるのは、日本の木簡学とは無関係ではなかろう。というのは、日本では、木簡は紙と併用され、両者の間に明確な使い分けが見られる。使い分けの目安は必ずしも一つではないが、切り欠きを入れたり穴を穿ったり、形状が自由に加工できるという木の特性が重要なポイントとなっていることは疑いを容れない。高さ一mも超え、交通の要衝に建てられていた告知札木簡や牓示札木簡、また小孔に紐を通してカード的に用い官庁別・位階別等に並べ替えることができる考選木簡などは、(8)まさに「視覚的簡牘」というのに相応しく、見る人はその形態への強い関心を覚えずにはいられない。それに対して、中国の簡牘には、そもそも加工に限界がある竹簡も数多く含まれており、なんら変哲のない細長い長方形の形をしている平凡なフダが殆どである。日本木簡学でいう「〇一一型式」に圧倒される中、簡牘の形態上の特徴やその「視覚性」に目覚めるのは、そう容易に期待できることではない。その意味では、日本の木簡においては、簡牘の特異性が中国よりも一層顕著に現れ、認識しやすい面があったかもしれず、高村氏や冨谷氏の慧眼は日本の木簡学によって磨かれたのではないかと推測される。(9)

一方、日本木簡学にならい木の簡牘を中心にすえる簡牘学には自ずと限界も生じざるを得ない。それは、端的にいえば、中国古代の簡牘には、日本における紙と木簡と比較できる明確な使い分けがなく、簡牘が普遍的書写材料として用いられていたことに起因するが、冨谷氏の文書行政論を例にもう少し具体的に問題の所在を明らかにしてみたい。冨谷氏の文書行政論を成り立たせている背景には、一種の排除の論理がある。というのは、冨谷氏は中国古代の簡牘を「編綴簡」と「単独簡」に分けて、「単独簡」を中心に議論を組み立てるが、それは言い換えれば、大量に出土している編綴簡を主要な考察対象から省くことにほかならない。そうした限定的な史料から得られた知見だけで、中国簡牘学は成り立つのだろうか。不安を覚えるのは筆者一人だけではなかろう。

編綴簡の排除を傍らから支える柱には、さらに「副葬品」の論理がある。中国の古墓からは、様々な副葬品が出土しているが、その中には、現実世界の実用品とは明らかに性質を異にする「鎮墓獣」・「鎮墓瓶」・「墓券」・「買地券」といった品物も少なからず含まれている。これらの「副葬品」は、架空もしくは荒唐無稽と思われる要素が少なく、もっぱら副葬のために意図的に作られたことは誰もが容易に見て取れる。「墓券」等が「擬制文書」と称せられる如く、現実世界との関係は、「擬制」もしくは「擬似」の域を出ない。編綴簡の多くも、古墓に副葬されたものにほかならないので、墓券等と同様に、副葬のために一種の擬制品として作られたのではないか、という不安が生じるのも無理がない。それに対して、単独簡の多くは、様々な遺構から出土している。例えば、西北出土簡は、辺境の軍事施設、里耶秦簡は、廃棄物が捨てられた井戸から発見されている。そうした簡牘は、残す意図によって残されたのではなく、現実の使用場所もしくはその附近に自然に残ったものである。擬制品よりも本物に基づいて研究するのが筋であるので、この「副葬品」の論理も実は編綴簡を排除する論理と密接な関係にある。

しかし、この排除の論理は、多くの面で中国古代簡牘の実際と大きく乖離すると言わざるを得ない。例えば、古墓出土簡牘には、睡虎地秦簡・睡虎地漢簡・龍崗秦簡・張家山漢簡のように、法令集や判例集に類似した性格を持つ書籍が数多く含まれる。こうした法律関係の書籍がなぜ副葬されるのだろうか、と問うて見れば、明確な根拠がないので、確かに様々な想像が可能になる。一つの可能性としては、鎮墓獣などと同様に、魔除け・辟邪の目的が考えられる。魔除けに使われるということとなれば、それは、呪符の一種にほかならず、そこには、現実の「法律」が書かれていなければならない必然性はない。架空の法律でも、よい加減に書き写された法律の抜粋でもよいということに、理論上はなり得る。しかし、これらの簡牘に記されている内容を読めば、その複雑性や専門性、また研究者がうっかりしていると見落としがちな整合性や条文間の隠れた関連性などから、「架空性」は明らかに否定できる。書写の精粗もまた「副葬」という出土情況を以って一概に割り切れるものではない。睡虎地七七号漢墓から出土した漢簡を例にとると、そこには、張家山漢簡『二年律令』と同様に、「行書律」の条文が記されていることが江漢考古二〇〇八年第四期に掲載されている簡報によって明らかになったが、両者の間で改行位置こそ違うものの、文字には一切出入りがない[10]。相離れた場所から出土した法律簡牘に、それだけの統一性が見られることは重く受け止めるべきように思われる。

もちろん、よい加減な場合もある。例えば、仲山茂「王杖簡の資料的性格についての一考察[11]」は、所謂「王杖簡」について形状・用簡・筆跡・用字・テキスト比較にわたる精緻な考察を加え、誤字等が目立つ武威一九八九年出土簡を、睡虎地秦簡や張家山漢簡の専門的な法令集と対比して、民間で流布する法令集と位置づけてみた。そのような比較の試みは、法律簡牘にそれだけの精粗の差が存在することを如実に物語っている。換言すれば、「副葬品」を以って特定の簡牘群について、その精粗というモノとしての属性を断定しようという議論は実は机上の空論に過ぎない。

次に、編綴簡と単独簡もそう簡単に峻別できない。一つには、簿籍簡牘のファイル的性格に注意する必要がある。すでに冨谷氏自身がこの点を強調するが、「ファイル」の最大の特徴は、固定的な書籍と違って、前後の順番を並べ替えたり、部分を抜き出したり挿し足したりすることができる利点にある。この利点を生かした用法には、例えば出納に際して、一つ一つの出し入れについて、単独簡の上端に「入」もしくは「出」を記入し、その下に具体的な内容を明記してその出納行為の証明書類とする一方、一定の期間を区切って、その期間内発行された単独の証明簡牘を集めてそれを簿籍に纏めて編綴することが考えられる。ばらばらに出土する出納関連簡牘が単独簡なのか、編綴簡なのか、実に悩ましい問題である[12]。

もう一つ慎重に考えねばならない問題は、木牘の存在である。冨谷氏は、木牘を単独簡に分類し、銀雀山漢簡を例に、題簽の役割を持つ木牘と書籍本体が記されている竹簡の使い分けを力説する[13]。しかし、木牘には紛れもなく編綴簡と同じ役割を果たしているものも少なくない。例えば、尹湾漢簡には、銀雀山と同様に竹簡と木牘が混在するが、木牘には、簿籍[14]・暦譜・占書が書写されており、同類の内容が竹や木の編綴簡に書かれることは決して珍しいことではない。また、里耶秦簡にも多くの木牘が含まれるが、その内容は、主として文書となっており、居延漢簡なら、木簡の冊書に書かれる性質のものである。木牘は確かに殆どが単独で用いられるに違いないが[15]、その書写内容は必ずしも編綴簡牘と明確に区別できず、理論的に考えられるほど整然とした使い分けがなされていなかったのではないかと思わずにはいられない[16]。

最後に、木簡というモノから固有の歴史像が描かれるかという問いも避けて通ることができまい。冨谷氏は、『文書行政の漢帝国』において、確かに木簡という書写材料の特異性から漢代の文書行政、ひいては漢帝国そのものの出現を説明しようとする。しかし、それは常識的に考えて可能なのだろうか。ジャーナリズムの世界では、一九八九年における東欧の社会主義圏の崩壊に際してマスメディアの普及と情報伝達の速さが崩壊の一因に挙げられ、二〇一〇年から二〇一一年にかけてチュニジアに起こりエジプト等に波及したジャスミン革命についても、インターネットの普及からこの革命の成功を論じる傾向があった。そうした論理もある意味では電子媒体への書写材料の変化と社会変動を短絡する構造をもつが、周辺を見渡してみれば、インターネットの普及にもかかわらずジャスミン革命が失敗した例もある。その最も目立つ例は、ジャスミン革命への呼び掛けを逆手に数百人の活動家を逮捕した中国の場合である。同じく書写材料が電子媒体にシフトし一層迅速な情報交換が可能になったにもかかわらず、その呼び起こす社会現象は全く異なる。書写材料を特定の歴史現象と短絡する試みに対して警鐘を鳴らす現代的な例とも言えよう。

中国の歴史という視点から見ても、書写材料と歴史現象との間には、必然的な結びつきは想定しがたい。というのは、文書行政は決して簡牘の時代に限られたものではない。冨谷氏によれば、「簡牘時代の終焉は文書行政の終焉であり、文書行政の終焉は漢帝国の終焉であった[17]」というが、それは、余りにも無邪気である。確かに、氏が取り上げる「清における硃批諭旨に代表される奏摺」は、日常的な文書行政とは次元を異にする。宮崎市定氏によれば、「奏摺」とは、もと「総督・巡撫（が）…言わば私的に、個人として天子に文書を提出する[18]ものであり、「清朝の国初から既に存在したものと思われ」るが、それを「雍正帝（は）その独裁制を確立し、地方の官僚の朋党の風を禁じ、個々の官吏をして天子に直属せしめるために利用し」、「総督・巡撫に限らず、布政司、按察司、提督、総兵は勿論、道員、知府のある者にまで、進んで天子に奏摺を上ることを要求したのである[19]」。換言すれば、「奏摺」という文書形式は、旧来の題本制度を迂回して、皇帝と個々の官僚を直接に結び付け迅速な意思疎通を可能にするものである。それは、最初は日常的な文書行政の慣性を排して、皇帝支配の政治的求心力を取り戻すために導入されたと言っても過言ではなかろう。その後、乾隆帝以降は、奏摺も「法制化」され質的に変化していったが、光緒二八年の「改題為奏」までは、新しい奏摺制度のほかに、もちろん旧来の題本制度は存続していた[20]。「奏摺」がもと「私的な文書である」のに対して「題本」は公的な文書である。「財政、司法、行政に関して依るべき法律や先例があって、それに従って処置することのできる事件は概ね[21]」題本によって処理される。そして、この題本は、冨谷氏の言葉を借りて言えば、「末端の機関にお（ける）（中略）文書による検閲と官署間を往復する文書」を通じて、「現場における人・物・流通移動の管理と検閲」[22]に関わる情報を徐々に練り上げて、それを中央に集約してごく事務的に皇帝の決済を取るものである。つまり、居延漢簡等から見慣れた文書行政は、前後には題本から奏摺へのシフトがあるにせよ、清朝にも容易に確認できる。

いずれにせよ、歴史は特定のモノで簡単に割り切れるものではない。喩えていえば、形態の特殊な簡牘は、現代社会のパスポート・銀行カード・乗車券・ラベル等のようなモノである。これらのモノは、書写材料ではないが、多くの文字が書かれている。これらの文字とともに、モノに凝らせられている諸種の工夫を正しく読み取れば、我々現代人の社会生活の多くの部分に多様な照明を当てることができる。それと同様に、日本木簡学に習って、モノとしての簡牘の形状や出土情況等に注目すれば、確かに、従来中国簡牘学があまり語ってこなかった中国古代の社会生活をより立体的に捉え、中国古代史を一層豊かにすることが可能になろう[23]。しかし、日本の木簡と違って、中国の簡牘は、普遍的な書写材料でもある。何ら変哲のない中国古代の書写材料の出土によって、我々は、日常的健康法や算数技法から儒家や道家の哲学思想まで、古代人の社会生活を支えていた様々な知識を知ることができる。これも喩えていえば、豊富な書写材料の出土によって、我々は古代人の図書館（より現代的に言えばインターネットのサイバー空間）を有りのまま目の当たりにすることができる。

これは、幸運であると同時に、中国簡牘学のジレンマでもある。中国の簡牘に書かれている多くの内容は、紙もしくは電子媒体などの書写材料に書かれたとしても、何ら変わりがなかろう。換言すれば、簡牘から読み取れる情報の大半は、簡牘特有のものではない。逆に、簡牘特有の情報だけで簡牘学を構築しようとしても、それは、極めて不完全な簡牘学にならざるを得ない。つまり、それは、図書館の脇に捨てられた利用証や身分証明書などで満足して終に図書館の門をくぐらない学問のようなものである。その意味では、中国簡牘学は、日本木簡学よりも禁欲に努めねばならない。ゴミ捨て場などから謙虚に特殊な簡牘を拾いつつも、それだけに「簡牘」もしくは「古代史」を終わらせない。簡牘からありとあらゆる情報を読み取りつつ、いつまでも閉じた体系を形成しない。これが、基礎史料学としての中国簡牘学の運命かもしれない。

注

（1）http://www.gwz.fudan.edu.cn/SrcShow.asp?Src_ID＝1236。

（2）そのほかに、真贋問題においても、簡牘の形態が問題にされる場合があるが、それもやはり副次的に形態に視線が及ぶに過ぎない。逆に、形態への関心の希薄さを物語る象徴的な出来事としては、孫沛陽氏の発見よりも早い時期に整理された上海博物館蔵戦国楚簡が、紙で裏打ちされて保存されているという話を数回耳にしたことがある。また、里耶秦簡・嶽麓秦簡など、中国国内に保管されている多くの簡牘は、一枚ずつ透明なプラスチック板に挟まれて保存されている。正面・背面は見えるが、側面や上下端は調査不能になっており、重さ・寸法などの計測も望めない。確かに、保存条件という要因も無視できまいが、やはり形態に対する関心の希薄さを感じないではない。

（3）現段階では、研究会内部における形態分類試論の発表と議論にとどまっているが、近い将来学術論文の形で公表されることが望まれる。

（4）籾山明『漢帝国と辺境社会―長城の風景―』（中央公論社、一九九九年）八七―八八頁。

(5) 同前九一―九二頁。

(6) 名古屋大学出版会、二〇一〇年。

(7) 岩波書店、二〇〇三年。

(8) 例えば佐藤信「日本古代文書木簡の機能と廃棄」（本書所収）を参照。

(9) 同様に、例えば、籾山明氏が、簡牘の側面にある小さな刻み込みに注目しそれを「刻歯」として解読した功績（「刻歯簡牘初探――簡牘形態論のために」、木簡研究一七号、一九九五年）も、日本の木簡学とは無関係ではなかろう。ほかにも、中国の簡牘学にあまり見られない発想から中国簡牘学に貢献する業績は日本に少なからず存在するが、巨視的な視点から簡牘学を体系的に語ろうとする共通点から、本文では、冨谷と高村両氏の議論に限定して取り上げている。

(10) 張家山漢簡『二年律令』の釈文と注釈は何れも簡二七五の第一九字を「印」と釈読するが、字の左側は、上下構造となっており、その上方は明らかに「日」に作っている。正しくは、睡虎地漢簡と同様に「即」と釈読しなければならない。

(11) 名古屋大学東洋史研究報告第三四号、二〇一〇年。

(12) 筆者は、二〇一一年二月に三週間ほど台湾の中央研究院で居延漢簡を調査した際、出納関連簡も数多く見てきた。古墓出土簡と違って、明確な編綴痕が見られず、一見して単独に用いられたように考えられるが、詳しく調べてみると、正・背面の角に多くの磨耗痕が確認される。図版から編綴の痕跡が窺えないこれらの単独木簡も、実は編綴されて使用された可能性を排除できないように思われる。それが一目で分からないのは、単に、編綴紐を付けたまま水浸しになるのと、乾燥地帯で使用後紐を解かれて放置されたのとで、編綴痕の残り方が違ったために過ぎないかもしれない。

(13) 『木簡・竹簡の語る中国古代』九九頁。

(14) 簿籍の木牘は、また睡虎地七七号漢墓からも出土している（江漢考古二〇〇八年第四期）。

(15) ここで「ほとんど」と限定しているのは、里耶秦簡の一部に編綴紐もしくはその痕跡が見られるからである。例えば、『謙慎書道会展七〇回記念　日中書法の伝承』（謙慎書道会発行、二〇〇八年）一一八頁に掲載されている里耶秦簡の簡J1⑯5には、正面・背面ともに上下に二つの編綴紐の跡がはっきりと見えており、一一九頁の拡大写真では、紐そのものがなお付着している事実が確認される。また、「告知書」という明器ではあるが、鳳凰山一六八号墓や謝家橋一号墓の「竹牘」にも編綴紐（もしくはその痕跡）がある（荊州博物館編著『荊州重要考古発見』（文物出版社、二〇〇九年）一七二頁、一九一頁）。木牘の編綴には、「冊書」とはまた違った意味が込められていることは想像に難くないが、木牘が編綴されないという「常識」についてもやはり一定の警戒心を持つべきではなかろうか。

(16) さらに単独・編綴の別と材料の対応関係についても疑問は残る。冨谷氏は、居延では編綴簡に木簡が使われることを「代用」に過ぎないとして相対化されるが、例えば、木簡と竹簡が混在する嶽麓秦簡の司法文書簡牘（『奏讞書』）には、一組の木簡冊書が含まれる（陳松長「嶽麓書院所蔵秦簡総述」文物二〇〇九年第三期、八五―八六頁）一方、居延漢簡には、内地から持ち込まれたと考えられる竹製の伝が混在している（佐藤信「日本古代の交通と出土木簡」『資料学の方法を探る（8）』、二〇〇九年、六一頁）。また、両行と称せられる木簡には、中央に縦方向の隆起が作られていることがよくみられるが、同様な隆起は、鳳凰山一六八号墓や謝家橋一号墓の「竹牘」にも確認できる。木簡の場合、隆起の実用的意味は説明しがたいのに対して、竹の場合それは容易に理解される。竹は、丸い筒の形をしている故、幅広の書写面を作るためには、どうしても多面体を作るほかない。そうした多面体では、自ずと一行程度しか書けない細い書写面が隆起を挟みながら並ぶことになる。謝家橋の「竹牘」を眺めると、木簡よりも竹簡（もしくは竹牘）が「両行」のより本来的姿ではないかという想像さえ生まれる。確かに、古書籍の書写材料には竹が圧倒的に多いが、編綴簡と単独簡にそれぞれ木と竹が使われないと断言するには、なお時期尚早と言わざるを得ない。

なお、両行を竹牘と関連付ける発想は、本論文集掲載の鈴木論文の前身であった「告知書再論―簡牘形態に着目して」およびそれに関する研究会メンバーの議論から教わった。

(17)『文書行政の漢帝国―木簡・竹簡の時代』（前掲）四〇七頁。

(18)宮崎市定「雍正硃批諭旨解題」（『宮崎市定全集第14』岩波書店、一九九一年。初出は東洋史研究第一六巻第四号、一九五八年）一四八頁。

(19)同前一四九頁。

(20)同前一六九―一七一頁。

(21)同前一四八頁。

(22)冨谷氏は、文書行政の存否を判断する基準としてさらに「徹底した副本作成」を取り上げるが、その有無は、漢代でもなかなか確認し難い面がある。というのは、簡牘でも、副本と正本の見分けが難しく、副本が法律通り常に作成されたか否かは、甚だ不安が残る。興味深いことに、『奏讞書』の事案一八では、反乱軍の鎮圧に動員された「新黔首」に関する名籍の正本は戦場に捨てられ、県では、副本に基づいて処罰すべき一部の「新黔首」の特定を試みたが、記載が明確でなかったため、特定は失敗した、という記述がある。それは、副本は作成されたものの、期待されていた情報が記載されなかった事例と言えよう。その他の場合にも、副本作成の徹底程度は、様々であったことが容易に想像される。

(23)本論集では、例えば、簿籍簡の保存と廃棄を通じて、甲渠候官における日常的な事務処理の様相を生き生きと我々の眼前に蘇らせた青木論文はその好例と言えよう。

後　記

私が研究会に参加するようになって、早や九年が経つ。参加したのは、修士課程が終わって博士課程に進んですぐのこと。研究会参加者の中では最も弱輩であった。なんのとりえもない一介の院生だったにも関わらず、快く迎えて頂いた。講読担当のレジュメの作り方から論文の発表まで、この研究会で勉強させて頂いたことは多い。必ずしもその経験が自身の成果に結び付いていない点で忸怩たる思いはあるが、最も研究会の影響を受けたのではないかと思う。

簡牘を勉強させてもらえる良い機会と思い、いきおい参加してしまったものの、それまでじっくりと取り組んだことない簡牘史料を読むことは、容易なことではなかった。この研究会の特徴は、当初毎週欠かすことなく講読を行っていたことである。それも午後一時から夕方までみっちりと。大学の授業がなくなる二月、三月時には朝から夕方までひたすら史料を読んでいくことも珍しくなかった。自身を含め多少躊躇するメンバーがいたが、常に予定通りにこなしていたのは驚歎である。今もこうした姿勢は変わらない。所属のことなるメンバーが集まった研究会としては、珍しかったのではないだろうか。そのうえ、研究会を行う場所が常に一定しなかった。いくつかの大学で教室を借りたり、大学の研究室であったり、時には喫茶店で行うこともあった。打ち合わせだけなら、大学食堂のときもあった。こうしたことが苦になったわけではない。会場が遠距離になっても参加しなくなるメンバーはいなかった。それだけ魅力のある研究会なのだと思う。

場所を選ばず、貪欲に史料を読むという研究姿勢がメンバー全員に共有されていた。本来、様々な研究テーマを持っているメンバーであっても、今回の論文集が、論集のテーマに沿ってまとまり、充実していることにそれは現れている。

さて、今回こうして論文集を刊行するはこびとなったが、本論集の入稿と同時にすでに次の出版計画が進んでいる。止まることは許されないかのように。続編では漢簡の史料分析が中心となる。大変ではあるが、それに参加していることに望外の喜びを感じる。

（文責　片野）

編者略歴

籾山　明（もみやま　あきら）
1953年群馬県生まれ
京都大学大学院文学研究科（東洋史学）博士課程中退
財団法人東洋文庫研究部専任研究員・元埼玉大学教養学部教授　博士（文学）
〔主要著書〕
『秦の始皇帝―多元世界の統一者』（白帝社，1994年）
『漢帝国と辺境社会―長城の風景』（中央公論新社，1999年）
『中国古代訴訟制度の研究』（京都大学学術出版会，2006年）
佐藤　信（さとう　まこと）
1952年東京都生まれ
東京大学大学院人文科学研究科（国史学）博士課程中退
東京大学大学院人文社会系研究科教授　博士（文学）
〔主要著書〕
『日本古代の宮都と木簡』（吉川弘文館，1997年）
『古代の遺跡と文字資料』（名著刊行会，1999年）
『出土史料の古代史』（東京大学出版会，2002年）

執筆者一覧（五十音順）

青木俊介　（学習院大学東洋文化研究所PD共同研究員）
片野竜太郎（東京外国語大学アジア・アフリカ言語文化研究所共同研究員）
佐藤　信　（編者略歴参照）
陶安あんど（東京外国語大学アジア・アフリカ言語文化研究所准教授）
鈴木直美　（明治大学文学部非常勤講師）
髙村武幸　（三重大学人文学部准教授）
中村威也　（跡見学園女子大学非常勤講師）
籾山　明　（編者略歴参照）
邢　義田　（中央研究院歴史語言研究所特聘研究員／中央研究院院士）
李　均明　（清華大学出土文献保護与研究中心研究員）
劉　増貴　（中央研究院歴史語言研究所研究員）

文献と遺物の境界
―中国出土簡牘史料の生態的研究―

2011年11月25日　初版発行

編　者　籾山　明　　佐藤　信

発行者　八木　環一

発行所　株式会社 六一書房
〒101-0051　東京都千代田区神田神保町2-2-22
TEL　03-5213-6161　　FAX　03-5213-6160
http://www.book61.co.jp　　Email　info@book61.co.jp
振替　00160-7-35346

印　刷　株式会社　三陽社

ISBN 978-4-86445-008-9 C3022